W0177281

MYANMAR / BURMA

REISEN IM LAND
DER PAGODEN

Klaus R. Schröder

Reise Know-How im Internet:

www.reisebuch.de

www.reise-know-how.de

- Aktuelle Reisetipps und Neuigkeiten
- Ergänzungen nach Redaktionsschluß
- Büchershop und Sonderangebote
- Weiterführende Links zu über 100 Ländern

Der
Reise Know-How Verlag
Dr. Hans-R. Grundmann GmbH
ist Mitglied der Verlagsgruppe
Reise Know-How

MYANMAR / BURMA

REISEN IM LAND DER PAGODEN

von Klaus R. Schröder

IMPRESSUM

Klaus R. Schröder

MYANMAR / BURMA

Reisen im Land der Pagoden

3. überarbeitete und aktualisierte Auflage **2009**

erschienen im
Reise Know-How Verlag

ISBN 978-3-89662-251-8

© Dr. Hans-R. Grundmann GmbH
Am Hamjebusch 29
26655 Westerstede

Alle Rechte vorbehalten

– Printed in Germany –

Herstellung:

Umschlagkonzept: Carsten C. Blind, Asperg
Fotos: siehe Bildverzeichnis Seite 365
Lektorat: Hartmut Ihnenfeldt
Buchgestaltung: Carsten C. Blind, Asperg
Druck u. Bindung: Pustet, Regensburg

Dieses Buch ist erhältlich in jeder Buchhandlung in Deutschland, Österreich, Schweiz, Niederlande und Belgien
Bitte informieren Sie Ihren Buchhändler über folgende Bezugsadressen:

D: PROLIT GmbH, Postfach 9, 35461 Fernwald (sowie alle Barsortimente)
CH: AVA-buch 2000, Postfach 27, 8910 Affoltern
A: Mohr Morawa Buchvertrieb GmbH, Postfach 260, 1011 Wien

Wer im lokalen Buchhandel Reise Know-How-Bücher nicht findet, kann diesen und andere Titel der Reihe auch im Buchshop des Verlages im Internet bestellen: **www.reisebuch.de**

Alle in diesem Buch enthaltenen Informationen und Daten wurden mit großer Sorgfalt recherchiert, zusammengestellt und vom Verlag gewissenhaft bearbeitet. Inhaltliche und sachliche Fehler sind dennoch nicht auszuschließen. Alle Angaben erfolgen daher ohne Gewähr für die Richtigkeit im Sinne einer Produkthaftung; Verlag und Autor übernehmen keine Verantwortung und Haftung für inhaltliche wie sachliche Fehler.

INHALT

PROLOG

1. TEIL: LAND UND LEUTE

2. TEIL: DIE ERSTE REISE

3. TEIL: DIE ZWEITE REISE

EPILOG

ANHANG

PROLOG

WARUM MYANMAR (BURMA)?

Das fragte ich mich selbst, als ich vor einigen Jahren wieder einmal Pläne für eine Reise nach Südostasien machte. Reizvolle Möglichkeiten gibt es schließlich genug in diesem Teil der Welt: Man hat die Wahl zwischen den „alten" Touristenzielen Thailand, Singapur, Malaysia und Indonesien, aber auch den „neuen", wieder geöffneten Ländern Vietnam, Kambodscha, Laos – und eben Myanmar. Zwar stecken die vier „Neuen" auf dem internationalen Reisemarkt noch in den Anfängen der touristischen Erschließung – bei der Unterbringung oder dem Transport kann es schon einmal hapern, was die Ausstattung, die Pünktlichkeit und die Einhaltung der Vereinbarungen betrifft –, aber man wird für die nicht ganz vollkommenen Bedingungen reichlich entschädigt: Ursprüngliche Landschaften, naturbelassene Strände und unberührte Inseln, prachtvolle historische Bauwerke und Sehenswürdigkeiten, freundliche Gastgeber und annehmbare Preise erwarten den Besucher.

Ich habe Indochina schon in frühen Jahren kennengelernt, Kambodscha vor dem Krieg und den *Killing Fields*, Laos während des *Secret War* und Vietnam in der ersten Phase eines schon nicht mehr zu gewinnenden Krieges. Myanmar – damals hieß es noch Burma – stand auf einem anderen Blatt. Das Land hatte sich aus dem Machtkampf, der in Indochina tobte, wohl herausgehalten, aber es führte einen endlosen Bürgerkrieg und isolierte sich gewollt von der internationalen Gemeinschaft. 1965 wurde mein Antrag auf ein Touristenvisum abgelehnt. Immerhin gelang es mir, durch die Hintertür, von Thailand aus, nach Burma einzureisen. Doch obwohl ich fast zehn Tage im Kengtung (heute Kyaing Tong) Distrikt verbrachte, bekam ich von dem Land kaum etwas zu sehen.

Heute machen die Regierungen von Myanmar, Vietnam, Kambodscha und Laos erhebliche Anstrengungen, um ausländische Touristen zu gewinnen. Wir haben also freie Wahl. Es empfiehlt sich jedoch nicht, mehr als ein Land auf einmal zu besuchen.

Der kluge Reisende weiß: *Weniger ist mehr!* Die Entscheidung für dieses oder jenes der gleichermaßen interessanten Ziele fällt nicht leicht. Alle vier Länder haben in der zweiten Hälfte des 20. Jahrhunderts grausame Kriege durchgemacht, alle vier sind verarmt und unterentwickelt daraus hervorgegangen. Die Nachrichten, die uns damals aus Myanmar erreichten waren sehr unterschiedlich. Eine Zeitlang war die Junta scheinbar bemüht, die Menschenrechtssituation zu verbessern, indem die Beobachter des Internationalen Roten Kreuzes, den Menschenrechtsbeauftragten der UNO sowie Vertreter von ILO und Amnesty International in Land einlud.

Durch Vermittlung von Kofir Annan, dem damaligen Generalsekretär der Vereinten Nationen, liefen zwischen Oktober 2000 und Mai 2003 Gespräche der Regierung mit der Opposition und ihrer Führerin Daw Aung San Suu Kyi. Das führte zeitweilig sogar zu einigen Erleichterungen für die Opposition. Eine echte Beteiligung an der Macht wurde der Opposition allerdings nicht angeboten. Es bestand aber Hoffnung, da der starke Mann der Junta, der damalige Secretary One und spätere Premierminister Khin Nyunt, die „Roadmap to Democracy" entwickelt hatte. Nach dieser Roadmap sollte eine verfassungsgebende Versammlung eine neue Verfassung mit demokratischen Elementen entwickeln.

Trotz der schwierigen politischen und wirtschaftlichen Verhältnisse beschloss ich, das Land zu besuchen, um mir auf der Grundlage eigener Beobachtungen und Begegnungen sowie persönlicher Gespräche ein unabhängiges Urteil bilden zu können. Später würde die Oppositionsführerin ausländische Touristen auffordern, ihr Land zu boykottieren; ein Boykott, der auch unter ihren Anhängern nicht unumstritten ist. Sie begründet ihren Aufruf damit, dass in erster Linie die Militärregierung von unseren Besuchen profitieren würde. Dieses Argument trifft aber nur zum Teil zu, denn der Tourismus ist die einzige neue Branche in der Wirtschaft von Myanmar, und in ihr verdienen viele Angestellte und kleine selbständige Unternehmen ebenso ihr Geld. Boykotte treffen immer in erster Linie die Menschen mit kleinem und mittlerem Einkommen, aber nicht das Militär, die Politiker oder die großen

Unternehmer. Wer Myanmar wegen fehlender Demokratie nicht besuchen will, der sollte auch auf eine Reise zu den Pyramiden, nach St. Petersburg oder an die chinesische Mauer verzichten. In den vergangenen neun Jahren habe ich zehn Reisen nach und durch Myanmar unternommen, und was ich zu sehen bekam, war ein erstaunlich vielfältiges, unglaublich schönes Land, das sich von Norden nach Süden über mehr als 2.000 Kilometer erstreckt, mit alpinen Vorbergen, hohen Gebirgen und Hochplateaus, tropischen Regenwäldern, breiten Flüssen und ausgedehnten Deltas, tiefen Tälern, wüstenähnlichen Gegenden und einer langen tropischen Küste, der Tausende kleiner Inseln vorgelagert sind. So beeindruckend die Ausmaße dieses größten Landes im kontinentalen Südostasien auch sein mögen, hat mich doch vor allem der physiogeographische und biologische Reichtum fasziniert. Aber es gibt noch ein anderes bemerkenswertes Charakteristikum: Die Vielzahl von ethnischen Gruppen, deren Gebräuche und Trachten. Obgleich das Volk der Burmanen besonders im Herzen des Landes die überwiegende Mehrheit bildet, sind in den Grenzgebieten etwa sechzig Stämme mit mehr als zweihundert Sprachen und Dialekten zu Hause.

Während meines Aufenthalts am und um den prachtvollen Inle See kam ich mit mehreren Volksgruppen zusammen, darunter Shan, Intha, Pa-O, Danu, Palaung, Burmanen und Chinesen. Insgesamt sind die Einwohner von Myanmar – sowohl die ethnischen Burmanen als auch die Minderheiten – offen und gastfreundlich. Die meisten sprechen, wenn überhaupt, nur gebrochen Englisch, aber sobald die Sprachbarriere überwunden ist, nehmen sie Kontakt mit Fremden gerne wahr. Ich hatte den Eindruck, daß ihre Hauptsorge die Entwicklung ihres kleinen Geschäfts oder ihrer Landwirtschaft ist und ihr größter Wunsch eine höhere Schulbildung für die Kinder. Trotz aller Armut und Rückständigkeit hat Myanmar eine Alphabetisierungsquote von weit über 70 Prozent.

Obgleich es christliche, muslimische und hinduistische Minderheiten gibt, ist Myanmar ein vom Buddhismus geprägtes und durchdrungenes Land. Tausend Jahre Buddhismus haben unzählige religiöse Bauwerke – Tempel, Stupas oder Klöster – hervorgebracht, von denen Bagan allein mehr als 2.000 versammelt. Viele andere historisch und archäologisch interessante Stätten finden sich in Mandalay, Inwa, Amarapura, Sagaing, Pindaya und Mrauk U. Der Buddhismus inspiriert auch die farbenfrohen Jahresfeste, wie das landesweit gefeierte Lichterfest oder, auf der lokalen Ebene, das pittoreske Phaung Daw U Fest. Die Infrastruktur des Landes steckt zwar noch in den Anfängen, ist aber in Grundzügen vorhanden, so daß Unterbringung und Fortbewegung kein wirkliches Problem darstellen. Ich habe mich einer der vielen privaten Reiseagenturen in Yangon bedient, die alle notwendigen Arrangements für mich getroffen hat. Außer manchen neuen Hotels unterschiedlicher Qualitäts- und Preisklassen gibt es vielerorts günstige *Guest Houses*. Wo immer ich Gast war, waren freundliche Angestellte mir bei der Organisation der Weiterreise mit den verschiedenen Verkehrsmitteln behilflich, sei es per Flugzeug, Eisenbahn, Bus, Schiff oder Fähre. Für kürzere Entfernungen habe ich meist Taxis, Boote, Kanus, Pferdewagen, Rikschas oder Fahrräder benutzt.

Bekömmliches und schmackhaftes Essen gehört zu jeder guten Reise. In Myanmar kommt der hungrige Besucher auf seine Kosten: Er findet Restaurants, Imbißstände, Garküchen und Teestuben in allen Variationen. Das burmesische Essen mit seinen vielfältigen Nudelsuppen und Curries ist weniger scharf gewürzt als das thailändische, man kann sich also leicht daran gewöhnen. In den größeren Städten oder Ortschaften bieten China-Restaurants ihr übliches Spektrum an Gerichten. Um mehr über die burmesische Küche und das Angebot an Nahrungsmitteln zu erfahren, habe ich mich auch auf den lokalen Märkten regelmäßig umgesehen. Vor allem während meiner späteren Reisen zögerte ich nicht, den Koch des Hauses, in dem ich untergebracht war, meine Wünsche für das Abendessen – rechtzeitig, versteht sich – wissen zu lassen: Keinen *frozen fish* mehr, auch keine *mixed vegetables*, sondern lieber Speise- oder Flaschenkürbis, Okra, Gurken, Süßkartoffeln und frisch gefangenen Fisch aus einem Fluß oder See in der Nähe. Manchmal habe ich den Fisch sogar selbst bei einem Fischer besorgt und dem Koch gegeben. Solche Eigeninitiativen zahlen sich mit größten Köstlichkeiten aus. In einem heißen Land wie Myanmar ist die regelmäßige Flüssigkeitszufuhr unerläßlich für das körperliche Wohlgefühl, und so hielt ich mich an das, was mir am bekömmlichsten erschien, Wasser (abgekocht oder in Flaschen), Burmesischen Tee, frische Kokosmilch, Orangen und einheimisches Bier – auch daran kann man sich gewöhnen: Eine Flasche kaltes Myanmar-Bier zum Essen wurde mir bald ein geschätztes Ritual.

Auf allen meinen Reisen war eine Kladde mein ständiger Begleiter. Abends oder wann immer sich während eines Ausflugs Gelegenheit dazu ergab, schrieb ich meine Unternehmungen, Eindrücke und Beobachtungen auf. Welch angenehmer Zeitvertreib, diese Notizen Monate später, an kalten Wintertagen, zu Hause in Frankfurt zu lesen! Aber die Aufzeichnungen hielten nicht nur meine persönlichen Erinnerungen wach, sie waren auch Grundlage für schriftliche Berichte an Freunde und Verwandte, um ihnen die farbenprächtigen Eindrücke und kleinen Abenteuer meiner Reisen zu schildern. Ich wollte sie neugierig machen, ihnen einen Anreiz geben, selbst hinzufahren in das wunderschöne Land mit dem Namen Myanmar.

Aufgrund der langen Isolation des Landes besteht in der Außenwelt ein großer Nachholbedarf, was das allgemeine Wissen über Myanmar betrifft. Vieles muß erklärt werden. Darum beginne ich dieses Tagebuch mit einigen Kapiteln über die einzigartige Geographie, die vielfältigen Klimazonen, die Flora und die Fauna, die verschiedenen ethnischen Gruppen, die lange Geschichte des Landes und die Schwierigkeiten der gegenwärtigen politischen Situation. Zum Abschluß des 1. Teils beschäftige ich mich mit der wichtigsten Religion, dem Theravada-Buddhismus. Dieser Überblick soll dem Leser helfen, einen ersten Eindruck von den charakteristischen Zügen und Eigenschaften Burmas zu gewinnen.

Die damalige Hauptstadt Yangon (früher Rangun) mit seiner weltberühmten, majestätisch die Skyline überragenden Shwedagon Pagode, diente mir als Ausgangspunkt für alle meine Unternehmungen. Auf meiner ersten Reise flog ich von dort nordwärts, dem Ayeyarwady Fluß – der wichtigen Arterie des Landes – folgend, mitten ins Herz von Burma. Bagan, das große Wunder in der zentralen Ebene, war mein erstes Ziel. Selbst für den weitgereisten Besucher sind die überwältigenden Anblicke, die Bagan zu bieten hat, ein unvergeßliches Erlebnis: Zahllose, fast tausend Jahre alte Tempel, Stupas und Klöster auf der rötlichen, kaum mit verkümmerten Bäumen und niedrigen Sträuchern bedeckten Erde eines weit geöffneten, flachen Geländes unter der brennenden Sonne und einem wolkenlosen, azurblauen Himmel. Das Fest der Lichter, das am Ende der buddhistischen Fastenszeit gefeiert wird, konnte ich drei Tage in einem kleinen Dorf miterleben.

Auf dem Ayeyarwady fuhr ich weiter nach Mandalay. Ein „invalides“ Flußschiff, das im Schneckentempo stromaufwärts kroch, erlaubte mir zwei erholsame Tage, bevor ich Mandalay, die letzte königliche Hauptstadt des alten Burma erkunden würde. Dort, im religiösen und kulturellen Zentrum des Landes, blüht noch immer das traditionelle Kunsthandwerk. Tausende von Mönchen und Nonnen sind in der Stadt und den umliegenden Hügeln zu Hause. In unmittelbarer Nähe liegen die ehemaligen Hauptstädte vergangener Königreiche – etwa Inwa, Amarapura oder Sagaing.

Auf meiner zweiten Reise mietete ich mir für 3 Wochen – zu einem annehmbaren Preis – einen kompletten Eisenbahnwaggon mit Schlaf-, Wohn- und Eßzimmer, Bad und Küche. In meinem Pullmann-Wagen konnte ich nach Belieben kreuz und quer durchs Land fahren und ihn an besonders interessanten Orten abkoppeln lassen. Eisenbahnfahrten haben für mich einen besonderen Reiz. Während man geruhsam aus dem Fenster schaut, gleiten Städte, Dörfer, Felder und Wälder, Seen, Flüsse, Berge und Hügel, wie von unsichtbarer Hand bewegt, vorbei. Die Landkarte, die man zu Hause studiert haben mag, wird vor den eigenen Augen lebendig. Der Sinn einer Eisenbahnreise ist eben nicht nur der Transport zum Zielbahnhof, sondern sie selbst ist der Zweck der Reise.

Mit einem jungen burmesischen Führer und einem von der Eisenbahngesellschaft gestellten Bewacher und Koch fuhr ich von Yangon nach Norden in die trockene Zentralebene, wo es nach einem kurzen Aufenthalt weiter ging in Richtung Osten, mit Kurs auf den Shan Staat. Der Zug kletterte die Vorberge des gewaltigen Shan Plateaus hinauf bis an einen der schönsten Seen der Welt, den Inle See. Vor dort unternahm ich Ausflüge über den See und auch an die historischen Stätten der Pa-O, einer ethnischen Minderheit, nach Kak Ku und Indein. Um aber vom südlichen Teil des Shan Staates in den nördlichen zu gelangen, mußte ich zurück in die zentrale Tiefebene, und zwar in die königliche Stadt Mandalay.

Nach einigen Besichtigungen und Begegnungen ging es von dort aus in den Norden des Shan Staats, nach Lashio, die Stadt, in der auch *law and order* enden, denn sie liegt unweit des berüchtigten Kokang Drogengebietes und der chinesischen Grenze. Von Lashio aus unternahm ich einen Tagesausflug in die alte fürstliche Residenzstadt Hsipaw, wo ich eine Begegnung mit dem Oberhaupt der Fürstenfamilie hatte.

Der letzte Teil meiner langen Reise führte mich zurück nach Mandalay und von dort in fünfundzwanzig Stunden und über achtundsechzig Stationen nordwärts in den Kachin Staat und seine Hauptstadt Myitkyina am Ayeyarwady. Zum Abschluß meines Besuches im nördlichsten Staat Burmas machte ich noch einen Abstecher zu den Ursprüngen des Ayeyarwady, in ein kleines Dorf, wo sich zwei kleinere Flüsse zu dem mächtigen Strom vereinigen.

Meine Gedanken sind immer noch erfüllt von lebhaften Erinnerungen an diese drei Wochen in einem Land voller Überraschungen, das durch seine Selbstisolation jahrzehntelang in Vergessenheit geraten war. Ich hoffe, daß ich mit der vorliegenden Reiseerzählung etwas dazu beitragen kann, ein neues Interesse und neue Aufmerksamkeit für das wunderschöne Myanmar und seine gastfreundlichen Einwohner zu wecken.

1. TEIL: LAND UND LEUTE

„MYANMAR – WO MAG DAS SEIN?"

Der junge Mann am Informationsstand einer großen Buchhandlung in Honolulu war ratlos, nachdem ich auf der Suche nach den neuesten Reisebüchern über Myanmar in der Asien-Abteilung nicht fündig geworden war. „Versuchen Sie es unter Afrika", schlug er vor. Und tatsächlich, da waren sie.

Mit einer Fläche von 676.000 km^2 ist Myanmar oder Burma, wie es früher hieß, das größte Land auf dem südostasiatischen Kontinent, fast so groß wie Texas und doppelt so groß wie Deutschland. Während Texas eine Gesamtbevölkerung von 19 Millionen hat, zählt Myanmar 46 Millionen, Deutschland dagegen 82 Millionen Einwohner. Geographisch ist die Bevölkerung von Myanmar sehr ungleich verteilt. Das Delta-Becken und die Küstenlinie weisen eine außerordentlich dichte, die Hochländer und Gebirgsregionen eine sehr spärliche Besiedlung auf. 80 % aller Burmesen leben in kleinen Städten oder Dörfern auf dem Lande, der Rest konzentriert sich auf nur zwei wirkliche Großstädte: Yangon, das ehemalige Rangun, mit über 4 Millionen, und Mandalay mit etwa 750.000 Einwohnern.

Der nördlichste Punkt Burmas liegt bei 28° nördlicher Breite, vergleichbar mit Neu Delhi oder Tampa in Florida. Der südlichste Punkt, 10° nördlich, befindet sich etwa auf demselben Breitengrad wie San José in Costa Rica oder Addis Abeba in Äthiopien. Die fruchtbare Feuchtigkeitsregion um Yangon liegt auf einer Breite mit dem südlichen Teil der Sahara. Der Wendekreis des Krebses (23,7° nördlicher Breite), der im allgemeinen als die Tropengrenze der nördlichen Hemisphäre gilt, durchzieht das Land ungefähr in der Mitte zwischen Mandalay und Myitkyina (Kachin Staat).

Abgesehen von dem langen Südzipfel, dem schmalen Tanintharyi-Streifen, hat es im Groben die Form einer Raute, so daß, wenn man den „Schweif" hinzunimmt, die Gestalt eines Flugdrachen erkennbar wird. Insgesamt mißt Burma etwa 800 Kilometer von Osten nach Westen und 2.000 Kilometer von Norden nach Süden.

Im Westen berühren seine Grenzen Bangladesch und Indien; im Nordosten schließt sich China an (die autonome Region Tibet und die Provinz Yunnan – der neue Drogenweg nach Osten); im Osten, wo Burma an Laos und Thailand grenzt, bildet es gemeinsam mit beiden Ländern das berüchtigte „Goldene Dreieck", eines der größten Rauschgiftzentren der Welt.

Durch einen Ring von Bergketten und Hochplateaus, die vorwiegend in Nord-Süd-Richtung verlaufen, ist Burma fast überall von seinen Nachbarländern isoliert und abgeschnitten. Seine drei größten Flüsse, die im Himalaja und in Tibet entspringen, folgen ebenfalls der Nord-Süd-Richtung, ehe sie sich in die Andamanensee ergießen. Der Ayeyarwady (ehemals Irrawaddy) und sein mächtiger Zufluß, der Chindwin, die Hauptarterien des Landes, münden in ein neunarmiges Delta nahe Yangon. Über eine Strecke von rund 1.500 Kilometern, von Bhamo im Kachin Staat bis Yangon, ist der insgesamt 2.170 Kilometer lange Ayeyarwady schiffbar.

Auch der Chindwin kann teilweise für den Schiffsverkehr genutzt werden. Diese beiden sind breite, langsam fließende Ströme mit langen Sandbänken während der Trockenzeit. Der Thanlwin (ehemals Salween) fließt weiter östlich durch die Shan und Karen Staaten nach Süden, wo sein Lauf in einem längeren Abschnitt die Grenze zu Thailand bildet. Wegen der vielen Schluchten und Stromschnellen, der gefährlich reißenden Strömungen und dem wechselhaften Wasserstand ist der Thanlwin nur über etwa 160 Kilometer schiffbar.

Die Flüsse und Gebirgsketten sowie – in geringerem Maße – das Klima und die Bevölkerungsgruppen unterteilen das Land in acht verschiedene Zonen. Da ist zunächst einmal der Kern der Nation, durch dessen Mitte die Hauptverkehrsader des Landes führt, der mächtige Ayeyarwady. An seinem mittleren Lauf entstanden die großen Königreiche der Burmanen. Die Briten nannten dieses Stammland der Burmanen *Burma Proper* und unterteilten es erstens in *Lower Burma*, mit dem Küstenstrich und dem Ayeyarwady-Delta um Yangon, und zweitens in *Upper Burma*, das trockene Binnenland mit Bagan und Mandalay. Die meisten der ethnischen Minderheiten leben in den Grenzgebieten, dem *Outer Burma,* wie die Briten es nannten, das sich im Halbkreis wie ein Hufeisen um das Kernland legt: Im Westen die Rakhine Bergketten, im Nordwesten die Chin Hills, im Norden die Ausläufer des Himalaja und die Kachin Hills, im Osten das weite Shan Plateau sowie im Südosten die Karen Gebiete. Die achte Zone ist der lange „Schweif" im Süden, der schmale Tanintharyi Streifen.

Niederburma, insbesondere das fruchtbare Delta, ist der Reiskorb der Nation, der allein ganz Myanmar ernähren kann. Aber weil die Bevölkerung des Landes schneller gewachsen ist als seine Reisproduktion, ist der für den Export verfügbare Überschuß gesunken. Inzwischen haben Thailand, die USA, Pakistan, China und Australien Burma überholt und von seinem Stammplatz als weltweite Nummer 1 der Reis exportierenden Länder verdrängt. Der nahrhafte Boden dieser Region bringt aber nicht nur Reis, sondern auch Zuckerrohr, Kautschuk, Tee und Jute hervor. Im Mittelpunkt liegt Yangon (Rangun), das wirtschaftliche und kulturelle Zentrum des Landes. Im November 2005 verlor die Stadt aber den Rang einer Hauptstadt, denn diese wurde auf ein 300 km nördlich - bei der Stadt Pyinmana - gelegenes Areal verlegt. Die dort neu anlegte Stadt bekam im März 2006 den Namen Naypyidaw, was „Sitz der Könige" bedeutet.

In Oberburma, das „Herz von Burma" genannt – Ziel meiner ersten Reise –, war die Macht etwa tausend Jahre lang verankert: Hier wurden die alten Königreiche mit ihren Hauptstädten gegründet und zerstört. Bagan und Mandalay, die letzte Königsstadt, ehe die Briten den König vertrieben, rufen dem Besucher die glorreiche Vergangenheit und historische Größe Burmas in Erinnerung. Obwohl in diesen Gegenden auch Reisfelder zu sehen sind, ist die Landwirtschaft weitgehend dem Anbau von Baumwolle, Tabak, Erdnüssen, Sorghum, Sesam, Bohnen und Mais vorbehalten.

Es scheint mir angebracht, hier, in Verbindung mit all dem, was Burma oder Myanmar an Sehenswürdigkeiten bietet, ein paar Worte zu den Namensgebungen zu sagen. Das Reisen innerhalb des Landes ist etwas schwieriger geworden, seit die Regierung 1989 beschlossen hat, die „koloniale" Schreibweise mancher geographischer Namen dahingehend zu ändern, daß sie der burmesischen Aussprache näherkommt. Augenblicklich findet der Tourist in der älteren Literatur die Ortsnamen aus der Kolonialzeit, die mit denen der heute gebräuchlichen Landkarten nicht mehr übereinstimmen und mühsam zu identifizieren sind. Nachdem ich selbst auf meinen Reisen meine liebe Not mit diesem Problem hatte, habe ich beschlossen, in meinem Bericht die neuen Namen zu benutzen, die auf den Karten leichter zu finden sind.

Auf meiner ersten Reise fuhr ich den Ayeyarwady von Bagan nach Mandalay hinauf und verbrachte eine Nacht an der Einmündung des Chindwin. Auf meiner zweiten Reise begegnete ich dem Ayeyarwady erst in Yangon, dann wieder in Mandalay und schließlich in Myitkyina; von dort machte ich einen Ausflug nach Norden, um den Zusammenfluß des Mali Hka und des Me Hka am Ursprung des mächtigen Ayeyarwady zu sehen. Mein Traum aber ist der wilde Thanlwin im Osten. Leider ist es nahezu unmöglich, für die Gebiete, die er durchfließt, eine Reiseerlaubnis zu bekommen, weil sie – sowohl die Wa Hills als auch der Kayah und der Kayin Staat – nur teilweise von Regierungskräften kontrolliert werden.

Nur einmal ist mir ein kurzer Ausflug auf dem südlichsten Teil des Thanlwin gelungen. Von Hpa-an, der Hauptstadt des Karen-(Kayin) Staates, fuhr ich heimlich frühmorgens per Auto mit einem Karen-Führer in das Rebellengebiet hinein, in Richtung Norden bis in das Dorf Shwegon, wo ich aber bald von Polizei und Geheimdienst entdeckt und für ein paar Stunden unter Hausarrest gestellt wurde. Das war sicherlich auch zu meinem Schutz, denn auf der Landstraße waren wir den schwer bewaffneten buddhistischen Karen-Soldaten in ihren Jeeps begegnet. Nach ein paar Ermahnungen erlaubte man mir die Rückkehr nach Hpa-an mit einem *longtailboat* auf dem Thanlwin Fluß, der bis zur Hauptstadt durch ein weites, grünes Tal fließt, das durchsetzt ist mit vereinzelten steilen Bergmassiven, die wie wuchtige

Festungen aus der Landschaft ragen. Ein gelungener Ausflug, wenn man von dem dreistündigen Hausarrest einmal absieht.

Meine ersten beiden Reisen legte ich so, dass ich zu Beginn der verhältnismäßig kühlen Trockenzeit, die von November bis Ende Februar dauert, in Yangon eintraf. Für die Planung ist es wichtig zu wissen, daß Myanmar drei Jahreszeiten hat. Wegen der wechselnden Höhen und Breiten kann der Reisende unterwegs auf merkliche Unterschiede stoßen, was die Temperatur, die Regenmenge, die Windbedingungen, die Flora, die Fauna und andere natürliche Gegebenheiten anbelangt. Das folgende Kapitel befaßt sich ausführlicher mit der Physiogeographie des Landes.

KLIMA, FLORA UND FAUNA

Das Klima

Nach dem traditionellen Schema der Klimaklassifikation wird die Erdoberfläche entsprechend den wichtigsten Breitenkreisen und der Tageslänge in tropische, subtropische sowie gemäßigte, subarktische und arktische Klimazonen eingeteilt. Die Tropen reichen vom Äquator (0°) bis zum Wendekreis des Krebses in der nördlichen und dem Wendkreis des Steinbocks in der südlichen Hemisphäre, das heißt, am *Erdäquator* orientiert, von 23°27′ nördlicher bis 23°27′ südlicher Breite. Diese Breitengrade entsprechen der nördlichsten und südlichsten Deklination der Sonnenekliptik vom *Himmelsäquator*.

In Myanmar – mit der südlichsten Breite von etwa 9°45′ Nord und der nördlichsten Breite von 28°20′ Nord – wären demnach zwei Klimazonen der nördlichen Hemisphäre vertreten, die tropische und die subtropische. Da die Tropengrenze, der Wendekreis des Krebses, rund 160 Kilometer nördlich von Mandalay verläuft, müßte diesem Schema gemäß alles, was noch weiter nördlich liegt – fast die Hälfte der Landmassen von Burma –, als subtropisch eingestuft werden.

Immer noch der alten Klassifikation folgend, müßte auch das Klima innerhalb der einzelnen Zonen mehr oder weniger einheitlich sein. Soweit es die tropische Zone Burmas betrifft, ist das jedoch keineswegs der Fall. Wie wir gesehen haben, gibt es Feuchtgebiete im Süden und eine trockene, nahezu aride Zone im Norden, zwischen Pyay, Mandalay und Bagan. Und wie läßt sich der krasse Unterschied zwischen dem feuchten, fruchtbaren Delta um Yangon und dem öden südlichen Teil der Sahara-Wüste erklären, die doch auf derselben geographischen Breite liegen, definitionsgemäß also beide den Tropen der nördlichen Hemisphäre angehören?

Die moderne Klimaforschung berücksichtigt mehrere Variablen, unter anderem Temperatur- und Niederschlagswerte, Feuchtigkeit, Höhenlage und Bodengestalt. Ihrer Einteilung in Klima- und Landschaftszonen liegen zumeist die Reaktionen von klimaabhängigen Phänomen auf Wetter und Klima zugrunde. Die natürliche Pflanzenwelt etwa ist ein solches Phänomen, das stark vom Klima abhängt, eine Art klimatologisches Meßinstrument. Bei der heute üblichen Gruppierung von Klimaelementen spielt die Vegetation – Regenwald, Savanne, Taiga, Tundra oder Wüste – eine wesentliche Rolle. Die Art der Vegetation wird durch verschiedene Faktoren wie Temperatur, Feuchtigkeit, Niederschlag, Bodenbeschaffenheit und Höhenlage bestimmt, von denen die drei ersten unmittelbar mit den in einem Klimagebiet vorherrschenden Winden zusammenhängen. Meine Freunde auf Hawaii kennen solche Windsysteme gut – in ihrem Fall pazifische Passatwinde –, die Teil der atmosphärischen Luftströmungen sind.

Myanmar indes liegt nicht im Einflußbereich der Passate. Gemeinsam mit Indien und Indochina wird es von einem anderen Windsystem beherrscht, dem Monsun. Oft wird angenommen, Monsun sei gleichbedeutend mit Regen oder Regenzeit, aber tatsächlich ist es eine Luftströmung, die von kälteren in wärmere Regionen drängt und darum mit der Jahreszeit die Richtung wechselt.

In Burma weht der Monsun zwischen Mai und Oktober vom Meer zum Land und zwischen November und April vom Land zum Meer. Der sogenannte Sommer-Monsun hat eine südwestliche Richtung, und da in der aufsteigenden Luft Wasserdampf kondensiert, bringt er reichlich Niederschläge, deren Menge und Dauer jedoch von Jahr zu Jahr unterschiedlich ausfallen. Im Gegensatz dazu hat das, was wir als den Winter-Monsun bezeichnen, eine vorwiegend nordöstliche Richtung und führt kaum Regen mit. Während es in den gemäßigten Zonen der Welt vier Jahreszeiten gibt, kennt Burma nur drei Jahreszeiten, in denen sich Temperatur und Vegetation sehr viel weniger verändern als in den gemäßigten Regionen. Der Regenzeit, die von Mai bis Oktober dauert, folgt eine kühle Trockenzeit von November bis Februar, an die sich die heißen und trockenen Monate März und April anschließen.

Windsysteme beeinflussen auch die Zirkulation an der Meeresoberfläche: In der Monsunzone kommt es halbjährlich zu einem Richtungswechsel, der zwei entgegengesetzte Strömungen hervorbringt. Myanmar empfängt den größten Teil seiner Jahresniederschläge während der Regenzeit, wenn der Südwest-Monsun, vom Golf von Bengalen und der Andamanensee kommend, zuerst auf die Küstengebiete trifft, namentlich auf das Ayeyarwady-Delta um Yangon, den nordwestlichen Rakhine Staat nahe Bangladesch und den Küstenstreifen Tanintharyi entlang der südlichen Grenze zu Thailand. Staus an den hohe Gebirgsketten im Hinterland der beiden letzten sorgen dafür, daß diese von Regenfluten heimgesucht werden, die zu den schwersten der Welt gehören. In Sittwe (ehemals Akyab), der Hauptstadt des Rakhine Staats, werden jährlich etwa 5.200 Millimeter Niederschlag gemessen, davon über 90 Prozent während der Regenzeit, zwischen Mai und Oktober. Wer nicht in den Tropen lebt, stellt sich unter Regenzeit oft einen Dauerregen vor, der Tage und Wochen anhält. Aber das trifft nicht immer zu. Die Monsunregen fallen zumeist spät nachmittags oder abends, doch wenn der Himmel dann für einige Stunden seine Schleusen öffnet, kommt es zu sintflutartigen Ergüssen. Obgleich die Monsunregen für die Landwirtschaft unverzichtbar sind, können sie zu dieser Jahreszeit in verschiedenen Teilen des Landes schwere Überschwemmungen und verheerende Schäden verursachen.

Bei der Niederschlagsmenge gibt es von Region zu Region drastische Unterschiede, die im Wesentlichen mit der Topographie zusammenhängen. Aber auch wenn Sittwe mit über 5.000 Millimetern pro Jahr den meisten Regen abbekommt, liegen die Durchschnittswerte in anderen Gegenden ziemlich hoch: Im südlichen Mawlamyine (ehemals Moulmein) sind es annähernd 4.400 Millimeter; im Ayeyarwady-Delta und Yangon 2.500 Millimeter; auf dem Shan-Plateau sind es 1.500 Millimeter; aber in der trockenen Ebene um Bagan weniger als 900 Millimeter. Innerhalb von Myanmar variiert auch die Temperatur beträchtlich. Während der heißen Jahreszeit kann die Hitze im trockenen zentralen Tiefland schwindelerregende 45°C erreichen. Die britischen

Kolonialherren pflegten ihre Familien in den heißen Monaten an kühlere Orte in den Shan Hills zu bringen, nach Pyin Oo Lwin (ehemals Maymyo) oder nach Kalaw. Auf dem Shan-Plateau selbst kann die Nachttemperatur bis gegen den Gefrierpunkt sinken. In Yangon liegt die Durchschnittstemperatur im Januar bei 25°C, während in Bhamo im Kachin Staat nur 16°C verzeichnet werden. Das letzte Ziel meiner zweiten Reise war Myikyina in den Kachin-Bergen, wo mir eine warme Jacke, die ich in Yangon gekauft hatte, an den kühlen Abenden wertvolle Dienste tat.

Auf ein Phänomen kann sich aber weder der Einheimische noch der Besucher vorbereiten, und das sind die Zyklone, die das Land zumeist zwischen Mai und November unerwartet und mit großer Wucht treffen können. Ein solcher tropischer Wirbelsturm mit Namen Nargis (Narzisse) traf am 2. Mai 2008 das Ayeyarwady Delta Gebiet und die Stadt Yangon.

Die Zyklone entstehen im Indischen Ozean und ziehen von dort zumeist nach Norden, wo sie auf Indien oder Bangladesh stoßen. Nargis entwickelte sich am 27. April im Golf von Bengalen und zog zunächst nach Nordwesten, wo er an Kraft zu verlieren schien. Als er aber nach Osten abdrehte, gewann er an Größe, Kraft und Geschwindigkeit und entwickelte sich zu einem der tödlichsten Zyklone der letzten Jahrzehnte. Mit Windgeschwindigkeiten von bis zu 215 Kilometer in der Stunde traf auf die unvorbereiteten Menschen im Delta und in der Millionenstadt Yangon. Die auf der Nordhalbkugel sich gegen den Uhrzeigersinn drehenden Winde trieben das Wasser aus der Andamensee direkt in die Mündungsarme des Ayeyarwady Deltas hinein. Im Zusammenspiel von Gezeiten, Sturmflut, auflaufendem Wasser und Regenmengen von teilweise weit über 50 l/qm pro Stunde standen niedrig gelegene Gebiete, die oft nur 1-2 Meter über dem Meeresspiegel liegen, stundenlang bis zu 3,5 m unter Wasser. Was die schweren Böen nicht zerstört hatten, wurde von der Überflutung getroffen. Zugunsten des Reisanbaus hatte man in den letzten Jahren einen erheblichen Anteil der Mangroven gerodet. Diese Mangroven hätten der Flutwelle viel Kraft nehmen können. Aber ohne diesen Schutz konnte die Sturmflut ungehindert bis zu 40 km ins Landesinnere vordringen. Mehr als 100.000 Menschen, insbesondere Kinder und alte Menschen, ertranken in den Fluten. Die Zahl der Hilfsbedürftigen wurde auf 2,4 Millionen geschätzt. Von den Haustieren waren schätzungsweise 1,2 Millionen Hühner und 137.000 Wasserbüffel umgekommen. Der junge Reis konnte nicht angebaut werden, womit auch die nächste Ernte ausfiel. Um die Dörfer und Felder wieder herzurichten wären etwa 10 Milliarden US Dollar nötig gewesen.

Der ausländische Besucher wird jedoch kaum auf einen Zyklon treffen, da die Reisesaison etwa dann beginnt, wenn die Zyklonsaison meist schon zu Ende ist, nämlich im November.

Die Flora

Die landesweit so unterschiedlichen natürlichen Gegebenheiten – besonders was die Niederschlagsmenge, die Temperatur, den Feuchtigkeitsgrad, die Bodenbeschaffenheit und die Höhenlage betrifft – haben in Burma eine Vielfalt von Klimazonen hervorgebracht, die jedoch nicht klar abgegrenzt sind, sondern sich im Gegenteil stark überschneiden und gewöhnlich stufenweise ineinander übergehen.

Sogar innerhalb bestimmter Klimazonen, etwa der Monsunwaldzone, tauchen stellenweise andere Vegetationstypen wie Savanne oder Halbwüste auf. Auch von einer weiteren Regel bildet Burma eine Ausnahme: Die tropischen Wälder erstrecken sich weit über den Wendekreis des Krebses hinaus nach Norden.

Um die Bandbreite der Klimazonen anschaulich zu machen, sind Verallgemeinerungen notwendig, auch wenn ein Phytogeograph der folgenden Klassifizierung widersprechen mag:

- Immergrüner tropischer Regenwald,
- Monsunwald oder tropischer Falllaubwald,
- Mangrove,
- Savanne oder Grasland,
- Trockenwald oder Halbwüste.

In den Hochländern und Gebirgen kommen, je nach Höhenlage, weitere Zonen vor:

- immergrüner subtropischer Wald mit großblättrigen Bäumen,
- temperierter Regenwald mit großblättrigen, teils laubabwerfenden Bäumen,
- immergrüner Koniferenwald, subalpiner Schneewald und alpine Strauchgewächse.

Wie all diese Kategorien zeigen, besitzt Myanmar eine wirklich erstaunliche Zahl unterschiedlicher Klimazonen. Dieses relativ kleine Land, das sich von Süden nach Norden über 2.000 Kilometer erstreckt und dessen Klimazonen von tropischen Küstengebieten auf der Malaiischen Halbinsel bis zu schneebedeckten Bergen der Himalaja-Ausläufer reichen, ist mit einer unglaublich vielfältigen Flora gesegnet. Man sagt, einen größeren Reichtum biete nur China, das ungefähr vierzehn Mal größer ist. Bedauerlicherweise gehören die burmesischen Pflanzengemeinschaften zu den am wenigsten erforschten der Welt. Ein Grund hierfür ist die frühere Politik der strikten Abschottung unter Ne Win. Damals war sogar ausländischen Wissenschaftlern die Einreise verboten. Es ist also kein Wunder, daß in jüngerer Zeit keine allgemeinverständlichen botanischen Bücher über die Pflanzenvielfalt in Myanmar erschienen sind. Es gibt einige ältere Veröffentlichungen aus der Kolonialzeit, unter anderem eine Bestandsaufnahme der Bäume, Strauchgewächse und Kräuter von J.H. Lace, die 1987 von H.G. Hundley aktualisiert wurde, inzwischen aber leider vergriffen ist (siehe Literaturliste am Ende dieses Buches). Ich hatte großes Glück, im Pagan Bookshop in Yangon noch ein Exemplar zu finden.

Pflanzwirtschaft und -ästhetik

Mit diesem Spektrum an Vegetations- und Klimazonen geht ein außerordentlicher Artenreichtum einher, der für die Bevölkerung von Myanmar nützlich, oft sogar ihre Lebensgrundlage ist. Die vielen Pflanzen – oder besser gesagt ihre Ernte – ernähren die

Nation nicht nur, sondern erlauben auch, Produkte und Erzeugnisse ins Ausland zu verkaufen. Es überrascht daher nicht, daß Burma historisch gesehen zu den Zielen früher Kaufleute aus Arabien, Indien und China gehörte, die den Handel mit Nahrungsmitteln, Stimulanzien und Gewürzen – ob Reis, Tee, Pfeffer, Muskat, Gewürznelken oder Zimt – schon damals entdeckt hatten.

Vorwiegend durch arabische Kaufleute haben einige dieser Kostbarkeiten bereits das antike Griechenland und Rom erreicht. Sehr viel später, im fünfzehnten und sechzehnten Jahrhundert, überquerten europäische Entdecker die Ozeane auf der Suche nach neuen Wegen, neuen Ländern und hochwertigen Waren. Die Schätze, die sie in Südostasien vorfanden, waren Gewürze und stimulierende Genußmittel. Mit der Zeit führte die Entdeckerlust zur Ausbeutung: Die europäischen Großmächte errichteten neue politische, militärische und wirtschaftliche Ordnungen, schufen Handelsbeziehungen, organisierten die Manufaktur und nahmen die Bodenschätze in Besitz. Bald merkten die Kolonialherren auch, daß Land- und Forstwirtschaft (Abholzung) ein äußerst gewinnträchtiges Geschäft waren, wenn die Rohmaterialien und -erzeugnisse exportiert werden konnten. Burmas wirtschaftliche Attraktivität lag in seinem großen Reisüberschuß und den üppigen Hartholzbeständen.

Die Kolonialmächte hatten ein wachsames Auge auf die einheimischen Nutzpflanzen ihrer jeweiligen Kolonien, siedelten aber auch eine Vielzahl tropischer Pflanzen aus anderen Teilen der Welt dort an. Der umfangreiche Import fremder Pflanzen wie Bananen, Kaffee, Tee oder Kautschukbäume, um nur einige zu nennen, führte in Burma und ähnlichen Ländern zu einer beträchtlichen Erweiterung des Angebots an Kulturpflanzen, besonders solchen, die ein gutes Geschäft versprachen.

Heute ist Burma mit der größten Artenvielfalt in ganz Südostasien gesegnet. Etwa 40 Prozent des Landes sind mit Naturwald und weitere 30 Prozent mit Sekundärwald bedeckt. In den tropischen Regenwaldgebieten können sich auf einem Hektar mehr als hundert Baumarten versammeln, landesweit gibt es insgesamt über zweitausend. Burma ist für seine Harthölzer berühmt, besonders für seine Teakbestände, die 70 Prozent der Weltreserven ausmachen. Aber der Begriff „Harthölzer" ist ungenau. Im weiteren Sinne umfaßt er jedes Holz außer dem von Kiefern, Fichten und anderen Nadelbäumen. Im engeren und praktischeren Sinne bezeichnet er nur strapazierfähiges, schweres Holz mit einer kompakten Struktur. Dieser Definition gemäß gelten Ebenholz, Ahorn, Walnuß und Mahagoni als Harthölzer. In Burma fügt man dem noch Teak, Rosenholz *(padauk)*, burmesisches Eisenholz *(pinkado)* sowie Kirsch- und Sandelholz hinzu.

Im Laufe meiner beiden Reisen, insbesondere bei meinem Besuch im Shan Staat, sind mir noch andere Bäume begegnet: Hoch aufragende Tamarinden, mächtige, schattenspendende Banyanbäume, Alleen von Eukalyptus und Plantanen, Auch Scheffleria-, Drachen- und Feigenbäume, Wildpflaumen und Wildkirschen, Mango, aber auch Kiefern, Tannen und im Norden sogar Eichen. Die weitverbreitete Banane, obgleich eine Staude und kein Baum, erreicht rund um die Häuser eine so imposante Höhe, daß sie mit ihrem Scheinstamm wirklich aussieht wie ein großer Baum.

Außerdem gibt es noch die vielen, dickichtartigen Bambuswälder, die assoziativ eng mit Burma in Verbindung gebracht werden, das über siebzig verschiedene Arten dieser Pflanzenfamilie verfügt. Eine zweite Pflanze, die sich untrennbar mit Burma und den Tropen überhaupt verbindet, ist natürlich die Palme, welche die westlichen Besucher so dekorativ und die Einheimischen so nützlich finden. Einer indischen Legende zufolge gibt es 801 Wege, um von der Palmyrapalme Gebrauch zu machen, und der „beste" Weg ist, ihren Saft in Palmwein zu verwandeln. Aber der Baum wird auch benutzt, um Matten, Bürsten, Besen und viele andere Dinge herzustellen. Aus seinen Früchten wird Marmelade gemacht, und sein gegen Salzwasser resistentes Holz ist für den Floßbau gut geeignet. Die Zucker- oder Toddypalme ist für ihr Endprodukt, den Palmenwein, berühmt. Der orangefarbene Samen der Arekapalme, auch als Betelnuß bekannt, wird mit einem Gemisch aus gelöschtem Kalk, Zimt und anderen Gewürzen in Blätter des Betelpfeffers eingewickelt und gekaut, vor allem von der älteren Generation. Betelnuß ist eine milde, die Speichelproduktion anregende Droge, die den Speichel tiefrot und die Zähne bräunlich färbt. In Burma hinterlassen die regelmäßig ausspuckenden Liebhaber des Betelpriems große dunkelrote Flecken auf Fußböden und Gehsteigen. Die Fruchtstände der Ölpalme liefern ein Palmfett, das für Margarine und Kerzen benutzt wird, während das aus den Samen gewonnene Öl der Seifenherstellung dient. Und schließlich gibt es da noch die wohl bekannteste Art, die Kokospalme, deren Nüsse manchmal Tausende von Meilen über den Ozean treiben. Ihr Fruchtfleisch, die Kopra, besteht zu 65 bis 70 Prozent aus Öl. Der Saft wird – man ahnt es schon – zu Palmwein vergoren. Da im Buddhismus alkoholische Getränke verboten sind, wollen wir annehmen, daß der Palmwein ausschließlich für den Export bestimmt ist.

Dank der verschwenderischen Vielfalt blühender Bäume, Sträucher und Kletterpflanzen wirken Täler und Berghänge wie leuchtende Pinselstriche in der Landschaft. Aus der Abgeschiedenheit meines Eisenbahnwagens bot sich mir eine Augenweide dar. Eine ganze Palette aus Rottönen, Scharlach, Purpur und Goldgelb: Flammenbäume, Flamboyants, afrikanische Tulpenbäume, Jacaranda, Frangipani, Röhrenkassien und Korallenbäume flogen im Sonnenlicht vorbei. Und dazwischen, wie eingestreute Farbtupfer, eine Fülle von Strauch- und Klettergewächsen, die das betörende Bild dieser Farbsymphonie vollendeten: Goldene Akazien, hellrosa Oleander, dunkelrote Weihnachtssterne, korallenroter Hibiskus, wilde Pflaumen in knalligem Pink, orangenes Geißblatt, gelbe Tagetes, mehrfarbige Bougainvilleen, eine fliederblaue Kletterpflanze sowie Kakteen und Farne aller Art.

Auf den Märkten, an Eisenbahnstationen und besonders vor Pagoden bieten Frauen Blumen zum Verkauf, einzeln oder in Sträußen: Schlanke Lilien, goldene Sonnenblumen, duftende Rosen, wohlriechenden Jasmin, zarte Nelken, ganze Strünke von Astern (mit Wurzeln), Samtblumen und natürlich farbenprächtige Orchideen jeder Größe und Gestalt. In Burma sind über 850 Arten der Orchideenfamilie bekannt. Einen reizvollen Anblick bieten dem Besucher auch die wunderschönen Blumen auf Seen oder Teichen. Am Inle See werden zierliche indische Lotusblumen kultiviert, rote Wasserlilien schwimmen an der Oberfläche und im Uferbereich oder auf treibenden Pflanzeninseln wachsen hellblaue Wasserhyazinthen. Insgesamt kommt Myanmar, wenn man alles zusammenzählt, was an blühenden Gewächsen erfaßt ist, auf erstaunliche zweiundzwanzigtausend Arten.

Nutzpflanzen und Ernährung

In Myanmar werden Pflanzen selten um ihrer bloßen Schönheit willen angebaut: Die Landwirtschaft ist im allgemeinen gleichbedeutend mit Essen und Ernährung. Pflanzen sind bekanntlich ein wesentliches Element der menschlichen Ernährung, aber auch in den pflanzenreichen Tropen – und in den Entwicklungsländern überhaupt – leiden die Menschen häufig unter ernährungsbedingten Mangelkrankheiten. Um gesund zu bleiben, braucht der menschliche Körper Kohlehydrate, Proteine, Fette, Vitamine und Mineralien in angemessenen Proportionen. Woraus bezieht die burmesische Bevölkerung diese wesentlichen Nährstoffe?

Bei der Versorgung mit Kohlehydraten spielt Reis natürlich die Hauptrolle, wahrscheinlich gefolgt von Zucker und, in geringerem Ausmaß, Kartoffeln, Süßkartoffeln, Yams, Maniok, dem Palmenmark, anderen Getreidesorten, wie beispielsweise Hirse und einigen Fruchtsorten. Für die fleischerzeugende Viehzucht sind die Bedingungen in Burma relativ ungünstig, und da sich der Durchschnittsburmese das teure Rind- oder Schweinefleisch kaum leisten kann, wird der Bedarf an tierischem Eiweiß fast ausschließlich durch Fisch gedeckt.

Als pflanzliche Eiweiß- und Fettlieferanten kommen für die Burmesen hauptsächlich Sojabohnen, Erdnüsse, Sesam, Öl- und Kokospalmen und die verschiedenen Nüsse in Betracht. Zum Kochen verwenden sie am liebsten Erdnußöl, das aber meistens teuer und nicht für jedermann erschwinglich ist. Infolgedessen sind viele darauf angewiesen, Sesamöl oder importiertes Palmöl zu benutzen, obwohl bei den Verbrauchern weder das eine noch das andere beliebt ist.

Wie in den meisten tropischen Ländern sind auch in Myanmar die zahlreichen Obstsorten ein wesentlicher Bestandteil der Ernährung. Landesweit gibt es schätzungsweise siebenhundert verschiedene Pflanzen, die eßbare Früchte tragen. Mehr als die Hälfte wächst wild in den Wäldern, die übrigen werden von Bauern kultiviert.

Nur an die hundert Arten gelten als wertvoll und wirklich für den menschlichen Verzehr geeignet. Sie werden fast alle in den Gärten der Bauern oder rund um ihre Häuser angepflanzt. Die Obstgärten spenden den Familien und ihren Tieren aber nicht nur Schatten und Nahrung, sondern auch Öl, Fasern, Harz, Baumaterial und alles, was man in der Küche und für die Zubereitung von Arzneien braucht. Nur ein geringer Teil dieser Produkte gelangt auf die Märkte, hauptsächlich, weil das meiste dem Eigenbedarf dient, aber auch, weil nicht jede Fruchtsorte angemessen gelagert und auf die städtischen Märkte im In- oder Ausland befördert werden kann. Die lange Liste der in Burma wachsenden Früchte enthält, um nur einige der bekannteren zu nennen, Bananen, Papayas, Mango, Gandaria, Ambarella, Avocados, Rosenäpfel, Lychees, Rambutan, Netzannonen, Jackfrüchte, Champedak, Tamarinden- und Brotfrüchte, Ananas, Durian, Mangostane, Kaki, Sternfrüchte, Granatäpfel, Guaven, Passionsfrüchte, Holzäpfel, Zitronen, Limonen, Pomelo, Grapefruit und Orangen.

Auch Gemüse gibt es in wunderbarer Vielfalt. Ein Absatzmarkt dafür sind die Eisenbahnstationen. Oft sah ich die frische Ware zum Verkauf auf den Bahnsteigen der vielen kleinen Eisenbahnstationen ausgelegt, an denen der Zug, in dem ich saß, ein paar Minuten hielt – gerade Zeit genug für den Koch meines Wagens, das Nötigste an Lebensmitteln einzukaufen. Auf die Vielgestaltigkeit des burmesischen Gemüses werde ich später, im Zusammenhang mit meiner Reise durch den Shan Staat, noch ausführlicher zu sprechen kommen.

Kräuter und Gewürze, die in den westlichen Speisen meistens als Geschmacksverstärker dienen, haben in Burma eine vielseitige

Verwendung. Manche decken ein ganzes Spektrum medizinischer Zwecke ab, anderen liefern ätherische Öle. Aber natürlich werden sie auch zum Kochen gebraucht. Die burmesische Bevölkerung ißt oft Reis von minderer Qualität und gelegentlich Hirse oder Sorghum, deren Geschmack durch Hinzufügen bestimmter Gewürze verbessert oder verändert werden kann. Sogar fade und einfache Speisen bekommen, gut gewürzt, einen gewissen Pfiff. In größeren Mengen konsumiert, ist auch der Nährwert von Gewürzen nicht zu vernachlässigen, da sie Öl, Stärke und Vitamine enthalten.

Die Burmesen lieben ihre Currys, hergestellt mit Currypulvern, die milder und süßer sind als die indischen. Kurkuma, die Grundsubstanz, gibt die charakteristische gelbe Farbe ab, aber auch Kümmel, Koriander und Chili sind in der Gewürzmischung vertreten. Die genaue Zusammensetzung der einzelnen Pulver mit unterschiedlichen Geschmacksrichtungen konnte ich nicht herausfinden, aber nach dem, was ich in der großen Gewürzabteilung des Zegyo-Markts in Mandalay zu sehen bekam, werden auch Chilis, Gewürznelken, Zimt, Muskatnuß, Ingwer, Senfkörner, Fenchel, Sternanis, Anissamen, Lorbeerblätter, Kassiarinde sowie schwarzer und weißer Pfeffer verwendet.

Außer ihrem regen Interesse an Gewürzen, waren die großen Entdecker früherer Zeiten auch auf der Suche nach anderen kostbaren Pflanzenprodukten der Tropen: Den Stimulanzien, vor allem Tee, Kaffee und Kakao, die in Europa eine steile Karriere machen sollten. In Burma ist Tee das bevorzugte Getränk. Als allgemeiner Durstlöscher wird er in burmesischen Restaurants und Teestuben ausgeschenkt wie in Amerika das Wasser – kostenlos. Trotz Hunderter verschiedener Teesorten lassen sich drei Hauptkategorien unterscheiden: Fermentierter schwarzer Tee, halbfermentierter „gelber" Oolong-Tee und unfermentierter grüner Tee.

Die Geschichte der burmesischen Teekultur ist nicht so lang wie die chinesische, die mehrere tausend Jahre zurückreicht. Wahrscheinlich haben Wandervölker die Teepflanzen und das Wissen um ihre Kultivierung aus China mitgebracht, als sie den großen Flußläufen von Süd- und Südwestchina bis nach Burma folgten. In den kühlen, feuchten Vorbergen des Himalaja, von der chinesischen Provinz Yunnan bis nach Assam, gedeihen Teegewächse bestens. Lange Zeit hatte China ein Quasi-Monopol im Anbau dieser Pflanzen, aber schließlich gelang es den Holländern und Briten, Saatgut in ihre Kolonien zu bringen. Als ungefähr zur gleichen Zeit Teesträucher in den Bergen zwischen dem indischen Assam und dem Nordwesten Burmas entdeckt wurden, ergriffen die Briten die goldene Gelegenheit, die Assam-Pflanze in anderen Teilen Indiens und in Ceylon anzusiedeln. China verlor sein Anbau-Monopol, und es dauerte nicht lange, bis die *British East India Company* (1600-1858) ihr eigenes Monopol im Teehandel errichtete. Besonders die Amerikaner werden sich an die direkten und indirekten Folgen dieses Monopols erinnern, dessen Bestand das britische Parlament durch die so genannte „Tee-Akte" von 1773 zu verewigen versucht hatte. Das Ergebnis war große Geschichte: Die *Boston Tea Party* und die amerikanische Revolution.

Erstaunlicherweise hat Burma nicht von dem raschen Anstieg der Überseenachfrage nach fermentiertem schwarzem Tee im achtzehnten und neunzehnten Jahrhundert profitiert. Ein Grund dafür mag die Abgelegenheit und Unzugänglichkeit der Gebirgsregion an der indischen Grenze sein, wo man den Assam-Teestrauch entdeckt hatte. Ein anderer könnte in der Unerfahrenheit und mangelnden Kenntnissen der Gebirgsstämme im Massenanbau und den Fermentierungstechniken bestehen. Bis heute sind die westlichen Teile von Myanmar – der Chin Staat und das Gebiet der Naga im Verwaltungsbezirk Sagaing – von den großen Entwicklungen des Landes abgeschnitten. Nur wenige Flughäfen und Straßen stellen eine Verbindung zur Außenwelt her. Die Gebirgsstämme leben immer noch wie ihre Ahnen vor der Kolonisation. Reisen in diese Gebiete sind kaum möglich, aber ich habe die Hoffnung nicht aufgegeben, zumal die Regierung von Myanmar ab und zu Genehmigungen erteilt.

Auf meiner Fahrt durch den nördlichen Shan Staat – in Städte wie Taung-paing oder Moe-meik – habe ich große Flächen mit Teepflanzungen gesehen. Die Shan und mehrere andere ethnische Gruppen, so etwa die Palaung, ein Mon-Khmer-Stamm mit Sprachverwandtschaft zu den Mon und den Wa, der wegen seiner sachkundigen Teekultur hohes Ansehen genießt, produzieren hier hauptsächlich unfermentierten grünen Tee.

Grüner Tee wird das ganze Jahr hindurch geerntet und entsprechend der Erntezeit klassifiziert, wobei die Blätter des berühmten *shwephi-oint-namt* in der Trockenzeit (November bis Januar) gepflückt werden. Mit heißem Wasser übergossen, nehmen verschiedene Sorten des grünen Tees unterschiedlichste Farben an, von hellgelb bis dunkelbraun, dem höchsten Grad.

Die meisten grünen Tees schmecken westlichen Zungen etwas bitter, aber ihre gesundheitsförderlichen Wirkungen dürften inzwischen wohl unumstritten sein. Der verbreitete Glaube, grüner Tee sei weniger anregend als schwarzer, ist falsch. Die getrockneten Blätter von grünem Tee enthalten beides, Koffein und Theophyllin. Doch maßvoll konsumiert, ist grüner Tee nicht nur für Burmesen, sondern auch für Touristen aus dem Ausland ein perfektes Getränk, besonders im heißen Klima von Myanmar.

Der fermentierte schwarze Assam-Tee, auch als *acho-chyauk* bekannt, wird vornehmlich in der Regenzeit produziert. Mit kochendem Wasser aufgebrüht, färbt er sich rötlich. Wenn man – wie in Myanmar üblich – Kondensmilch und viel Zukker hinzufügt, ergibt sich eine übersüße, leicht bittere Brühe.

Teeblätter verwendet man auch – gepreßt und eingelegt – für die Herstellung des beliebten *lephet*. Gemischt mit anderen Zutaten wie getrockneten Shrimps, gerösteten Erbsen, Knoblauch, Erdnüssen und Gewürzen entsteht daraus eine Art Salat, *lephet thok* genannt, der am Ende der Mahlzeit gereicht wird. Wegen des schleimigen Aussehens konnte ich mich aber nicht mit diesem gesunden „Magenschließer" anfreunden.

Obwohl es auf der Welt viel mehr Teetrinker als Kaffeetrinker gibt, hat der sehr viel teurere Kaffee einen höheren Handelswert. Myanmar produziert sowohl Kaffee als auch Tee, aber beide werden hauptsächlich im Inland konsumiert und fallen als Exportgüter wenig ins Gewicht – Tee nicht, weil der größte Teil der Ernte grüner Tee ist, für den im Westen eine geringe Nachfrage besteht, und Kaffee nicht, weil die gesamte Jahresproduktion nur etwa tausend Tonnen ausmacht.

Wie der Tee, wird auch der Kaffee im Shan Staat angebaut, besonders in der Umgebung von Pyin Oo Lwin (ehemals Maymyo) in den nördlichen Vorbergen des Shan-Plateaus, wo während der heißen Jahreszeit ein angenehm kühles Klima herrscht. Die Burmesen lieben ihren Kaffee, den man gewöhnlich als süße Mischung aus Pulverkaffee, Trockenmilch und Zucker in winzigen Tassen serviert bekommt. Nur mit Zitronensaft versetzt, wird das Resultat – ein etwas bitteres und säuerliches Gebräu – „schwarzer Kaffee" genannt. Der mit den Landessitten noch nicht vertraute Fremde ist gut beraten, wenn er sich im Zweifelsfall an den grünen Shan-Tee hält.

Mag sein, daß die Briten versucht haben, als drittes berühmtes Genußmittel auch den Kakao nach Burma zu bringen, aber das muß ein Fehlschlag gewesen sein. Heute jedenfalls wird der Kakaobaum dort nicht angebaut.

Die Fauna

Die ausgedehnten Waldgebiete Myanmars, sowohl im Tiefland als auch in den Hochländern, bieten einen Lebensraum für viele wilde Tiere, unter anderem Tiger, Elefanten, Leoparden, Wildbüffel, Hirsche, Schwarzbären, Wildschweine, Affen, Bergziegen, Flughörnchen, Stachelschweine, Nashörner sowie zahlreiche Vogelarten, Insekten und Reptilien. Eine Vielfalt an Giftschlangen sorgt dafür, daß Burma bei den durch Schlangenbisse verursachten Todesfällen weltweit den ersten Platz einnimmt. Besonders gefürchtet sind die fast zwei Meter lange Russels Pit Viper und die Königskobra, die eine Länge von fünfeinhalb Metern erreichen kann. Außer ein paar Wasserschlangen sind mir auf meinen Reisen keine derartigen Exemplare oder sonstigen Schlangen begegnet.

Die meisten wilden Tiere leben in Regionen, die für Ausländer immer noch gesperrt sind. Zum Schutz von Myanmars einzigartiger Flora und Fauna hat die Regierung 3 National Parks, 17 Wildlife Sanctuaries und 3 Protected Wetlands eingerichtet. Die meisten davon können auch von ausländischen Touristen besucht werden. Die Bergstämme jagen aber weiterhin alles, von dem sie meinen, daß es ihnen gehört.

Die Fischer benutzen Reusen, Netze und Speere, um in Gebirgsflüssen, Seen oder Teichen einen guten Fang zu machen. Als Arbeitstiere werden Zugochsen gehalten – Zebus oder indische Buckelrinder –, die man in der Trockenzone häufig vor Holzkarren gespannt auf den staubigen Straßen sieht, Wasserbüffel, die auf den Reisfeldern der Feuchtgebiete zum Pflügen eingesetzt werden, und Elefanten, die in den Bergen Schwerstarbeit verrichten. Im übrigen sind die gängigsten Haustiere Rinder, Schweine, Federvieh, Katzen und jede Menge Hunde. Pferde und Esel kommen selten vor.

WER IST BURMANE, WER BURMESE?

Myanmar ist eine willkürliche Schöpfung burmesischer Könige und britischer Kolonialherren, die sich über bestehende natürliche, kulturelle, religiöse oder ethnische Zusammenhänge wenig Kopfzerbrechen machten. Die britische Kolonie Burma war der direkten Herrschaft Britisch-Indiens unterstellt. Während *Burma Proper*, also Nieder- und Oberburma, der strengen Aufsicht der britischen Kolonialverwaltung unterlagen, genoss das *Outer Burma*, nämlich die Grenzgebiete, in denen die zahlreichen Minderheiten lebten, eine begrenzte Autonomie. Aus diesen Minderheiten rekrutierte die Kolonialarmee ihre Soldaten, mit deren Hilfe sie *Burma Proper* und die Burmanen kontrollierte. Mit dieser Politik des *Divide and Rule* schürten sie geschickt die Feindseligkeiten zwischen der burmanischen Mehrheit und den ethnischen Minderheiten in den umliegenden Grenzgebieten.

Heute verfügt das Land über vierzehn Verwaltungsbezirke, davon sieben *divisions*, in denen die Volksgruppe der Burmanen vorherrscht, und sieben *states*, die – so ist es jedenfalls gedacht – die sieben größten ethnischen Minderheiten repräsentieren: Die Shan, Kachin, Mon, Chin, Rakhine, Kayin (Karen) und Kayah (Karenni).

Die sieben Divisionen haben eine gemeinsame Basis, was die Kultur, die Sprache, die Religion, die Tradition und die königliche Geschichte anbelangt, die insgesamt als „burmanisch" gelten. Hinsichtlich der Staaten besteht ein wesentliches Problem darin, daß es viele ethnische Splittergruppen gibt, die keinen eigenen Staat besitzen.

Die Shan beispielsweise, die in der Union of Myanmar eine Minderheit darstellen, sind in ihrem eigenen Staat zwar in der Mehrheit, müssen ihn aber mit anderen Minderheitengruppen wie den Pa-O oder den Wa teilen, die weder Burmanen noch Shan sind. Eine Übersicht im Kartenteil des Buches zeigt den Anteil der wichtigsten ethnischen Gruppen an der Gesamtbevölkerung von Myanmar (siehe letzter Farbteil).

Volksgruppen in Myanmar

Ethnische Gruppe	*Bevölkerungs-anteil in %*	*Ethnische Gruppe*	*Bevölkerungs-anteil in %*
Burmanen	69,0	Chin	1,0
Shan	8,5	Kleinere Gruppen	2,5
Karen u. Karenni	6,2	Mischgruppen	1,3
Rakhine	4,5	Chinesen	0,7
Kachin	3,0	Inder	1,4

Die Gelehrten streiten noch über die Kriterien zur Standardisierung ethnischer Definitionen, die in der Tat ein ziemlich kompliziertes Thema sind. Ich bin jedoch überzeugt, daß die raschen Fortschritte auf dem Gebiet der Genforschung, etwa bei der Möglichkeit von DNA-Analysen, in der nächsten Zukunft erlauben werden, die Ursprünge ethnischer Gruppen und ihre Verwandtschaft mit anderen Gruppen zu identifizieren.

Heute machen wir die Klassifikation ethnischer Gruppen gewöhnlich an Sprachmerkmalen fest. Doch die Schwierigkeiten der Zuordnung werden dadurch noch erhöht, daß jede ethnische Gruppe aus mehreren Untergruppen bestehen kann und es viele geographische Überschneidungen der Siedlungsräume gibt. In Myanmar beispielsweise leben zahlreiche Karen in den burmanischen Bezirken, mehrere Shan-Gruppen sind im Kachin Staat zu Hause, und viele Kachin haben sich im nordöstlichen Shan Staat niedergelassen. Obgleich man annehmen könnte, der Gedanke unterschiedlicher Ethnien wäre eine einfache Angelegenheit, bekommt man auf Fragen wie „Woran erkennt man einen Kachin?" oder „Welche lokalen Stämme sind Kachin?" jedes Mal eine andere Antwort. Stämme bestehen oft aus verschiedenen Clans, und die Loyalität des Einzelnen gilt zunächst seinem Clan, dann vielleicht seinem Stamm und zuletzt dem Zentralstaat. Der örtliche Führer entscheidet, wem sich der Clan verpflichtet fühlt.

Unter ethno-linguistischen Gesichtspunkten werden in Myanmar siebenundsechzig anerkannte einheimische Volksgruppen mit rund zweihundert Sprachen und Dialekten unterschieden, die jedoch alle den folgenden vier großen Sprachfamilien angehören:

- der sinotibetischen Sprachfamilie, die sowohl Chinesisch als auch die tibetoburmanischen Sprachen umfaßt;
- der Dajak-Sprachgruppe, einschl. die Thai- und Shansprachen;
- der austroasiatischen Sprachfamilie mit Mon-Khmer-Sprachen;
- der austronesischen Sprachfamilie, die in Myanmar nur durch eine sehr kleine ethnische Minderheit, die im Süden lebenden Moken (auch *sea gypsies* genannt), vertreten ist.

Ethno-linguistische Gruppen in Myanmar

Die tibetoburmanische Gruppe

Fast 80 Prozent der Gesamtbevölkerung von Myanmar sprechen eine Sprache der tibetoburmanischen Familie, die aus über hundert verschiedenen Sprachen oder Mundarten besteht. Viele davon werden vom burmesischen Staat nicht offiziell als eigene Sprachen anerkannt, aber in den ethnischen Gruppen des Landes kommen fast alle tibetoburmanischen Sprachzweige vor. Zu diesen Gruppen gehören:

- das Volk der Burmanen und seine engsten Verwandten, die Rakhine, Intha, Danu und Taungyo, die alle eine Art Burmesisch (oder "Burmish", wie man manchmal sagt) sprechen;
- die Akha und Lahu aus der Umgebung von Kyaing Tong (ehemals Kengtung), deren Mundarten von Lolo-Sprachen abgeleitet sind und die Lisu aus den Shan und Kachin Staaten, die eine mit den beiden ersteren verwandte Sprache sprechen;
- die Jinghpaw, Lashi und Maru aus dem Kachin Staat sowie die Chin und Naga aus den westlichen Grenzgebieten, die keine Burmanen sind, aber wie diese einen Zweig der tibetoburmanischen Sprachfamilie repräsentieren und darum ihre eigenen Sprachen und Dialekte haben;
- die zahlreichen Karenstämme, zu denen unter anderen die Karenni, Pa-O und Padaung gehören und die ebenfalls über eigene Sprachen und Mundarten verfügen;
- die Rawang, ein sehr kleiner Stamm an der Grenze zwischen Myanmar und Tibet.

Die ethnischen Burmanen leben vorwiegend im zentralen Binnenland, zwischen Yangon und Mandalay. Als größte Volksgruppe von Myanmar haben sie alle wichtigen Bereiche unter Kontrolle: Die Regierung, das Militär, die Kultur, die Erziehung, die Medien, die Industrie und das Finanzwesen. Sie sind überwiegend kleine Landbesitzer, ihre Sprache ist Nationalsprache und ihre Religion der Theravada-Buddhismus. Diese Gruppe ist leicht an ihrer unverwechselbaren Kleidung zu erkennen, einem um die Hüften geschlungenen Wickeltuch, dem *longyi*. Die Frauen tragen als typische Gesichtsschminke auf Stirn und Wangen ein gelbes Puder aus der Rinde des *thanakha*- oder Holzapfelbaums. Auf dem Land leben die ethnischen Burmanen in strohgedeckten, meist auf Pfählen errichteten Holzhäusern und betreiben Reisanbau mit Bewässerung.

Die Rakhine, früher Arakaner genannt, sind linguistisch mit den Burmanen verwandt, haben aber vermutlich auch indische Wurzeln. Sie verfügen über einen eigenen Verwaltungsbezirk an der Westküste. In der Nähe ihrer Hauptstadt, Sittwe, liegt eine der bedeutendsten historischen Stätten von Myanmar, die Tempel und Ruinen der alten Königsstadt Mrauk U, die einer Rakhine-Dynastie des siebzehnten Jahrhunderts ihren Namen gab. Obgleich die Rakhine im Lauf ihrer langen Geschichte mehrere Königreiche errichteten, wurden sie zuletzt von den Burmanen besiegt und ihres heiligsten Buddha-Bildnisses beraubt: Der Mahamuni-Statue, die heute in der Mahamuni Paya in Mandalay steht. Die meisten Rakhine sind gläubige Buddhisten, aber unter ihnen, nahe der Grenze zu Bangladesch, bilden die Rohingya eine kleine muslimische Minderheit.

Die Gruppen der Intha, Danu und Taungyo leben im südlichen Teil des Shan Staats – die Dau und Taungyo in der Region von Kalaw, Heho und Pindaya, die Intha an den Ufern und auf dem Inle See. Alle drei sprechen burmesische Dialekte, sind aber auch von der Shan-Kultur ihrer Umgebung beeinflußt. Vermutlich stammen die Taungyo und die Intha ursprünglich aus der Gegend von Dawei im Verwaltungsbezirk Tanintharyi. Man nimmt an, daß sie vor einigen Jahrhunderten vor kriegerischen

Auseinandersetzungen aus dem Süden geflohen sind. Später haben sie sich durch Einheirat mit der ansässigen Bevölkerung vermischt und werden darum manchmal als burmanische Mischvölker bezeichnet. Die Tatsache, daß alle drei keine strenge Stammesführung haben, ist einer der Gründe, weshalb sie nicht – wie die meisten anderen ethnischen Gruppen – mit ihren eigenen Befreiungsorganisationen in den Bürgerkrieg von 1960-1995 eintraten.

Die Akha und Lahu siedeln in der Umgebung von Kyaing Tong (ehemals Kengtung), wo sie als Bergbauern Reis, Buchweizen, Mais, Gemüse und Schlafmohn anbauen. Obwohl sie Rohopium produzieren, sind sie weder Drogenhändler noch stellen sie Heroin her. Ihre Sprachen gehören zu denen der Lolo-Gruppe, die in Südwestchina, Thailand, Laos und Vietnam gesprochen werden. Als diejenigen Stämme, die sich zuletzt in Myanmar niedergelassen haben, sind die Akha und Lahu im neunzehnten Jahrhundert von Südwestchina eingewandert. Einige ihrer Mitglieder haben sich zum Christentum bekehrt, aber in der Mehrheit sind sie Animisten. Von Kyaing Tong aus können einige Dörfer dieser beiden Stämme besucht werden.

Die Lisu, ein anderer Stamm der Lolo-Sprachgruppe, siedeln an der chinesischen Grenze der Kachin und Shan Staaten. Sie führen ein ähnliches Leben wie die Akha und Lahu, und ihre wichtigste Einnahmequelle ist wahrscheinlich Opium. Im Umkreis von Putao – der nördlichsten für Ausländer geöffneten Stadt des Kachin Staats – besteht die Möglichkeit, einige Lisu-Siedlungen zu besuchen.

Der Kachin Staat mit seinen vielen Stämmen ist für Fremde nur teilweise zugänglich. Seine Hauptstadt, Myitkyina, war das letzte Ziel meiner langen Eisenbahnfahrt durch die Grenzgebiete, von der mein zweiter Reisebericht handelt. Manche Quellen beschreiben die Kachin als einen Stamm, aber es gibt keine konkrete Gemeinschaft, die dieser Bezeichnung entspräche. Im Kachin Staat sind viele Stämme verschiedener Sprachfamilien zu Hause. Als repräsentativ gelten jedoch die Jinghpaw, welche die größte und stärkste Gruppe bilden. Die Jinghpaw, Maru und

Lashi gehören einem Zweig der tibetoburmanischen Sprachfamilie an, die ebenfalls im Kachin Staat ansässigen Rawang einem anderen. Im Unterschied dazu sind die Khamti, enge Verwandte der Shan, der Dajak-Sprachgruppe zuzuordnen. Der Kachin Staat ist, anders als der Shan Staat, kein buddhistischer Staat. Tatsächlich haben sich die christlichen Kirchen bei den Jinghpaw besonders erfolgreich durchgesetzt. Ausländische Besucher können die Lebensweise der Jinghpaw, Maru und Lashi im Umkreis der Hauptstadt Myitkyina kennenlernen und von Putao aus möglicherweise einige Dörfer der Rawang und Lisu besuchen.

Die Chin, ein tibetoburmanischer Stamm, bewohnen das abgeschiedene Bergland im Nordwesten, an der Grenze zu den indischen Provinzen Mizoram und Manipur und der Chittagong-Provinz von Bangladesch. Viele Chin haben sich von ihrer animistischen Naturreligion zum Christentum bekehren lassen. Die vielfältigen Chin-Stämme haben keine gemeinsame Sprache, sondern sprechen über vierzig Dialekte. In der Entwicklung ist der Chin Staat erheblich zurückgeblieben. Die mangelnde Infrastruktur dürfte wohl der Hauptgrund sein, warum der Staat nur mit Sondererlaubnis bereist werden darf.

Die ebenfalls tibetoburmanische Gruppe der Naga lebt am oberen Lauf des Chindwin im Sagaing Bezirk, zum größten Teil aber jenseits der Grenze im indischen Nagaland.

Auf beiden Seiten streben die Naga größere Autonomie an und sind als erbitterte Kämpfer für ihre Sache bekannt. Von Zeit zu Zeit erteilt die Regierung von Myanmar Ausländern die Erlaubnis, das Naga-Gebiet in Begleitung eines Führers, – insbesondere zum Naga-Fest im Januar – zu besuchen.

Die Karen, eine große und bedeutende tibetoburmanische Gruppe, setzen sich aus zahllosen Untergruppen und -grüppchen zusammen, von denen die Roten, Schwarzen und Weißen Karen wohl die bekanntesten sind. In der Literatur über die Karen werden manchmal die Eigennamen einzelner Stämme wie Sgaw, Kayin, Pku, Pwo, Bwe, Kayah oder Karenni angeführt. Das mag verwirrend sein, aber sie alle sind Karen, die eine außerordentlich komplexe und vielfältige Gruppe bilden.

Obgleich beide, Burmanen und Karen, der tibetoburmanischen Sprachgruppe angehören, waren sie jahrhundertelang verfeindet. Manche Karen sind Buddhisten, aber viele sind Baptisten geworden: Heute bekämpfen sie sich untereinander, während das burmesische Militär Zug um Zug die Kontrolle über ihr Territorium gewinnt. Die 2,2 Millionen Karen stellen in Myanmar – nach den Burmanen und den Shan – die drittgrößte ethnische Gruppe dar. Sie verfügen über zwei der sieben Staaten, den südlich des Shan Staates gelegenen Kayah Staat mit der Hauptstadt Loikaw und den Kayin Staat mit der Hauptstadt Hpa-an. Beide haben eine gemeinsame Grenze mit Nordthailand, doch obwohl die Karen in dem Ruf stehen, begnadete Schmuggler zu sein, waren sie nie in den Drogenhandel verstrickt. Wegen anhaltender kriegerischer Unruhen sind der Kayah Staat ganz und der Kayin Staat mit Ausnahme des südlichen Teils für Touristen gesperrt – eine überaus bedauerliche Einschränkung, denn gerade der Kayah Staat mit dem wilden Thanlwin, den schönen Tälern und den malerischen Seen gilt weithin als eine der landschaftlich reizvollsten Gegenden von Myanmar.

Der Ursprung der Karen ist nicht belegt, aber es gibt eine hochinteressante Hypothese über ihre Herkunft. Man nimmt an, daß der Stamm in der nordchinesischen Provinz Gansu oder gar in der Mongolei beheimatet war. Die Stammesmythologie liefert Hinweise auf eine Überquerung des *"River of Sand"*, mit dem die Wüste Gobi gemeint sein könnte. Ein anderer Aspekt der Karen-Mythologie ist (oder war) ihr Glaube, eines Tages würde ein heiliger Mann erscheinen und ihr Volk retten. Dieser Glaube wird als Erklärung für die Bereitschaft der Karen herangezogen, sich ohne Zögern von amerikanischen Baptisten zum Christentum bekehren zu lassen. Es ist aber auch denkbar, daß die ursprünglichen Karen mit den Nestorianern in Berührung kamen oder gar Mitglieder dieser frühen christlichen Sekte waren. Der im Mittleren Osten entstandene Nestorianismus – hervorgegangen aus der Verurteilung des Nestorius und seiner Lehren durch das Konzil von Ephesus (431) und das Chalkedonische Konzil (451) – hatte sich in Asien und schließlich in verschiedenen Teilen Nordchinas (einschließlich der Provinz Gansu) verbreitet, wo er zwischen dem siebten und dem zehnten Jahrhundert seine Blütezeit erlebte.

Die Pa-O, eine von den Burmanen Taungthu genannte Untergruppe der Karen, siedeln in den Bergen rund um den Inle See und in dem Gebiet zwischen Taunggyi, der Hauptstadt des Shan Staats, und der Grenze zum Kayah Staat. Über ihre Ursprünge ist wenig bekannt, vermutlich stammen sie aus der Gegend um Thaton. Während der Kolonialzeit bewahrten sie eine Teilautonomie und wurden sowohl von den führenden Shan als auch von der burmesischen Armee verfolgt. Die Pa-O sind gläubige Buddhisten. Ihre wichtigsten religiösen Zentren in Kak Ku und Indein sind für Besucher wieder zugänglich, aber die burmesischen Archäologen wissen kaum etwas über diese beiden prachtvollen historischen Stätten. Im Zusammenhang mit meinem Besuch am Inle See werden ich noch darauf zurückkommen.

Die Padaung, die hauptsächlich im Umkreis von Loikaw im Kayah Staat leben, bilden eine weitere Untergruppe der Karen. Wegen ihrer ungewöhnlichen Art, sich zu schmücken, sind die Padaung-Frauen sicher die meist photographierte Minderheit in Burma. Als junge Mädchen beginnen sie, um den Hals geschmiedete Ringe zu tragen, denen Jahr für Jahr immer mehr Ringe hinzugefügt werden. Auf diese Weise kann der Hals bis zu einer Länge von fünfundzwanzig Zentimetern gestreckt werden.

Die Thai-Shan Gruppe

Die Shan und die Khamti sind Mitglieder der Dajak-Sprachfamilie und eng mit den Thai in Thailand verwandt. Als größte ethnische Minderheit in Myanmar haben die Shan selbstverständlich ihren eigenen Staat. Aber sie müssen ihn mit mehreren Minderheiten teilen, die keine Shan sind – so etwa mit den Wa, den Akha, den Lahu und den Lisu, mit Kokang Chinesen, Tayok Chinesen, Haw Chinesen, Intha, Palaung, Pa-O, Danu und Taungyo. Eine ethno-linguistische Farbkarte des Shan Staats ergäbe ein buntes Patchwork-Design. Die Shan nennen sich selbst „Dtai"; der Name "Shan" wurde ihnen von den Engländern gegeben. Ihre Ahnen sind im dreizehnten Jahrhundert vom südlichen Fuß des Himalaja nach Myanmar eingedrungen und haben die Burmanen jahrhundertelang bekämpft, bis diese sie aus dem zentralen Flachland in die Hochländer des Shan-Plateaus vertrieben. Auf die Shan und ihren Staat werde ich später noch zurückkommen. Eine andere Dajak-Gruppe, die Khamti, nahe Verwandte der Shan, ließen sich im benachbarten Kachin Staat nieder.

Die Mon-Khmer Stämme

Die Mon-Khmer gehören der austro-asiatischen Sprachfamilie an und sind mit der zweiten großen Migrationswelle in das Land gekommen, das wir heute Myanmar nennen. Sie gehören zu jenen Mongolenstämmen, die nacheinander aus dem Hochland von Tibet und anderen, nördlichen Gebieten Chinas in die Täler und Ebenen von Myanmar eingewandert sind. Um das sechste Jahrhundert ließen sie sich in den Tiefländern zwischen dem burmesischen Ayeyarwady und dem Mekong in Kambodscha nieder. Dort kamen sie mit der indischen Kultur in Kontakt, die sie – ebenso wie die Religionen – zum großen Teil übernahmen. Sie brachten eine Hochkultur mit berühmten Kunst- und Bauwerken hervor und waren auch die Schöpfer des unvergleichlichen Angkor Wat, das nur ein Beispiel ihrer hervorragenden architektonischen Leistungen ist. Als im achten und neunten Jahrhundert die Burmanen ins Landesinnere vordrangen, mußten die dort ansässigen Mon schließlich nach Süden weichen. Daraus erwuchs ein Jahrhunderte währender Kampf zwischen Mon und Burmanen um das Territorium. Am Ende siegten die Burmanen und übernahmen von den Mon Religion und Kultur. Die Mon wurden aufgerieben, absorbiert und verloren fast alles, was ihre ethnische und kulturelle Identität ausmachte. Heute gibt es noch Mon-Gemeinschaften in der Umgebung von Bago und Mawlamyine.

Die Palaung, linguistisch mit den Mon verwandt, leben als Bergbauern weit zerstreut im Süd- und Nordwesten des Shan Staates, wo sie Tee und andere Nutzpflanzen kultivieren. In der Umgebung von Pindaya und Kalaw besteht die Möglichkeit, Bergdörfer der Palaung zu besuchen.

Die Gebirgsstämme der Wa, die ebenfalls zu den Mon-Khmer gehören und in den abgeschiedenen Regionen des Shan Staats nahe der chinesischen Grenze siedeln, haben in jüngster Zeit traurige Berühmtheit erlangt: Sie gelten nicht nur als die größten Opium- und Heroinproduzenten von Myanmar, sondern haben ihr tödliches Geschäft auch auf synthetische Drogen wie Amphetamine ausgeweitet, die vorwiegend für Thailand bestimmt sind. Ihre gegenwärtigen Führer sind jedoch keine Wa, sondern ethnische Chinesen, die sich der Befreiungsbewegung und der Rebellenarmee der Wa „bedienen". Wie wir im Zusammenhang mit meinem Aufenthalt in Lashio noch sehen werden, gestattet die burmesische Regierung ausländischen Touristen unter gar keinen Umständen den Zutritt in die Gebiete der Wa.

Die Chinesen

Im Lauf der Geschichte hat es verschiedene Einwanderungsbewegungen aus allen möglichen Regionen Chinas gegeben. Die Vorfahren der meisten Chinesen, die heute im Tiefland und im Zentrum Burmas leben, sind in den letzten zweihundert Jahren über südostasiatische Nachbarländer oder auf dem Seeweg nach Myanmar gekommen. Eine andere Gruppe, die im Shan Staat ansässig ist, kam über einen Zeitraum von vielen hundert Jahren in mehreren Schüben hauptsächlich aus der Provinz Yunnan. Noch andere Chinesen – etwa die aus dem Kokang-Gebiet im Shan Staat – wurden Burma in der Kolonialzeit einverleibt, als die Briten willkürliche Landesgrenzen festlegten.

Lange waren die Chinesen in Myanmar eher unauffällig geblieben (viele Angehörige der älteren Generation erinnern sich mit Schrecken an die anti-chinesischen Ausschreitungen von 1967 in Yangon). Heute löst ihre zunehmende ökonomische und finanzielle Vormachtstellung im Norden und Nordosten des Landes bei vielen Shan und Burmanen eine nicht ungefährliche Verbitterung aus. Insbesondere, weil alle wissen, daß eine Minderheit der chinesischen Bevölkerung von Myanmar illegale Geschäfte, vor allem Schmuggel mit Edelsteinen und Drogenhandel betreibt.

Im Shan Staat gibt es verschiedene mehr oder weniger einflußreiche Chinesen-Gruppen mit einer je eigenen Geschichte: Die Shan Tayok, die sich durch Einheirat mit den Shan vermischt haben und in kleinen Gemeinschaften über den ganzen Shan Staat verstreut leben; die Kokang Chinesen, deren Siedlungsgebiete zwischen Lashio und der Grenze mit China liegen; und die Haw Chinesen, die in den Dörfern und Städten des Goldenen Dreiecks zu Hause sind. Mit den Kokang Chinesen werde ich mich im Zusammenhang mit dem Goldenen Dreieck und dem Thema Opium noch näher befassen, denn aus ihren Kreisen stammen vermutlich einige der größten Opiumhändler von Myanmar. Ihre Volksbrüder, die Haw Chinesen, die als Maultiertreiber aus Yunnan gekommen sind, haben sich in den unzugänglichen Gebirgsregionen des Goldenen Dreiecks als Opiumsammler und Drogenhändler etabliert. Die Haw, auch unter den Namen Hui oder Pathay bekannt, stammen ursprünglich aus Persien und Zentralasien. Sie waren muslimische Chinesen, die sich durch Heiratsverbindungen mit den Han vermischten und hauptsächlich im westlichen Teil Chinas und entlang der burmesischen Grenze lebten. Die Geschichte dieses Stammes ist besonders faszinierend.

Die Inder

Die letzte Gruppe, die hier behandelt werden soll, ist aus Indien nach Myanmar gekommen (dabei beziehe ich mich auf das ungeteilte Indien vor der Unabhängigkeit, das Pakistan und Bangladesch einschloß). Die meisten Inder wurden während der Kolonialherrschaft von den Briten ins Land geholt oder zur Einwanderung ermutigt. Je nachdem, ob sie eine schlechte oder eine gute Schulbildung besaßen, nahmen die einen niedrige Arbeiten an oder dienten im Kolonialheer, während die anderen Händler, Pfandleiher, Landbesitzer, Rechtsanwälte und Ärzte wurden. Die Pfandleiher machten glänzende Geschäfte. Ihre besten Kunden waren burmesische Bauern, die ihnen ihre Höfe als Pfand abtreten mußten, wenn sie das geliehene Geld nach einer schlechten Ernte nicht zurückbezahlen konnten.

Als Burma unabhängig wurde, gehörten zwei Drittel der landwirtschaftlichen Nutzfläche des Landes der indischen Gemeinschaft. Aus Angst, die verarmten, um ihren Besitz gebrachten einstigen Bauern, die sich dem Heer der Arbeitslosen in den Städten angeschlossen hatten, könnten im Zuge der Unabhängigkeit Rache üben, verließen viele Inder um diese Zeit das Land. Als Ne Win 1962 die demokratisch gewählte Regierung absetzte, mußten wegen der weit verbreiteten Ressentiments der ethnischen Burmanen noch einmal viele Inder gehen. Von denen, die bis heute in Myanmar leben, sind manche Hindus, andere Muslime. Die Hindus haben gewöhnlich die bessere Schulbildung und folglich die besseren Positionen. Ein guter Teil der Muslime gehört zu den ärmsten Schichten der burmesischen Bevölkerung. Harte körperliche Arbeiten sind ihre Jobs – als Rikschafahrer, Hilfsarbeiter oder Träger an Eisenbahnstationen.

Im Jahr 1989 beschloß die Militärregierung, dem Land einen neuen Namen zu geben, der all die hier genannten und nicht genannten Minderheiten symbolisch einbeziehen sollte und mit dem sich alle gleichermaßen identifizieren könnten. In der Vergangenheit hatten die Burmesen zwei Namen für ihr Land benutzt, Bamah oder Bamar (von den Briten in Burma, von den Deutschen in Birma verwandelt) und Myanmar oder Myanma.

Die Generäle entschieden sich nun für Myanmar, den Namen eines früheren Königreichs, das fast alle heutigen Gebiete umfaßt hatte. Aber der neue Name brachte ein Problem mit sich, denn die Herrscher des Königreichs Myanmar waren Burmanen gewesen und nicht Shan, Mon oder Kachin.

Die Namensänderung von 1989 hat im Ausland beträchtliche Verwirrung hervorgerufen. Offiziell ist der Bürger von Myanmar jetzt ein Myanmar. Die übrige Welt ist aber bei den alten Bezeichnungen geblieben, wonach alle Bürger des Landes ungeachtet ihrer ethnischen Herkunft Burmesen sind – ein Begriff, der sich auf ihre Staatsangehörigkeit bezieht. Die größte ethnische Gruppe unter ihnen sind die Burmanen, die im zentralen Teil des Landes wohnen, deren Sprache Nationalsprache ist, die weitgehend die Geschichte und Kultur des Landes geformt haben und heute die politische Führung bilden. Im nächsten Kapitel wollen wir uns deshalb der Geschichte und der Politik zuwenden.

GESCHICHTE UND POLITIK IN MYANMAR

Es soll hier nicht der Versuch unternommen werden, eine detaillierte Darstellung der historischen und politischen Entwicklung Myanmars zu liefern. Dieser Stoff würde den Rahmen meines Reiseberichts sprengen und ist in anderen Werken nachzulesen. Nach einem kurzen Rückblick auf frühere Epochen möchte ich mich im wesentlichen auf Ereignisse des zwanzigsten Jahrhunderts beschränken.

Zuerst kamen die Pyu, dann die Mon, es folgten die Burmanen und schließlich die Shan. Sie alle haben sich untereinander und an wechselnden Fronten bekämpft, verbündet und verraten, sie haben Königreiche gegründet und zerstört. Bis es den Burmanen im elften Jahrhundert gelang, in Bagan das erste vereinigte burmesische Königreich zu schaffen. Nicht lange danach entwickelte sich eine Schriftsprache, und der Theravada-Buddhismus wurde die Hauptreligion.

Als im dreizehnten Jahrhundert die Armee Kublai Khans in Bagan einfiel und große Teile in Schutt und Asche legte, brach das

König Mindon der Mandalay zur Hauptstadt seines Königreiches machte

König Thibaw (rechts), Sohn des Königs Mindon und letzter burmesischer Herrscher mit seinen beiden Frauen

burmesische Reich zusammen. Die Shan und die Mon nutzten das Vakuum, das die Chinesen hinterlassen hatten, um ihre eigenen Königreiche zu errichten oder wiederherzustellen, konnten sich aber letztlich nicht gegen die Burmanen durchsetzen. Diese gründeten ein zweites burmesisches Reich, das vom sechzehnten bis zum achtzehnten Jahrhundert währte. Es folgte ein drittes und letztes burmesisches Reich und mit ihm die letzte Königsfamilie. Die Burmesen überfielen die thailändische Hauptstadt Ayutthaya und zerstörten sie zum zweiten Mal. Als sie aber schließlich über die Grenze in die westlichen Provinzen Indiens eindrangen, nahmen die Briten dies zum Vorwand, Burma zu annektieren – ein Prozeß, der in drei Stufen vor sich ging.

Die britische Kolonialherrschaft

Im Jahr 1886 verbannten die Briten den burmesischen König Thibaw, der damals seinen Sitz in der Hauptstadt Mandalay hatte, und *Burma Proper* wurde als eine Provinz von Britisch-Indien der britischen Herrschaft unterstellt. *Outer Burma*, das heißt die Grenzstaaten mit ihren zahlreichen nicht-burmanischen Minderheiten, erhielt einen Sonderstatus und blieb weitgehend autonom. Burma galt nicht als ein so kostbarer Kolonialbesitz wie Indien, doch die Möglichkeit, große Mengen Reis zu exportieren, und das wertvolle Holz, besonders die Hartholzbestände, brachten den Briten Vorteile genug. Wie George Orwell in seinem Roman *Burmese Days* bemerkt, war das *British Empire* nichts anderes als eine Einrichtung, um den Engländern Handelsmonopole zu verschaffen.

Unter der britischen Kolonialherrschaft bildete sich bald eine in drei Schichten geteilte Gesellschaft heraus: Alle wirklich einflußreichen Posten waren von Briten besetzt, aber auch die indischen Immigranten waren im Durchschnitt besser gestellt als die Burmesen, für die Feldarbeit und Reisanbau zur Hauptbeschäftigung wurden. Führende britische Handelsgesellschaften erhielten Monopolrechte für den burmesischen Handel, vor allem für den Rohstoffexport. Die *British East India Company* spielte eine besonders schändliche Rolle, indem sie mit aggressiven Methoden indisches Opium im ganzen Fernen Osten, einschließlich

Die siegreichen Engländer nach der Eroberung von Mandalay

Aung San im Kreis seiner „Thakin" Kameraden

Burma Proper, vertrieb. Reisexporte, Holz und Bergbaukonzessionen entwickelten sich bald zu den wichtigsten kommerziellen Zielen der Kolonialherren, die Burma für weniger reif hielten, sich selbst zu regieren, als Indien. Die Strategie zur Unterwerfung Burmas wird mit Recht das Prinzip *Divide and Rule* genannt, denn die Briten benutzten sowohl die indischen als auch Burmas eigene Minderheiten – so etwa die Kachin und Karen aus den Grenzstaaten –, um die eingeborene Bevölkerung zu unterwerfen.

Wenn die Burmesen mit einem Europäer, insbesondere mit einem Engländer zu tun hatten, mußten sie die ehrerbietige Anrede *thakin* (Master) benutzen. In den späten Dreißigerjahren machte eine Vorhut junger Burmesen es sich zur Gewohnheit, diese Anrede für sich selbst zu gebrauchen, um so ihre Gleichheit mit den Engländern zu demonstrieren. Der offizielle Name ihrer nationalistischen Geheimorganisation war *Doba Asi-ayon*, aber der Volksmund nannte sie die *Thakin*-Bewegung. Einige dieser jungen Männer wurden später als die *Thirty Comrades* berühmt – eine Gruppe, die sich 1940 nach Hainan absetzte, wo sie von den Japanern militärisches Training erhielt. Ihr gehörten unter

Aung San (unten links) und Ne Win (unten rechts)

anderen der spätere Nationalheld Aung San (Vater der Nobelpreisträgerin Daw Aung San Suu Kyi) und General Ne Win an. Während des Zweiten Weltkriegs verbündeten sich die *Thakin* mit Japans Kaiserlicher Armee – in der Hoffnung, dieses Bündnis würde ihnen die Unabhängigkeit von Großbritannien einbringen.

Der zweite Weltkrieg

Noch bevor der Krieg in Burma ausbrach, hatten die Japaner im November 1940 einen ihrer ideologischen Asien-Feldzüge zur Proklamation der *Greater East Asia Co-Prosperity Sphere* unternommen.

Die Botschaft dieses Programms war eine Aufforderung zur Kooperation und wechselseitigen Unterstützung des wirtschaftlichen Wohlstands in Ostasien; gleichzeitig sollte es die Region auf der Grundlage der Gleichheit aller Völker vereinigen und einen Ruf aussenden, die Bewohner Asiens vom Kolonialismus zu befreien. In einer Zeit, in der viele Asiaten ihr koloniales Joch abzuschütteln versuchten, fand dieser Propagandafeldzug großen Zuspruch, und als die Japaner 1941 in Niederburma landeten, wurden sie von den ethnischen Burmanen als Befreier begrüßt. Seite an Seite mit der *Burma Independence Army* unter Führung von Aung San gelang es ihnen 1942 nach harten Gefechten, die britischen Streitkräfte in die Flucht zu schlagen.

Die Japaner, die sich mit China schon im Krieg befanden, als sie in Burma einmarschierten, hatten besonderes Interesse daran, den Nachschubweg unter Kontrolle zu bringen, den die Alliierten für die Versorgung der Nationalistischen Armee Chiang Kai-sheks in Südchina benutzten: Die berühmte *Burma Road,* die von Lashio im nordöstlichen Shan Staat über die chinesische Grenze bis nach Kunming führt, der Hauptstadt der Provinz Yunnan.

Gordon S. Seagrave erzählt in seinem faszinierenden und überaus empfehlenswerten Buch *Burma Surgeon* eine erschütternde Geschichte des menschlichen Leidens, das der Bau dieser Straße gefordert hat. Ich werde anläßlich meines Besuchs in Lashio noch auf die *Burma Road* zurückkommen.

General Aung San mit seinem Stellvertreter Ne Win im Befreiungskrieg

General Aung San zu Unabhängigkeitsverhandlungen in London

Obgleich die Japaner den Burmesen im August 1943 nominelle Unabhängigkeit gewährten, brachte das grausame und anmaßende Verhalten der japanischen Besatzer die burmesischen Nationalisten zu der Einsicht, daß ihre „Befreier" nur neue Kolonialherren waren, die sie besser nicht in ihr Land eingeladen hätten. (In Myitkyina im Kachin Staat hatte ich eine interessante Begegnung mit einem japanischen Ex-Soldaten, dessen Sicht der Dinge ich im Zuge meines zweiten Reiseberichts schildern werde.) Als die Alliierten 1945 schließlich die Oberhand gewannen, wechselte General Aung San mit seiner Armee das Lager und half mit, die Japaner aus Burma zu vertreiben.

Die Nachkriegszeit

Aug San nahm als charismatischer Führer der burmesischen Mehrheit 1947 an einer Konferenz mehrerer großer Stämme in Panglong im südlichen Shan Staat teil. Dabei gelang es ihm, die Shan, Kachin und Chin für den Plan zu gewinnen, gemeinsam die *Union of Burma* zu bilden. Das Panglong-Abkommen bildete die

Grundlage der Verfassung von 1947, die dank einer Klausel jedoch den Shan und indirekt auch den Karen das Recht einräumte, nach Ablauf von zehn Jahren aus der Union auszuscheiden. Im Juli 1947 wurde Aung San im Auftrag eines politischen Rivalen ermordet. Kurz danach, im Jahr 1948, entließen die Briten Burma in die Unabhängigkeit. Der älteste *Thakin*, U Nu, wurde Premierminister.

Im Gegensatz zu Thailand hatte Burma grausam unter den Kriegsfolgen zu leiden; die Zahl der Toten war sehr hoch und die Wirtschaft lag am Boden. Aber es kam noch schlimmer. Aufstände und ethnische Konflikte in verschiedenen Teilen des Landes sorgten über Jahre für ein politisches, gesellschaftliches und ökonomisches Chaos. Eine weitere Quelle des Unfriedens entstand, als U Nu den Buddhismus zur Staatsreligion erklärte und so die christlichen Kachin, Karen und Chin ins Abseits drängte. In der Hauptstadt beschleunigten innerparteiliche Streitigkeiten und Querelen den rapiden Verfall der ökonomischen und politischen Stabilität. Nachdem die Shan 1959 Anspruch auf ihr Recht zur

Aung San mit seiner Ehefrau Daw Khin Kyi und seinen drei Kinder. Unten seine Tochter Aung San Suu Kyi

Abspaltung von der Union erhoben hatten, stürzte General Ne Win 1962 durch einen unblutigen Staatstreich die Regierung und setzte einen Revolutionsrat ein, der ausschließlich aus Militäroffizieren bestand.

Sozialismus und Isolation

Dieser Revolutionsrat proklamierte den *Burmese Way to Socialism* als neue Staatsideologie. Private Handelshäuser, Banken und Industrieunternehmen wurden verstaatlicht. 1968 wurden über Nacht sämtliche Banknoten im Wert von 50 und 100 Kyat für ungültig erklärt, ohne daß die Inhaber der Währung die geringste Entschädigung erhielten. Unterdessen hatte Ne Win eine Politik der strikten Selbstversorgung, Isolation und Neutralität auf den Weg gebracht.

Die sozialistische Republik *Union of Burma* wies alle Fremden aus und schloß ihre Tore zum Rest der Welt, einschließlich seiner Nachbarn China und Thailand. (1965 habe ich versucht, ein Visum für Burma zu bekommen, wurde aber von den burmesischen Botschaftsvertretern in Bangkok abgewiesen. Die einzige legale Einreisemöglichkeit bestand im Kauf eines Flugtickets von Bangkok *via* Rangun nach Kalkutta, das dann einen 24-Stunden-Aufenthalt in Rangun einschloß – eine Option, die für mich nicht in Frage kam. Ich entschied mich also, die „Hintertür" über Thailand zu nehmen, aber das ist eine andere Geschichte).

General Ne Win

In gewissem Maße gelang es Ne Win, Recht und Ordnung wiederherzustellen, vor allem in jenen Gebieten, die von eingeborenen Burmanen bevölkert waren. Jedoch in den Grenzstaaten nahmen ethnische

Revolten, Kriege und kommunistische Aufstände unaufhaltsam zu. Vergeblich versuchte die sozialistische Regierung, die alten Feudalstrukturen in den Minoritätenstaaten zu zerstören. So etwa im Shan Staat, wo die Oberhäupter alter Fürstentümer ins Gefängnis geworfen wurden oder einfach verschwanden – wie der Fürst von Hsipaw, dessen Nachfolger ich bei meinem Besuch in Hsipaw begegnet bin. Die vielen kleinen *War Lords* jedoch blieben außer Reichweite der Zentralregierung und fuhren fort, das burmesische Militär, andere *War Lords*, ja oft sogar Splittergruppen ihrer eigenen Organisationen zu bekämpfen, mit denen sie im Streit lagen – manchmal über die Land- oder Wasserverteilung, meistens aber über Anteile an der Opium- und Heroinproduktion, den Transport und den Absatz der Drogen. Mit dem Thema Opium und Aufruhr will ich mich später ausführlicher befassen.

Für die gewöhnlichen Bürger von Myanmar war die Situation ein Alptraum. Sie verloren ihre politische Freiheit, und die erzwungene Verstaatlichung des Handels und der Industrie erwies sich als ein ökonomisches Desaster. Der Weg zum Sozialismus wurde ein Weg ins Elend und in die Verarmung – und das in einem Land, das mit natürlichen Ressourcen geradezu gesegnet war. In den Fünfzigerjahren hatte die Weltbank vorhergesagt, Burma werde bald eines der reichsten Länder in Südostasien sein. Wenige Jahrzehnte später bezeichneten die Vereinten Nationen Burma als eines der zehn ärmsten und der zwanzig unterentwickeltsten Länder der Welt.

Abgesehen von den ruinösen Folgen der inneren Wirtschaftspolitik, wirkte sich auch die außenpolitische Abschottung und Neutralität sehr drückend auf das Wirtschaftsleben aus. Obgleich in der besten politischen Absicht formuliert, Burma herauszuhalten aus dem großen Machtspiel, das sich in Indochina entfaltete, verschärfte das Prinzip der Isolierung nur die ökonomische Misere. In der Zwischenzeit wurden Burmas Nachbarländer in das Kräftemessen zwischen dem Kommunismus und der freien Welt verstrickt.

Die Militärherrschaft in Burma

In Burma setzten Ne Win und seine Offiziere auf eine Politik der Isolierung und strikten Neutralität, um das Land sowohl gegen die Ereignisse in Indochina als auch gegen seine aggressiven Nachbarn abzuschirmen. Obgleich Burma seine eigene Last in Form innerer Kriege zwischen ethnischen Gruppen, feudalen Kriegsherren und Opium-Königen zu tragen hatte, blieben ihm die grauenhaften Folgen der großen Kriege in Indochina erspart. Dennoch hatte die Politik der Militärs einen hohen Preis: Sie brachte der burmesischen Bevölkerung den Verlust der Demokratie, der Freiheit und der Menschenrechte und stürzte sie zugleich in eine ernste und dauerhafte Wirtschaftskrise, die das Land verarmen ließ. Die unerträglich angespannte Wirtschaftslage, verstärkt durch eine zweite Banknotenentwertung, die 75 Prozent der Geldzirkulation (und der Ersparnisse) des Landes in nichts auflöste, führten zu häufigen Studentendemonstrationen und Streiks.

1988 schlug das Militär landesweite Proteste nieder. Studenten, Mönche und Arbeiter wurden ins Gefängnis geworfen, getötet, oder sie flohen nach Thailand oder in den Dschungel. Um die Lage fester in den Griff zu bekommen, schuf das Militär ein neues Regierungsorgan, den *State Law and Order Restoration Council* (SLORC). Der Sozialismus wurde aufgegeben, und langsam kehrten Privatunternehmen zurück. Burma erhielt einen neuen Namen, Myanmar, und auch Städte, Dörfer, Straßen oder Flüsse wurden umbenannt.

Bei den Wahlen von 1990 erzielte die *National League for Democracy* (NLD) unter dem Vorsitz von Aung San Suu Kyi im ganzen Land einen hohen Sieg, über den sich das Militär mit Gewalt hinwegsetzte. Die Wahlergebnisse wurden ignoriert, die Oppositionsführer verhaftet, und Aung San Suu Kyi wurde unter Hausarrest gestellt.

Aber bevor ich mich näher mit der gegenwärtigen Situation in Burma befasse, möchte ich einen Blick auf vier burmesische Persönlichkeiten einschieben, die die Geschicke des Landes geprägt haben oder heute wesentlichen Einfluß darauf nehmen. Es gibt drei Männer und eine Frau, deren Leben die moderne Geschichte des unabhängigen Myanmar umfaßt. Da sich ihre Biographien teilweise überschneiden, bitte ich um Nachsicht für gewisse Wiederholungen, die unvermeidlich sind.

Porträt des Nationalhelden: General (Bogyoke) Aung San

General Aung San

Aung San wurde 1915 – während des Ersten Weltkriegs und 30 Jahre nach der Annexion Burmas durch die Briten – als Sohn ethnischer Burmanen geboren. 1934 begann er sein Studium an der angesehenen Universität von Rangun. Zu diesem Zeitpunkt hatte der Widerstand gegen die Briten in den von Burmanen bevölkerten Gebieten schon beträchtliche Ausmaße angenommen, und viele waren bei Aufständen getötet worden.

Als Generalsekretär des Studentenverbandes und Herausgeber der Studentenzeitschrift *Oway* führte Aung San 1936 gemeinsam mit dem späteren Premierminister U Nu einen Streik der Studentenschaft an und wurde Mitglied einer Gruppe junger Intellektueller, die sich zu der Widerstandsbewegung *Dobana Asi-ayon* (We Burmans Association) zusammengeschlossen hatten. Sie selbst nannten sich *Thakin*. Obwohl sie sich, erstaunlich genug, nach dem Vorbild der irischen Befreiungsbewegung *Sinn Fein* organisierten, war ihr ideologischer Wegweiser die Philosophie von Marx und Engels.

Als 1939 der Zweite Weltkrieg ausbrach, wurde den Briten bewußt, daß sie sich in Burma weder eine feindselige Bevölkerung noch einen Kolonialkrieg leisten konnten. Doch die britischen Angebote, dem Land einen anderen Status zu geben, waren offensichtlich nur dazu bestimmt, die Burmesen zu besänftigen, und so weit von der vollen Unabhängigkeit entfernt, daß die Nationalisten sie ablehnten. In der Folge wurden 1940 viele ihrer Führer festgenommen. Aung San, der 1938 seinen Hochschulabschluß gemacht hatte, konnte einer drohenden Verhaftung entgehen, indem er sich unter den Schutz der japanischen Besatzungsmacht in China rettete. Von dort brachten ihn japanische Agenten nach Tokio. Nachdem er von den Japanern ein erstes Training bekommen hatte, wurde er von ihnen wieder nach Burma eingeschleust. Kurz danach ergriff er abermals die Flucht: Mit neunundzwanzig anderen *Thakin* – darunter U Ne Win und zwei Führer der kommunistischen Partei, U Than Tun und U Soe – floh er auf die Insel Hainan, wo sich die *Thirty Comrades* einer japanischen Militärausbildung unterzogen. Anschließend organisierte Aung San – wiederum mit Hilfe des japanischen Militärs – die Burmesische Unabhängigkeitsarmee (BIA). Er sollte sich nicht nur als fähiger Truppenkommandant erweisen, sondern auch als geschickter und erfolgreicher Vermittler. Es gelang ihm, die verschiedenen politischen Parteien (einschließlich der Kommunisten) in einer einzigen politischen Organisation zu vereinigen, dem so genannten *Freedom Bloc*.

Die *Thakin* kehrten 1942 mit der japanischen Armee nach Burma zurück. Noch im selben Jahr heiratete Aung San eine junge burmesische Krankenschwester christlichen Glaubens, mit der er drei Kinder hatte. Der erste Sohn kam bei einem Unfall ums Leben, der zweite emigrierte später in die USA, und das dritte Kind, ein Mädchen, sollte eines Tages die Opposition gegen dieselbe burmesische Armee anführen, die ihr Vater während des Unabhängigkeitskampfes gegründet hatte.

Nachdem die Streitkräfte der Alliierten 1942 geschlagen und vertrieben worden waren, gab Japan den Burmesen 1943 nominelle Unabhängigkeit. Aber die neue burmesische Führung – mit Aung San als Verteidigungsminister – erkannte bald, daß sie sich ein trojanisches Pferd ins Land geholt hatte, daß die japanische Armee voller Hochmut war und Greueltaten an der Bevölkerung beging. Schließlich nahmen die burmesischen Führer Verbindung zu Feldmarschall Sir William Slim auf, und im April

1945 wurde das Ergebnis der Geheimgespräche offenbar: Die burmesische Armee wechselte zu den Alliierten über.

Als der Krieg zu Ende war, kamen Aung Sans Vermittlungsfähigkeiten abermals zur Geltung. Wieder war es sein Werk, die diversen politischen Gruppen inklusive Kommunisten in einer einzigen neuen Partei zu vereinigen: Der *Anti-Fascist People's Freedom League* (AFPFL), die Burmas Politik noch lange nach der Unabhängigkeit bestimmen sollte. Aber inzwischen war Burma entlang der ethnischen Grenzen zutiefst gespalten, vor allem, weil einige Minderheiten – wie die Shan, die Karen und die Kachin – gleich, von Kriegsbeginn an, auf der Seite der Briten gekämpft hatten: Sie hatten sich erhofft, Großbritannien würde ihnen Unabhängigkeit von Burma garantieren.

Wieder hing die Zukunft des Landes von Aung Sans Verhandlungsgeschick ab. Zuerst stellte er in Diskussionen mit dem britischen Premierminister Atlee die volle Unabhängigkeit für ein ungeteiltes Burma sicher. Dann organisierte er mit Sao Shwe Thaike, dem *Sawbwa* von Yawnghwe (heute Nyaungshwe), einem Shan Fürsten, eine Konferenz mit einigen der wichtigsten ethnischen Gruppen in der kleinen Stadt Panglong im Shan Staat, wo Burmanen, Shan, Kachin und Chin übereinkamen, gemeinsam die *Union of Burma* zu bilden.

Das Abkommen von Panglong hatte jedoch zwei wesentliche Mängel, denn erstens räumte es den Shan das Recht ein, nach Ablauf von 10 Jahren aus der Union auszuscheiden, und zweitens lehnten die Stämme der Karenni und Karen von vornherein ab, ihr beizutreten.

Aber nicht alle Flügel der AFPFL waren mit dem Ergebnis der britisch-burmesischen Unabhängigkeitsverhandlungen zufrieden. Die Kommunisten brachen mit der Partei, gingen in den Untergrund und führten zuletzt von der burmesisch-chinesischen Grenze aus bis 1989 einen langwierigen Krieg gegen die Zentralregierung.

Im Juli 1947 änderte ein tragisches Ereignis den Lauf der burmesischen Geschichte. Aung San, faktisch schon Oberhaupt der Nation, und die meisten seiner Kabinettsmitglieder wurden in ihrem Sitzungssaal von einem Todeskommando erschossen, das ein politischer Rivale angeheuert hatte.

Am 4. Januar 1948 wurde Burma ein unabhängiger und souveräner Staat, dessen erster Premierminister einer von Aung Sans engsten Gefährten war: *Thakin* Nu, ein Politiker. *Thakin* Ne Win, der Soldat, wurde nach einiger Zeit Verteidigungsminister und Oberbefehlshaber der Armee. Diese drei Männer haben die burmesische Politik von den frühen Vierziger- bis in die späten Achtzigerjahre beherrscht. Aber einer von ihnen, Bogyoke Aung San, ragt als der wahre Held der Nation weit über die beiden anderen hinaus. Sein früher Tod – er war erst 32 Jahre alt – ist die große Tragödie Myanmars, das mit ihm seine Leitfigur verloren hat. Wie ein alter Burmese einmal zu mir sagte: „Wir sind ein Volk ohne Vater."

Porträt eines Intellektuellen: U Nu, der erste Premierminister

U Nu, geboren 1907 und ebenfalls Burmane, stammt aus dem Gebiet des Ayeyarwady-Deltas. Auch er hat sein Studium an der Universität von Rangun absolviert, Zentrum des burmesischen Nationalismus in den späten Zwanziger- und den Dreißigerjahren. Nationale Prominenz erlangte er als Präsident des Studentenverbands und Mitanführer eines Studentenstreiks. Nachdem er sich früh der *We Burmans Association* angeschlossen hatte, spielte er im Kampf um die Unabhängigkeit eine wichtige Rolle. Im Jahr 1940 wurde er von den Briten wegen Aufwiegelung inhaftiert und erst 1942, als seine *Thakin*-Kameraden bereits mit der japanischen Armee von Hainan zurückgekehrt waren, aus dem Gefängnis entlassen.

Nach der Ermordung Aung Sans im Juli 1947 übernahm U Nu die Führung der nationalistischen Bewegung, der AFPFL, und als Burma kurz darauf die Unabhängigkeit erlangte, wurde er der erste Ministerpräsident. In dieser Position diente er dem Land über zehn Jahre. U Nu, ein frommer Buddhist, war ein

Premierminister U Nu

ehrbarer, gebildeter und hoch angesehener Mann, aber ihm fehlte das Charisma, das Aung San zum Nationalhelden gemacht hatte. Seine Regierung litt nicht nur unter den Zerstörungen des Zweiten Weltkriegs, sondern auch unter den nicht enden wollenden innerparteilichen Streitigkeiten. Und es kamen viele andere Probleme hinzu, die ihm die Aufgabe erschwerten, das Land in eine Ära der Stabilität, des Friedens und der Prosperität zu führen: Die Invasion der Kuomintang-Chinesen im Nordosten Burmas, die Streiks und Aufstände der burmesischen Kommunisten, die Rebellion ethnischer Minderheiten und die Angriffe verschiedener *War Lords* und Opiumfürsten. All diese gravierenden Schwierigkeiten verschärften sich noch durch zunehmende wirtschaftliche Mißstände und eine inkompetente Administration. Das Amt des Premierministers hatte U Nu vor eine kaum zu bewältigende Aufgabe gestellt.

Aufgrund interner Spaltungen innerhalb seiner eigenen Partei, immer neuer Streiks und immer neuer Unruhen verlor er schließlich die Regierungsfähigkeit und wurde 1958 gedrängt, General Ne Win mit der Bildung einer geschäftsführenden Militärregierung zu beauftragen. Obwohl U Nu bei den Parlamentswahlen von 1960 sein Amt zurückgewann, wurde er zwei Jahre später endgültig von Ne Win gestürzt, der ihn und fast alle anderen politischen Führer ins Gefängnis werfen ließ.

U Nu, ein geduldiger Vermittler, hat es geschafft, den Dialog mit den unzufriedenen ethnischen Minderheiten aufrechtzuerhalten, und es ist ihm zu danken, daß er eine Machtergreifung der burmesischen Kommunisten verhindert hat. Aber die mangelnde

Kontrolle über das Militär und über seine eigene gespaltene Partei sollte sich am Ende politisch als fatal erweisen. In der buddhistischen Welt wurde er berühmt, weil er in der neu erbauten Weltfriedens-Pagode (*Kaba Aye Paya*) eine internationale buddhistische Konferenz einberief. Teilweise beruhte sein internationales Ansehen aber auch auf seinem starken Engagement für das Bündnis der Blockfreien Staaten, dem Burma sich anschloß. In den verschiedensten Hauptstädten der Welt wurde U Nu mit hohen Ehren empfangen und galt als fähiger Diplomat, der in der Lage war, ein vorsichtiges Gleichgewicht zwischen Ost und West zu halten. Eine seiner größten Fehlentscheidungen bestand sicher darin, daß er den Buddhismus zur Staatsreligion erhob, was ihm den Zorn der christlichen Kachin, Karen und Chin einbrachte. Ein zweites politisches Versagen war seine Unfähigkeit, die Reform der unzulänglichen Verfassung von 1947 durchzuführen, die mehrere ethnische Minderheiten, unter anderen die Shan, verlangt hatten. Die Abspaltungsdrohungen einiger Minoritäten lieferten General Ne Win den Vorwand, U Nus Regierung zu stürzen.

Nach fünfjähriger Haft aus dem Gefängnis entlassen, übernahm U Nu 1967 die Leitung eines beratenden Gremiums, das Ne Win organisiert hatte. Da sich der General jedoch über den ehrlichen und kompetenten Rat dieses Gremiums hinwegsetzte, ging U Nu ins Exil, erst nach Thailand, dann in die USA und nach Indien. Von dort aus versuchte er ohne wirklichen Erfolg, eine Widerstandsbewegung aufzubauen. Auf Einladung von Ne Win und geschützt durch eine Amnestie kehrte U Nu 1980 nach Rangun zurück. Er hielt sich fern von der Politik und schloß sich eine Zeitlang der Bruderschaft der Mönche an. Während der großen Volkserhebung von 1988 trat er als einer der Oppositionsführer wieder in Erscheinung und machte die burmesische Bevölkerung mit der Tochter des Nationalhelden Aung San bekannt, die er bei ihren ersten Schritten auf die Bühne der Politik begleitete. Beide wurden bald unter Hausarrest gestellt, von dem 1992 nur U Nu wieder befreit wurde. Er starb drei Jahre später in Rangun.

U Nu wird oft als ein schwacher Führer gezeichnet, aber man muß bedenken, daß viele Faktoren, die in seiner Amtszeit entscheidenden Einfluß auf den Lauf der Dinge hatten, außerhalb seiner Kontrolle lagen. In gewissem Sinne war er eine tragische Figur der Nationalgeschichte, ein gebildeter und intelligenter Mann mit den besten Absichten, der alles versucht hat, was in seinen Kräften stand, die Macht aber am Ende an den Mann verlor, der die Gewehre kommandierte.

Porträt eines Soldaten, der zum Diktator wurde: General Ne Win

Ne Win wurde 1911 nahe der Stadt Pyay (ehemals Prome) geboren. Er war sino-burmesischer Abstammung und hieß ursprünglich Shu Maung, legte sich aber später einen *Nom de Guerre* zu, der weniger chinesisch und mehr burmesisch klang. Von 1929 bis 1931 besuchte er ein College in Rangun. In den späten Dreißigerjahren machte ihn ein Onkel mit der *Thakin*-Bewegung bekannt, und bald darauf ging er als einer der *Thirty Comrades* (ohne U Nu, der im Gefängnis war) zum Militärtraining nach Hainan.

Als hoher Offizier der Burmesischen Unabhängigkeitsarmee (BIA) kehrte er 1942 mit den Japanern nach Burma zurück, und nachdem auch er die Wahrheit über die neuen Herren von Burma erkannt hatte, half er Aung San, im Untergrund eine Widerstandsbewegung zu organisieren. Danach gehörte er der aus der BIA hervorgegangenen Nationalarmee an, die sich gegen Ende des Krieges auf die Seite der Alliierten schlug.

Ne Wins militärische Fähigkeiten, seine Begeisterung und seine Disziplin verhalfen ihm zu einem schnellen Aufstieg an die Spitze des burmesischen Militärs. Er war damals ein geachteter Mann – ein Befehlshaber, der seinen Offizieren und Soldaten Enthusiasmus, Unterwürfigkeit und Loyalität einflößte. Obgleich er politischen Parteien wie dem *Freedom Bloc* oder der AFPFL angehörte, war er kein Politiker; er blieb in erster Linie Soldat.

Als Burma die Unabhängigkeit erlangt hatte, wurde er von Premierminister U Nu zum Oberbefehlshaber der Armee und später zum Verteidigungsminister bestellt.

Wie wir wissen, lenkte U Nu damals die Geschicke eines Landes, das unter schweren politischen, wirtschaftlichen und sozialen Problemen litt. Der Krieg hatte Burma verheert und ins Elend gestürzt; die Zentralregierung war durch innerparteiliche Streitigkeiten geschwächt und gespalten; die Kommunisten waren in den Untergrund gegangen und zogen – zuerst in Zentralburma und später an der chinesisch-burmesischen Grenze – die Fäden eines kostspieligen Kriegs gegen die demokratisch gewählte Regierung; die Karen führten einen Unabhängigkeitskampf; die Shan proklamierten ihr Recht, sich von der Union zu trennen; und, zu allem Unglück für Burma, hatten auch noch Überreste von Chiang Kai-sheks Kuomintang-Streitkräften beträchtliche Gebiete in Burmas Nordosten besetzt. Das Land brach in Stücke. Es kam hinzu, daß der Vietnamkrieg auf andere Teile Indochinas übergriff und kommunistische Rebellen die Zentralregierungen fast aller südostasiatischen Länder bekämpften. Zur gleichen Zeit nahm das kommunistische China eine zunehmend bedrohlichere Haltung gegenüber seinen Nachbarn – besonders Indien und Burma – ein, sei es in Form offener Kriegsführung oder durch Unterstützung kommunistischer Bewegungen. Burma mußte um sein Überleben kämpfen, denn Unabhängigkeit und Demokratie hatten dem Land weder Frieden noch Stabilität noch wirtschaftliche Erholung gebracht.

So war der Stand der Dinge, als Premierminister U Nu 1958 freiwillig die Regierungsgewalt an General Ne Win abgab und ihn mit der Bildung einer geschäftsführenden Militärregierung beauftragte, die für die Wiederherstellung von Einheit, Stabilität und Ordnung sorgen sollte. Tatsächlich gelang es Ne Win, die Situation genügend unter Kontrolle zu bringen, um ein gutes Jahr später freie Wahlen zu erlauben. Als U Nu erneut zum Premierminister gewählt wurde, zog sich Ne Win freiwillig zurück. Doch in der Folgezeit ging es ökonomisch und politisch weiter bergab.

Im März 1962 kehrte General Ne Win durch einen Staatsstreich an die Macht zurück, ließ U Nu ebenso wie die meisten anderen politischen Führer ins Gefängnis werfen und regierte das Land mit seinen militärischen Gefolgsleuten durch den neu geschaffenen Revolutionsrat der burmesischen Union. Burma wurde ein sozialistischer Einparteienstaat, der gesamte Handel, die Industrie und das Bankwesen wurden verstaatlicht und die Kontakte zur Außenwelt abgebrochen. Das Land isolierte sich selbst durch eine sogenannte Politik der Neutralität und Blockfreiheit. 1963 verkündete Ne Win eine Generalamnestie und lud die verschiedenen Rebellengruppen zu Friedensgesprächen nach Rangun. Unglücklicherweise schlugen sämtliche Verhandlungen fehl, nicht zuletzt, weil das Mißtrauen gegenüber den Militärs unüberwindlich geworden war. Ein Jahr später ordnete Ne Win eine seiner zugleich kuriosesten und härtesten Finanzmaßnahmen an: Alle Banknoten im Wert von 100 und 50 Kyat wurden ohne Kompensation für ungültig erklärt. (Seine Nachfolger wiederholten diese drastische Maßnahme noch zweimal – 1985 mit allen 100-Kyat-Scheinen, und 1987 mit allen 25-, 35- und 75-Kyat-Scheinen –, wieder ohne Entschädigung, wodurch 75 Prozent des in Umlauf befindlichen Geldes vernichtet wurden). Man kann nur ahnen, wieviel menschliches Leid und Verzweiflung aus dem Verlust der persönlichen Ersparnisse und privaten Kapitals erwuchsen.

Ne Win hatte sich 1962 selbst zum Parteivorsitzenden der *Burmese Socialist Programme Party* ernannt; von 1974 bis 1981 diente er als Staatspräsident. Der sozialistische Isolationskurs, den er über all die Jahre durchhielt, stürzte Burma in ein wirtschaftliches Desaster und führte in den Jahren 1987 und 1988 zu weit verbreiteten Unruhen, die das Militär gewaltsam niederschlug. Erst eine von Studenten und Mönchen angeführte Volkserhebung setzte Ne Win so unter Druck, daß er als Parteivorsitzender zurücktrat. Er blieb noch eine zeitlang ein mächtiger Drahtzieher der Politik, ein unsichtbarer Einsiedler, der sich hinter schwer bewachten Mauern verbirgt.

Über sein Privatleben war, außer im Kreis seiner Nächsten, wenig bekannt. Es ging das Gerücht, daß er sechs- oder siebenmal verheiratet war, einmal mit einer Urenkelin von König Mindon, was sein Streben nach absoluter Macht bestärkt haben mag. Er hatte vier Kinder aus erster Ehe und lebte lange Zeit zurückgezogen mit seiner ältesten Tochter, Sandar, in einer großen Villa am Inya See. Die Oppositionsführerin Aung San Suu Kyi, Tochter von Ne Wins ehemaligem Mentor General Aung San, lebte unter Hausarrest auf der anderen Seite des Sees. (Eine zeitlang gesellte sich an dessen Ufer noch Khun Sa hinzu, der selbsternannte frühere Opiumkönig des Goldenen Dreiecks).

Ne Win wurde als erfolgreiche militärische Persönlichkeit beschrieben: Diszipliniert, mißtrauisch, skrupellos, charmant, unberechenbar und unbeherrscht. Vielleicht war er das alles. Sein Glaube an Astrologie und Zahlensymbolik war legendär: Überzeugt, daß die 9 seine Glückszahl sei, ließ er 45- und 90-Kyat-Scheine in Umlauf bringen und benutzte die Zahl auch bei politischen Entscheidungen, indem er etwa Wahlen auf ein durch die 9 begünstigtes Datum legte. Als gläubiger Buddhist hatte er sich bemüht, durch die Errichtung einer großen Pagode gegenüber der berühmten Shwedagon Pagode in Yangon Verdienste für seine Wiedergeburt zu sammeln.

Gleichzeitig kümmerte sich seine Familie, voran seine Tochter Sandar, ihr Ehemann und ihre Kinder, um das ökonomische Wohl der Familie. Wie auch die Familien der anderen Generäle nutzten sie ihren Einfluss, um sich Lizenzen und Monopole zu sichern und Immobilien zu sammeln. Die Enkelsöhne waren Mitglieder der berüchtigten Scorpion Gang, welche die Bevölkerung von Yangon terrorisierte. Kein Bürger konnte sich gegen sie wehren; die Polizei wagte es nicht, gegen sie vorzugehen. Das Militär konnte auf die Dauer solch ein Verhalten nicht dulden, und es war nur eine Frage der Zeit, wann die Regierung handeln würde. Wegen eines angeblichen Umsturzversuches wurden im Jahr 2002 Ne Wins Schwiegersohn und seine drei Enkel vor Gericht gestellt und zum Tode verurteilt. Die Todesstrafen wurde später in langjährige Haftstrafen umgewandelt. Ne Win wurde unter Hausarrest gestellt. Er überlebte diese Schmach nicht lange. Am 5. Dezember 2002 starb er in seiner

General Khin Nyunt, der ehemalige Premierminister des Landes

Villa in Yangon. Sein Leichnam wurde eingeäschert und ohne größere Feierlichkeiten nach buddhistischen Ritualen im kleinen Familienkreis beigesetzt. Die Burmesen waren erleichtert; die unselige Ne Win Ära war damit endgültig vorüber. Auch im Ausland dürfte man dem ehemaligen Diktator keine Träne nachgeweint haben.

Ne Wins politische und militärische Nachfolger regieren aber weiterhin das geschundene Land. Zunächst stand ein Triumvirat mit Senior General Than Shwe, seinem Stellvertreter Maung Aye und dem Geheimdienstchef General Khin Nyunt, dem Scretary One des Peace and Development Council, der im August 2003 zum Premierminister ernannt wurde an der Spitze. Als aber Khin Nyunt zu mächtig wurde und einen liberaleren Kurs einschlug, der auf eine Verständigung mit der Opposition und die Erarbeitung einer Verfassung mit demokratischen Elementen abzielte, wurde er im Oktober 2004 verhaftet, angeklagt, verurteilt und schließlich unter Hausarrest gestellt. Die Hardliner hatten sich durchgesetzt.

Porträt einer mutigen und klugen Frau: Daw Aung San Suu Kyi

Daw Aung San Suu Kyi wurde 1945 als Tochter von Daw Khin Kyi und General Aung San in Rangun geboren. Sie war erst zwei Jahre alt, als ihr Vater, faktisch schon Premierminister eines unabhängigen Burma, kurz vor den ersten freien Wahlen von einem politischen Gegner ermordet wurde. 1960 ging Daw Aung San Suu Kyi

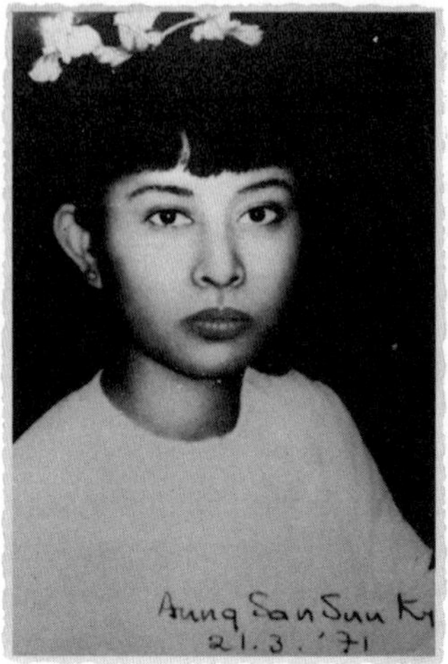

Aung San Suu Kyi als Sechzehnjährige

mit ihrer Mutter, die einen Posten als Botschafterin erhielt, nach Indien und besuchte dort die Universität. Später setzte sie ihre Ausbildung in England an der Oxford University fort, wo sie ihrem künftigen Ehemann Michael Aris begegnete, einem britischen Professor für Tibetologie. Für kurze Zeit nahm sie eine Arbeit bei den Vereinten Nationen in New York an, aber nachdem sie geheiratet hatte, folgte sie ihrem Mann, der eine Stelle in Bhutan antrat. Als *visiting scholar* an der Universität von Kyoto lernte sie Japanisch, kehrte aber schließlich mit ihrem Mann nach England zurück und schrieb sich für ein Doktorandenprogramm an der London University ein. Sie bekam zwei Söhne und führte mit ihrer Familie ein relativ ruhiges Akademikerleben, bis 1988 ihre Mutter einen Schlaganfall erlitt und Aung San Suu Kyi nach Myanmar zurückkehrte, um sie zu pflegen.

Der ehemalige Premierminister U Nu, ein enger Weggefährte ihres Vaters, arrangierte für sie einige öffentliche Auftritte, die begeisterte Massen anzogen. Im selben Jahr, 1988, schlug das Militär eine von Studenten und Mönchen angeführte Volkserhebung nieder. Ne Win, der andere Kamerad und einstige Stellvertreter ihres Vaters, hatte sich zu diesem Zeitpunkt zwar schon vom Parteivorsitz zurückgezogen, aber seine Gefolgsleute unter den Militärs waren immer noch an der Macht. Aung San Suu Kyi beschloß, in Myanmar zu bleiben, um der Opposition zu dienen, und gründete die *National League for Democracy* (NLD), deren Führerin sie bis heute geblieben ist.

Bei den Wahlen von 1990 gewann ihre Partei 397 der insgesamt 498 Sitze, das Militär dagegen nur 10. Dennoch weigerten sich die Generäle, den demokratisch gewählten Vertretern des Volkes die Macht zu übergeben. Statt abzutreten, ließen sie Oppositionsführer verhaften. Daw Aung San Suu Kyi wurde unter Hausarrest gestellt und von der Außenwelt isoliert. Vor ihrem Haus, 54 University Avenue, wurden jahrelang Straßensperren errichtet und schwer bewaffnete Soldaten aufgestellt. So mancher Ausländer, der sie besuchen wollte, wurde mit Gewalt daran gehindert, festgenommen und unverzüglich abgeschoben.

Im Jahr 1991 erhielt Daw Aung San Suu Kyi den Sacharow-Preis und den Friedensnobelpreis; 1992 wurde sie mit dem Simon-Bolivar-Preis ausgezeichnet und 1995 mit dem Jawaharlal Nehru Award – lauter Ehrungen, die sie unantastbar machen. Als ihr Mann 1999 eine hoffnungslose Krebsdiagnose erhielt, erlaubte die Regierung Aung San Suu Kyi, das Land zu verlassen, um nach England zu fliegen, wo ihr Ehemann mit beiden Söhnen lebte. Aber sie wußte, daß die Militärs ihre Rückkehr nach Myanmar verhindern würden. Michael Aris starb im selben Jahr, und die Mitglieder des *State Peace and Development Council* schickten seiner Witwe einen Kondolenzbrief, unterzeichnet vom damaligen Ersten Sekretär des SPDC, General Khin Nyunt.

Daw Aung San Suu Kyi

Durch die Vermittlung des Generalsekretärs der Vereinten Nationen, Kofi Annan, begannen im Oktober 2000 Gespräche zwischen der Militärregierung und Daw Aung San Suu Kyi. Der Sonderbeauftragte der Vereinten Nationen, der malaysische Diplomat Razali Ismail, konnte als Vermittler erste Fortschritte erzielen: mehrere Oppositionsführer wurden freigelassen, einige NLD-Büros konnten wieder eröffnet werden, und die Propaganda gegen Daw Aung San Suu Kyi und ihre Partei wurde eingestellt. Auf eine ihrer

Reisen durch das Land wurden sie und ihre Anhänger im August 2003 nördlich von Mandalay von einer Schlägertruppe der Union Solidarity Development Association (USDA), einer regierungsnahen Organisation, angegriffen. Bei diesem Überfall gab es Verletzte und Tote, doch wurden nicht die Angreifer, sondern die Opfer verhaftet. Aung San Suu Kyi wurde in „Schutzhaft" genommen, aber nach einigen Monaten auf Grund der scharfen Proteste aus dem Ausland in ihr Haus am Inya See in Yangon entlassen, wo sie gleichsam unter Hausarrest steht.

Seitdem hat es immer wieder Versuche der Vereinten Nationen, des Asean und anderer Staaten gegeben, die Junta zu einer Aufhebung des Hausarrestes von Daw Aung San Suu Kyi zu bewegen. Die Junta bleibt unerbittlich. Sie hat die neue Verfassung so abfassen lassen, dass die Nobelpreisträgerin auf Grund ihrer früheren Ehe mit einem Ausländer kein bedeutendes politisches Amt bekleiden darf.

Die gegenwärtige politische Situation

Das Land Myanmar wird von einem Staatsrat, dem *„State Peace and Development Council"*, geführt. Alle 11 Mitglieder sind Generäle. Vorsitzender des Rates und damit der mächtigste Mann im Land ist Senior General Than Shwe, zugleich auch „Commander-in-Chief of Defence Services". Sein Vertreter ist Deputy Senior General Maung Aye, der zugleich Chef der Arme ist. Joint Chief of Staff aller Waffengattungen ist General Thura Shwe Mann, die Nr. 3 im Staatsrat. Auch der Premierminister General Thein Sein ist Mitglied des Staatsrates; seine Minister jedoch nicht. Die Regierung und das sind der Premierminister und seine etwa 20 Minister, unterliegen den Weisungen des Staatsrates. Fast alle Minister sind Generäle, wenn auch unterschiedlichen Ranges.

Politische Parteien gibt es zwar auf dem Papier; sie sind jedoch nicht aktiv. Die oppositionelle *National League of Democracy* ist nach jahrelanger Verfolgung praktisch nicht mehr existent; ihre

Führerin lebt seit über einem Jahrzehnt unter Hausarrest. Das Militär hat jedoch in den letzten Jahren eine eigene starke, zivile Organisation mit folgsamen Anhängern und flexiblen Opportunisten aufgebaut, die *Union Solidarity and Development Association* (USDA), die sie insbesondere für ihre eigenen Massenveranstaltungen und gegen die Opposition einsetzt.

Yangon (Rangun) ist zwar immer noch das wirtschaftliche und kulturelle Zentrum des Landes, verlor aber im November 2005 den Rang einer Hauptstadt. Diese wurde auf ein 300 km nördlich - bei der Stadt Pyinmana - gelegenes Areal verlegt, das nachdem es zu einer neuen Stadt ausgebaut worden war, im März 2006 den Namen Naypyidaw, was „Sitz der Könige" bedeutet, erhielt. Dort residieren jetzt die Mächtigen mit sicherem Abstand zu einem unruhigen Volk. Die Unzufriedenheit der Bevölkerung über Hyperinflation, mangelnde Versorgung, Korruption und staatliche Willkür wurde immer deutlicher und lauter. Im September 2007 kam es nach drastischen Preiserhöhungen für Lebensmittel und Benzin zu spontanen, friedlichen Protesten in den großen Städten des Landes. Wieder waren es junge Mönche, die den Unmut auf die Straße trugen; begleitet von Tausenden, zumeist jungen Zivilisten. Das traurige Ergebnis ist bekannt.

Nach jahrelangen geheimen Verhandlungen hatte eine Verfassungsgebende Versammlung, deren Mitglieder von der Junta ausgewählt worden waren, im Frühjahr 2008 einen Verfassungsentwurf vorgelegt, über den am 10. Mai 2008 (und am 24. Mai in den vom Zyklon Nargis verwüsteten Gebieten) in einem Referendum abgestimmt wurde. Nach Angaben der Regierung wurde die neue Verfassung mit 92,4% Ja-Stimmen angenommen. In 2010 sollen dann entsprechend dieser Verfassung Wahlen zu den beiden Kammern des neuen Parlamentes stattfinden, in denen 25% der Sitze für das Militär reserviert wurde. Es behält sich das Recht vor, den Notstand auszurufen, bzw. das Parlament aufzulösen. Auf der anderen Seite erlaubt das neue System jedoch dann eine Beteiligung der Zivilbevölkerung an der politischen Meinungsbildung und an der Verwaltung des Landes. Auch die zahlreichen ethnischen Minderheiten werden dann im

Parlament vertreten sein, was eine wichtige Voraussetzung für den inneren Frieden des Landes ist.

Aber wenden wir uns jetzt einer anderen „Macht" im Lande zu, der Sangha, der Bruderschaft der buddhistischen Mönche. Lange Zeit hatte man geglaubt, dass die führenden Äbte eine Vermittlerrolle zwischen Militär und Bevölkerung einnehmen könnten. Aber diese Hoffnung hat sich nicht erfüllt. Im Gegenteil, während der Proteste im September 2007 fielen die älteren Mönche und Äbte eher durch ihre Abwesenheit bzw. durch ihr Treffen mit dem Minister für religiöse Angelegenheiten, einem Brigadegeneral, auf. Über die wichtige Rolle der Religion in Myanmar soll im folgenden Kapitel berichtet werden.

DÄMONEN, GÖTTER, GLAUBE: RELIGIONEN IN MYANMAR

Buddhismus

In Myanmar praktizieren Inder den Hinduismus oder den Islam, und viele Karen, Kachin und Chin haben sich für das Christentum entschieden; aber die Hauptreligion ist ohne Zweifel der allgegenwärtige Buddhismus.

Er durchdringt sowohl die Politik als auch die Gesellschaft, die Kunst, die Erziehung und, das Wichtigste von allem, das tägliche Leben der Burmesen. Schätzungsweise 80 Prozent der Gesamtbevölkerung des Landes sind praktizierende Buddhisten, und bei den eingeborenen Burmanen, Shan und Mon liegt der Anteil gar bei 95 Prozent.

In Myanmar, Sri Lanka, Thailand, Laos und Kambodscha folgen die Buddhisten zumeist den Lehren der Theravada-Schule („Doktrin der Älteren"), während der Mahayana-Buddhismus („Großes Fahrzeug") seine Anhänger hauptsächlich in Tibet, der Mongolei, China, Korea, Vietnam und Japan hat. Der Theravada-Buddhismus gilt als die orthodoxe, strengere, ja fast asketische Form, deren Ansprüche schwerer zu erfüllen sind. Um die Erleuchtung des Nirvana zu erreichen, müssen die Gläubigen die Verantwortung für all ihre Taten übernehmen und dieses Ziel mit unermüdlichem Fleiß und Opferbereitschaft anstreben, diszipliniert den strengen Regeln folgend, die einen klaren, aber schmalen Weg weisen. Die Theravada-Schule legt großen Wert auf das individuelle Verhalten, und durch den Dienst an anderen steigen die Aussichten, das Nirvana zu erreichen.

Hier ist nicht der Ort für eine umfassende Darstellung der Ursprünge und Eigentümlichkeiten des Buddhismus, die anderswo nachzulesen ist. Aber daß es einer Grundkenntnis dieser Religion bedarf, wenn man die Burmesen, ihre Gesellschaft und Kultur auch nur annähernd verstehen will, ist ganz sicher klar. Die folgende Zusammenfassung beschreibt einige wesentliche

Aspekte des Buddhismus, um auf diesem Wege Einblick in das burmesische Ethos zu gewähren.

Der Buddhismus hat keine zentrale Figur, keinen „Gott", um den sich die Religion als allmächtiges Wesen dreht. Die historische Person, die wir als „Buddha" kennen, lebte im sechsten Jahrhundert v. Chr. unter dem Namen Siddharta Gautama in Nepal und Indien. Obgleich von herrschaftlicher Abkunft, verheiratet und Vater eines Sohnes, entsagte er seiner weltlichen Stellung und seinen Besitzungen, um das Leben eines Wandermönchs zu führen. Während er so durch die Lande zog, suchte er den Rat vieler Lehrer, um eine Antwort auf die zahllosen Fragen über die Bedeutung von Leben, Leiden und Tod zu finden. Nach einer Periode äußerster Enthaltsamkeit entschied er sich für einen Weg der Mäßigung – den „mittleren Weg" zwischen Selbsterhaltung und Askese. Unter einem Banyanbaum in Meditation versunken, erreichte er schließlich einen Zustand tiefer Erkenntnis oder *Erleuchtung*. Er verbrachte den Rest seines Lebens auf der Wanderschaft, unermüdlich die Inhalte seiner Philosophie und Ethik predigend. Die heiligen Texte des Buddhismus, ursprünglich mündlich überliefert, wurden erst lange nach dem Tod des Buddha aufgezeichnet und in mehrere Sprachen übersetzt, wobei die Sammlung des Palikanons die älteste und vollständigste ist. Um das Jahr 400 n. Chr. gelangten die Pali-Schriften (Pali ist eine Sanskritsprache) nach Burma.

Dem Buddha zufolge sind alle Formen des Lebens – ob Menschen, Tiere oder Pflanzen – Teil eines immerwährenden Zyklus von *samsara*, das heißt von Dasein und Wiedergeburt. Leben ist Leiden, und die wenigen Momente des Glücks sind eher wie Illusionen.

Am Ursprung allen Leidens stehen unsere Unwissenheit und unsere Begierden – das „Haften" an der sinnlichen Welt, der Verwandtschaft, an weltlichen Freuden, Karriere und Besitz, der Gesellschaft im allgemeinen und an uns selbst. Je stärker das Festhalten, um so heftiger das Leiden. Die einzige Möglichkeit, diesen endlosen Kreislauf von Leiden und Wiedergeburt zu überwinden, ist die strikte Befolgung des *dharma*, der Lehren des Buddha. Der Kanon sagt, daß alle Dinge Teil des Ganzen sind, außerhalb dessen kein Leben existiert; darum kann es so etwas wie eine individuelle Seele nicht geben. Der Gläubige entwickelt ein Bewußtsein, das geistige Erkenntnis umfaßt, und wird schließlich das letzte Ziel der wahren Erleuchtung erreichen – die All-Einheit des Nirvana. Nirvana ist nicht das gleiche wie christliche Erlösung. Es ist weder Himmel noch Verdammnis, sondern die höchste Qualität der Existenz – vollständiges Erlöschen der weltlichen Begierden und Befreitsein vom endlosen Leiden.

Bei der Reinkarnation bestimmt die Summe des Karma, des Bewußtseins, der Verdienste und der Fehler des Einzelnen seine nächste Existenz. Die Form der Wiedergeburt hängt von der Qualität des vorherigen Lebens ab. Da der durchschnittliche Burmese kaum hoffen kann, sich dem Kreislauf von Leiden und Wiedergeburt durch die Erlangung des Nirvana zu entziehen, gilt sein Streben einer besseren Wiedergeburt. Die Mönche, die sich 227 Lebensregeln unterwerfen, sind in der Lage, eine weitaus reinere und strengere Form des Buddhismus auszuüben.

Die Nats und andere Glaubensvorstellungen

An dieser Stelle scheint es mir geboten, einen kurzen Blick auf andere Glaubensvorstellungen zu werfen, die in Burma neben dem Buddhismus existieren. Das Besondere an der Religiosität der burmesischen Laien ist die Vermischung der Lehren des Buddha mit einem althergebrachten Geisterkult, der *Nat*-Verehrung, und einem Glauben an das Übernatürliche, der psychische und magische Phänomene einschließt. Diese letzten finden ihren Ausdruck in Amuletten, Tätowierungen, Zaubersprüchen und einem ganzen Sortiment symbolischer Kleinigkeiten, mit denen fliegende Händler auf den Vorplätzen und im Inneren der Tempel gute Geschäfte machen. Die heiligen Stätten werden von Wahrsagern, Propheten, Hellsehern, Wunderheilern und Spiritisten aller Art geradezu belagert.

Die *Nats* gehen auf eine Tradition animistischer Glaubensvorstellungen zurück, die es in Burma schon lange gab, als die Lehren des Buddha ihren Einzug hielten. König Anawrahta, der Begründer des ersten Myanmar-Reiches vor nahezu tausend Jahren, erklärte siebenunddreißig *Nats* zum untergeordneten Gefolge des erleuchteten Buddha und verleibte sie somit offiziell dem burmesischen Buddhismus ein.

Die *Nats*, Dämonen und Geister von längerer Lebensdauer als die Menschen, richten Unheil und Schaden an, wenn sie nicht gebührend verehrt und durch Gaben – Blumen, Geld oder Nahrung – auf den ihnen gewidmeten Altären besänftigt werden. Wohlgesonnen, können sie in Zeiten der Not aber auch um Beistand angerufen werden. Der König der *Nats* ist ein Naturgeist, der viele Gemeinsamkeiten mit dem Gott Indra der hinduistischen Mythologie aufweist. Um jeden *Nat* rankt sich eine tragische Erzählung, die irgendwie mit der Geschichte des Landes in Verbindung steht, und zusammen bilden diese Erzählungen die Grundlage der burmesischen Legenden, Mythen und Dramen. Der Mount Popa, ein alleinstehender, hoch aufragender Felsen bei Bagan, gilt als die Heimstätte der *Nats*. Wir werden diesem wichtigsten Ort der *Nat*-Verehrung in meinem Bericht über die Wunderwelt Bagan im zweiten Teil dieses Buches begegnen.

Kehren wir nun zum Hauptthema dieses Kapitels zurück. Der gläubige burmesische Buddhist, der eine besseren Wiedergeburt anstrebt, bemüht sich in erster Linie, die fünf Grundregeln oder Gebote der buddhistischen Moral zu achten. Ihnen zufolge darf er

- kein Lebewesen töten,
- nicht stehlen,
- nicht lügen,

- keinen Ehebruch begehen,
- und keinen Alkohol trinken.

Aber damit nicht genug. Zum Zeichen der Verehrung rezitiert er dreimal täglich eine feierliche Formel, nimmt sich Zeit zum Beten und legt zu Hause auf dem Familienschrein oder in der Pagode eine Gabe nieder. In Gebetshallen und Tempeln halten die Mönche langwierige Zeremonien ab, und oft schallt ihr Gesang, verstärkt durch den ihrer Gefolgschaft (überwiegend Frauen), von großen Lautsprechern getragen über beträchtliche Entfernungen. Außer diesen frommen Übungen wird jeder Buddhist zur Meditation angehalten, sei es allein oder in Gemeinschaftszentren. Die überzeugten burmesischen Buddhisten glauben an folgende *Vier Edlen Wahrheiten*:

- Leben birgt immer ein Element des Leidens;
- der Ursprung des Leidens ist der „Durst" der Begierde;
- das Ende des Leidens erfolgt durch Überwindung aller Begierden und weltlichen Bindungen;
- der Weg zu diesem Ziel ist der *Achtfache Pfad des edlen Handelns*.

Der *Achtfache Pfad* gliedert sich in drei Abschnitte mit insgesamt acht Anweisungen zum rechten Handeln:

Weisheit	• rechte Erkenntnis, • rechte Gesinnung.
Sittlichkeit	• rechte Rede, • rechte Tat, • rechter Lebenserwerb.
Innere Sammlung	• rechtes Streben, • rechte Achtsamkeit, • rechte Versenkung.

Der sicherste Weg, bei der Wiedergeburt ein besseres Leben zu erlangen, besteht nach Auffassung eines Theravada-Buddhisten darin, die *Fünf Gebote* einzuhalten, an die *Vier Edlen Wahrheiten* zu glauben, die acht Anweisungen zum rechten Handeln zu befolgen und, ebenso wichtig, Verdienste zu erwerben. Die Burmesen sind großzügige Spender, aber sie unterstützen lieber buddhistische als weltliche Wohltätigkeitszwecke, weil die buddhistischen Gaben als Verdienste in ein goldenes Buch eingetragen werden, das von himmlischen Wesen gehütet wird. Oft werden Verdienste mit anderen geteilt und können sogar übertragen werden.

Die wertvollste Tat, die den höchsten Verdienst einbringt, besteht darin, Mönch zu werden oder den Mönchen Almosen zu geben, aber auch durch Beten, Meditation, Wallfahrten, Predigten halten oder Predigten hören, durch Respektsbezeigungen gegenüber Älteren und die Bereitschaft, zu teilen, kann man Verdienste erwerben. Der fromme und pflichtbewußte Sohn wird Verdienste auf seine Eltern übertragen.

Verdienste anzuhäufen ist von so großer Bedeutung, daß mächtige Führer und lasterhafte Individuen (einschließlich *War Lords* und Drogenbarone) plötzlich in übereifrige Religiosität und Freigebigkeit verfallen, um mit diesen Werken in das goldene Buch einzugehen und sich für die Zukunft ein besseres Leben zu sichern. Ein prominentes Beispiel dafür liefert Ne Win, der in Yangon gegenüber der berühmten Shwedagon Pagode unter großem Aufwand eine kostspielige neue Pagode errichten ließ.

Zu den schlechten Taten, die ebenfalls aufgezeichnet werden, gehören Verstöße gegen die *Fünf Gebote* – wobei sogar das Töten eines einzigen Moskitos einen solchen Verstoß bedeutet. Mein Reiseführer Min Min, dem wir in Teil 3 ausführlicher begegnen werden, half mir mit äußerster Gewissenhaftigkeit, jedes Ausmerzen von Insekten in unserem Eisenbahnwagen zu vermeiden, und verbrachte viel Zeit damit, sie lebendig durch das Fenster nach draußen zu befördern.

Mönche und Nonnen

Von den mehr als dreihunderttausend buddhistischen Mönchen in Myanmar haben etwa ein Drittel ihr ganzes Leben der *Sangha*, der Bruderschaft der Mönche geweiht. Ihre Gönner – die vielen Armen und die wenigen Reichen – spenden rund 10

Prozent ihres Einkommens für buddhistische Einrichtungen und Aktivitäten. Dieser Prozentsatz mag gering erscheinen, aber wenn man bedenkt, daß er 10 Prozent des Gesamteinkommens der Bevölkerung bedeutet, ergibt sich eine gewaltige Summe, die zweifellos erhebliche Auswirkungen auf Myanmars Wirtschaft und Gesellschaft hat. Eine gut gestellte *Sangha* kann zugleich eine wichtige und unabhängige Rolle im Leben der burmesischen Gesellschaft spielen. In der Vergangenheit haben sich empörte junge Mönche wiederholt gegen die Regierung gestellt.

Heute jedoch scheinen die Führer der *Sangha*, die zumeist ältere Äbte sind, eine Politik der Koexistenz mit der Militärregierung zu vertreten. An Feiertagen bezeigen die Generäle den führenden Mönchen regelmäßig ihren ergebenen Respekt, und umgekehrt weist die Führung der *Sangha* die jüngeren Mönche an, sich aus der Politik herauszuhalten. Während die politische Führung des Landes, als sie noch auf dem Weg zum Sozialismus war, den Einfluß des Buddhismus zurückzudrängen suchte, nahm sie in letzter Zeit jede Gelegenheit wahr, ihre religiöse Ergebeheit zu demonstrieren. Die Regierung hat das Recht zur Ernennung aller Richter des *Sangha Council*, der höchsten Körperschaft des *Sangha*, die religiöse Streitigkeiten regelt und abtrünnige Mönche bestraft.

Jede Theravada-Gesellschaft zollt den Mönchen die höchste Ehrerbietung, und auch von den mächtigsten Militärs oder Politikern wird erwartet, daß sie sich vor ihnen, den wandelnden Symbolen des Buddha, verbeugen. Auf der anderen Seite sollten sich die Mönche nicht in weltliche Angelegenheiten einmischen. Ältere Mönche jedoch können den Kontakt zu weltlichen Kreisen kaum vermeiden, weil sie häufig um Beistand, Rat oder Vermittlung gebeten werden.

Das System des Seniorats und der hierarchischen Kontrolle charakterisiert übrigens nicht nur die *Sangha*; es ist auch typisch für die burmesische Familie, in der die Rangordnung vom Alter abhängt und die jüngeren Geschwister immer verpflichtet sind, die älteren zu ehren. Min Min erzählte mir von einem bestimmten

Tag im Jahr, an dem seine jüngeren Brüder und Schwestern ihm förmlich ihre Hochachtung und Dankbarkeit bezeigen.

Fast alle buddhistischen Männer verbringen zumindest einen Teil ihrer frühen Jugend im Kloster, wobei das Leben, das sie dort erwartet, nicht einfach ist. Novizen und ordinierte Mönche stehen vor dem Morgengrauen auf und gehen hinaus, jeder mit einer Schale, um schweigend von den Gläubigen Reis und anderes Essen entgegenzunehmen. Für manche bleibt es bei einer einzigen Mahlzeit am Tag, andere bekommen Frühstück und ein Mittagessen. Win Win, mein Kutscher in Bagan, der acht Jahre lang Novize war, sagte mir, das Schwierigste für die Jungen sei der Hunger.

In Burma kann ein Knabe mit neun Jahren sein Noviziat im Kloster antreten. Er bekommt einen alten Pali-Namen und seine Aufgabe besteht darin, Pali-Schriften zu studieren und auswendig zu lernen. Im übrigen wird erwartet, daß er die Grundregeln des buddhistischen Verhaltens befolgt. Die meisten von denen, die einer Mönchsgemeinschaft beitreten, bleiben nur einige Wochen oder Monate. Für diejenigen, die sich ordinieren lassen wollen, ist zwanzig Jahre das Mindestalter, um diesen Schritt zu tun. Sie scheren sich den Kopf, entfernen alles Körperhaar, verpflichten sich, die 227 Ordensregeln zu befolgen, und weihen ihr ganzes Leben der Meditation und Lehre der heiligen Schriften.

Drei Grundregeln gelten gleichermaßen für Novizen und für ordinierte Mönche:

- Sie dürfen über keinen weltlichen Besitz verfügen, außer den folgenden acht Dingen: Drei Roben, ein Rasiermesser, eine Nähnadel, ein Sieb, damit kein Lebewesen in das Trinkwasser gerät, einen Gürtel und eine Almosenschale.
- Sie geloben, nichts und niemanden zu verletzen oder zu beleidigen.
- Sie geloben Keuschheit (was für Frauen bedeutet, daß sie angemessenen Abstand halten sollten, damit sie weder einen Mönch noch dessen Almosenschale berühren).

Anders als die Situation der Mönche, ist die der burmesischen Nonnen ein trauriges Kapitel. Sie werden weniger geachtet, und man gibt ihnen nicht viel. Arm, in rosa Roben und mit geschorenen Köpfen, führen sie ein hartes Leben, indem sie um Nahrung und Almosen bettelnd durch die Straßen ziehen. Der Lehre des Buddha gemäß ist die Wiedergeburt in Gestalt einer Frau die Strafe für schlechtes Verhalten in einem früheren Leben. Westliche Besucher mögen diese Lehre verurteilen, aber die burmesischen Frauen scheinen sie zu akzeptieren, und in anderen Bereichen gewährt Myanmar den Frauen mehr Gleichberechtigung als irgendeine andere asiatische Gesellschaft. Frauen führen Läden, schließen Geschäfte ab, und in den grundlegenden Rechten sind sie den Männern gleichgestellt. Auch das Scheidungsrecht ist unkompliziert, so daß Frauen schlechte Ehen nicht hoffnungslos ertragen müssen.

Wie gesagt, ist der Buddhismus nicht die einzige Religion in Myanmar. Andere Glaubensbekenntnisse reichen von den Baptisten über die römisch-katholische und die anglikanische Kirche bis zum Hinduismus und dem Islam. Man kann wohl von Glück sprechen, daß der Buddhismus eine tolerante Religion ist, und solange die Regierung nicht den verhängnisvollen Fehler wiederholt, den Buddhismus – wie der frühere Premierminister U Nu im August 1961 – zur Staatsreligion zu machen, bestehen gute Aussichten auf eine Fortsetzung der friedlichen Beziehungen zwischen den verschiedenen religiösen Gruppen. Burma hat genug Kriege, Aufstände, Rebellionen und Erhebungen erlebt. Hoffen wir nur, daß der Glaube an ihre jeweilige Religion den Menschen in Myanmar helfen wird, den Kulturschock zu überwinden, der sie erwartet, wenn ihr Land sich vollständig der Außenwelt öffnet

2. TEIL:
DIE ERSTE REISE

INS HERZ VON BURMA – BAGAN UND MANDALAY

Yangon – Die Hauptstadt von Myanmar

Als mein Flugzeug, aus Bangkok kommend, zur Landung in Yangon ansetzte, schien der Pilot sich stark in der Höhe verschätzt zu haben, denn die Maschine setzte so heftig auf, daß die Gepäckfächer aufsprangen und die Passagiere fast von ihren Sitzen geschleudert wurden. Was für ein Empfang in Myanmar!

Bevor wir den Fuß auf burmesischen Boden setzen, ergibt sich hier eine günstige Gelegenheit für eine kleine Abschweifung zu einigen Besonderheiten, die für einen ausländischen Besucher, der zum ersten Mal nach Myanmar kommt, gewöhnungsbedürftig sein könnten. Zum Beispiel ist die Zeitdifferenz zu Bangkok nicht etwa eine volle Stunde, sondern nur dreißig Minuten. Eine andere Besonderheit ist das Maßsystem. Myanmar ist eines von nur drei Ländern der Welt – die beiden anderen sind die USA und Liberia –, die das metrische System nicht übernommen haben. Die Gewichte heißen *viss* und *tikal*, als Längenmaße werden *miles, yards, feet* und *inches* benutzt.

Dann das Währungssystem. Die nicht konvertierbare Währung heißt *kyat* (ausgesprochen *tschat*) und ist in alten und neuen Banknoten mit ungewöhnlichen Nennwerten, wie 15-, 45- und 90-Kyat-Scheinen, in Umlauf. Bei der Ankunft mußten bis August 2003 alleinreisende Touristen 200 US-Dollar umtauschen, für die sie nicht etwa Geld in der Landeswährung bekamen, sondern auf US-Dollar lautende *Foreign Exchange Certificates* (FECs) zu einem Kurs von 1:1. (Mit diesen Zertifikaten habe ich meine in Dollar ausgestellten Hotelrechnungen und Flugtickets bezahlt.) Heutzutage entfällt dieser Zwangsumtausch, aber die FECs sind noch gültig und im Umlauf. Über kurz oder lang wird die Regierung wohl dem chinesischen Beispiel folgen und sie ganz abschaffen.

Der Kyat ist auf dem Schwarzmarkt erhältlich, entweder gegen FECs oder gegen Dollar. Es empfiehlt sich nicht, in Banken zu tauschen, da der offizielle Wechselkurs bei weniger als 7 Kyat für einen Dollar liegt. Die Regierung versucht zwar den Euro als primäre Fremdwährung zu etablieren, aber bisher wird in Myanmar nur der US Dollar bei Zahlungen akzeptiert. Es liegt eine gewisse Ironie darin, daß in diesem Land ein illegaler Markt, der Devisenschwarzmarkt, der einzige freie und gut funktionierende Markt ist. Es ist natürlich ungesetzlich, ihn in Anspruch zu nehmen, aber jedermann weiß, wo er sich befindet und wie er arbeitet. Die Regierung scheint ihn zu dulden. Da ich nichts Gesetzwidriges tun wollte, bat ich Hotelangestellte und Führer, einige Dollars für mich zu wechseln (aber erst, nachdem ich mich über den neuesten Wechselkurs informiert hatte). Selbst wenn man nur zwanzig Dollar in Kyat umtauscht, hat man eine sehr geschwollene Brieftasche, und ich sah Händler und Geschäftsleute mit dicken Bündeln von Kyat in der Hand herumlaufen, die in keine Brieftasche hineingepaßt hätten.

Bei meinem zweiten Besuch lag der Kurs bei etwa 245 Kyat pro Dollar, und nur ein Jahr später war er auf 360 gefallen. Bei einer jährlichen Inflationsrate von über 50% kann sich der Wert des Kyat gegenüber dem US-Dollar nur in eine Richtung bewegen, nämlich nach unten. So fiel sein Kurs im Sommer 2007 auf 1.350. Man muß sich darüber im klaren sein, daß die auf dem Schwarzmarkt eingetauschte Landeswährung bei der Ausreise nicht offiziell zurückgewechselt werden kann, und sollte daher alles ausgeben. Da fast immer bar bezahlt wird, empfiehlt es sich, nicht nur große Dollarnoten, sondern auch viele kleinere mitzubringen. Kreditkarten wurden eine Zeit lang von den teuren Hotels akzeptiert, können aber, nachdem die amerikanischen Finanzinstitute auf Grund eines neuen Gesetzes, nämlich des „Burma Freedom and Democracy Act", keine Geldtransfers nach oder von Myanmar mehr ausführen dürfen, in Myanmar nicht mehr zur Begleichung einer Rechnung eingesetzt werden.

Und nun zurück zur Ankunft in Myanmar. Die Einreiseformalitäten bedeuten eine längere bürokratische Prozedur mit einer Menge Formulare, die ausgefüllt werden müssen. Nachdem ich eine erste Inspektion gerade hinter mir hatte, kam ein weiterer

Beamter, der ebenfalls meinen Paß sehen wollte. Da alle Beamten höflich waren, störte mich die lange Prozedur nicht, aber als der Zollinspektor mich aufforderte, den Koffer zu öffnen, weigerte ich mich schlichtweg, redete deutsch auf ihn ein und ging unbehelligt durch die Absperrung.

Draußen vor dem Flughafen erwartete mich eine junge Burmesin vom *Europa Guest House*, wo ich ein Zimmer reserviert hatte. Auf das Hotel war ich durch eine Anzeige in *Today* gekommen, der offiziellen Reisezeitschrift von Myanmar. Das italienisch-burmesische Guest House mit eigener Reiseagentur (und einem Antiquitätengeschäft, das ich nie fand) wurde von Maria geführt, einer ehemaligen Beamtin im diplomatischen Dienst der Vereinten Nationen, die in Libanon, Irak und Vietnam stationiert und zweimal unglücklich verheiratet gewesen war (mit deutschen Männern!). Sie war stolze Mutter dreier adoptierter kambodschanischer Kinder; ein viertes sollte bald von einer schwangeren Burmesin kommen, deren Freund sich aus dem Staub gemacht hatte. Maria hatte ihr Glück bei einem gutaussehenden jüngeren Burmesen aus Mandalay gefunden, der mit ihr in ihrem Guest House zusammenlebte und das Arbeiten ihr überließ, was in diesem Land, in dem die Frauen die meiste Arbeit tun und die Männer ihnen manchmal helfen, nicht unüblich ist.

Das *Europa* lag auf halbem Weg zwischen dem Flughafen und der Stadtmitte in einem ärmlichen Viertel unweit der Yangon University, die wie alle Hochschulen in Myanmar von Ende 1996 bis Juli 2000 geschlossen war. Der Campus grenzt an die University Avenue, zu der der Zutritt für jedermann streng verboten war. Die drei oder vier Gebäude des *Europa* lagen hinter einer hohen Mauer. Nur wenige Zimmer waren für Gäste bestimmt, die meisten Räume wurden von Angestellten und ihren Familien bewohnt. Im Hof standen etliche unausgepackte Kisten mit Haushaltsgegenständen, als wäre der Besitzer erst gestern eingezogen. Im Hauptgebäude befanden sich ein kleines Büro und eine Bar, die beide Gerhards Reich waren, eines Deutschen, der am Tag zuvor eine der burmesischen Angestellten geheiratet hatte und sich *Deputy General Manager* nannte.

In der Bar saßen einige französische Gäste, vermutlich in Yangon arbeitende Ausländer. Da sie nicht wußten, was sie mit dem nicht französisch sprechenden Neuankömmling anfangen sollten, wurde ich ignoriert. Später, als ich ein Tiger-Bier trank, fragte mich ein nicht mehr ganz nüchterner Franzose, der sich beschwerte, daß in der Bar J&B Whisky ausgegangen war, ob ich mit ihm *"to a place of ill repute"* gehen wolle, wo er gerade telefonisch zwei Mädchen reserviert habe. So viel zu Gesetz und Ordnung.

In meinem sauberen, nicht gerade modern eingerichteten Zimmer standen drei Betten mit Moskitonetzen und eine riesige Klimaanlage (neben dem Bett, das ich benutzen würde), die wie ein Flugzeugmotor röhrte. Das Bad war zwar groß und neu, aber aus dem Heißwasserhahn floß kein warmes Wasser. Ich entschied, daß kaltes Wasser viel gesünder sei und man für dreißig Dollar pro Nacht nicht zuviel erwarten dürfe. Da die Trockenzeit gerade erst begonnen hatte und erst wenige ausländische Touristen in Myanmar eingetroffen waren, war ich der einzige Gast in dem kleinen Hotel, das zwar europäische Küche anbot, aber nur dann, wenn man einen Koch hatte. Zu der Zeit kochte eine junge Burmesin, und ein junger Mann servierte das burmesische Essen, hauptsächlich Currys mit Reis. Obwohl das Essen durchaus schmackhaft war, hatten Hitze und Luftfeuchtigkeit mir den Appetit genommen, und so beschloß ich, früh zu Bett zu gehen.

Am nächsten Morgen nahm mich Maria mit auf den Markt, eine große Halle mit vielen offenen, erhöhten kleinen Ständen. Es gab einen Bereich für Fisch und einen für Fleisch. Die Auswahl an Fisch war beeindruckend, viele Katzenwelse aus dem nahen Fluß, aber lange war der durchdringende Geruch in der Halle nicht auszuhalten. Außerhalb der Markthalle wurden Obst und Gemüse verkauft. Das Angebot war erstaunlich vielfältig, einiges hatte ich noch nie gesehen. Das einzige aber, was ich erstand, war eine frische Kokosnuß, die ich später im Guest House verzehrte.

Das Viertel um das *Europa* bestand aus einfachen Holzhäusern auf Pfählen, in denen Familien in ärmlichsten Verhältnissen lebten. Die unbefestigte Straße voller Schlaglöcher vor dem Hotel war der Schrecken der Taxifahrer. Eine farbenfrohe Pagode gegenüber zog abends viele Leute zum Meditieren an. Eines der Kinder aus der Nachbarschaft, ein etwa zehnjähriger sehr schlanker kleiner Junge, sprach mich auf Englisch an und sagte mir, sein älterer Bruder könne nicht zur Schule gehen, weil er „den Husten“ habe. “We very poor“, sagte der kleine Junge und lachte. Die Menschen in Myanmar sind sehr arm, und sie sind sich dessen bewußt.

Marias Assistentin, eine Burmesin, hatte meinen Aufenthalt so gut vorbereitet, daß es mir frei stand, Yangon mit Hilfe ihres Mannes als Fahrer zu erkunden. Beide hatten früher im Landwirtschaftsministerium gearbeitet, hatten ihre Stelle aber aufgegeben, Burma verlassen und einige Jahre in Haushalten in Singapur gearbeitet. Der Mann war wegen Unterstützung von Aung San Suu Kyi drei Jahre in Haft gewesen.

Eines Abends fuhr ich mit dem Ehepaar ins Stadtzentrum; während sie und ich die Sule Pagode besuchten, wechselte er auf dem nahegelegenen Schwarzmarkt einige Dollar für mich. Die Sule Pagode liegt im Herzen der Stadt. Rings um ihren goldverkleideten Stupa legten die Engländer ein Netz von Straßen an, die fast alle rechtwinklig verlaufen. Hier errichteten sie große viktorianische Bauten für ihre Behörden, für Handel und Banken; auch der Hauptbahnhof wurde von den Engländern erbaut. Eine weitere Attraktion im Kolonialstil ist das berühmte alte *Strand Hotel* in der Nähe des Yangon River und des Hafens, das inzwischen vollständig renoviert wurde. Die Sule Pagode ist so etwas wie ein gesellschaftliches und religiöses Zentrum der Stadt. Sie ist bis spät in die Nacht geöffnet, und hier bieten Astrologen und Wahrsager ihre gefragten Dienste an. Innen knien Paare und Familien vor den zahlreichen Altaren und beten. Obwohl die meisten sehr arm sind, ist es erstaunlich, wie viel Geld die Gläubigen für die Pagode spenden.

Danach gingen wir durch die indischen und chinesischen Viertel, wo Händler und Straßenverkäufer ihre vielfältigen, billigen Waren verkauften. Das äußerst geschäftige und belebte Stadtzentrum verändert sich offensichtlich rasant seit den Zeiten, als nicht einmal begrenzter Tourismus möglich war. Neue Hotels,

Geschäfte, Restaurants, Diskotheken und Karaoke-Bars mit den allgegenwärtigen grellen Neonlichtern und der aufdringlich lauten Popmusik beweisen, daß hier wie überall die moderne Zeit angebrochen ist.

Wir beschlossen, in einem chinesischen Dachrestaurant zu essen, und stiegen in den Aufzug, aber keiner der Knöpfe löste irgendeine Reaktion aus. Wir hatten Glück, daß ein hinzukommender junger Mann sich besser auskannte: er nahm zwei aus der Schalttafel heraushängende Drähte, hielt sie aneinander, bis Funken flogen und der Aufzug sich in Gang setzte. Auf dem Weg nach oben passierten wir eine Karaoke-Disco, wo stark geschminkte junge Frauen in enganliegenden Kleidern uns ins leere Lokal einluden. Uns aber knurrte der Magen, und so fuhren wir bis zum Restaurant auf der Dachterrasse. Überall standen große Wasserbecken voller Fische und Krebse. Die nackten Neonröhren hatten ganze Insektenschwärme angelockt. Das Essen war schmackhaft, nur viel zu teuer. Aber ich genoß die Szenerie, vor allem den Vollmond über Yangon, der einen herrlichen Blick über die ganze Stadt erlaubte.

Die Shwedagon Pagode

Am nächsten Tag wollte ich die weltberühmte Shwedagon Pagode besichtigen, die größte Attraktion jeder Reise nach Yangon. Ihre massive glockenförmige Goldkuppel erhebt sich hundert Meter über den kleinen Hügel, auf dem sie steht, und ist sowohl vom Boden wie aus der Luft weithin sichtbar. Die Allgegenwart dieser Pagoda bringt ihre Bedeutung in diesem ungebrochen buddhistischen Land zum Ausdruck.

Zu der Terrasse, auf welcher der gewaltige Stupa errichtet wurde, führen – den Himmelsrichtungen folgend – vier breite überdachte Aufgänge, und der Besucher kann entweder die 104 Stufen hinaufsteigen oder einen Lift benutzen. Da mir etwas Bewegung nur gut tun konnte, zog ich vorschriftsmäßig meine Schuhe aus und stieg langsam den Treppenaufgang hinauf. Er ist zu beiden Seiten von zahlreichen Läden gesäumt. Jeder der vier Aufgänge hat seine eigene Spezialität, z. B. Andenken, Bücher oder Blumen. Auf dem langen Weg nach oben kann sich der müde Pilger an kleinen Ständen mit Tee erfrischen. Die Atmosphäre erinnerte mich eher an einen betriebsamen Markt als an einen ruhigen Ort der Andacht. Oben wurden die ausländischen Besucher von Wächtern an einen Schalter geführt, wo sie die für sie obligatorische Eintrittskarte kaufen müssen; erst dann durften sie die weitläufige Plattform betreten und sich auf den Rundgang um die goldene Kuppel machen.

Der ursprüngliche Stupa wurde zwischen dem 7. und 10. Jahrhundert erbaut, bevor Bagan das Zentrum Burmas wurde. Er ist in vielerlei Hinsicht eine unschätzbare Kostbarkeit: er ist mit zahllosen Beschichtungen aus Gold verkleidet und mit Tausenden von Rubinen, Saphiren, Topasen, Smaragden und unzähligen Glöckchen aus Silber und Gold verziert; über hundert kleinere Tempel und Statuen sind rund um die eindrucksvolle Spitzkuppel angeordnet.

Der erste Eindruck von der ausgedehnten Plattform und der majestätischen goldenen Kuppel überwältigte mich. Der Halbkreis der Terrasse mißt fast 275 Meter. Als ich mir die vielen kleinen und größeren Bauten genauer ansah, die im Lauf der Jahrhunderte hinzugefügt worden waren (Pagoden, Andachtshallen, Altäre, Pavillons, Ruheplätze, Statuen und Glocken), konnte ich keine Symmetrie, keine planvolle Anlage erkennen, nur einen Wirrwarr von Elementen und Stilen.

Die große Plattform ist mit Marmorplatten ausgelegt, die sich in der gleißenden Sonne stark aufheizen, was den barfüßigen Ausländer dazu bewegte, um Wolken und Regen zu beten. Der Buddha mußte mich erhört haben, denn rasch verdunkelte sich der Himmel und ein schwerer, aber kurzer Wolkenbruch ging hernieder. Es war ein Vergnügen, barfuß auf den warmen Platten durch die kühlen Wasserpfützen zu gehen. Ich wäre in kürzester Zeit durchnäßt gewesen, wenn ein freundlicher englischsprechender Lehrer mir nicht angeboten hätte, seinen Regenschirm mit ihm zu teilen. Der sympathische Herr verfügte, wie sich herausstellte, über erstaunliche Kenntnisse in Geschichte und Religion. Wir machten einen Rundgang über die weitläufige Terrasse, bewunderten die goldene Kuppel, ihre achteckige Basis und die vierundsechzig kleineren Stupas auf ihrem Außenrand. Er zeigte mir eine der berühmten alten Glocken; wir besichtigten Tempel, die Säule für den Planeten Saturn und die Schutznats der Shwedagon Pagode; dann eine offene Halle, in der Mönche Sutras lasen, die Bibliothek, einen in 198 Stücke geteilten Fußabdruck des Buddha. Durch die Fülle anschaulicher Erläuterungen, die mein Begleiter lieferte, wurde mir allmählich klar, daß diese scheinbar chaotische Anordnung nicht etwa eine architektonische Fehlleistung war, sondern ein wohldurchdachtes System. Als der lange Rundgang zu Ende war, bat mich der Lehrer zu meiner Überraschung um etwas Geld, US-Dollar selbstverständlich. Weil er sich nicht als Führer vorgestellt hatte, war ich in meiner Einfalt davon ausgegangen, seine Gesellschaft und seine Informationen seien Teil der burmesischen Gastfreundschaft. Da ich jedoch wußte, wie wenig Lehrer und andere Beamte in Myanmar verdienen, gab ich ihm fünf Dollar, was wohl seinem wöchentlichen Einkommen entsprach. Als er dann aber noch mehr verlangte, setzte ich ihn ein wenig unter Druck, indem ich nach seiner Konzession fragte. Daraufhin bedankte er sich für das Trinkgeld und ging hoch erhobenen Hauptes in Richtung Aufzug.

Die frühen Abendstunden im Guest House waren besonders angenehm; die Sonne war im Untergehen, und die Luft kühlte sich ab. Hunderte von lärmenden Krähen und Spatzen ließen sich für die Nacht auf den Bäumen nieder. Nachbarn kehrten von der Arbeit heim, und Gläubige eilten in die Pagode auf der anderen Straßenseite. Nach einem kühlen Bier und dem Abendessen schaute ich mir eines der langweiligen Programme im staatlich kontrollierten Fernsehen an, bereitete mich auf den Ausflug am nächsten Tag vor und begab mich früh Schlafen. Ich machte das Licht aus, näherte mich auf Zehenspitzen dem Bett, hob vorsichtig das Moskitonetz hoch und schlüpfte schnell darunter, damit kein Insekt mir folgen konnte. Trotz der brummenden Klimaanlage schlief ich bald ein.

Die Yele Pagode

Am nächsten Tag unternahm ich einen Ausflug zur Yele Pagode, der „Pagode in der Mitte des Flusses", in Kyauktan. Kaum hatten mein Fahrer und ich das Stadtgebiet hinter uns gelassen, als wir von einem Polizisten, der wahrscheinlich den Ausländer im Auto entdeckt hatte, angehalten wurden. Da Taxilizenzen nur innerhalb der Stadtgrenzen gültig sind, war ein Bußgeld fällig. Die „Geldbuße" bestand aus einem kleinen Schmiergeld, das diesmal höher ausfiel als sonst, weil ein „reicher" Ausländer im Auto saß. Wir fuhren weiter über eine von schwer bewaffneten Soldaten bewachte breite Stahlbrücke, die ich nicht fotografieren durfte, da Brücken grundsätzlich als besonders gefährdete Sicherheitsobjekte gelten. (Genauso verhält es sich in China, wo einige Jahre zuvor ein Soldat sein Bajonett auf mich richtete, als mein Freund Peter und ich im Vorfrühling unter einer Brücke ein paar Blumen und Zweige pflückten. Glücklicherweise kam Peters Frau Sabine, die fließend Mandarin spricht, uns zu Hilfe).

Die Yele Pagode liegt etwa zwanzig Kilometer südlich von Yangon auf einer kleinen Insel in einem Seitenarm des Yangon Flusses. Die Insel, die man nur mit kleinen Booten erreichen kann, steht voller grüner Tempel. Wie die meisten anderen Besucher kaufte ich eine Tüte Popcorn, um die großen wohlgenährten Katzenwelse zu füttern, die sich träge im sumpfigen Wasser wälzten. Ich konnte sie fast berühren und hätte gern einen gefangen und fürs Abendessen mit nach Haus genommen. Aber für einen solchen Frevel wäre ich wohl gesteinigt worden. Wieder im Dorf, aßen wir in einem der einfachen, billigen Straßenrestaurants, das eher einem offenen Stand glich, wo Katzen auf dem Boden schliefen und Hühner und halbnackte Kinder herumliefen. Ich sah, daß die Teller und Gabeln in einem Eimer mit braunem Wasser gespült wurden, und obwohl mein angebratener Reis mit Hühnchen nicht sehr appetitlich aussah, spülte ich ihn mit großen Mengen Bier hinunter. Mir war klar, daß ich mich an die hiesigen Lokale gewöhnen mußte, doch das dauerte immer einige Tage.

Abends im Guest House hatte ich Glück. Jürgen Voss, der damalige Manager des bekannten Bagan Hotels besuchte Maria und machte mir ein Angebot für meinen Aufenthalt dort, zu dem ich nicht nein sagen konnte: ein Zimmer mit Frühstück für 42 Dollar pro Nacht. Vor Reiseantritt hatte ich beschlossen, nicht mehr als 45 Dollar pro Nacht für Hotels auszugeben, was in Yangon nicht viel Komfort bedeutet. Es gelang mir dennoch, innerhalb meines Budgets zu bleiben. Als ich zwei Wochen später nach Bangkok zurückkehrte, rechnete ich aus, daß ich für die Reise einschließlich Hotels, Flüge, Schiff, Taxis, Essen und Getränke insgesamt 1.300 Dollar ausgegeben hatte.

BAGAN – WUNDERWELT IN DER ZENTRALEBENE

Von Yangon aus flog ich mit Mandalay Air am frühen Morgen nach Bagan. Diese private Fluglinie, ein Joint Venture mit einem ausländischen Partner, bietet Flüge auf den Hauptreiserouten an und wird vorwiegend von Touristen genutzt. Ihre Preise sind etwas höher als die von Myanmar Airways, der staatlichen Fluggesellschaft, berühmt-berüchtigt für ihre Verspätungen und Stornierungen. Alle Staatsbetriebe sind für ihre Verluste und schlechten Service bekannt, doch in den letzten Jahren hat die Zahl privater Unternehmen stark zugenommen. Das in Privatbesitz befindliche *Bagan Hotel* war ein Beispiel für ausgezeichneten Service: Ich wurde unaufgefordert mit dem Auto vom Flughafen abgeholt.

Am Ostufer des mächtigen Ayeyarwady gelegen, ist Bagan eine der größten archäologischen und religiösen Stätten der Welt und kann es nicht nur an Größe, sondern auch an Schönheit mit ähnlichen weltberühmten Orten, wie Angkor Wat und Machu Picchu, aufnehmen. Im 11. Jahrhundert, unter dem burmesischen König Anawratha, hatte die Stadt ihre Glanzzeit. Er wurde der Begründer der Bagan Dynastie im Jahr 1044 und der Eroberer des Mon-Königreichs im Süden. Sein eigenes Reich dehnte er beinahe zur Größe des heutigen Myanmar aus. Von den Mon übernahm er den Theravada-Buddhismus und machte Bagan zur Hauptstadt seines Königreichs. Eine Zeitlang bestand Bagan aus mehr als zehntausend Gebäuden. Doch 1287 überfielen die Truppen Kublai Khans das Land, verwüsteten und zerstörten große Teile von Bagan, so daß heute „nur noch" 2.217 religiöse Bauten übrig sind.

Bagan ist keine herkömmliche Stadt mit einem betriebsamen Stadtzentrum; vielmehr ist das Gebiet ein Geflecht von Städten und Dörfern, durchsetzt von etwa zweitausend Tempeln, Stupas und Klöstern. Das wirtschaftliche Leben findet größtenteils in Nyaung U statt, einem Ort gut fünf Kilometer von Old Bagan entfernt, wo ich fünf Tage im komfortablen *Bagan Hotel* verbringen konnte. Südlich davon liegt New Bagan, das 1990 gegründet wurde, nachdem die Regierung die meisten Bauern und Händler aus der Tempelstadt ausgewiesen und ihre Häuser eingeebnet hatte. Die Vertriebenen mußten die Kosten für die Umsiedlung und für den Bau ihrer neuen Häuser selbst tragen.

Für mich war Bagan Liebe auf den ersten Blick. Mir gefiel dieses offene Land mit seinen blauen Bergketten in der Ferne, seinem wolkenlos ultramarinblauen Himmel und seinen spärlichen Büschen und kleinwüchsigen Bäumen auf der kargen, gelbroten Erde. Dazwischen erhoben sich die zahllosen Stupas aus roten Ziegeln sowie hier und da die massive Goldkuppel eines kostbar gebauten und verzierten Tempels. Bald fiel mir die Stille auf, die über dem Land lag; man hörte kaum einen Laut. Vor allem in den langen, heißen Mittagsstunden, wenn das gleißende Sonnenlicht in den Augen schmerzte und die aufgeheizten Steine und Ziegel unter den Füßen brannten, wurde es vollkommen still; kaum ein Lebewesen regte sich. Auch ich zog mich dann zu einer langen Siesta in mein angenehmes Hotelzimmer mit Klimaanlage zurück.

Überhaupt war das *Bagan Hotel* ein erholsamer Ort. Am Flußufer gelegen, bestand der Komplex aus mehreren einstökkigen Häusern und zwei herrlichen großen Stupas. Seine eindrucksvollen alten Ziegeltore und die zwei Stupas waren vielleicht einmal Teil einer größeren Tempelanlage. Gegenüber dem Hoteleingang steht einer der bedeutenderen Tempel von Bagan und auf der anderen Seite der schmalen Straße das Archäologische Museum, das gerade renoviert wurde. Am späten Nachmittag, wenn ich auf dem Rasen, zwischen Bäumen und den zwei rotbraunen Stupas im Liegestuhl lag und darauf wartete, daß die Sonne über dem breiten Fluß untergehen würde, trank ich meinen Gin Tonic und las George Orwells *Burmese Days.* Eines Abends gaben Vertreter der Stadt einen Empfang für eine Delegation der philippinischen Regierung. Fackeln und kleine Scheinwerfer beleuchteten die Jahrhunderte alten Stupas, Musiker spielten traditionelle burmesische Musik, zu der junge Männer und Frauen in farbenfrohen Trachten Volkstänze aufführten. Aus einiger Entfernung beobachtete ich die Bilder und lauschte den Klängen Burmas.

Ich war ohne Plan nach Bagan gekommen, ohne mich vorher mit seiner Geschichte und Architektur zu beschäftigen. Es sollte keine Bildungsreise werden, eher ein entspannter Ausflug, vielleicht mit dem einen oder anderen unvorhergesehenen Abenteuer. Für Tagestouren in und um Bagan konnte man ein vollklimatisiertes Auto, eine Pferdekutsche oder ein Fahrrad mieten. Am ersten Tag, als ich die Umgebung des Hotels erkundete, bot mir ein junger Kutscher seine Dienste an. Er sprach überraschend gut Englisch mit einem Westminster- Akzent. Eigentlich wollte ich ablehnen, doch dann fiel mir ein, daß ich für den Nachmittag ein Transportmittel brauchte, und ich engagierte ihn für einen halben Tag.

Win Win

Wie sich herausstellte, hieß der junge Mann Win Win. Er wohnte in Taungby, einem Dorf ganz in der Nähe. Alle Kutschen hatten Zulassungsnummern, er war besonders stolz auf seine, die Eins. Und von den vielen Kutschern in Bagan war er ohne Zweifel die Nummer Eins, der beste. Erst Anfang zwanzig, hatte er sich selbst Englisch beigebracht, indem er englische Bücher las und englische Radiosender hörte, und hatte sich viele Jahre mit der Geschichte Bagans und mit dem Buddhismus beschäftigt. Als Kind hatte er mehrere Jahre in einem benachbarten Kloster gelebt, das er mir einige Tage später zeigte. Er erzählte mir, daß sein Vater Maurer sei (und zuviel trinke) und daß er zwei jüngere Brüder und eine – wie ich später feststellen konnte – sehr gutaussehende Schwester habe. Die übrige Familie bestand aus seinem schwarzen Hund (der argwöhnisch auf Distanz zu mir blieb) und aus seiner braunen Stute Okema (die mich nicht beachtete). Win Win hatte eine Freundin, die nicht wollte, daß er Cheroots oder Zigaretten rauchte; auch vor dem Trinken hatte sie ihn gewarnt. Er wollte sie heiraten, sobald er genug Geld gespart hatte. Obwohl ausländische Geschäftsleute, die er in seiner Kutsche herumgefahren hatte, ihm gutbezahlte Bürojobs in Yangon angeboten hatten, blieb er Bagan treu, dem Ort, den er liebte, wo seine Familie und seine Freunde lebten und wo er, was besonders wichtig für ihn war, seiner Religion nahe sein konnte. Stolz zeigte er mir sein kleines Notizbuch mit den lobenden Worten und Empfehlungen ausländischer Fahrgäste. Einige seiner früheren Kunden schrieben ihm aus Übersee, um für ihren nächsten Besuch in Bagan seine Dienste vorzubestellen.

An den folgenden fünf Tagen führte Win Win mich zu einigen der 2217 Pagoden, Tempel, Stupas und Klöster. Von der Spitze einer Pagode und von einem Boot auf dem gemächlich südwärts treibenden Ayeyarwady aus sahen wir die Sonne untergehen; wir besichtigten prachtvolle religiöse Stätten und nahmen am Lichterfest in seinem Dorf teil. Ich plante meine Ausflüge so, daß wir eine Tour am frühen Morgen machten, über Mittag aber, wenn die glühende Sonne im Zenith stand, ins Hotel zurückkehrten und nachmittags zwischen halb drei und halb sechs, bis die Sonne jenseits des Flusses über dem westlichen Ufer unterging, noch eine Tour machten. Zweimal fuhr ich abends mit ihm zum Lichterfest in sein Dorf.

Die Ausflüge am Morgen, bei noch einigermaßen kühlen Temperaturen, waren natürlich am angenehmsten. Um diese Zeit konnte man das Leben auf den Straßen zwischen den Dörfern am besten beobachten. Es war erstaunlich wenig Verkehr, sogar auf den Hauptstraßen – wenige Autos und Lastwagen, ein paar Pferde- oder Ochsenkarren, dafür mehr Fahrräder. Der Verkehr auf den staubigen Straßen bestand überwiegend aus Fußgängern – Männern mit ihren Werkzeugen und Frauen, die große flache Schalen mit Nahrungsmitteln auf dem Kopf balancierten; die meisten trugen den traditionellen burmesischen *longyi*. Hinter ihnen liefen abgemagerte Hunde her. Die Männer wirkten recht schweigsam und beachteten uns kaum, die Frauen jedoch lächelten manchmal, und wenn ich ihnen zuwinkte, winkten sie lächelnd zurück. Win Win kannte viele der jungen Leute, an denen wir vorbeifuhren – lauter Vettern, erklärte er – und so wurde viel hin und her gegrüßt und gescherzt.

Kyaukku U Min – Felsenhöhlentempel und Kloster

Flußaufwärts von Bagan liegt, versteckt hinter Bäumen und hohen Büschen, ein Höhlentempel mit einem Kloster. Als wir aus dem Boot stiegen und durch die Felder darauf zugingen, war zunächst nur der Haupttempel von Kyaukku U Min sichtbar. Teil eines mit Mauern umgebenen Komplexes, befindet sich der alte Backsteintempel im Zustand fortgeschrittenen Verfalls, überragt aber dennoch die ganze Anlage. Ein Wächter führte uns zu einer offenen Halle, wo der Abt U Ti Law Ka uns mit einem langen Händedruck herzlich begrüßte und uns seinen Segen gab. Das Kloster der drei oder vier Mönche bestand aus wenigen kleinen Holzbauten, Wohnraum und Küche. Offensichtlich war es ein armes Kloster, denn am Haupttempel waren kaum Spuren von Restaurierung zu sehen. Folgte man dem dunklen Rundgang im Innern des Tempels, so passierte man vier mächtige, gut erhaltene Buddhastatuen, die – wie üblich – nach den Himmelsrichtungen ausgerichtet waren. Die kleineren Buddhafiguren in den zahlreichen Nischen der gewaltigen Hauptmauer waren oft beschädigt; viele Nischen waren sogar leer. In früheren Zeiten hatte der Tempel mit seinen Höhlen und seinem Netz von Gängen Verfolgten Zuflucht geboten. Mönche und Adlige, die sich den Zorn des Monarchen zugezogen hatten, konnten sich hier nicht nur verstecken, sondern auch durch einen der vielen Gänge entkommen. Es wird erzählt, einige der Tunnel kämen Hunderte Kilometer entfernt wieder an die Oberfläche. Dasselbe wird von den Pindaya Höhlen (im Shan Staat) behauptet, wo ich einige Tunnel entdeckte, die angeblich bis nach Bagan führten. Diese Geschichten sind wenig glaubhaft und kaum nachprüfbar, denn die meisten Tunnel sind eingebrochen oder einsturzgefährdet.

Mount Popa – die Wohnstätte der Nats

Ein anderer Kurzausflug von Bagan führte mich fünfzig Kilometer südöstlich zum Mount Popa, dem einsam aufragenden Kegel eines lange erloschenen Vulkans in der Myingyan- Ebene, bekannt als Wohnstätte der *nats*. Mount Popa ist der bedeutendste Kultort dieser mächtigen Geister und Dämonen. Die *nats*, ein Element aus dem uralten Animismus, wurden in Burma verehrt und gefürchtet, lange bevor der Buddhismus eingeführt wurde. Vor etwa tausend Jahren übernahm König Anawratha siebenunddreißig von ihnen offiziell in den burmesischen Buddhismus.

Diese Dämonen und Geister können angeblich großen Schaden anrichten und müssen deshalb mit Blumen, Speisen oder Geld beschenkt und besänftigt werden; in Notzeiten können sie aber auch um Beistand angerufen werden. In jedem Dorf in Myanmar, in dem es gläubige Buddhisten gibt, findet sich auch ein kleiner *Nat*-Schrein, oft auf einem Pfosten und nicht größer als ein Taubenschlag.

Am und auf dem Mount Popa geht es geschäftig zu. Unten sind viele Läden und Restaurants angesiedelt worden. Oben auf dem Fels bilden Klöster, Pagoden, Stupas und Statuen eine dichtgedrängte Siedlung mit schmalen Gängen und Treppen. Um hinaufzugelangen, mußte ich meine Schuhe unten zurücklassen und eine Treppe hinaufsteigen, an der Händler Devotionalien, Andenken, kleine Speisen und Getränke verkaufen. Diesmal hatte der Aufstieg noch eine Besonderheit: aufdringliche Affen, die gefüttert werden wollten, ehe sie den Besucher durchließen. Obwohl ich die Architektur der vielen kleinen Gebäude auf der Felsspitze nicht besonders eindrucksvoll fand, lohnte sich der Aufstieg wegen des Blicks von einer der kleinen Plattformen auf die ausgedehnte Zentralebene. Abgesehen von einigen Rauchfahnen, die hier und da aufstiegen, und vereinzelten Geräuschen aus den Dörfern in der Nähe, schien sich auf der unendlich weiten Ebene nichts zu regen. Lange schaute ich auf dieses friedliche Bild.

Das Fest der Lichter

Das schönste Erlebnis meines Aufenhalts in Bagan lag noch vor mir: ein dreitägiges Fest in Win Wins Dorf Taungby. Die Bedeutung des Mondkalenders für die Buddhisten von Myanmar war mir vorher gar nicht klar gewesen. Die meisten ihrer Feste, Feiertage und religiösen Rituale richten sich nach dem Mondkalender, nicht nach dem Gregorianischen. Ich war im Mondmonat *Thadingyut* – Mitte Oktober bis Mitte November – nach Myanmar gekommen. Um den Vollmond des Monats *Thadingyut* wird im ganzen Land eines der bedeutendsten Feste des Jahres gefeiert, das Fest der Lichter. Win Win hatte mich zu diesem Fest in sein Dorf eingeladen. Taungby ist ein Bauerndorf aus Häusern mit Wellblechdächern für die Begüterteren und mit Bambusdächern für die übrigen. Die meisten Häuser stehen auf kleinen Pfählen, jeweils bis zu drei Gebäude in einer von hohen Zäunen umgebenen Anlage. Darin leben die Familien mit ihren Ochsen, vielleicht sogar einem Pferd, mit Hunden, Katzen und Hühnern. Raum ist knapp in solchen Dörfern, und die Menschen leben so dicht beisammen, daß jeder die Freuden und Leiden des anderen kennt. In Win Wins Dorf schienen alle miteinander verwandt zu sein, es gab zahllose Vettern und Kusinen, Onkel und Tanten. Das Dorf hatte einen Vorsteher, der von der Verwaltung ernannt worden war. Im Mittelpunkt des Dorfes stand der unvermeidliche Stupa. Das Kloster, in dem Win Win viele Jahre als Novize gelebt hatte, lag ganz in der Nähe.

Das Fest fand in der Dorfmitte, auf einem offenen Platz rings um den Stupa statt. In Zelten und an Ständen wurden Getränke, Speisen und andere Waren, vor allem Spielzeug, angeboten. Außerdem war eine Plattform mit Holzbänken aufgebaut worden. Dem ersten Ritual, dem Anzünden kleiner Kerzen und Öllampen, folgte eine Prozession durch das Dorf. Am zweiten Tag wetteiferten mehrere Gruppen junger Männer aus verschiedenen Teilen des Dorfes in einem Theater-Wettbewerb; sie spielten kurze Stücke, die auf historischen Ereignissen oder Legenden basierten. Als Bühnen dienten offene Ladeflächen heruntergekommener

Lastwagen aus dem Zweiten Weltkrieg, die mit riesigen Lautsprechern ausgerüstet worden waren. An der Aufführung nahmen keine Frauen teil; Männer- wie Frauenrollen wurden von Männern gespielt. Die jungen Schauspieler trugen farbenfrohe selbstgenähte Kostüme und hatten alle nötigen Requisiten: eine goldene Krone für die Prinzessin und ein Plastikschwert für den jugendlichen Helden. Die Moral war in allen Stücken die gleiche: gehorche und achte die Älteren, hilf den Armen und Unglücklichen, und du wirst am Ende belohnt werden. Weder die Schauspieler noch die Zuschauer schienen diese Botschaft allzu ernst zu nehmen, denn die Vorstellungen waren trotz des nüchternen Themas komödiantisch, mit einer Menge lustiger Szenen. Gewichtigere Unterhaltung ist für den Abend vorgesehen, wenn auf der großen Hauptbühne ein *pwe* aufgeführt wird. Diese burmesischen Schauspiele, in denen eine Legende oder ein historisches Ereignis mit Musik, Tanz und Gesang verbunden wird, sind in Myanmar immer noch sehr beliebt und bilden den Höhepunkt jedes Festes. Bei größeren Festen wird der *pwe* von bekannten professionellen Gruppen aufgeführt. Der Inhalt des Stücks, das ich sah, war zwar nicht schwer zu verstehen, doch die traditionelle burmesische Musik klang sehr fremd für meine Ohren.

Am dritten Tag, dem Tag des Opferns, versammelten sich die Nonnen und Mönche getrennt am Stupa, während auf der anderen Seite die Dorfbewohner, in der Mehrzahl Frauen, lange Schlangen bildeten. Sie trugen Körbe oder flache Holzschalen mit Reis und anderen Speisen, die sie zu Hause zubereitet hatten. Während sie an den wartenden Mönchen und Nonnen vorbeigingen, legten sie das vorbereitete Essen in deren Almosenschalen. Ich staunte über die Menge von Eßbarem, die diese Bauern spendeten; damit hätte ohne weiteres doppelt so viele Menschen gesättigt werden können. Einige Bettler, Männer, Frauen und Kinder in zerlumpten Kleidern, waren in der Hoffnung gekommen, an diesem Tag der Mildtätigkeit an dem großen Mahl teilhaben zu können. An diesem dritten Tag fiel mir ein halbwüchsiger Junge auf, der auf dem Sockel des Stupa in der prallen Sonne schlief. Ich hatte ihn schon am Abend zuvor gesehen, als ich nach dem Abendessen in der Nähe meines Hotels spazierengegangen war. Im Dunkeln hatte ich die Stimme eines Jungen gehört, der sang, lachte oder Selbstgespräche führte. Als er unter der Straßenbeleuchtung an mir vorüberging, bemerkte ich seine abgetragene Kleidung, daß er barfuß ging und nur einen kleinen Sack trug. Bei genauerem Hinsehen wurde mir klar, daß er geistig behindert war. Er beachtete mich so wenig, als wäre ich gar nicht da. Ich rief ihn zurück und gab ihm etwas Geld, das er ohne ein Wort oder ein Lächeln nahm. Während er einen schmalen Pfad hinunterging und hinter Bäumen und Büschen verschwand, hörte ich, trotz zunehmender Entfernung, noch längere Zeit seine Stimme. Laut Win Win war der Junge einige Jahre zuvor aus dem Nichts aufgetaucht und hatte das Dorf als Heimat gewählt. Er hatte keinen Namen und lebte von dem, was die Dorfbewohner ihm gaben. Meistens schlief er am Stupa. Win Win kannte ihn gut; er sprach manchmal mit ihm, nahm ihn in seiner Kutsche mit oder teilte sein Essen mit ihm. Er deutete das Unglück des Jungen auf buddhistische Weise: Der Junge werde für schlechte Taten bestraft, die er in seinem vorherigen Leben begangen hatte. Über diese These diskutierten wir recht lebhaft und waren uns am Ende nur darüber einig, daß wir uns nicht einigen konnten.

Ebenfalls am dritten Festtag nutzten einige nicht aus Taungby stammende Burmesen die Gelegenheit, ihren Reichtum vorzuführen, indem sie von der Terrasse des Stupa Hunderte von kleinen Geldscheinen in eine unter ihnen versammelte Menge junger Dorfbewohner warfen. Jedesmal, wenn die Jungen sich ums Geld balgten, verschwanden sie in einer riesigen Staubwolke. Auf dem Festprogramm standen viele Veranstaltungen, bei denen Kinder ihre Fähigkeiten messen konnten, vor allem mehrere Wettläufe, bei denen es kleine Preise zu gewinnen gab. Kein Wunder, daß die Jugendlichen des Dorfes viel Spaß hatten. Doch nach all dem Vergnügen und Lachen kam der nächste Tag. Das Fest war vorbei, die Erwachsenen mußten wieder ihrer Arbeit nachgehen, und die Kinder wieder in die Schule. Laut Win Win war es der Tag, dem alle mit Bedauern entgegensahen.

AUF DEM WEG NACH MANDALAY

Es wurde Zeit für mich, meine Reise Richtung Norden, mit dem Schiff nach dem legendären Mandalay fortzusetzen. Ich hatte mich für die viel langsamere Hinfahrt flußaufwärts entschieden, weil ich zu der Zeit, als ich die Fahrt plante, die Information bekommen hatte, an dem vorgesehenen Rückreisetermin würde kein größeres Schiff flußabwärts fahren. Tatsächlich fahren verschiedene Schiffe, allerdings an unterschiedlichen Wochentagen, in beide Richtungen. Mit Zug, Bus oder dem Flugzeug zu reisen, hatte ich von vornherein ausgeschlossen; ich wollte ein paar Tage auf einem Schiff verbringen und gleichzeitig den mächtigen Ayeyarwady erleben. Zeit spielte keine Rolle; ich hatte es nicht eilig.

In Bagan stellte sich heraus, daß ich zwischen drei Schiffen wählen konnte. Zum einen war da die äußerst luxuriöse *Road to Mandalay* der Orient Express Company, die auch den exklusiven Orient Expreßzug zwischen Singapur und Bangkok betreibt. Die *Road to Mandalay* hatte früher unter dem Namen MS *Nederland* auf dem Rhein verkehrt. Sie gehörte einst der Köln-Düsseldorfer Schiffahrtsgesellschaft, die Ausflugsfahrten auf Rhein und Mosel anbietet. Nach der Wiedervereinigung war sie vorübergehend als schwimmendes Hotel auf der Elbe in Dresden eingesetzt worden. Schließlich wurde sie in Papenburg und Hamburg vollständig überholt und dann auf dem Deck eines großen Frachters von Hamburg nach Yangon gebracht.

Die zwei anderen Möglichkeiten waren die ältere, in Myanmar gebaute *Irrawaddy Princess* (ein langsames, großes Schiff) und die in China gebaute, sehr schnelle *Shwe Kennery*. Sie hat keine Einzelkabinen und legte daher flußaufwärts für die Nacht in Pakokku an, wo angeblich Zimmer in Guest Houses zur Verfügung stehen. Die Fahrt auf der *Mandalay* kostete 1.700 Dollar, auf der *Princess* 170 Dollar und etwa 20 Dollar auf der *Shwe Kennery.* Die *Irrawaddy Princess* schien das passende Boot für mich zu sein, nicht zu schnell und nicht zu luxuriös, aber immerhin mit Kabinen und Mahlzeiten. Heute hat der ausländische Tourist mit der *Amara* und der *Pandaw* noch zwei sehr komfortable

Optionen. Die spartanische Version wäre ein *government boat,* ein wahrer Seelenverkäufer, der allerdings auch viel billiger ist.

Die *Princess* war ein stattliches Schiff, zumindest von außen. Innen wirkte sie vernachlässigt und abgenutzt, und ich schätzte deshalb ihr Alter auf etwa zwanzig Jahre. Damit lag ich erheblich daneben, denn sie war erst 1994 in Dienst genommen worden. Im Ganzen erwies sich das Schiff jedoch als komfortabel und ruhig; es hatte eine Atmosphäre wie in vergangenen Zeiten. Ich verliebte mich in die *Princess*, vor allem weil ich sie fast für mich allein hatte. Außer mir waren in Bagan nur drei weitere Personen an Bord gegangen: ein älteres burmesisches Ehepaar und sein pflichtgetreuer erwachsener Sohn, der mit seinen Eltern eine Ferienreise nach Mandalay machte. Eine dreiundzwanzigköpfige Crew, alle nett und höflich, betreute uns vier. Einige von ihnen (der Steward, sein Assistent und der Zweite Offizier) sprachen etwas Englisch. Am Bug, direkt unter der Brücke, befand sich ein klimatisierter „Salon“ mit schweren Sesseln, einem herrlichen Blick auf den Fluß, einer kleinen Bar und einem großen Fernsehgerät mit zwei Programmen, ein von der Regierung kontrolliertes und ein ausländisches, CNN.

Mit Ausnahme wohlklingender traditioneller *soungko*-Musik kam aus der Stereo-Anlage nur laute Discomusik. *Soungko,* eine Art Harfe, heißt das burmesische Instrument, das als Leitmotiv durch die Handlung von Michio Takeyamas *The Harp of Burma* läuft. Der anfangs sehr umstrittene und später weltweit erfolgreiche Roman und gleichnamige Film über einen japanischen Soldaten in Burma, der – durch die Schrecken und Grausamkeiten des Zweiten Weltkriegs geläutert – buddhistischer Mönch wurde und nach dem Ende des Kriegs beschlossen hatte, in Burma zu bleiben.

Auch etwas zu lesen bot der Salon: alte Illustrierte, alle in Holländisch. In der Bar gab es gutes einheimisches Bier und französischen Weißwein, der in der tropischen Hitze bernsteinfarben geworden war und vermutlich wie Madeira schmeckte.

Der Speisesaal, ein nüchterner Raum, war bei weitem der heißeste Platz auf dem Schiff, aber er präsentierte sich mit der ganzen Etikette, wie man sie auf einem Überseedampfer erwartet hätte. Jeden Tag wurde am Schwarzen Brett eine Speisekarte ausgehängt, zum Beispiel:

Lentilsoup
Rice cabbage
Pork with diced cucumber
and Pineapple

Die burmesische Familie und ich saßen an getrennten Tischen. Die drei Stewards, die uns bedienten, bekamen die Teller mit den einzelnen Gängen durch einen Schalter aus der Küche gereicht. Wir konnten nicht sehen, wer auf der anderen Seite arbeitete, vermutlich der Küchenchef, der seine Sache unter diesen Umständen ausgezeichnet machte. Tatsächlich war das Essen besser als das meiste, was man mir bisher in den Hotels vorgesetzt hatte. In dem Hotel in Bagan war Fisch immer gebraten, nie gebacken oder gedünstet gewesen. Da ich fand, daß Fisch beim Braten seinen Eigengeschmack verliert, zeigte ich dem Hotelkoch genau, wie man Fisch dünstet. Was dabei herauskam, war jedoch eher Sashimi – der arme Wels war innen noch immer roh. Wir aßen in völligem Schweigen; die Kellner in ihren dicken Uniformen wirkten steif und verlegen. Die Atmosphäre im Speisesaal war eher unbehaglich, was zum Teil auch auf die unerträgliche Hitze zurückzuführen war.

Eine zweite Bar auf dem breiten Heck des Schiffes blieb mangels Gästen während der ganzen Fahrt geschlossen, aber wegen der vielen Korbstühle und Tische konnte man dort geruhsam sitzen und lesen oder das Leben an den Ufern und den Schiffsverkehr auf dem Fluß beobachten. Wenn ich mich langweilte, konnte ich den Kapitän und den Ersten Offizier besuchen, mit ihnen in gebrochenem Englisch plaudern und ein Cheroot rauchen. Die „Brücke" war eher eine kleine Holzbude als ein Raum. Tatsächlich war sie so winzig, daß nur ein hoher Hocker hineinpaßte, auf dem der Kapitän nicht saß, sondern im Schneidersitz kauerte. Für die übrige Crew standen draußen Stühle. Solange die Sonne nicht auf den Bug schien, machte die gleichmäßige Brise die Brücke zu einem sehr angenehmen Aufenthaltsort.

Als wir an jenem ersten Morgen um halb neun vom Steg in Bagan ablegten, hatte der Kapitän einige komplizierte, langwierige Manöver ausführen lassen. Den Grund dafür sollte ich erst etwas später erfahren. Auf der langsamen Fahrt flußaufwärts kamen wir an den zahlreichen Tempeln und Pagoden vorbei, die ich in den Tagen zuvor besichtigt hatte, darunter auch dem prächtigen Ananda Tempel, dessen herrliche Kuppel in der Morgensonne funkelte. Jenseits der weiten Ebene mit Gras und kümmerlichen Bäumen konnte ich den Mount Popa und dahinter eine dunkle Bergkette ausmachen. Der letzte Tempel, an dem wir vorbeifuhren, war Kyaukku U Min, wo aus der Unterkunft der Mönche Rauch aufstieg.

Zwischen Bagan und Mandalay ist der Ayeyarwady zwar breit und flach, im Durchschnitt aber nur zwei Meter tief. Daher sind die meisten Schiffe auf diesem Abschnitt klein und haben geringen Tiefgang. Die *Princess* war eines der größten Schiffe, die ich auf dem Fluß sah. Die kleinsten waren Kanus oder aus einem einzigen Baumstamm geschlagene Einbäume. Die längeren, *longtailboats* genannt und mit Motor ausgerüstet, wurden zum Fischen und zum Transport benutzt. Dann kamen die Lastschiffe, darunter solche, deren Ladung man nur erraten konnte, wenn sie an Deck gelagert war, wie z. B. Teakholzstämme oder große Terrakottatöpfe.

Spät an jenem ersten Tag fuhren wir am vierzig Kilometer nördlich von Bagan gelegenen Pakokku vorbei. Als die Sonne über dem Ayeyarwady unterging, bogen wir in einen Nebenfluß ein, wo ein Schlepper längsseits kam und uns auf der Backbordseite anschob. Ich glaubte, er sollte uns nur beim Festmachen helfen, doch dann erfuhr ich von den Schiffsjungen, daß der Schlepper uns auf der ganzen Fahrt begleiten würde. Das Rätsel löste sich, als der Erste Offizier schließlich mit der Wahrheit herausrückte: Die Backbordmaschine war ausgefallen, und der Schlepper sollte sie „ersetzen“. Tatsächlich aber war die

Maschine des Schleppers schwächer als unsere defekte Maschine, so daß das Schiff für den Rest unserer Reise beeinträchtigt war. So lag die Durchschnittsgeschwindigkeit bei fünf Stundenkilometern, und niemand, nicht einmal der Kapitän, wagte unsere Ankunftszeit in Mandalay vorherzusagen. Wir wurden in Schrittgeschwindigkeit den Nebenfluß hinaufgeschoben.

Als es bereits vollkommen dunkel war, ließ der Kapitän zwei riesige Suchscheinwerfer einschalten, die die Flußufer und umliegenden Dörfer in helles Licht tauchten. Schließlich entdeckte die Crew in der Nähe des Dorfes Shwe Tan Tint einen Baum, der nahe genug am Ufer stand und kräftig genug war, um das Schiff zu halten, so daß es nicht über Nacht nach Bagan zurückgetrieben wurde. Nachdem ein kräftiges Tau um den Baumstamm verknotet worden war, konnten Mannschaft und Passagiere endlich ihr Abendessen einnehmen. Danach machte ich einen kleinen Gang um das Heck, wo Hunderte von Insekten um die nackten Neonröhren schwirrten. Trotzdem war der Abend ein Genuß: die Luft hatte sich abgekühlt, die Maschinen schwiegen, kein Laut kam vom Schiff oder vom Ufer. Während ich ein Cheroot rauchte, betrachtete ich die zahllosen Sterne am Nachthimmel. Ein unvergeßlicher Augenblick.

Am nächsten Morgen wurde ich gegen sechs Uhr vom lärmenden Motor des Schleppers geweckt. Wir waren schon in Fahrt und befanden uns wieder auf dem Ayeyarwady unterwegs nach Norden. Nachdem ich einen herrlichen Sonnenaufgang bewundert hatte, war es Zeit zu frühstücken; als erstes drei Bananen und ein kleines Glas sehr süßen Orangensaft. Zwei Spiegeleier mit Speck, etwas Toast, Butter (die ein wenig ranzig war) und englische Marmelade spülte ich in völligem Schweigen mit Tee hinunter, während die drei Stewards mir zuschauten.

Ich verbrachte fast den ganzen Tag in einem Korbstuhl an Deck, nahm kaum noch das ständige Tuckern des Schleppers wahr und beobachtete die Welt, an der wir vorbeitrieben: die zahlreichen Dörfer; die Fischer in ihren Booten; eine Schiffswerft; einzelne Hütten auf den breiten, öden und heißen Sandbänken; die fernen Baumzeilen auf beiden Ufern, welche die maximale

Flußbreite während der Regenzeit anzeigten; Bauern mit ihren Ochsen; die Pagoden in den Dörfern; die endlose Ebene und die blauen Bergketten in der Ferne.

Überall, wo der Fluß sich weitete, fiel der Pegel rapide. Dann mußten zwei der Schiffsjungen mit langen, rot-weißgestreiften Bambusstangen fortwährend die Tiefe messen und dem Kapitän die entsprechenden Wasserstände zurufen. Der lehmige gelbbraune Ayeyarwady schien langsam und friedlich südwärts zu fließen, aber wir durchquerten auch tückische Abschnitte, wo großflächige Strudel aus dem Wasser schossen, so als würden sie von mächtigen Fontänen an die sonst ruhige Oberfläche getrieben.

Wenn die Regenzeit vorüber ist, fällt der Wasserstand des Flusses in wenigen Wochen; der Ayeyarwady wird erheblich schmaler. Im Flußbett oder an den Seiten tauchen langgezogene, breite Sandbänke auf. Dann ziehen die Fischer mit ihren Familien vom höher gelegenen grünen Ufer hinunter auf die öde, heiße Sandbank, wo sie eine kümmerliche Unterkunft errichten, manchmal eine karge Hütte, oft nur eine aus Bambus geflochtene Wand, die gegen zwei Holzstangen lehnt. Das ist ihr einziger Schutz vor der gnadenlosen Sonne, während sie ihrem Alltag nachgehen. Sie besitzen fast nichts, sie haben keine Möbel, nur ein Metalltopf hängt über einem offenen Feuer. Ich konnte sehen, wie sie lange Strecken über die heiße Sandbank liefen. Sozialwissenschaftler nennen eine solche Lebensweise „Subsistenzwirtschaft", aber hier, vor meinen Augen, auf der feindseligen Sandbank, war es nichts anderes als ein Leben in bitterster Armut.

Am selben Nachmittag sorgte die Entdeckung einer Wasserschlange im unteren Schiffsdeck für viel Aufregung und Lärm. Obwohl die Schlange keine unmittelbare Gefahr darstellte, hatte die Mannschaft offensichtlich einen Heidenrespekt vor ihr. Trotz Buddhas Verbot, Lebewesen zu töten, machten die Jungen keine großen Umstände, packten lange Stangen und schlugen auf die unglückliche Kreatur ein. Schließlich gelang es ihnen, sie über Bord zu drängen.

Am Morgen meines dritten Tages auf dem Fluß rauschte die viel kleinere, aber schnellere *Shwe Kennery* in einem solchen Tempo flußabwärts an uns vorbei, daß ich das Gefühl hatte, unser Schiff würde stehen. Die *Shwe Kennery* fährt morgens in Mandalay ab und erreicht bei einer durchschnittlichen Geschwindigkeit von zehn Meilen pro Stunde am Spätnachmittag desselben Tages Bagan. Auf der *Shwe Kennery* kann man zwar auch an Deck gehen, sitzt aber die meiste Zeit in einem Großraum mit Klimaanlage und lauter Musik; eine Erholung ist das sicher nicht.Da das Schiff jedoch schnell und der Fahrpreis niedrig ist, erfreut es sich bei ausländischen Touristen großer Beliebtheit, vor allem bei solchen, die es eilig haben.

Bald darauf kamen wir an der Stadt Myin Mu vorbei. Obwohl es von dort nur vierundsechzig Kilometer bis Mandalay sind, sollte die Fahrt noch einen halben Tag dauern. Aber während wir vorankrochen, veränderte sich das Bild. Plötzlich tauchten, scheinbar aus dem Nichts, Dutzende von Libellen auf und umschwirrten wie närrisch das Heck. Der Verkehr auf dem Fluß nahm zu, mehr und mehr überladene Passagierschiffe und rostige Frachter fuhren an uns vorbei. Auf beiden Ufern kamen immer mehr Dörfer und kleine Städte mit den herausragenden Kuppeln ihrer Pagoden in Sicht. Besonders auffallend aber war die grüne Spitze eines Hindutempels.

Meine ruhige, langsame Flußfahrt hatte mir Spaß gemacht, bis ich so starke Rückenschmerzen bekam, daß ich mich kaum noch bewegen konnte. Ich verbrachte die meiste Zeit in meiner kleinen Kabine, auf dem Bett oder unter der heißen Dusche, von der ich mir Linderung versprach. Wirklich half mir aber nur die chinesische Medizin – eine pechschwarze Tinktur –, die der Kapitän mir geschickt hatte.

Ich hatte auf dem Schiff eine burmesische Familie kennen gelernt. Der Sohn arbeitete bei der British-American Tobacco Company in Yangon und sprach daher recht gut Englisch. Er war über die historische „Burma Road“, die auf der burmesischen Seite von Lashio nach Muse führt, nach China gefahren. Über Ruili war er nach China eingereist und durch die Provinz Yünnan bis in die Hauptstadt Kunming gelangt. Auf burmesischer Seite war er durch den Kokang Staat gekommen, ein bekanntes Opium- und Heroingebiet, in dem einige berüchtigte Drogenbarone lebten. Zu jener Zeit interessierte mich der Drogenhandel wenig, aber ich war entschlossen, eines Tages auch die berühmte alte „Burma Road" zu befahren. Wie mein Mitreisender berichtete, dauert die Fahrt von Lashio nach Muse weniger als einen Tag und von der chinesischen Grenze nach Kunming ein bis zwei Tage.

Leider erlaubten die burmesischen Behörden zur damaligen Zeit ausländischen Gästen nicht, über Muse ein- und über Yangon auszureisen. Sie bestanden darauf, daß der Einreise- und Ausreiseort derselbe war; aber das Land öffnete sich schnell, und Gebiete, die damals nicht zugänglich waren, dürfen inzwischen von Touristen bereist werden.

Als wir uns Mandalay näherten, erblickten wir die Hügel von Sagaing mit ihren zahlreichen Pagoden, deren goldene Spitzen in der Nachmittagssonne glänzten. Auf den gegenüberliegenden Hügeln standen hohe Funktürme. Im Schiff kam plötzlich hektische Betriebsamkeit auf. Alle Kabinen und Räume wurden geputzt, die Bar und der Speisesaal wurden geschlossen. Begleitet von seinem pflichtgetreuen Stab inspizierte der Obersteward jede Kabine. Der Barmann hatte ein frisch gebügeltes Hemd angezogen; geschmückt mit drei goldenen Ringen und einem Armband war er bereit für seine Familie und seine Freundin. Matrosen schrubbten das Oberdeck, bevor sie die schweren Taue auslegten. Schon fuhren wir unter der zehnbögigen Inwa-Brücke hindurch, die zu jener Zeit die einzige Brücke über den Ayeyarwady auf seiner gesamten Länge war.

Der Hafen von Mandalay ist nicht viel mehr als eine Anlegestelle am Flußufer, die acht Kilometer südlich der berühmten Stadt liegt. Die *Road to Mandalay* hatte vor uns angelegt, und man sah livrierte Stewards Cocktails servieren und Matrosen in weißer Uniform Passagieren beim Besteigen eines Tragflügelboots helfen, das sie wohl nach Mandalay bringen sollte. Ein Stück weiter lag ein riesiges Bambusfloß mit behelfsmäßigen

Unterkünften und Kochstellen für die Familien, die solange auf dem Floß wohnten, wie es den Ayeyarwady hinuntertrieb zu einer der größeren Städte, wo sie ihren Bambus verkaufen würden.

Der für uns bestimmte Anlegeplatz zwischen dem Floß und der *Road to Mandalay* war derartig eng, daß es unmöglich schien, ein so großes und nur eingeschränkt steuerbares Schiff wie unseres in die winzige Lücke zu zwängen. Tatsächlich scheiterte der erste Versuch, weil die *Princess* das Floß so dicht ans Flußufer drängte, daß es Gefahr lief, jeden Moment auseinanderzubrechen. Mit viel Geschrei auf beiden Seiten gelang das zweite Manöver, nachdem zwei Matrosen in das schlammige Wasser sprangen und, das dicke Tau hinter sich herziehend, das steile Ufer hinaufkletterten, wo sie es schließlich an einem passenden Baum sicher festmachten. Die Gangway wurde ausgefahren, ich verabschiedete mich vom Kapitän und humpelte vorsichtig das Ufer hinauf zu einem Wagen, den mein Hotel mir geschickt hatte. Der Kapitän hatte es irgendwie geschafft, über die Schifffahrtslinie das *Hongta Hotel* von unserer Verspätung und mutmaßlichen Ankunftszeit zu verständigen. Solch ausgezeichneter Service wird einem als ausländischer Besucher in Myanmar zuteil.

MANDALAY – HAUPTSTADT DES LETZTEN BURMESISCHEN KÖNIGREICHES

Die Fahrt in die Stadt war eine Qual, da die Straße nur aus Schlaglöchern bestand, und die Stoßdämpfer des Hotelautos defekt waren. Die holprige Piste führte durch offene Felder, vorbei an schwach beleuchteten Läden und Privathäuser. Es herrschte wenig Verkehr auf der Straße. Unangenehm waren nur die Scheinwerfer der entgegenkommenden Autos, weil diese, wenn sie überhaupt beleuchtet waren, fast ausschließlich mit Fernlicht fuhren.

Von den zwei Hotelangestellten, die mich abholten, sprach einer, der Hauptbuchhalter, etwas Englisch. Nachdem ich ihm meine Beschwerden geschildert hatte, wies er dem Fahrer den Weg zu einer Apotheke. Doch als sich die Apotheke eher als ein offener Stand mit Regalen voller Flaschen, Pillen und anderer Arzneien erwies, gab ich die Hoffnung auf Linderung meiner Schmerzen fast auf. Ich beschrieb den Angestellten meine Symptome und nannte ihnen die Namen zweier Medikamente, doch sie sahen mich nur verwirrt an. Ich wollte schon aufgeben, als ein zurückkehrender Verkäufer einen Blick auf meine handschriftlichen Angaben warf, an die Regale trat und die zwei Medikamente auf die Ladentheke legte. Genau, was ich gewollt hatte, und zu einem erstaunlich niedrigen Preis – ich hätte das Vielfache des Verlangten bezahlt.

Das *Hongta Hotel*, in der Stadtmitte gegenüber einer Filiale der Zentralbank gelegen, war ein schlichtes neues Hotel, sieben Stockwerke aus dunklem Glas und Stahl. Aufgrund des dunklen Innern – in die Zimmer und Gänge fiel kaum Licht – war auch die Atmosphäre ein wenig düster. Die Lobby, deren Einrichtung den Gast beeindrucken sollte, war mit schweren chinesischen Möbeln ausgestattet, einschließlich der üblichen steifen und unbequemen Holzstühle, die vor einem großen, lauten Fernsehgerät standen. Für die ausländischen Gäste war eine einheimische englischsprachige Zeitung ausgelegt. Die gewöhnlichen Zimmer waren mir zu klein, deshalb nahm ich eine kleine Suite für 42 Dollar pro Nacht. Sie hatte zwei breite Betten und ein geräumiges Bad, mit dem unvermeidbaren Duschkopf in der Mitte, so daß bei jedem Duschen der ganze Raum überschwemmt wurde.

Die englischsprachige Zeitung, die ich mir an der Rezeption geben ließ, wurde unter Aufsicht des Ministeriums für Information herausgegeben. Über Ereignisse und Entwicklungen im Ausland wurde zutreffend und unzensiert berichtet, aber bei Nachrichten aus dem Inland merkte man, daß die Zeitung ein Propagandainstrument war. Die innenpolitische Berichterstattung konnte in zwei Arten unterteilt werden: die vielen Artikel, welche die „Errungenschaften" der Regierung feierten, und einige Artikel und Cartoons mit niederträchtigen Angriffen auf die Opposition. Es wurde über politische, wirtschaftliche und technologische Fortschritte, über neue Joint Ventures berichtet, über ausländische Würdenträger, die den Militärführern ihren Respekt erwiesen, und über die Großzügigkeit der Generäle gegenüber Armen und Minderheiten. Jeden Tag standen die gleichen Propagandaschlagzeilen auf der Titelseite, von denen eine mich besonders verwirrte: „Das Gegenteil von Demokratie ist Anarchie." Da Myanmar kein demokratisches System hatte, wurde es dann vom Gegenteil regiert, also von Anarchie? Andere Slogans waren auch nicht viel überzeugender:

Vier politische Ziele:

- Stabilität des Staates, Ruhe und Frieden in der Gesellschaft, Vorherrschaft von Gesetz und Ordnung,
- Nationale Wiedervereinigung,
- Entwicklung einer neuen, beständigen Staatsverfassung,
- Aufbau einer neuen entwickelten Nation in Übereinstimmung mit der neuen Staatsverfassung.

Vier ökonomische Ziele:

- Entwicklung der Landwirtschaft als Grundlage und umfassende Entwicklung anderer Wirtschaftssektoren,
- Richtige Entfaltung eines marktorientierten Wirtschaftssystems,
- Entwicklung der Wirtschaft durch die Beteiligung einheimischer

und ausländischer Firmen in Form von Know-how und Investitionen,
- Die Formung der Volkswirtschaft muß in den Händen des Staates und der Nation bleiben.

Vier soziale Ziele:

- Verbesserung der Moral und sittlichen Gesinnung der ganzen Nation,
- Ausbau des Nationalstolzes sowie Pflege und Wahrung des kulturellen Erbes und des Nationalcharakters,
- Stärkung der Vaterlandsliebe,
- Verbesserungen der Gesundheit, der Fitneß und des Bildungsstandes der gesamten Nation.

Mandalay, über 600 Kilometer nördlich von Yangon gelegen, hat eine kurze, aber königliche Vergangenheit. Es ist erst 150 Jahre alt und war bis 1885 königliche Hauptstadt, als König Thibaw von den siegreichen Engländern ins Exil geschickt wurde. Trotz einiger verheerender Kriege und Feuersbrünste ist Mandalay sehr schnell gewachsen und hat heute über siebenhunderttausend Einwohner. Die Stadt ist das wirtschaftliche, religiöse und kulturelle Zentrum Mittel- und Nordmyanmars. Ihre Einzigartigkeit und ihr Reiz liegen in den kleinen zweistöckigen Häusern, den zur Straße offenen Geschäften und Restaurants und den Straßenverkäufern. Die frühere Hauptstadt hat einen großen, aber weitgehend zerstörten Palast, der von einem Graben umgeben ist. Starke Militäreinheiten sind dort stationiert – jedenfalls schienen mir zu viele uniformierte Soldaten in den Straßen von Mandalay präsent zu sein, einige von ihnen waren nur einfache Jungen vom Land mit halbautomatischen Waffen. Verglichen mit anderen burmesischen Städten herrscht in Mandalay dichter Verkehr, allerdings noch hauptsächlich von Fahrrädern und Rikschas. Vom Hoteldach aus konnte ich das Heraufziehen der Modernisierung sehen bzw. hören: Baustellen, neue, höhere Gebäude (jedoch keine Hochhäuser), nachts Leuchtreklamen und dröhnende Popmusik aus einigen Discos und Bars.

Mandalay läuft Yangon in mancherlei Hinsicht den Rang ab. Zum Beispiel hat die Stadt neben den zahlreichen Tempeln und Stupas über fünfzehnhundert Klöster, in denen etwa dreiundzwanzigtausend Mönche und Nonnen leben. Es ist auch die Stadt der Handwerker und Kunsthandwerker – der Bronzegießer, Steinmetze, Holzschnitzer, Goldschmiede und Regenschirmhersteller – und ist berühmt für die Pflege der traditionellen Musik, des Tanzes und des Puppentheaters. Die Viertel um die Stadtmitte wirken geradezu idyllisch mit ihren offenen Privathäusern, den herumlaufenden Kindern und Hühnern und hin und wieder an den Toren oder Fenstern auftauchenden burmesischen, indischen oder chinesischen Gesichtern.

Auch der Stempel der Engländer ist sichtbar. Die Straßen verlaufen rechtwinklig, was dem Besucher die Orientierung erleichtert. Im Mittelpunkt dieses Gitternetzes steht ein Uhrturm, der zu Ehren von Queen Victorias fünfundsiebzigstem Regierungsjubiläum errichtet wurde. Rechts davon liegt der wichtigste Basar, der Zegyo Markt. Mandalay ist das Handelszentrum für die vielen verschiedenen ethnischen Gruppen in Oberburma und den Grenzstaaten: im Westen die Chin, im Norden die Kachin und im Osten die Shan. Mandalay bietet daher ein multi-ethnisches Gesicht, bestehend aus den zahlreichen Volksgruppen Myanmars, darunter die vielen Burmesen, einige Inder und eine stark zunehmende Zahl von Chinesen. Darüber hinaus sieht man etliche Vertreter von Minderheiten, die hier auf Besuch sind.

In der Gegend um mein Hotel gab es viele zur Straße hin offene Läden mit großen Reklameschildern, in denen nahezu alles angeboten wurde, was Besucher vom Lande brauchen: elektrische Geräte und Zubehör, Werkzeug, Maschinen, Ersatzteile und natürlich Kleidung. Ein großer Teil der Waren war von japanischen und koreanischen Firmen hergestellt, deren Logos auffällig über die ganze Stadt verteilt sind. Die Billigwaren aus Plastik oder Metall stammen dagegen überwiegend aus dem nahen China.

Sagaing

In und außerhalb der Stadt gab es viel zu sehen. Doch da meine Zeit aufgrund der verspäteten Ankunft der *Princess* begrenzt war, beschloß ich, die Stadt und den Mandalay Hill zu besichtigen, über den Fluß in die Sagaing Hügel zu fahren und meinen Besuch mit einer Bootsfahrt nach Mingun zu krönen. Auf dem Weg nach Sagaing mußte ich die Inwa-Brücke – von den Briten Ava Bridge genannt – überqueren. 1934 von den Engländern gebaut, wurde sie 1942 von der britischen Armee teilweise zerstört, um die vorrückende japanische Armee aufzuhalten. 1954 wiedereröffnet, wird sie jetzt von Autos und Zügen befahren. Am anderen Ende der Brücke hat man die Mandalay Division verlassen und befindet sich in der Division Sagaing. Die Stadt Sagaing hat eine glanzvolle Vergangenheit: sie war zweimal Hauptstadt eines Fürstentums, und diente im 14. Jh. als Hauptstadt eines unabhängigen Shan-Fürstentums.

Heute ist Sagaing eines der bedeutendsten religiösen Zentren des Landes. Die Hügel auf dem westlichen Ufer sind mit unzähligen Tempeln, Stupas, Klöstern und Eremitagen übersät, in denen Tausende von Mönchen und Nonnen leben. Obwohl Sagaing viele religiöse und historische Bauten hat, war ich eher auf der Suche nach malerischen Landschaften und schönen Ausblicken über den Fluß gefahren.

Ich gebe zu, daß mich die verschiedenen Baustile der einzelnen Häuser nicht so sehr interessierten; für mich ist die Einfügung eines Gebäudes in seine Umgebung bedeutsamer. Mir wurde bald klar, daß ich hier am richtigen Ort war. Diese großartigen, jedoch nie dominierenden Bauten gliederten sich elegant in die sanften grünen Hügel ein; einige waren dem Ayeyarwady zugewandt und boten so einen wunderbaren Blick nicht nur auf den Fluß, sondern auch auf das geschäftige Mandalay und die weiten, offenen Ebenen im Osten und im Süden. Ich stieg die kilometerlange Treppe zum U Min Kyaukse Tempel hinauf und besichtigte danach die herrliche Soon U Ponya Shin Pagode mit ihrem beeindruckenden Turm und *hti*. Schließlich fuhr ich zu der berühmten

Kaunghmudaw Pagode etwa acht Kilometer außerhalb von Sagaing und bewunderte ihren vollkommen runden hohen Kuppelturm von außen. (Es wird erzählt, die Kuppel sei von den schönen Brüsten der Frau des Erbauers inspiriert.) Ich ging nicht in die Pagode, weil ich die 5 Dollar Eintrittsgebühr übertrieben fand. Heute bezahlt der ausländische Tourist bei Einfahrt in das Sagaing Gebiet eine Eintrittsgebühr von 5 Dollar, die ihm den Zutritt zu allen religiösen Stätten Sagaings erlaubt. Eine ähnliche Lösung hat man auch für Bagan gefunden.
Bevor ich nach Mandalay zurückkehrte, fuhr ich hinunter zum Fluß, wo Fähren und Frachter vor Anker lagen und von wo man einen guten Blick auf den Fluß und die Inwa-Brücke hat. Während die Sonne langsam über dem Ayeyarwady unterging, beobachtete ich Männer, Frauen und Kinder bei ihrem abendlichen Bad im Fluß, wie sie sich das Haar wuschen und sorgfältig die Zähne säuberten. In Myanmar ist es zwar nicht überall sauber und ordentlich, aber was für das übrige Südostasien gilt, gilt auch für Myanmar – die Menschen baden, wann immer sie können. Körperliche Sauberkeit ist hier viel wichtiger als in den meisten westlichen Ländern, die doch meinen, sie hätten ein Monopol auf Körperpflege.

Min Min Restaurant

In Mandalay gibt es burmesische, Shan, indische und chinesische Restaurants, aber ich aß meistens im Min Min, einem gutbesuchten chinesischen Restaurant, zwei Straßen von meinem Hotel entfernt. Obwohl dort auch viele Burmesen aßen, war es ein beliebter Treffpunkt für Touristen mit begrenztem Budget. Hier trifft man echte Rucksackreisende, denen die Härten der einheimischen Nahrung, Beförderung und Unterbringung nichts ausmachen; einige von ihnen hatten die entlegensten Winkel Asiens bereist. Wie die meisten Restaurants in Burma war es zur Straße hin offen, und der Kassierer (ein Chinese und vermutlich der Besitzer) saß auf einem hohen Hocker neben dem Eingang.

Daneben war die übliche Vitrine mit den verschiedenen warmen und kalten Speisen in Metallbehältern. Das Angebot sah zwar nicht besonders appetitlich aus, schmeckte aber recht gut.

Das Restaurant war ein Familienbetrieb: eine übergewichtige Großmutter, ein Sohn über zwanzig im Ivy League-Stil und ein dicker kleiner Junge (ein verwöhntes Balg), das die Großmutter herumtrug und fütterte, sobald er den Mund aufmachte. An beiden mit glasierten Ziegeln gefliesten Wänden standen lange Tische, von der Decke hing ein Dutzend große Ventilatoren, die sich nur langsam drehten. Auf den Tischen standen Wasserbehälter aus Plastik mit einer rätselhaften Aufschrift: "Love is Romana Rose." In einem mit Rosen verzierten runden Plastikbehältnis lag – an Stelle von Papierservietten – eine Rolle Toilettenpapier, und dann war noch eine Zinnkanne mit chinesischem Tee auf jedem Tisch zu finden. Reis wurde aus einem großen Metalltopf serviert.

Die Bedienung bestand aus jungen Burmanen, die am Ende ihres Tages müde und erschöpft aussahen. Die erstaunlich lange Speisekarte war wie oft in chinesischen Restaurants einförmig: süß-saures Rindfleisch, süß-saurer Fisch, süß-saures Schweinefleisch und so fort. Bei meinem ersten Besuch aß ich Garnelensuppe, Rindfleisch (etwas zäh) mit Gemüse und dazu Chinakohl, das Ganze für fünfhundert Kyat oder zwei Dollar. Trotz mancher starker Gerüche aus der Küche war das Essen im Min Min Restaurant recht gut, jedenfalls authentischer als in den meisten chinesischen Restaurants Europas.

In meinem Hotel wohnten nur acht Gäste, so daß die Angestellten, meist junge Burmanen, nicht viel zu tun hatten. Nach dem Abendessen saß ich oft mit einigen in der Sitzecke im Flur des dritten Stocks und trank mit ihnen ein Bier und rauchte ein Cheroot. Ihre Englischkenntnisse waren begrenzt, aber es war unterhaltsam, mit ihnen zusammenzusein. Sie boten mir eine burmesische Massage an, die sie aneinander vorführten. Es sah schmerzhaft aus, und da ich die thailändische Massage kannte, lehnte ich dankend ab. Sie empfahlen mir eine Karaoke-Bar. Dort würde ich junge „*model girls*" finden, die mich unterhalten und mir für ein paar Dollar bis zum Sonnenaufgang Gesellschaft leisten würden.

Während meines Aufenthalts in Mandalay besichtigte ich noch Mandalay Fort, den unspektakulären Königspalast, in dem heute Militär stationiert ist, und besuchte eine außergewöhnliche *pitaka taik* (Bibliothek) mit Tausenden auf Palmblätter geschriebenen buddhistischen Texten in Pali und Burmesisch. Ich hätte noch viele andere Stätten und Gebäude besichtigen können, aber meine Zeit war begrenzt, und ich war sicher, daß dies nicht mein letzter Besuch in der Stadt war.

Mandalay Hill

An einem späten Nachmittag mietete ich ein Auto mit Fahrer, der mich zum Mandalay Hill fahren sollte. Statt die siebzehnhundert Stufen hinaufzusteigen, fuhren wir gleich bis zum neuen Eingang oben auf dem Hügel, wo ich die Schuhe auszog und den Rest des Weges mit der Rolltreppe zurücklegte.

Auf der Plattform, wo sich bereits ein paar Dutzend ausländische Touristen und ihre burmesischen Gruppenführer versammelt hatten, lernte ich eine deutsch sprechende burmesische Führerin kennen, die an der Balustrade ein paar Hochstühle für ihre Kunden aufstellen ließ, einen davon für mich. So konnte ich den malerischen Sonnenuntergang und herrlichen Ausblick von meinem bequemen Stuhl aus genießen: viele weiße Stupas mit ihren goldenen Schirmen, die Stadt mit dem großflächigen Palast, die grünen Reisfelder in der Ebene, den majestätischen Ayeyarwady, die dichtbebauten Hügel von Sagaing und in der Ferne die blauen Shan-Berge.

Die Mingun Pagode

Am folgenden Morgen unternahm ich einen Ausflug zur Mingun Pagode, die etwa zehn Kilometer nordwärts auf der anderen Seite des Ayeyarwady liegt. Die Einheimischen behaupteten, daß Mingun mur mit dem Schiff erreichbar sei, und so entschloß ich mich für die Flußfahrt (tatsächlich kann man Mingun auch per Auto über die Inwa-Brücke und über Sagaing erreichen). Die beiden Hoteljungen vom dritten Stock, die ich kennengelernt hatte, waren auch noch nie in der berühmten Pagode gewesen, und da sie ihren freien Tag hatten, lud ich sie ein mitzukommen. Wir fuhren früh morgens in einem Minitaxi los, dem kleinsten Lieferwagen, den ich je gesehen habe; das Ein- und Aussteigen war für alle mit einigen Verrenkungen verbunden. Der Hafen von Mandalay hat keine Piers oder Docks; die zahlreichen Schiffe und Boote werden entlang des schlammigen Ufers an einigen Pfeilern und aneinander festgemacht. Es herrscht hektisches Treiben, Güter werden ein- und ausgeladen, Passagiere laufen am Ufer hinauf oder hinunter. Alle Schiffe, die ich betrachtete, waren in schlechtem Zustand, einige sahen sogar aus wie Wracks. Schließlich fanden wir ein Büro, in dem man uns dazu überreden wollte, ein privates Boot zu mieten. Als wir das jedoch ablehnten und auf Karten für ein öffentliches Schiff bestanden, wurde uns gesagt, es gäbe keine Fähre nach Mingun, nur ein Boot für ausländische Touristen. Da ich nicht noch mehr Zeit verlieren wollte, kaufte ich drei Fahrkarten. Auf dem „Touristen"-Schiff, das sich als gewöhnliches Boot entpuppte, wartete ein belgisches Paar schon auf die Abfahrt, die aber erst erfolgen sollte, wenn fünf weitere Passagiere hinzukämen. Nach über einstündiger Wartezeit „fehlte" immer noch ein Passagier, also kauften wir eine Karte für den nicht vorhandenen Fahrgast, und los ging's.

Auf dem Fluß kamen wir an großen Sandbänken vorbei, auf denen behelfsmäßige Unterkünfte der Fischer standen oder Frauen Sand aus tiefen Gruben in Körbe luden und sie zu einem LKW trugen. Vorarbeiter und Lastwagenchauffeure warteten daneben und rauchten ihr Cheroot. Wir begegneten überladenen Passagierschiffen, auf deren heißen Dächern Männer und Frauen saßen, und Lastschiffe, die so schwer beladen waren, daß das Wasser bereits auf dem Unterdeck stand.

Die Mitreisenden aus Spanien, Italien und Belgien erwiesen sich als interessante Leute. Die Spanier waren zwei junge Männer aus

Madrid, Mitglieder der Guardia Civil, und eine Frau aus Barcelona. Die beiden Kastilier und die Katalanin gerieten in einen hitzigen Streit, der unverhohlen die Verachtung deutlich machte, die sie wegen ihrer ethnischen Herkunft für einander hegten. Später zogen mich beide Parteien beiseite, um mir die „tatsächliche" Wahrheit über die jeweils andere zu sagen. Erst als wir uns Stunden später verabschiedeten, konnte ich sie versöhnen, indem ich sie daran erinnerte, daß sie auch etwas vereinte, nämlich eine erfolgreiche Monarchie unter einem vorbildlichen Herrscher, König Juan Carlos.

Dann gab es da noch den italienische Vater, etwas über vierzig, unrasiert und wenig gepflegt in seiner abgetragenen Kleidung. Bei ihm war sein etwa achtjähriger Sohn, ein seltsames, nicht sehr liebenswertes Kind mit blasser Haut, tiefliegenden Augen und großen Ohren. Er beachtete die Mitreisenden nicht, außer seinen Vater, von dem er ständige Aufmerksamkeit verlangte. Entweder wollte er ein kompliziertes Kartenspiel mit dem Vater spielen, oder ihm fehlten Ausdrücke und Erklärungen für das Tagebuch, das er an Bord schrieb. Als er seinem Vater dann die Seiten vorlas, konnte ich trotz meiner begrenzten Kenntnisse der italienischen Sprache erkennen, daß das Kind in Wissen und Bildung für sein Alter sehr fortgeschritten war. Es handelte sich wohl um eins dieser ungewöhnlich begabten, aber schwierigen Kinder. Im Boot saß ich neben dem belgischen Paar, keine Flamen, sondern Wallonen, welche die zwei Hoteljungen „adoptierten". So war ich frei, bei unserer Ankunft das Dorf auf eigene Faust zu erkunden.

In jedem Führer über Myanmar findet sich ein Foto der malerischen Mingun Pagode. Das massive unvollendete, ockerfarbene Bauwerk ist in der Tat außergewöhnlich. Die Risse, die es aufweist, rühren von einem verheerenden Erdbeben im Jahr 1838 her. Der dem Fluß zugewandte Haupteingang wird von zwei riesigen *chinthes* bewacht, Fabelwesen, halb Drache, halb Löwe; leider wurden diese Statuen ebenfalls beschädigt. König Bodawpaya hatte die Absicht, die größte Pagode Burmas, wenn nicht der Welt zu errichten, doch als er 1819 starb, wurde nicht weitergebaut. Was eine 150 Meter hohe Pagode werden sollte, ist jetzt eine monumentale Ruine, die gerade eben die Basis des geplanten Tempels darstellt. Selbst die Ruine wird als heilige Stätte betrachtet, und daher müssen Besucher ihr Schuhwerk ausziehen, wenn sie die etwa fünfzig Meter hinaufsteigen wollen. Von oben hat man einen weiten Ausblick über den Fluß, die umliegenden Tempel, Klöster und das Dorf.

Obwohl es hier mehrere buddhistische Stätten gibt, hat Mingun seinen dörflichen Charakter bewahrt; die kleinen Bauernhäuser, die Gärten und die vielen Tiere – Hunde, Ziegen und Ochsen – vermitteln einen entschieden ländlichen Eindruck. Aber die Bauern und ihre Familien haben die Möglichkeiten des Tourismus erkannt; ihre Kinder bedrängen ankommende Fremde, führen sie an der Hand im Dorf herum und erwarten dafür ein Trinkgeld von einem Dollar – ein Betrag, der das Tageseinkommen ihrer Väter bei weitem übertrifft. Der Schatten ausgewachsener Bäume bietet den idealen Platz für Getränkestände, und junge Dorfbewohner verkaufen Papierschirme, Ansichtskarten und Lackwaren. Geschäftsleute, wahrscheinlich aus Mandalay, haben einige *„Fine Arts Centers"* und Restaurants aufgemacht. In einem dieser Restaurants aßen die jungen Männer aus dem Hotel zu Mittag, aber das belgische Paar und ich hatten wegen der Hitze keinen Appetit. Ich machte statt dessen einen langen Spaziergang durch das Dorf und sah mir die Klöster, Tempel, eine riesige Glocke, die Geschäfte und Bauernhäuser abseits der Hauptstraße an. Die Sonne stand jetzt fast im Zenith; es war Zeit für die unabdingbare Siesta unter einem Banyanbaum in der Nähe der *chinthes* und des Flusses. Darüber hätte ich beinahe die Abfahrt des Bootes verpaßt, wenn die beiden jungen Männer vom Hotel mich nicht geholt hätten. Zurück in Mandalay nahmen das belgische Paar und ich ein spätes Mittagessen im Min Min ein, und wir taten das Richtige, als wir die beiden dazu einluden; sie waren einem zweiten Mittagsmahl nicht abgeneigt.

Der Zeygo Markt

Irgendwie war mir während der letzten Tage in Mandalay das Zeitgefühl abhanden gekommen. Ich war mir sicher, daß ich am folgenden Tag abreisen mußte und hatte meine Koffer schon fast gepackt, als ich zu meiner eigenen Überraschung feststellte, daß ich noch einen weiteren Tag in der Stadt vor mir hatte. Das war erfreulich – ein Tag ohne Ziel und Programm.

Am nächsten Morgen, nach dem üblichen Frühstück, bestehend aus Spiegeleiern, ging ich die 26. Straße zum Fluß hinunter, vorbei an den vielen zur Straße hin offenen Läden und Büros bis zum Wahrzeichen der Stadt, dem Diamond Jubilee Clock Tower. Direkt gegenüber ist der Zegyo Markt, der bedeutendste Markt der Stadt und mit Sicherheit der größte in Oberburma. Es stellte sich bald heraus, daß er nicht der geheimnisvolle orientalische Basar mit den aufregenden Farben, Tönen und Gerüchen Burmas war, den der ausländische Besucher erwartet. Hier war ein riesiger moderner Einzelhandelsmarkt entstanden, bestehend aus Hunderten von kleinen, etwas erhöhten offenen Ständen, die sich in den vier Etagen des weitläufigen Gebäudes aneinanderdrängten. Händler aus den vielen verschiedenen ethnischen Gruppen Myanmars – Burmanen, Shan, Inder, Chinesen, unter ihnen viele Frauen – verkauften eine breite Palette von Waren, zum Beispiel Eßbares und Haushaltsartikel, Medikamente, Textilien, Schuhe und Sportartikel. Außer Maschinenteilen und größeren Haushaltsgeräten konnte man dort nahezu alles kaufen. Aber ich war wegen etwas Besonderem gekommen, was ich schon in Thailand gesucht hatte: die Gewürze des Ostens.

Während meines Aufenthalts im Amari Hotel in Bangkok hatte ich mit einem der vielen Köche und später sogar mit dem australischen Chefkoch über die verschiedenen Gewürze Asiens gesprochen. Ich war besonders an asiatischem Safran interessiert, der nicht so schmackhaft sein mochte wie spanischer, aber dafür viel preiswerter. Der Chefkoch führte mich nicht nur durch sein Reich, sondern er schenkte mir auch meine ersten Proben verschiedener Gewürze sowie Kopien mehrerer Seiten aus einem illustrierten Buch über das Thema. Später entdeckte ich einige dieser Gewürze in Plastikbeuteln abgepackt in einem modernen Thai Supermarkt, aber ich wollte sie entweder bei einem Großhändler oder in einem der einheimischen Märkte in Myanmar kaufen. Ich erwartete, dort eine größere Vielfalt, frischere Ware und stärkere Aromen zu finden.

Der Zegyo Markt war meine letzte Chance. Meine Nachfragen ergaben nicht viel, bis ich auf einen indischen Ladenbesitzer traf, der gut Englisch sprach und sehr hilfsbereit war. Er führte mich geradewegs zu der großen Gewürzabteilung und stellte mir einen Händler vor, der zwar des Englischen nicht mächtig war, aber nach seinem älteren Bruder schickte. Der kam wenige Minuten später und sprach nicht nur etwas Englisch, sondern brachte auch ein Notizbuch mit, in dem alle englischen und burmesischen Ausdrücke für seine Gewürze verzeichnet waren – außer für Koriander. Später im Hotel rief ich eine Sprachenschule an, deren Besitzer das Wort gar nicht erst nachschlagen mußte, er wußte es gleich. Die Hotelangestellten schickten nach dem Koch, der mir sogar etwas frischen Koriander mitbrachte. Die beiden Gewürzhändler, deren Mutter Burmanin und deren Vater aus der Provinz Yünnan im Südwesten Chinas eingewandert war, luden mich in den erhöhten Stand ein und bestellten Tee. Ein burmesischer Junge brachte drei Gläser Tee mit viel Milch und Zucker. Er war viel zu süß für mich, aber so trinkt man dort Tee und auch Kaffee. Inzwischen hatte ich mich umgesehen. In ihrem Stand wie in den anderen ringsum wurden große offene Säcke mit Baumrinden, Mineralien, Pulvern, Samen, Schrotkörner und Körnchen in allen möglichen Farben ausgestellt. Aber mehr noch gefielen mir die ungewohnten und ungewöhnlichen Geruchsmischungen. Die beiden Brüder und ich inspizierten und probierten die verschiedenen Gewürze nacheinander und stellten eine Liste auf, die ich nach Hause mitnehmen würde. Der jüngere Bruder holte eine kleine alte Waage hervor, wog die Gewürze ab – natürlich nach dem burmesischen System in *tikals* –, packte sie ein und schrieb auf jedes Päckchen den englischen Namen. Das war nötig, falls ein deutscher Zollbeamter mich bei meiner Ankunft in Frankfurt auffordern sollte, meinen Koffer zu öffnen. Das war durchaus wahrscheinlich, denn ich würde aus Thailand einreisen, einem für verschiedene illegale Substanzen bekannten Land. Ein deutscher Zöllner mochte Pfeffer kennen, aber Currys, Zimtrinde, Sternanis, Kurkuma, Koriander, Kardamom, Ingwerrhizome und einige andere verdächtig aussehenden Pulver und Samen würden aller Wahrscheinlichkeit nach zu einer längeren Untersuchung führen, wenn die Namen der Produkte nicht klar und deutlich auf jedem Päckchen stünden.

Die Gewürze wurden in eine bunte, aber preiswerte chinesische Metalldose gelegt, die wir an einem anderen Stand kauften. Meine gesamte Investition belief sich auf fünf Dollar. Meine Freunde zu Hause mußten sich nicht vor innovativer, eklektischer Kost fürchten, wenn sie mich besuchten. Statt die Gewürze in erster Linie zum Kochen zu verwenden, legte ich sie in Schalen, die ich dann in verschiedene Räume meiner Wohnung stellte. Viele Monate schwebten exotische, angenehm aromatische Düfte durch meine Wohnung – die wunderbaren Wohlgerüche ferner Länder.

Bald war die Zeit des Abschieds von Myanmar gekommen. Am nächsten Tag flog ich zurück nach Yangon, wartete gute sechs Stunden auf meinen Anschlußflug, und dann, gegen Sonnenuntergang, ging es weiter nach Bangkok. Während ich im Amari Hotel ein paar Tage ausspannte, studierte ich meine Landkarten von Myanmar und begann Pläne für die Reise im Jahr darauf zu schmieden. Meine erste Reise hatte mich in das historische Herz von Burma geführt; meine nächste Reise würde mich in die Randgebiete, die Grenzstaaten, führen, dort, wo die Minderheiten zu Hause sind.

3. TEIL: DIE ZWEITE REISE

IM GEMIETETEN SALONWAGEN IN DIE GRENZGEBIETE

Rückkehr nach Yangon

Frankfurt am Main, wo ich seit zehn Jahren wohne, zeigte die ersten Anzeichen des nahenden Winters, es war kalt, naß und grau. Schlechtes Wetter zu Hause darf aber nicht der eigentliche Grund für eine Reise in die Ferne sein. Ich hatte den starken Wunsch, für ein paar Wochen wieder einmal frei zu sein, frei von Pflichten und Bindungen, in einem fernen Land, wo mich weder Telefonanrufe noch Briefe erreichen konnten.

Auf meiner ersten Reise durch Myanmar hatte ich von der Möglichkeit gehört, einen ganzen Eisenbahnwaggon zu mieten. In dieser gemieteten „Wohnung auf Rädern" würde ich kreuz und quer durch das Land und sogar in die Grenzregionen fahren können. Und wo immer es mir gefiel, würde ich meinen Wagen abhängen und auf ein Nebengleis schieben lassen. Eine solche Zugreise würde frei sein von Absichten und Zwecken und mir gleichzeitig das Gefühl von Freiheit und Abenteuer bieten.

Bereits im Sommer hatte ich meine Reiseagentur in Yangon gebeten, eine solche Reise für mich auszuarbeiten und die entsprechenden Anträge bei dem Eisenbahnministerium und anderen Behörden zu stellen. Nach zahlreichen Schreiben per Fax und E-Mail lag nun das endgültige Programm vor. Ein junger Burmane würde mich als Übersetzer und Reiseführer auf der dreiwöchigen Zugreise begleiten.

Auf meinem Flug nach Yangon machte ich für einige Tage in Bangkok Station, wo ich mir in der Botschaft von Myanmar ein Touristenvisum ausstellen ließ und wo ich die notwendigen Vorräte wie Taschenlampe, Filme, Medikamente und Bücher einkaufte. Die Buchhandlungen in Bangkok bieten eine breite Auswahl an interessanten Büchern über Südostasien (darunter Nachdrucke alter Ausgaben), so daß ich bestens ausgestattet mit Reiseliteratur meine Weiterreise nach Yangon antreten konnte.

YANGON, DAS ENDE DES KAMPFES UND MIN MIN UND DIE REISEVORBEREITUNGEN

Heute heißt die Stadt, die ehemals Rangun genannt wurde, Yangon, was „Ende des Kampfes“ bedeutet, so im 18. Jahrhundert von einem burmesischen König getauft. Aber für viele Ausländer ist es immer noch Rangun, die große Schöne des Orients. Mehr als vier Millionen Menschen leben hier am Yangon River, etwa fünfundzwanzig Kilometer vom Meer entfernt. An klaren Tagen fallen dem Reisenden beim Anflug auf die Stadt aus der Luft drei Merkmale auf, die diese Stadt charakterisieren: das viele Wasser ringsum, innen üppiges Grün und in der Mitte die goldene Kuppel der berühmten Shwedagon Pagode.

Der Flug von Bangkok dauerte nur fünfzig Minuten. Bei der Ankunft auf dem nicht sonderlich eindrucksvollen, aber sauberen und gut funktionierenden Yangon Airport erwarten einen die etwas lästigen bürokratischen Einreiseformalitäten. Am Ausgang entdeckte ich einen etwa fünfundzwanzigjährigen jungen Mann in einem karierten hellblauen *longyi*, langärmligem weißen Hemd und mit einer sportlichen Sonnenbrille mit Goldrand, der ein Schild mit meinem Namen hochhielt. Das war U Min Lwin Oo, genannt Min Min, mein Führer, Dolmetscher und Reisegefährte für die kommenden drei Wochen. Er hatte ein intelligentes, freundliches Gesicht, das stets zu einem Lächeln bereit war. Der erste Eindruck sagte mir, daß wir gut miteinander auskommen würden.

Auf der Fahrt in die Stadt erfuhr ich, dass er an der renommierten Yangon Universität studiert hatte, gut Englisch sprach, bereits am Computer ausgebildet worden war und gern im Internet surfen würde, sobald es in seiner Heimat erlaubt sein würde. Min Min war Burmane, unverheiratet und das älteste von fünf Kindern. Er wohnte bei seinen Eltern auf der anderen Seite des Flusses. Der Vater war vor seiner Pensionierung Lehrer, und seine Mutter betrieb ein kleines Einzelhandelsgeschäft. Tagsüber arbeitete er in einem Reisebüro, und abends lernte er Französisch.

Unterwegs zum Hotel fahren wir durch schattige, breite Straßen. Irgendwann entdecke ich ein Schild mit Wegweiser zum *Europa*, dem italienisch-burmesischen Guest House, in dem ich im Jahr zuvor gewohnt hatte. Die belebteren Straßen sind von Geschäften und Büros gesäumt, aber die Gebäude verfügen selten über mehr als zwei oder drei Geschosse. Die Wohlhabenderen wohnen in zweistöckigen Häusern innerhalb von mit Mauern umgebenen Anlagen und hinter großen Metalltoren. Die Reichsten und Einflußreichen residieren an den Ufern des Inya Sees in geräumigen Villen hinter hohen Mauern, manchmal sogar von Wächtern oder Soldaten bewacht. Unsere Route führt am menschenleeren Campus der damals geschlossenen Yangon University vorbei, dann am weitläufigen People's Park entlang, wo ich durch die hohen Bäume einen kurzen Blick auf die Shwedagon Pagode werfen kann, welche die Skyline der Metropole beherrscht. Je mehr wir uns dem Stadtzentrum nähern, desto dichter wird der Verkehr; in den Stoßzeiten werden vielbefahrene Kreuzungen mitunter von Staus blockiert. Obwohl die Motorisierung in Yangon ständig zunimmt, kennt die Stadt noch nicht die Hetze und das Gedränge von Hongkong und Bangkok. Die Einwohner von Yangon fahren mit dem Fahrrad, dem Motorrad, einem der überfüllten öffentlichen Busse, oder sie gehen zu Fuß.

Mein Hotel liegt in der Nähe einer bekannten Privatschule, deren Schüler nachmittags von so vielen Privatwagen abgeholt werden, daß in der ganzen Gegend der Verkehr zum Erliegen kommt. Im *Alfa Hotel*, einem modernen kleinen Mittelklassehotel, werde ich die nächsten paar Tage wohnen. Für vierzig Dollar pro Nacht bekomme ich ein kleines Zimmer mit Klimaanlage im vierten Stock, aber immerhin ein Zimmer mit Aussicht. Vom Fenster aus kann ich die herrliche weiße-goldene Kuppel der Shwedagon Pagode sehen. Morgens beim Aufstehen oder nachts, wenn ich zu Bett gehe, schaue ich über Dächer und Bäume hinweg auf den beeindruckenden Stupa. Vom Hotel aus sind es nur fünf Minuten Fußweg zum geschäftigen Bogyoke Markt und zehn Minuten zum Stadtzentrum, dem alten kolonialen Teil von Yangon, mit seinen Geschäften und Restaurants bis hinunter zum Hafen.

Dreißig Jahre sozialistische Vernachlässigung haben ihre Spuren hinterlassen, ganz besonders in der Altstadt, die dieses Schicksal mit anderen bedeutenden historischen Städten in ehemals kommunistischen Ländern teilt, wie Sankt Petersburg, Ostberlin und Havanna. Da nicht einmal die allernötigsten Instandhaltungsmaßnahmen und Reparaturen vorgenommen wurden, waren sie dem Verfall preisgegeben. Ich frage mich, ob die dortigen Ideologen sich von Schönheit und von Farben bedroht fühlten. Und wenn jene sozialistischen und faschistischen Systeme eine neue Architektur, neue Bauten hervorbrachten, so erwiesen sie sich als ebenso abschreckend und abscheulich wie die dahinter stehenden Ideologien. Andererseits muß ich einräumen, daß die dreißigjährige Vernachlässigung ironischerweise dazu geführt hat, den alten Charakter der Stadt zu erhalten und sie vor dem häßlichen Bauboom zu bewahren, der Bangkok, Shanghai und Kuala Lumpur so radikal verändert hat. Der Verfall der Kolonialgebäude in der Altstadt von Yangon übt eine seltsame Anziehung aus. Man gewinnt den Eindruck, daß die Zeit seit dem Abzug der Engländer stillgestanden hat. Sie hatten die Hauptstadt von Mandalay nach Rangun verlegt, das sie zu ihrer Stadt machten. Sie wurde im System eines Gitternetzes angelegt, mit breiten Avenuen und Alleen, mit Parks und Seen und eindrucksvollen viktorianischen Gebäuden am Hafen. Hier befand sich das Zentrum der Kolonialmacht – die Behörden, die Handelshäuser, die Banken und, ein besonderer Glanzpunkt, das *Strand Hotel,* gleich gegenüber den Piers und Lagerhäusern des Hafens.

Das *Strand* war früher Eigentum der Familie Sarkies, die auch das legendäre *Oriental Hotel* in Bangkok und das *Raffles Hotel* in Singapur erbaut hatte. Heute gehört es einer Hotelkette und wurde stilgerecht restauriert. Da einige hundert Dollar für eine Übernachtung vielen etwas teuer erscheinen mögen, empfehle ich, dort wenigstens nachmittags Tee oder abends einen Gin Tonic zu trinken und sich dabei an frühere berühmte Gäste wie Rudyard Kipling, Somerset Maugham oder Joseph Conrad zu erinnern, auch an George Orwell, seinerzeit ein schlecht bezahlter Kolonialbeamter. Er tat vermutlich das Gleiche wie einige von uns heute: Er schaute im *Strand* auf einen Drink vorbei. Das Stadtzentrum war jedoch nie ausschließlich den Kolonialherren vorbehalten, da einige wichtige Märkte und religiöse Stätten dort waren und sind, wie der Bogyoke Markt und die Sule Pagode. Diese überaus beliebte Pagode steht im Mittelpunkt eines Straßenrasters, dessen kürzere Straßen von Nordosten nach Südwesten verlaufen – den beiden Hauptwindrichtungen, so daß der aus dem Südwesten kommende Sommer-Monsun wie ein Ventilator wirkt –, und die rechtwinklig dazu angelegten wichtigeren, breiteren Avenuen sind damit vor dem Ansturm des Monsuns geschützt.

Während die berühmte Shwedagon Pagode, etwa drei Kilometer von der Stadtmitte entfernt, als die Seele der Stadt und des ganzen Landes angesehen werden kann, muß die Sule Pagode als das Herz der Stadt bezeichnet werden. Die vielen Stände und Läden rings um die Pagode verkaufen nicht nur Devotionalien, sondern auch weltliche Waren und dort befindet sich auch der Schwarzmarkt für ausländische Währungen. Die Sule Pagode, gut 46 Meter hoch, beherbergt auch verschiedene andere Unternehmer, wie Verkäufer von Glücksbringern, Wahrsager, Palmenblattleser und Astrologen. Diese Pagode dient den Alltagsbedürfnissen des burmesischen Volkes und wird deshalb in großem Umfang von ihm unterstützt. Nicht weit von der Pagode liegen die indischen und chinesischen Viertel.

Maggie

Auf dem Weg zu Daw May Thein Lwin kommen Min Min und ich an der Shwedagon Pagode vorbei. „Maggie“, die wir besuchen wollen, ist Inhaberin und Geschäftsführerin von Golden Rock Travel, Ltd. und wohnt in einem komfortablen Haus in der Bahan Township, einem der besseren Viertel Yangons. Sie besitzt zwei weitere Häuser, eins in der Nähe, das als Restaurant verpachtet ist, und das andere, ein Souvenirgeschäft, in der Innenstadt. Bei unserer Ankunft sind sie, ihr Mann, (ein Edelsteinhändler) und dessen Mitarbeiter eifrig dabei, große Mengen burmesischen Geldes zu zählen, das so bald wie möglich auf dem Markt (dem an der Sule Pagode, vermute ich), gegen amerikanische Dollar eingetauscht werden soll, da der Wechselkurs in den letzten Tagen unbeständig war und von 340 auf 300 Kyat für den Dollar gestiegen ist. Maggie ist zweifellos eine tüchtige Geschäftsfrau, und ihre Reiseagentur scheint eine wertvolle Quelle für die vielbegehrte ausländische Währung zu sein, die mit Gewinn in andere Projekte investiert werden kann. Trotzdem sind ihre Preise angemessen, und ihre Mitarbeiter haben meine Reise hervorragend vorbereitet. Ich habe sie als eine nette, vertrauenswürdige Frau kennengelernt.

An einem anderen feucht-heißen Tag am Ende der Regenzeit sitzen wir draußen im Hof von Maggies Reiseagentur; sie läßt kalte Getränke bringen, und die Ventilatoren werden eigens für mich angestellt. Ich bin trotzdem in Schweiß gebadet, meine Kleidung ist durchgeschwitzt. Es ist Zeit, meine Rechnung zu bezahlen, die den Eisenbahnwagen, Autos, Hotels und Führungen umfaßt. Bezahlt wird in bar und zwar in US-Dollar; Kreditkarten werden in Burma selten akzeptiert. Maggie informiert mich über die Lockerungen oder Verschärfungen der verschiedenen, ständig sich verändernden Reisebeschränkungen für ausländische Touristen. Weite Teile Myanmar waren für Ausländer geschlossen, einschließlich der Gebiete der Kayah, der Kayin und dem größten Teil der Chin-Region, sowie die schöne Halbinsel Tanintharyi. Die gute Nachricht ist, daß neue Einreiseorte von China und Thailand aus geöffnet wurden, doch später erfahre ich, daß Maggies Informationen nicht genau genug sind. Nicht alle diese Grenzübergänge stehen westlichen Touristen offen; einige sind nur für Einheimische oder Tagesausflügler. Die verschiedenen Informationsbrocken, die Touristen erhalten, sind gewöhnlich widersprüchlich, weil sich die Vorschriften schnell ändern und von der jeweiligen Situation vor Ort abhängen, wie zum Beispiel gelegentlichen Konflikten, Überfällen und Angriffen, die in den Provinzen noch immer vorkommen. Die Regierung ist um die Sicherheit der ausländischen Reisenden besorgt.

Es wird Zeit, daß ich mich um die Vorräte für die lange Zugreise kümmere. Maggie besorgt Reis, Toilettenpapier, Speiseöl und Kartoffeln. Min Min und ich leihen uns ihren kleinen Transporter und fahren in die engen Gassen der Altstadt, um weitere Vorräte einzukaufen: in einem dunklen, übervollen chinesischen Großhandelsgeschäft kaufen wir Mandalay-Bier, Wasser und Coca Cola (für Min Min). Dann besuchen wir einen von einem ausländischen Investor neu eröffneten Supermarkt. Er sieht aus wie ein Seven-Eleven-Markt, muß aber wohl für ausländische Kunden eingerichtet worden sein, weil Einheimische solche Preise nicht bezahlen können. Wir kaufen Del Monte-Orangensaft, Tonicwater, neuseeländische Butter, Orangenmarmelade und englische Cracker und Biskuits – kein Nachmittagstee ohne Biskuits. Weiter geht's zum Obst- und Gemüsemarkt, um vitaminreiche Produkte zu besorgen, außerdem Sojasauce, Salz, Curry, Eier, fünf Kokosnüsse für mich, burmesischen Tee für die Fahrten durch die Landschaft, und die absolut unentbehrlichen Moskitospiralen, die unter Tische und Stühle gelegt werden, um unsere Füße und Beine vor Moskitostichen zu schützen. Nachdem wir alles im Wagen verstaut haben, machen wir uns auf den Weg zum Bahnhof. Ich möchte meinen Eisenbahnwagen besichtigen.

Der koreanische Eisenbahnwagen

Der Hauptbahnhof von Yangon wimmelt von Menschen. Geduldige Passagiere mit Kindern und viel Gepäck bevölkern die Bahnsteige, hocken oder liegen auf Bambusmatten, während sie auf ihre unweigerlich verspäteten Züge warten. Halbnackte Träger schleppen schwere Säcke und Körbe, schreiende Straßenhändler tragen Speisen auf ihren Bambustabletts, aus den Lautsprechern dröhnen unverständliche Durchsagen, und Straßenköter laufen scheinbar ziellos herum, auf der Suche nach Essensresten. Wir überqueren Bahnsteige und Gleise und steigen durch stehende Züge hindurch, um zu unserem Wagen zu gelangen, der außerhalb des Bahnhofs auf einem Nebengleis steht. Man nennt ihn den „koreanischen Eisenbahnwagen“, weil er in Korea, bei Daewoo hergestellt wurde. Der lange orange-grüne Waggon sieht eindrucksvoll aus. Der *attendant*, ein Burmese Ende dreißig, begrüßt uns mit einem schüchternen Lächeln, das einige Zahnlücken bloßlegt; die verbliebenen Zähne sind braun oder schwarz. Er trägt ein *longyi* und ein weißes Hemd. Er wird uns vor Eindringlingen schützen, wird die Wasser- und Stromversorgung gewährleisten, und vor allem wird er den Wagen sauberhalten und für uns kochen – drei Mahlzeiten am Tag.

Am einen Ende des Salonwagens ist das geräumige Schlafzimmer, mein Zimmer, mit einem Bett auf beiden Seiten, einer Kommode, ein paar Kleiderhaken, zwei großen Ventilatoren, Deckenleuchten und zwei Nachttischlampen. Die zwei Türen zu den Bahnsteigen sind ständig verschlossen, und auch die Rollläden bleiben immer unten, aus Sicherheitsgründen, wie man mir sagt. Dieser Raum wird nur für mich sein, für meine Siestas und für die Nachtruhe. Zwischen dem Schlafzimmer und dem Wohnraum liegen auf der einen Seite die Toilette und auf der anderen die Dusche. Die Toilette selbst ist ganz aus Metall, und die Zelle hat ein kleines Waschbecken, einen Eimer mit Wasser und eine Kanne, um Wasser daraus zu schöpfen – eine indirekte Aufforderung, die Toilette nach Benutzung zu spülen. Der Duschraum bietet ein großes Waschbecken und in der Ecke eine Tonne randvoll mit Wasser, auf dem eine Plastikschüssel schwimmt. Wozu, das finde ich bei meiner ersten Dusche heraus: der Schlauch ist defekt, und ich muß mit dem Napf Wasser aus der Tonne schöpfen und über mich gießen. Durch ein Loch im Boden fließt das Wasser auf die Gleise. Kaltes Wasser wird gut für meine Gesundheit sein, sage ich mir.

Der Salon in der Mitte des Wagens hat vier bequeme Bänke, auf beiden Seiten je zwei gegenüberliegend, mit sauberen weißen Bezügen. Die Bänke können ausgezogen werden, so daß man die Füße gegenüber ablegen kann. Ein kleiner Klapptisch zwischen den Sitzen ist groß genug für meine Teetasse, ein Buch, meine Brille und die Cheroots. Über den Bänken können zwei Betten von der Decke heruntergelassen werden. Hier wird Min Min schlafen. Alles sieht sehr einladend und gemütlich aus. Nur die Ventilatoren laufen noch nicht, weil der Strom abgestellt ist. Die Hitze ist unerträglich und die stehende Luft erdrückend. Schweiß läuft mir über Gesicht und Rücken.

Das Eßzimmer ist nebenan. Sechs Stühle stehen um einen Tisch mit einer roten Decke. Der Zugbegleiter hat einen großen Aschenbecher, einige asiatische Teetassen ohne Henkel, aber mit Untertassen, Streichhölzer und Kerzen auf den Tisch gestellt. Die letzten beiden Utensilien sollten sich während unserer Fahrt als nützlich erweisen. Dann gibt es noch zwei Klappbetten an den Seiten, eines für den *attendant*.

Und schließlich die Küche – oder die Küche des Zugbegleiters. Ein sehr kleiner Raum mit zwei Türen, einem winzigen Kühlschrank, einem tragbaren Herd in Form eines Topfes aus einem hitzebeständigen gelblichen Material (hoffentlich nicht Asbest), vielen Borten und einem Schemel. In den Regalen stehen Teller, Tassen und Gläser, und bald befinden sich dort auch unsere Vorräte. Hier ist es bei weitem am heißesten.

Nach burmesischem Standard ist dies ein Luxuseisenbahnwagen, und deshalb hohen Offizieren und Regierungsmitgliedern vorbehalten; er kann nur hin und wieder an Touristen vermietet werden. Auf diese Weise in einem Eisenbahnwagen durch ein armes Land wie Burma zu fahren, könnte zu einer Zurschaustellung ausarten, aber zu meiner Erleichterung zeigen die Burmesen wenig Interesse an unserem Wagen. Die vielen Fenster haben außerdem Fliegendraht, durch den man auch tagsüber kaum hinein sehen kann. Nachts können wir die schweren Jalousien herunterlassen oder nur die Vorhänge zuziehen. Bei der Zusammenstellung des Zuges wird unser Salonwagen entweder direkt hinter die Lokomotive gehängt oder zwischen den letzten Personenwagen und den ersten von drei oder vier Güterwagen. Manchmal ist dieser erste Güterwaggon ein Tank mit Benzin oder Kerosin – nicht gerade ein beruhigender Gedanke in Anbetracht der Tatsache, daß militante Studenten in der Vergangenheit gelegentlich Fernzüge in die Luft gesprengt haben. (Soll ich eine deutsche Flagge oder eine Rote-Kreuz-Fahne am Wagen anbringen?)

Essen in Myanmar

Zum Mittagessen fuhren wir zum Shan Kan-Restaurant im Kawdawmin Park. Wir aßen *dim sum*, die sehr gut schmeckten und nur 850 Kyat kosteten, d. h. 2,50 Dollar für uns beide. Ich muß zu meiner Schande gestehen, daß ich bei einheimischen Gerichten in burmesischen Straßenrestaurants zuerst sehr zurückhaltend war. Mein Verdauungssystem stellt manchmal automatisch den Betrieb ein, und mein Appetit schwindet auf der Stelle, wenn der Imbißstand oder das gewöhnlich weit offene, lärmende einheimische Restaurant schäbig und unsauber aussehen – gemessen an meinem Standard. Nach burmesischen Maßstäben mögen sie ja ganz in Ordnung sein. Aber auch wenn sie sauber sind, sehen die Teller und Tassen aus Emaille und die abgenutzten Metallöffel und –gabeln wenig einladend aus. Zu diesem Ambiente gehören auch die ungewohnten, wilden Gerüche, die heiße Luft aus der Küche und die Theke, auf der eine Auswahl an Gerichten, vor allem die Currys, einzeln ausgestellt wird, so daß sich der Gast etwas aussuchen kann. Das empfinde ich oft als überwältigenden Angriff auf meine Sinne und ergreife schleunigst die Flucht. Dadurch habe ich wahrscheinlich viele gute Gerichte verpaßt, vor allem burmesisches Essen. Die Restaurants, die ich vorziehe – mit Türen, die nicht zur Straße geöffnet sind, mit Tischdecken und Porzellangeschirr – sind oft chinesisch. In einem Reiseführer wurde darauf hingewiesen, daß eines der großen Vergnügen des Reisens darin bestehe, sich ein Land über den Gaumen zu erschließen, und obwohl ich mich dieser Auffassung anschließe, war ich auf meiner ersten Reise zu dieser Form der Annäherung noch nicht bereit, obwohl ich sie richtig finde.

Bei meinen späteren Aufenthalten in Burma fand ich die richtige Strategie, um gut zu essen. Immer wenn ich in einem kleineren Hotel außerhalb der großen Städte war, besuchte ich den jeweiligen Markt, um herauszufinden, welches Obst, welche Gemüsesorten, Fleisch- und Fischarten dort angeboten wurden. Manchmal kaufte ich einige der Produkte und brachte sie ins Hotel, aber meistens sprach ich den Koch an und fragte ihn, welche Gerichte er mit den Lebensmitteln, die ich gesehen hatte, zubereiten könne. Dann machte ich für den nächsten Tag meine „Bestellung“, so daß er die Zutaten bei seinem täglichen Gang zum Markt am frühen Morgen einkaufen konnte. Die Köche schienen erfreut zu sein, diese speziellen Gerichte zuzubereiten, und ich konnte die übliche Kost vermeiden, zu der unweigerlich dieses „gemischte Gemüse“ gehörte. Ich bekam köstliche Suppen serviert, wie Tamarinden- oder Rosellsuppe, frischen Fisch und frisches Gemüse wie Okra, Flaschenkürbis, Speisekürbis und andere, an deren Namen ich mich nicht erinnere, weil es sie im Westen nicht gibt. Ja, auf meinen späteren Reisen habe ich gut gegessen.

In den Städten von Myanmar überwiegen chinesische Restaurants, und es gibt auch einige indische. Burmesisches Essen kann auf Märkten an zahlreichen offenen Ständen gekauft werden. Obwohl sie von indischen Currys und chinesischen Nudel- und Reisgerichten beeinflußt sind, enthalten die meisten burmesischen Speisen das Grundnahrungsmittel Reis. Sie sind stärker gewürzt und schwerer als die meisten chinesischen Gerichte, aber milder als Thai oder indische. Das burmesische Currypulver, das ich voriges Jahr in der Gewürzabteilung des Zegyo Markts in Mandalay kaufte, schmeckte mir fast zu süß, so daß ich etwas Tabasco hinzufügte, um es aufzupeppen.

Die burmesische Küche umfaßt eine große Vielfalt von Gewürzen, wie Chili, Pfeffer, Zimt, Kassiarinde, Anissamen, Kurkuma, Koriander, Kardamom, Ingwer, Kümmel, Gewürznelken, Rosensirup, Sesam, Zitronengras, Tamarinde, Knoblauch, zahlreiche Currymischungen sowie das allgemein beliebte (bei manchen berüchtigte) *ngapi*, eine streng riechende, salzige Paste aus Fisch oder Garnelen, die in Fässer eingelegt, gegoren, in der Sonne getrocknet und zerdrückt werden. Wegen ihrer Schärfe mögen Ausländer sie nicht, und ich habe sie nicht probiert.

Obwohl Myanmar eines der ärmsten Länder der Welt ist, liefert sein außerordentlich fruchtbarer Boden eine Fülle von Früchten und Gemüsesorten. Orangen, Erdbeeren, Mangos, Wassermelonen, Avocados, Limonen, Zimtäpfel, Brotfrucht, Jackfrucht (verwandt mit der Brotfrucht und zur Familie der Maulbeerbaumgewächse gehörig), Ananas, Pfirsiche, Rambutan (verwandt mit der Litschi), Pomelos, Papayas, Limonen, Bananen, Kokosnüsse (und viele andere Früchte, die ich noch nie gesehen hatte und deren Namen ich nicht kenne) – die meisten gibt es aber nur zu bestimmten Jahreszeiten. Ich sollte noch die königliche Frucht erwähnen, den Durian, eine große, stachlige, runde Frucht mit einem abstoßenden Aroma, aber nach Meinung asiatischer Gourmets sehr wohlschmeckend, wenn man sich über ihren faulen Geruch hinwegsetzt. Ich habe die reife Frucht einmal probiert, war aber mehr vom Geruch als vom Geschmack beeindruckt.

In manchen südostasiatischen Hotels gibt es Verbotsschilder, die sich vor allem an chinesische Gäste richten, Durian mitzubringen. (Bei einem Tagesausflug auf dem Ucayali in Peru, unterwegs zu einer Indiosiedlung, kam die Gruppe, zu der ich gehörte, an einem Durianbaum neben dem bäuerlichen Haus einer Indiofamilie vorbei. Der Gestank der faulenden Früchte unter dem Baum war so überwältigend, daß man ihn aus über fünfzig Metern Entfernung roch. Wie man daneben leben konnte, war mir ein Rätsel.)

Auch das Gemüseangebot in Myanmar ist groß: Bohnen, Kohl, Blumenkohl, Möhren, Kartoffeln, Mais, Gurken, Paprika, Auberginen, Kopfsalat, Pilze, Tapioka (eine Stärke, die als Zutat in Brot, Suppen und Desserts benutzt wird), Semolina (die Grundlage für Couscous und Pasta), Tomaten, Rettiche, Zucchini, Zwiebeln, Erbsen und Sojabohnen, um nur die wichtigsten zu nennen. Auch verschiedene Nußsorten werden auf den Märkten angeboten.

Die überaus beliebten Currys sind würzige Gerichte aus Huhn, Fisch, Garnelen, Hammel- oder Rindfleisch. Da es in Myanmar weder große Höfe mit Rinderzucht noch Milchwirtschaft gibt, gehören Rindfleisch, Milch und Käse nicht selbstverständlich zur täglichen Nahrung. Seen, Flüsse und das Meer liefern eine Fülle von Fischen, und die Regierung macht Anstrengungen, die Fischflotte zu modernisieren.

Nudelsuppen sind auch sehr beliebt, die berühmteste ist die *mohinga,* eine dicke, würzige Suppe mit Reisnudeln und Kochfisch, die als Frühstück gegessen wird. Salate sehen zwar nicht gerade verlockend auf, schmecken aber interessant, wie der folgende: Man nehme als Grundlage ein Gemüse, füge Fischsauce, Salz, Sojasauce oder Garnelenpaste, sowie Sojabohnenmehl oder Essig hinzu, dazu Tamarinde und etwas Sesam, Erdnüsse oder Sojaöl.

Ein komplettes Menu kann folgendermaßen aussehen: gekochter weißer Reis, Curry, Suppe, Salat und gegartes Gemüse je nach Jahreszeit. Obwohl das nach westlichen Maßstäben nicht ungewöhnlich klingt, bekommen die Speisen durch das Würzen und Hinzufügen von pikanten Saucen und Pasten einen eindeutig asiatischen Geschmack. Die wunderbar abwechslungsreiche burmesische Küche wird noch ergänzt durch die traditionellen Speisen der anderen ethnischen Gruppen, z. B. durch Gerichte der Shan, Mon und Rakhine.

In der Regel essen die Burmanen früh zu abend, und die Restaurants schließen schon um sieben oder acht Uhr. Also nahm ich an jenem ersten Tag in Yangon ein frühes Abendessen im Stadtzentrum ein, wo große Restaurants und lärmende Karaoke Bars mit lauter Discomusik und greller Neonreklame Kunden anlocken wollen. Wir gingen in ein chinesisches Restaurant. Laut Min Min war der Besitzer Shan-Chinese und einer der Friedensverhandlungsführer für den Shan-Staat. Ich war beeindruckt, im Restaurant eines so ehrenvollen Mannes zu essen, der dazu beigetragen hatte, einem von Unruhen heimgesuchten Land Frieden zu bringen. (Später werden wir diese Vermittler näher betrachten, die rücksichtslose Feudalherren mit Privatarmeen und meistens in großem Umfang an Drogenschmuggel beteiligt waren. Wer aber war der Besitzer dieses Lokals? Lo Hsin Han oder Khun Sa? Oder war er einer der berüchtigten Anführer der Wa? Darüber mehr in einem späteren Kapitel.) Das Essen – Tintenfisch mit Broccoli, geschmorter Chinakohl, Fadennudeln, ein großes Mandalay-Bier und eine Flasche Wasser – kostete 7 Dollar 50.

Mir fiel auf, daß Min Min einen gesunden Appetit hatte – er aß mindestens zweimal so viel wie ich. Er war ein interessanter Gesprächspartner und eine wertvolle Informationsquelle für alles, was Burma betraf.

Auf der anderen Seite des Flusses

Der nächste Tag begann mit dem üblichen Frühstück für Ausländer: Tee oder Kaffee und süßer Orangensaft, dazu Toast, der am Gaumen und an den Zähnen klebt und zwei Spiegeleier mit viel Öl und Salz. Zum Thema Sightseeing hatte ich Min Min klargemacht, daß ich nicht so sehr an Tempeln, Stupas, Klöstern und Museen interessiert war; davon hatte ich genug gesehen. Ich wollte herausfinden, was auf der anderen Seite des Yangon Flusses war. Wir gingen am Botataung Pier an Bord der abgetakelten Fähre. Außer uns drängten sich bei der langsamen Fahrt über den Fluß etwa hundert junge und alte Passagiere, einige mit Fahrrädern, aber die meisten mit schweren Lasten, Handelsware oder Eßwaren. Was ich auf der anderen Seite sah, war ernüchternd. Ein sumpfartiges Gebiet mit kleinen Kanälen und Flüßchen und relativ neuen, aber sehr einfachen Häusern auf Pfählen an unbefestigten Straßen. Ich fand nur wenige Läden vor, etwa einen Friseur und eine Fahrradwerkstatt und auch ein paar Stände für Lebensmittel, aber ich brauchte Min Min nicht zu fragen, wie dieses unfertige Dorf zustande gekommen war. Das hier war offensichtlich eine dieser „Neusiedlungen", die entstanden waren, als die Regierung Tausende Bewohner der Innenstadt zwang, wegzuziehen, Platz zu machen für neue Gebäude, ohne daß in den neuen Wohngebieten eine funktionierende Infrastruktur und Stromversorgung eingerichtet waren. Die Leute, die jetzt hier wohnten, waren über den Fluß geschickt worden, wo es keine Jobs gab, und sie mußten jeden Tag mit der Fähre in die Stadtmitte pendeln.

Auf dieser Seite des Flusses war es noch heißer und feuchter, und ich trank in gerade mal einer Stunde einen Liter Wasser. Wir fuhren also zurück in den Hafen von Yangon. Dort war ein Filmteam gerade dabei, eine burmesische *Soap* zu drehen; man hatte die übliche Ausrüstung (Kameras, Mikrophone, Spiegel zur Lichtverstärkung) und es gab eine kleine Gruppe von Schauspielern, die u.a. eine zänkische alte Frau sowie einen rauhen Lastwagenfahrer verkörperten (ausgerüstet mit einem LKW aus dem Zweiten Weltkrieg). Der Star des Films war ein berühmter älterer Schauspieler, der laut Min Min Ähnlichkeit mit Estrada hatte, dem philippinischen Filmstar, der in den späten neunziger Jahren Präsident seines Landes war. Eine wachsende Menge von jungen und alten Leuten beobachtete die Dreharbeiten, und weil sie so interessant aussahen, ging ich ein Stück zurück, stieg auf einen Steinhaufen und beobachtete die Beobachtenden.

Auf Büchersuche

Für meine lange Zugreise würde ich viel Lesestoff benötigen, und den wollte ich mir im Inwa Bookstore schräg gegenüber vom Traders Hotel besorgen. Die Verkäufer waren nicht besonders hilfreich; sie wirkten gelangweilt und beantworteten meine Fragen nur einsilbig. Die meisten englischen Bücher waren Schundromane mit geschmacklosen Covers. Es gab jedoch eine gute Auswahl *Penguin Classics*, in Myanmar gedruckte Raubkopien zu niedrigen Preisen. Ich entschied mich für Joseph Conrad's Victory, ein Roman mit einem asiatischen Schauplatz. Bücher zur burmesischen Geschichte und Kultur gab es hier aber nicht. Die fand ich im Myanmar Book Center, im Pagan Book House und im A-One Book Shoop. Besonders der Besitzer des Pagan Book House, der inzwischen verstorbene U Ba Kyi, wurde in den folgenden Jahre ein guter Freund. Er spezialisierte sich auf historische Bücher über Burma: die Berichte früher Entdecker, Forscher und Reisender. Oft handelt es sich dabei um ältere Werke, die im Original nicht mehr erhältlich waren. Sein kleines Geschäft für Burma Bücher ist auch heute noch eine einmalige Fundgrube. Im Laufe der Jahre habe ich wohl über hundert Bücher bei ihm gekauft. Chaotischer war es im A-One Buchladen; eng, dunkel, muffig und furchtbar schmutzig. Ich musste mich in Halbdunkel durch ungeordnete Bücherstapel, die bis an die Decke ragten, durcharbeiten. Alle dreißig Minuten brauchte ich die frische Luft vor der Tür, wusch mir meine schwarzen Hände und ging weiter auf Suche. Insbesondere fand ich in beiden Läden wunderbare Reiseberichte von frühen ausländischen Besuchern. Sie sind in das Literaturverzeichnis im Anhang aufgenommen worden.

DER AUFBRUCH ZU EINER LANGEN REISE: VON YANGON ZUM INLE SEE IM SÜDLICHEN SHAN STAAT

Heute, an meinem dritten Tag in Burma, ist der Abreisetag. Ich bin aufgeregt und freue mich auf meine Eisenbahnfahrt. Heute nacht habe ich trotz der lauten, schweren Regenfälle gut geschlafen. Hier im Süden ist die Monsunzeit eben noch nicht zu Ende. Im Norden dagegen hat die Trockenzeit schon begonnen. Die Hitze und Feuchtigkeit Yangons haben mich bisher nicht angegriffen; ich fühle mich gut und habe einen gesunden Appetit, aber ich merke, daß ich nicht genug Flüssigkeit zu mir nehme, und beschließe, mehr burmesischen Tee und Mineralwasser zu trinken.

Frühmorgens gegen sechs Uhr nach Sonnenaufgang ist es am angenehmsten. Die kühle, frische Morgenluft lädt zu einem gemächlichen Spaziergang im Viertel ein. Man sieht Kinder auf dem Schulweg, Väter, unterwegs zur Arbeit, und Mütter, die das Haus putzen oder bei den ersten Straßenhändlern des Tages kleine Einkäufe machen. In den stickigen Mittagsstunden von halb zwölf bis halb drei bleibt man besser im Haus und macht eine lange Siesta. Es wird früh Abend, die Sonne geht gegen halb sechs unter, und um sechs Uhr ist es bereits stockdunkel. Gegen neun Uhr sind die Straßen menschenleer, und um die Zeit fährt auch die letzte Fähre über den Yangon Fluß.

Da mein Koffer gepackt ist, habe ich, bevor ich zum Bahnhof fahre, genug Zeit für einen kurzen Besuch im staatlich kontrollierten *Gem Emporium*, das im obersten Stock ein Edelsteinmuseum und in den drei anderen Stockwerken zahlreiche private Edelsteingeschäfte beherbergt. Wenn man bedenkt, daß Burma weltführendes Förderland von Rubinen, Saphiren und Jade ist, sollten die Geschäfte eine große Vielfalt von kostbaren Steinen anbieten, aber der Edelsteinmarkt ist selten transparent; so auch hier, wo die Grubenbesitzer alle hochwertigen Steine an die Regierung verkaufen müssen. Sie versteigert die meisten davon an ausländische Aufkäufer.

Touristen dürfen Steine nur bei lizensierten Händlern kaufen und müssen bei der Ausreise dessen Zertifikat dem Zoll zeigen. Manche Touristen kaufen Edelsteine trotzdem bei Verkäufern ohne Lizenz oder auf dem Schwarzmarkt und müssen später entdecken, daß ihr Saphir nur ein Aquamarin ist oder ihr Rubin ein Rubellit oder Spinell. Illegaler Handel mit Edelsteinen kann einen Ausländer sehr schnell in ein burmesisches Gefängnis bringen, wie wir später sehen werden.

Burmesische Edel- und Halbedelsteine sind meist schlecht geschliffen und werden im Ausland oft noch einmal nachgeschliffen, wobei sie dann an Gewicht verlieren. Die bekanntesten burmesischen Steine sind Jade (Jadeit und nicht das chinesische Nephrit), Rubin und Saphir. In den Geschäften findet man auch Aquamarin, Spinell, Peridot, Topas, Amethyst, Citrin, Tigerauge, Mondstein, Lapislazuli, Tourmalin (darunter auch den Rubellit) und Zirkon. Seltener sind Orthoklas, Danburit, Kornerupin, Skapolith, Diopsid, Ambygonit, Enstatit, Apatit, Titanit, Kyanit, Fluorit, Chrysoberyll, Pyrop, Spessartin, Katoit, Hiddenit, Kunzit und Smaragd. Die burmesischen Smaragde sind eher trübe und daher von minderer Qualität.

Jade kann ein Laie im allgemeinen kaum bewerten. Ein nichtlizensierter Händler hat mir einmal einen faustgroßen Jadestein von höchster Qualität angeboten; es war smaragdgrüne Imperial Jade, die – als er sie vor eine Lichtquelle hielt – fast transparent erschien und erst dann ihr herrliche, tiefgrüne Farbe entfaltete.

Rubine sind zumeist recht klein und sehr teuer, insbesondere wenn es sich um die seltene *pigeon blood*-Farbe handelt. Unter den blauen Saphiren ist das *velvet blue* am teuersten. Preiswerter sind dann schon Saphire in gelb, rosa oder weiß.

Die Saphire, die mir im *Gem Emporium* gezeigt werden, haben viele verschiedene Größen, Farben und Qualitäten, die Farben reichen von ganz hellblau wie ein Aquamarin, über kornblumenblau und samtblau zu beinahe schwarz. Die samtblauen kosten 2.000 Dollar für einen Stein mit drei Karat.

Da ich wie die meisten Reisenden das Verhältnis von Preis zu Qualität nicht einschätzen können, halte ich es für sicherer,

burmesische Edelsteine in einem seriösen Geschäft in Bangkok oder in Deutschland zu kaufen.
Zum Thema Edelsteine kann ich drei Bücher empfehlen:

- Adrian Levy und Cathy Scott-Clark:
  The Stone of Heaven – Unearthing the Secret History of Imperial Jade
- S.K. Samuels: Burma Ruby –
  A History of Mogok's Rubies from Antiquity to the Present
- Ted Themelis: Mogok – Valley of Rubies & Sapphires

Verspätung!

Nun wird es Zeit, zum Bahnhof zu fahren. Alle Vorräte müßten mittlerweile im Wagen sein, und ich gehe davon aus, daß alles zur Abfahrt bereit ist. Als wir uns nach dem Bahnsteig erkundigen, erleben wir jedoch eine unerfreuliche Überraschung: Unser Zug hätte heute Morgen um halb zwölf einlaufen sollen, ist aber noch nicht angekommen, und niemand weiß, wann er eintreffen wird. Laut Fahrplan fahren heute um 15.15, um 17.00 und um 18.30 Uhr Züge nach Norden, aber keiner ist angeblich der richtige für uns. Ich sage mir, daß dies eine großartige Reise wird und ich mich nicht von kleinen Problemen aus der Fassung bringen lasse. Viel später erfahre ich den Grund der Verzögerung: Ausländer können zwar die vom Staatsrat benutzten Salonwagen mieten, doch können diese Wagen nur an langsamere Postzüge angehängt werden, nicht aber an die viel schnelleren Expreßzüge. Mir müssen also auf die Ankunft des Postzugs warten.

Nach zweistündigem Warten in der ermüdenden Hitze und erdrückenden Luft der Bahnhofsvorhalle, kehrt Min Min von langen, mühsamen Verhandlungen mit den Eisenbahnern zurück und berichtet mir, daß unsere Abfahrt schließlich und endlich auf heute abend, 21 Uhr festgesetzt wurde. Aber er hat noch mehr schlechte Nachrichten: Den Regeln und Vorschriften gemäß dürfen wir während längerer Zwischenstationen, wie dem am Inle See, nicht in unserem Wagen bleiben, es sei denn, der *attendant* erhält eine Sondererlaubnis vom Stationsvorsteher, von der Polizei, vom Militärgeheimdienst und von der Stadt – alle wahrscheinlich nur gegen Bakschisch. Ich beschließe, auf die Erlaubnis zu verzichten, denn im Wagen wird es ohnehin zu heiß werden. Hin und wieder eine Pause in einem klimatisierten Hotel würde wahrscheinlich höchst willkommen sein, auch wenn die Reisekosten sich dadurch erhöhen. Insgeheim bin ich mit mir selbst zufrieden, daß ich diese Widrigkeiten so gelassen hinnehme.

Aber es gibt auch gute Neuigkeiten. Min Min hat einen Vetter, der in der Innenstadt ein preiswertes Guest House für ausländische Rucksackreisende führt und bereit ist, uns dort in Ruhe warten zu lassen. Wir bekommen ein kaltes Getränk, können fernsehen, lesen und – das ist das Beste – sogar duschen. Der siebte Himmel in Burma ist zuerst eine Dusche und dann ein kühles Bier.

Nach einem weiteren chinesischen Essen, diesmal im *Golden Duck*, kehren wir um 20.30 Uhr zum Bahnhof zurück, aber unser 21-Uhr-Zug ist nirgends zu sehen. Immerhin dürfen wir in unseren Eisenbahnwagen steigen. Weil der Kühlschrank hin und wieder streikt, hat Min Min ein paar große Eisblöcke gekauft. Träger schleppen das Eis und unser Gepäck über die vielen Gleise bis zur dunklen Rückseite des Bahnhofs. An Bord stellen wir fest, daß die Batterie ebenfalls zu streiken droht; bis der Zug abfährt haben wir keinen Strom, was bedeutet, daß bis dahin weder Ventilator noch Licht funktionieren. Beleuchtung liefern die paar Kerzen auf dem Tisch. Die Hitze wird wegen der fehlenden Ventilation unerträglich, und bald strömt mir Schweiß über Gesicht und Rücken, so daß meine Kleidung schon wieder durchgeschwitzt ist.

Endlich, nach mehreren Stunden des Wartens in unserem Backofen, wird unser Wagen von einer kleinen Lokomotive für eine letzte Überprüfung zu einer Station mit einem großen Wasserschlauch gezogen, wo man unseren Wasservorrat auffüllt. Dann wird der Wagen hin und her verschoben, bis wir schließlich an den Postzug angekoppelt werden. Wir landen hinter dem letzten Personenwagen, vor einem Benzintankwagen, einem stahlgepanzerten, aber unbemannten Bewachungswagen (mit Schießscharten) und zwei Güterwagen. Abgesehen von der Gefahr durch den Benzintank, werde ich mich auf dieser Reise überaus sicher fühlen.

Unterwegs zum Inle See

Nach Mitternacht, zehn Stunden nachdem ich mein Hotel verlassen habe, setzt sich der Zug in Bewegung, und als er den Bahnhof verläßt, gehen wie durch ein Wunder die Lichter an, beginnen sich die Ventilatoren zu drehen. Ohne Zeit zu verlieren, nehme ich eine wunderbar erfrischende Dusche, bei der ich, während der Zug hin und her rumpelt und schleudert, angestrengt versuche, in der engen Kabine Halt zu finden. Danach versinke ich trotz des wild schlingernden Wagens bald in tiefen Schlaf, ungeachtet eines Alptraums, in dem eine deutsche Reisegruppe in meinen Wagen eindringt, versucht mein Abteil zu übernehmen und mich zwingt, um mein Bett zu kämpfen.

Der Tag beginnt um sechs Uhr mit Rasieren und Duschen; zum Glück hat mein Elektrorasierer einen Akku, es gibt nämlich keine Steckdosen im Wagen. Danach ein geruhsames Frühstück mit dem üblichen Orangensaft, Tee, Toast und, diesmal, Rührei. Wir haben jetzt einen Koch, und zwar einen guten, wie ich beim Mittagessen herausfinden werde.

Im Lauf der Nacht ist der Zug durch das fruchtbare Delta gefahren und ist schon in der weiten Zentralebene angekommen. In diesem flachen Landstrich verstellen keine Wälder, Hügel oder gar Berge die Aussicht. Der kleinste Streifen Erde wird landwirtschaftlich genutzt, und die vielen Reisfelder beherrschen das Bild. Sie werden nur hier und da unterbrochen von dornigen Hecken, überlaufenden Wasserlöchern, in denen, bis zum Maul eingetaucht, Wasserbüffel ruhen. Ausgefahrene, staubige Ochsenkarrenwege führen von den schmalen Feldern zu den dunkelbraunen Dörfern. In ihnen stehen Bauernhäuser auf Pfählen mit Blechdächern dicht beisammen im Schatten von breitblättrigen Bäumen und Büschen.

Hier und da ragt ein Stupa aus der Ebene. All das betrachte ich von der gemütlichen Sitzecke meines Eisenbahnwagens aus. Oder ich lese ein Buch und trinke burmesischen Tee. Wenn wir in einem Bahnhof halt machen, vertrete ich mir auf dem Bahnsteig ein wenig die Füße. Es wimmelt von Menschen. Straßenhändler preisen ihre auf Bambustabletts gestapelten Eßwaren an; Fahrgäste kommen und gehen oder füllen ihren Proviant auf; große Säcke, Körbe und Kästen werden ein- oder ausgeladen, bis der Lokführer die Signalpfeife ertönen läßt und der Zug langsam aus dem Bahnhof rollt.

Thazi

Während der Zug weiter gen Osten, Richtung Inle See fährt, nimmt am Spätnachmittag der blendende Glanz der Sonne ab, und schwarze Hügel tauchen am fernen Horizont auf. Rauch steigt aus den Häusern der Dorfbewohner auf, Bauern kehren mit ihren Wasserbüffeln oder Ochsen heim. Bald wird es dunkel sein, und wir werden an unserem ersten Halt ankommen.

Gegen sechs Uhr abends rollen wir, achtzehn Stunden nach unserer Abfahrt in Yangon, in Thazi ein. Der schnellste Expreßzug legt dieselbe Strecke in nur neun Stunden zurück – ich bin froh, daß ich es nicht vorher gewußt habe. Uns erwarten gute Nachrichten: wir brauchen hier nicht die ganze Nacht auf einen anderen Zug zu warten, der uns nach Osten mitnimmt, wie man uns in Yangon sagte. Nach einem dreistündigen Aufenthalt wird der Zug, an dem wir hängen, Richtung Osten weiterfahren und uns den ganzen Weg nach Shwenyaung am Inle See mitnehmen. Wir gehen also in der Dunkelheit los, um ein Restaurant zu suchen, wo wir etwas trinken können.

Thazi liegt 500 Kilometer nördlich von Yangon und etwa 120 Kilometer südlich von Mandalay. Es gehört ebenso zur Mandalay Division wie das berühmte Bagan. Die Grenze des Shan Staats im Osten ist nur 65 Kilometer entfernt. Thazi, eine unattraktive Stadt ohne besondere Merkmale, ist jedoch ein wichtiger Eisenbahnknotenpunkt, denn es verbindet die drei bedeutendsten touristischen Reiseziele Burmas: im Norden Mandalay, im Westen Bagan, im Osten den Inle See. Für die meisten Reisenden ist dies nur ein Ort zum Umsteigen; wer Pech hat, muß in einem der einfachen, billigen Guest Houses übernachten.

Wir gehen eine dunkle Straße entlang, die nur von der Beleuchtung der Läden und offenen Teehäusern erhellt wird, bis wir zum *Red Star Guest House* kommen, wo wir selbstgemachten Joghurt trinken. Etwas später, auf dem Rückweg zum Bahnhof, ist die Stadt bereits totenstill, die Läden und Teehäuser sind geschlossen, und die Menschen sind schon nach Hause zurückgekehrt.

Um 21 Uhr fahren wir aus dem noch belebten Bahnhof von Thazi hinaus Richtung Shwenyaung, der Bahnstation für den Inle See. Bald erreichen wir die hügelige Region des Shan Staats, wo es im Schrittempo durch Tunnel und über zahlreiche alte Brücken geht. Auf der kurvigen ansteigenden Strecke quietschen und kreischen die Räder. Es hört sich an, als würde unser ganzer Wagen auseinanderbrechen. Jetzt ist es zwar zu dunkel, um draußen irgend etwas zu sehen, aber fünf Tage später, bei der Rückfahrt vom Inle See nach Thazi bei Tage, kann ich diese wunderschöne Strecke in Ruhe betrachten.

AM INLE SEE

Am Morgen des fünften Reisetages gegen 4 Uhr 30 kommen wir am Bahnhof von Shwenyaung an. Als ich um sechs Uhr aufstehe, ist unser Wagen schon auf seine Parkposition, den mit einem hohen Zaun und breitem Metalltor abgeschirmten Bahnsteig für VIPs, rangiert worden. In einem kleinen weißen Gebäude jenseits des Bahnsteigs befinden sich Dusche und Toilette, beide recht sauber. Über unserem Wagen breitet sich, wie ein Baldachin, das dichte Astwerk eines ausladenden Kassienbaums in voller Blüte aus, der dem ganzen Bereich die Atmosphäre eines privaten Gartens verleiht. Am Ende dieses „Gartens" lebt ein armer Eisenbahnarbeiter mit seiner Frau und drei kleinen Kindern. Sie wohnen in einer einfachen Hütte, die Kochstelle ist außen vor der Tür. Die Kinder, barfuß und in abgetragener Kleidung, sind scheu und halten vorsichtigen Abstand. Unser *attendant* knüpft jedoch bald ein freundliches Gespräch mit unseren neuen Nachbarn an.

Wegen der Verspätung unseres Zugs ist der Fahrer, der uns am Bahnhof abholen sollte, nicht gekommen, und wir müssen ihn anrufen. Da er inzwischen schon einen anderen Auftrag angenommen hat, müssen wir ein paar Stunden auf ihn warten. Wir nutzen die Zeit für einen Ausflug in die Stadt.

In Shwenyaung gibt es nicht viel zu entdecken; seine einzige Bedeutung liegt darin, daß seine Eisenbahnstation das Tor zu dem berühmten See ist. Die Stadt liegt dreißig Kilometer östlich von Heho, dem einzigen Flughafen der Region, der wiederum etwa zwanzig Kilometer westlich der Hauptstadt Taunggyi und nur elf Kilometer nördlich von Nyaungshwe liegt, der einzigen Stadt am Inle See und Touristenzentrum.

Mondkalenderfeste

Heute ist Sonntag, der 25. Oktober. Für die Buddhisten fällt er in den Mondmonat *Thadingyut*, die Zeit der Feste, Zeremonien und Feiertage. Obwohl die Menschen in Myanmar hart arbeiten, feiern sie eine große Zahl von lokalen und überregionalen Festen. Landesweit gibt es ein Fest für jeden Mondmonat. Der gegenwärtige Monat *Thadingyut* und der nächste, *Tazaungmone*, bieten zahlreiche farbenprächtige, aufregende Feste und Zeremonien.

Die meisten Feste und religiösen Feiertage in Burma folgen dem Mondkalender, der zwölf Monate hat. Da die Zahl der Tage in einem Mondmonat jedoch von der Zahl der Tage in einem Sonnenmonat abweicht, wird alle paar Jahre ein Monat hinzugefügt. Man darf nicht vergessen, daß sich der burmesische Mondmonat nicht mit dem westlichen Gregorianischen Kalendermonat deckt; sie überschneiden sich. Entsprechend dem burmesischen (Mond) Kalender beginnt der Mondmonat *Thadingyut* irgendwann im September und endet im Oktober. Es folgt der Mondmonat *Tazaungmone*, der bis in unseren Monat November geht. Demnach fällt mein Aufenthalt in zwei Mondmonate, *Thadingyut* und *Tazaungmone*. Ausländische Besucher sollten sich von ihrem Reisebüro den burmesischen Mondkalender und eine Liste aller lokalen und nationalen Feste geben lassen; ohne diese Informationen könnten ihnen einige sehenswerte Ereignisse entgehen.

„Neumond" ist der erste Tag des zunehmenden Mondes in jedem Mondmonat. In den folgenden vierzehn Tagen wird der sichtbare Teil des Mondes größer, bis zum fünfzehnten Tag, wenn der Mond voll ist. Dann werden überall im Land wichtige Feste gefeiert, ganz besonders gegen Ende der Regenzeit und zu Beginn der Trockenzeit. Diese Zeit der großen Feste fällt in die Mondmonate *Thadingyut* (im Oktober) und *Tazaungmone* (im November), deren jeweilige Vollmondtage Anlaß für zwei der wichtigsten Feste des Jahres sind, die Lichterfeste. Sie liegen einen Monat auseinander und sind sehr unterschiedlich in Charakter und Ursprung, wobei das erste noch bedeutender und beliebter ist.

Im Jahr zuvor war ich in derselben Jahreszeit in Bagan gewesen und wurde dort von meinem Kutscher eingeladen, in seinem Heimatdorf Taungby, das zur Gemeinde Bagan gehörte, an den Feiern zum (ersten) Lichterfest teilzunehmen. Die Häuser und Pagoden waren mit Kerzen und kleinen Öllampen beleuchtet, es fand ein Lichterumzug statt, ein *pwe* (ein historisches Stück mit Tanz und Musik) wurde aufgeführt, es gab einen Markt mit Spielzeug, Stoffen, Essen und Trinken, Spielen für die Kinder, und am letzten Tag großzügige Gaben in Form von Schalen voller selbstgemachter Eßwaren für die Mönche und Nonnen.

Im folgenden Jahr nun bin ich während des Mondmonats *Thadingyut* an den Inle See gefahren, um das Lichterfest und ein anderes berühmtes Ereignis mitzuerleben, das Phaung Daw U Pagodenfest, bei dem drei Buddhabildnisse aus dem Tempel auf großen, eigens für diesen Zweck entworfenen und geschmückten Barken in einem Zeitraum von sechsundzwanzig Tagen von Dorf zu Dorf rings um den See gefahren werden. Einen Monat später, beim vollen Mond des *Tazaungmone*, veranstaltet die Shan-Hauptstadt Taunggyi ihr bekanntes und beliebtes Heißluftballonfest.

In der Zeit zwischen dem Vollmond des Oktober und des November findet alljährlich noch ein religiöses Ereignis statt, das nicht nur den Burmanen wichtig ist, sondern allen Theravada-Buddhisten: es heißt *Kathein* oder *Kathina,* eine einmonatige Periode nach der buddhistischen Fastenzeit, in der die Laien den Mönchen neue Gewänder, andere lebensnotwendige Dinge und Devotionalien darbringen. Das ist für alle Buddhisten eine glückliche Zeit. Die Mönche dürfen wieder umherziehen, der Gläubige ist von einigen strengen Regeln und Einschränkungen befreit, die während der dreimonatigen Fastenzeit galten, junge Paare können heiraten, das Wetter wird mit dem Näherkommen der trockenen Jahreszeit besser, die Bauern freuen sich auf eine üppige Ernte und auf die sich anschließende Ruhephase. Das ist die Zeit der Zeremonien, z. B. der Aufnahme und Weihe von Novizen und Mönchen sowie für Feiern und Feste im ganzen Land.

Eines dieser Ereignisse, das *Katheinfest*, konnte ich gleich nach meiner Ankunft in Shwenyaung miterleben. Eine große Prozession wurde auf der Hauptstraße aufgestellt. Die meisten Teilnehmer standen im Gespräch mit Freunden herum, nur die Organisatoren rannten auf und ab und versuchten, die vielen Gruppen in Reih und Glied zu bringen. Diese Gruppen repräsentierten Wohnviertel, Institutionen (z. B. Schulen) und Firmen (wie die örtliche Eisenbahnzweigstelle). Die Leute trugen selbst angefertigte realistisch aussehende Miniaturen religiöser Stätten oder Bauten (wie den berühmten Goldenen Felsen und Stupas), Bildnisse des Buddha unter dem Banyanbaum und Tierfiguren (Pfauen zum Beispiel). Diese großen, farbigen Modelle waren auf eine Unterlage montiert, die auf zwei, von mehreren jungen Männern geschulterten Stangen ruhte. Das erinnerte mich an japanische Feste, bei denen junge Männer Schreine, *mikoshi*, auf Stangen durch die Stadt tragen. Die burmesischen Bildnisse sind jedoch sehr leicht, da sie fast ganz aus Papier bestehen. Bilder und Farbigkeit werden durch das Falten und durch formgerechtes Zusammenheften von verschiedenfarbenen burmesischen Banknoten geschaffen.

Die Männer tragen die Modelle zum örtlichen Tempel oder Kloster, wo sie den Mönchen übergeben werden. In der Prozession gehen mehrere Musikgruppen mit, die auf einheimischen Instrumenten – Oboen, Trommeln und Becken – traditionelle burmesische Musik spielen, die für westliche Ohren sehr fremdartig klingt. Sie schritten langsam und tanzten die Straße herunter, während Aufseher mit langen Bambusstangen die Oberleitungen anhoben, damit die hohen Bildnisse darunter hindurchpaßten.

Nyaungshwe und der Inle See

Endlich erschien unser Fahrer und brachte uns in weniger als dreißig Minuten nach Nyaungshwe. Es ist eine Kleinstadt mit Teichen und Kanälen, in denen Menschen badeten und Kleider wuschen. Mein Hotel, das *Gold Star*, steht gegenüber einem weitläufigen Sportplatz, nicht weit vom Hauptkanal und vom Bootshafen. Die Hotelanlage besteht aus vier modernen, aber nicht allzu großen Gebäuden und ist von einer hohen weißen Mauer mit einem breiten schmiedeeisernen Tor umgeben, das bald nach Einbruch der Dunkelheit geschlossen wird. Im zweistöckigen Hauptgebäude ist unten die Rezeption und oben das Restaurant. Dessen getönte Fensterscheiben wirken in dieser Umgebung seltsam, aber sie sollen die Gäste vor dem blendenden Sonnenlicht und der Hitze bewahren. Eine Schar Krähen, die in den großen Bäumen nebenan sitzen, reagieren wütend auf ihr eigenes Bild in den spiegelähnlichen Scheiben und versuchen, mit Schnabel oder Krallen auf die vermeintlichen Rivalen einzuhacken, ein geräuschvoller, aber vergeblicher Kampf. Sie werden verjagt, kehren aber zurück und kämpfen weiter.

Ich wähle ein Eckzimmer für 16 Dollar pro Nacht, mit Fenstern zum Hof. Es hat zwar keine Aussicht, doch mir gefallen die hohe Decke und das große Bad mit einer kraftvollen Dusche. Es ist ein einfaches, aber großes Zimmer mit Klimaanlage. Die Angestellten sind freundlich und aufmerksam; der Geschäftsführer ist verreist und kommt erst in ein paar Tagen zurück. Mir wird gesagt, der Besitzer sei ein in Taunggyi lebender Pa-O.

Nyaungshwe, früher Yawnghwe oder Yaunghwe geschrieben, bedeutet „goldener Banyanbaum". Nicht nur die Stadt, sondern ein Bezirk heißen so, und früher gab es ein gleichnamiges Fürstentum, dessen Herrscherfamilie nicht nur im Shan Staat, sondern auch in der Landespolitik eine wichtige Rolle spielte. Der letzte *Sawbwa* (Fürst), Sao Shwe Thaike, war einer der Unterzeichner der berühmten Vereinbarung von Panglong, in der Burmanen, Shan, Kachin und Chin sich zur *Union of Burma* zusammenschlossen. Er wurde der erste Präsident eines unabhängigen Burma und danach zweimal Vorsitzender des Oberhauses. Als General Ne Win 1962 die demokratisch gewählte Regierung U Nu stürzte, wurde Sao Shwe Thaike mit fast allen anderen Politikern festgenommen. Sein jüngerer Sohn wurde erschossen, als Soldaten in sein Haus in Yangon eindrangen. Der frühere Präsident starb unter ungeklärten Umständen im Gefängnis. Sao Nang

YANGON

Der goldene Stupa der mächtigen Shwedagon Padoge im ersten Morgenlicht

Auf dem großen Fischmarkt von Yangon wird morgens nicht nur Fisch verarbeitet, sondern vor Ort auch gleich gegessen

Der über 900 Jahre alte Ananda Tempel mit seiner weithin sichtbaren Turmpyramide

Die von chinthes (Löwenfiguren) bewachte Shwezigon Pagode mit ihrer weiten Terrasse und zahlreichen Stupas

BAGAN

Der zehn Meter hohe Konagama Buddha am Südeingang des Ananda Tempels

Das Lichterfest in einem Dorf bei Bagan.
Am dritten Tag bewirten die Dorfbewohner die Mönche und Nonnen

Die „Irrawaddy Princes“ vor Anker in Bagan.
Im Hintergrund die luxuriöse „Road to Mandalay“

ROAD TO MANDALAY

Ein Blick vom Mandalay Hill in der Abenddämmerung

DIE FAHRT MIT DER EISENBAHN

Der Autor beim Mittagessen im Esszimmer des Salonwagens.

Der Koch und Reisebegleiter Aung Aung vor dem Wagen

Ein reichhaltige Angebot von Gemüse, Kräutern und Blumen auf dem Wochenmarkt

MARKT AM INLE SEE

Auf dem Belu Fluss in Yawama, dem kleinen Venedig am See

Auf dem Wochenmarkt treffen sich Frauen der verschiedenen Volksstämme wie der Pa-O, Intha, Shan und Burmanen

INLE SEE

Auf den mit Kanälen durchzogenen schwimmenden Gärten werden von den Inthas Bohnen, Auberginen, Blumenkohl, Tomaten und Blumen angebaut

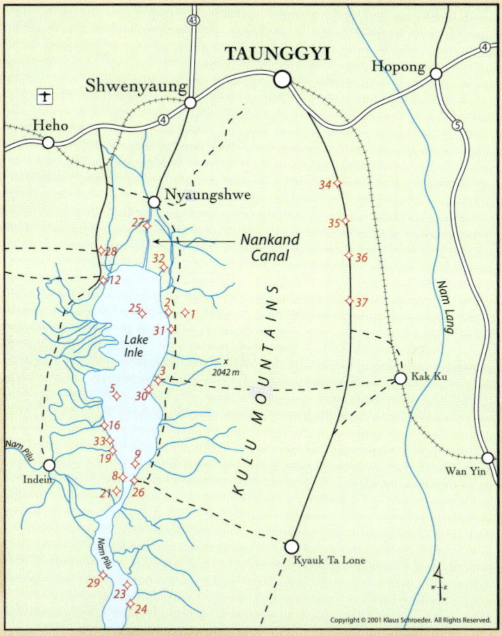

1 Fort Stedman (Shanti)
2 Maing Thawk
3 Tha Lai U
5 Nga Phe Monastery (Jumping Cats)
8 Nampan
9 GIC (Golden Island Cottage)
12 Khaungdaing
16 Ywama
19 Phaung Daw U
21 In Paw Kone (silk weaving)
23 Kyaing Khan (lotus weaving)
24 Kyauktain (pottery)
25 Government Guesthouse
26 Nampan Market
27 Nanthe with Kyauktawgyi Temple (Sitting Big Buddha)
28 Hot Spa
29 Taung Tho
30 GIC II
31 Paradise Hotel
32 Princess Hotel
33 Shwe Inn Tha Hotel
34 Kandawkyi
35 Tan Shwe Meditation Center
36 Bawathan Cave
37 Hamse

Der Inle See und seine Umgebung

KAK KU

Kak Ku, das Heiligtum der Pa-O mit seinen fast 2000 reich verzierten Stupas und dem herrlichen Blick vom Hügel auf die alte Tempelanlage

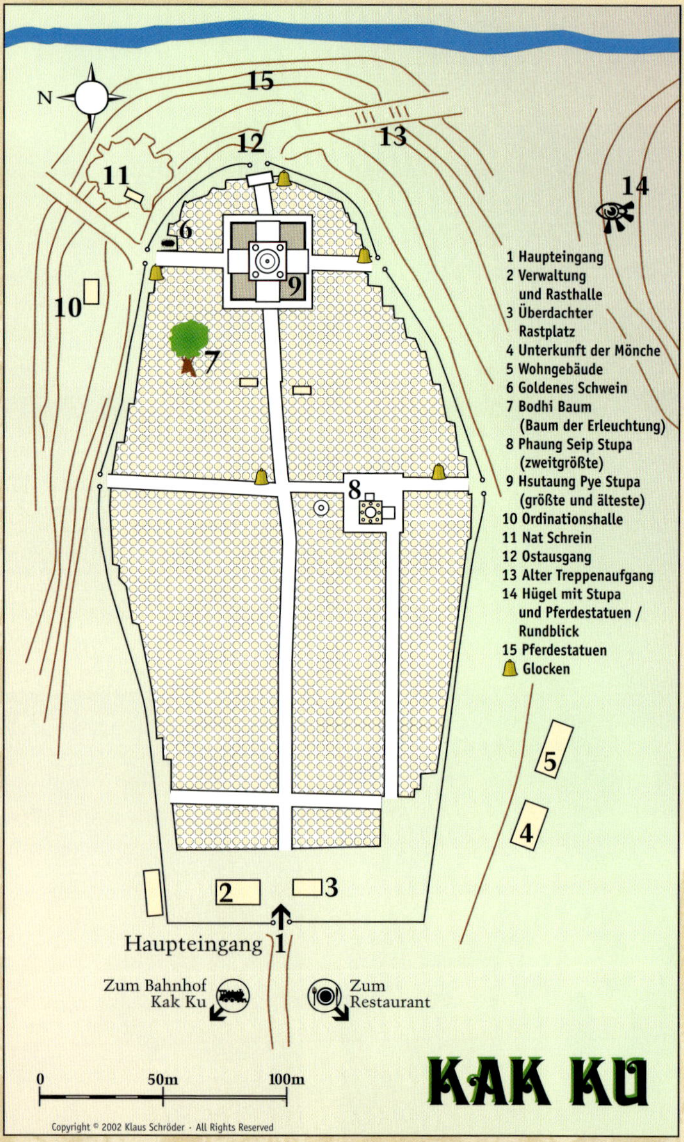

Lageplan von Kak Ku

Hearn Kham, seine Hauptfrau oder *mahadevi*, die Tochter des Fürsten von Hsenwi, war Mitglied des Unterhauses gewesen. Sie ging nach Thailand, schloß sich den Shan-Befreiungsbewegungen an und schaffte es, drei getrennte aufständische Gruppen zur *Shan State Army* und ihren politischen Flügel, die *Shan State Progress Party*, zusammenzuschließen. Ihr Sohn Sao Hsoe Wai (oder Chao Tzang Yawnghe) sollte einer der Führer der neuen Organisationen werden. Doch beide wurden von linksradikaleren Kräften aus der Bewegung gedrängt und hatten keine andere Wahl, als nach Übersee zu gehen. Wer sich für die Geschichte dieser Familie und der Shan interessiert, dem empfehle ich: Chao Tzang Yawnghe, *The Shan of Burma - Memoirs of a Shan Exile*, und Patricia Elliott, *The White Umbrella*.

Bei der Besichtigung ihres früheren *haw* (Shan-Palastes) wird die Geschichte und Bedeutung der Familie nicht erwähnt. Man bekommt jedoch einen der am besten erhaltenen Shan- Paläste zu sehen: Ein zweistöckiges Gebäude, hauptsächlich aus Teakholz und Ziegelsteinen, das jahrzehntelang vernachlässigt worden war. Die Restaurierung ist erst kürzlich in Angriff genommen worden und könnte noch ein Jahrzehnt dauern. Europäer würden ein solches Gebäude wahrscheinlich nicht „Palast“ nennen, da es von außen ganz und gar nicht palastartig, sondern eher wie eine Villa wirkt. Einige Räume sind jedoch sehr groß, vor allem der geräumige Audienzsaal mit seinem Teakholzfußboden. Die wenigen Ausstellungsstücke sind Schnitzereien, einige Photos der Herrscherfamilie, das Familienbett und der Thron.

Heute umschließt der Bezirk Nyaungshwe das gesamte Seegebiet mit weit über hunderttausend Einwohnern verschiedener Herkunft: Shan, Intha, Danu, Pa-O, Kayah (Karenni), Palaung, Burmanen und einige mehr. Die Stadt selbst, die an einem großen Kanal fünf Kilometer vom See entfernt liegt, ist rechtwinklig angelegt und wird von einigen kleineren Kanälen durchflossen. Das Leben hier wird vom Tourismus bestimmt und von ihrer Rolle als Handelszentrum der ganzen Region. Der kleine Hafen für Handel und Transport und für die Ausflugs-Fahrten liegt am Hauptkanal, über den die vielen Dörfer rings um den

See versorgt werden. Die größeren Klöster und Pagoden liegen nicht in der Stadt, sondern am See. Der Holzpalast des früheren *Sawbwa* ist das einzige, was sich zu besichtigen lohnt. Obwohl Nyaungshwe eine angenehme kleine Stadt ist, kann sie nicht mit der Hauptattraktion in dieser Landschaft konkurrieren: dem malerischen See im Süden, einem Paradies, zumindest für Besucher. Indes sind nicht so viele ausländische Touristen gekommen wie erwartet. Mein Hotel hat sehr wenige Gäste, abgesehen von den Reisegruppen, die es eilig haben und wenig Zeit hier verbringen.

Der Inle See ist 22 Kilometer lang, 8 Kilometer breit und liegt auf einer Höhe von 850 Metern. Er wird von bis zu 2.000 Meter hohen Bergen eingeschlossen. Am tiefsten Punkt ist das klare, ruhige Wasser nur drei Meter tief, und an vielen Stellen würde es einem Erwachsenen nur bis zur Brust reichen. Ein Gürtel aus Schilf, hellblauen Wasserhyazinthen und scharlachroten Wasserlilien säumt den See, und Dörfer mit Häusern, die auf Pfählen in den See gebaut sind, und herrliche Klöster, Tempel und Stupas reihen sich wie Perlen einer Halskette aneinander. In der Seemitte stehen zwei Guest Houses, eines nur für Staatsgäste und meist geschlossen, das andere ein privates Hotel mit Restaurant für den in Dollar zahlenden ausländischen Touristen.

Die Bewohner des Seegebiets sind die Intha, eine aus dem Süden Myanmars stammende Bevölkerungsgruppe. Sie sind Fischer, Bauern und Handwerker. Das Wasser des Sees ist so klar und seicht, daß die Fischer ihre Beute leicht ausmachen und ihre großen kegelförmigen Reusen über die verschiedenen Fischsorten, wie den farbenprächtigen Karpfen, stülpen oder sie mit Bambusspeeren erlegen können. Diese Männer sind berühmt dafür, mit einem Bein zu rudern, eine nur auf diesem See verbreitete Technik: Auf einem Bein im Heck ihres flachen schmalen Boots stehend, schlingen sie das andere Bein um das Paddel und bewegen das Boot mit einer schraubenden Beinbewegung vorwärts. Es sieht etwas ungeschickt und wacklig aus, gibt dem Ruderer aber einen Vorteil, Fische und Pflanzen im Wasser von weit oben ausmachen zu können.

Von den Intha-Bauern angelegte schwimmende Gärten bilden eine ungewöhnliche Landschaft auf dem See. Diese schwimmenden Inseln sind aus Wasserhyazinthen, Sumpferde und viel Wasser bestehende fruchtbare Stückchen Land; wie farbenfrohe Teppiche ruhen sie, nur mit Bambusstangen verankert, auf dem Wasser. Auf diesen „Beeten" pflanzen die Bauern überwiegend Gemüse an – Tomaten, Bohnen, Blumenkohl, Auberginen –, aber auch Blumen und Cordiablätter für Cheroots.

Für den nächsten Tag plane ich eine Bootstour um den See. Vorher will ich mich aber anhand der großen Karte, die neben der Rezeption hängt informieren. Lange Zeit gab es keine Landkarten in Burma; aus Sicherheitsgründen durften sie nicht veröffentlicht werden. Ich bitte Min Min die Karte des Sees und seiner Umgebung zu studieren, damit er Vorschläge für die Ausflüge und Besichtigungen an den folgenden Tagen machen kann. Obwohl er ein äußerst angenehmer Führer ist, kennt er sein Land aber noch sehr wenig. Das Reisen ist für Burmesen nicht billig, und selbst sie können nicht alle Teile des Landes bereisen. Das Militär traut der eigenen Bevölkerung nicht. Und so bietet Min Min mir die Standardprogramme für den Inle See an, darunter die berühmte Phaung Daw U Pagode und das Nga Ühe Kyaung Kloster, wo Mönche abgerichtete Katzen – gegen eine kleine Spende – durch Metallreifen springen lassen. Das war sicherlich kein Programm wie ich es mir vorstelle. Ich konnte damals nicht wissen, dass dieser wenig erfahrene junge Mann sich zu einem der besten Reiseführer in Myanmar entwickeln würde. Als Besitzer und Manager einer Reiseagentur würde er in den kommenden Jahren sein Land von den Ausläufern des Himalajas im hohen Norden bis zu den unzähligen Inseln im tropischen Süden mit ausländischen Besuchern erkunden. Pagoden und Klöster waren nicht das primäre Ziel meiner Reise. Ich war nach Burma gekommen, um wenig bekannte Flüsse und Seen zu befahren, nach Wasserfällen zu suchen, auf bunte Märkte zu gehen, fremde Volksstämme zu besuchen, Handwerkern bei der Arbeit zuzuschauen und mich mit Einheimischen zu unterhalten. Hauptstraßen wollte ich dabei meiden, stattdessen auf Nebenstraßen selten besuchte Dörfer besuchen. Nur so würde ich das Land wirklich kennen lernen und – mit etwas Glück – vielleicht auch ein kleines Abenteuer erleben.

Ich wandte mich an die stille junge Frau an der Rezeption und bat sie um Vorschläge. Zuerst wirkte sie schüchtern, doch dann sprach sie bestimmter und zeigte ein erstaunliches Verständnis für das, was ich wollte: „Es ist jetzt fast vier und somit etwas spät für einen längeren Ausflug. Aber in der Marsch unweitdes Hafens gibt es ein Naturschutzgebiet mit kleinen Kanälen und vielen Vögeln. Sie könnten ein Boot mit einem Ruderer mieten und bei Sonnenuntergang durch die Kanäle fahren. Nur wenige Besucher verschlägt es dorthin."

Ihre rasche Auffassungsgabe hätte mich eigentlich nicht überraschen sollen. Ich hatte etwas vergessen, was ich bei meinen früheren langen Aufenthalten in Asien gelernt hatte, nämlich, daß man in neuen oder ungewöhnlichen Situationen nicht Männer um Rat oder Beistand fragt, sondern junge Frauen. Vielleicht neigen Männer mehr dazu, innerhalb der engen Grenzen des Bekannten zu denken; jedenfalls habe ich die Erfahrung gemacht, daß Frauen freier von konventionellem Denken zu sein scheinen und innovative, ungewöhnliche Lösungen finden.

Die Frauen in der Tokyoter Niederlassung, in der ich früher arbeitete, und Mrs. Zhang, meine Sekretärin in Peking, sind ausgezeichnete Beispiele dafür. Nie kam Mrs. Zhang mit einem Problem zu mir, ohne nicht gleichzeitig eine Lösung vorzuschlagen. Sie schien überall Beziehungen zu haben, und wenn nicht, dauerte es nicht lange, bis sie welche hergestellt hatte. Wenn ich mit Unmengen von Waren, für die ich hohe Zollgebühren hätte bezahlen müssen, von einer Reise aus dem Ausland nach China zurückkehrte, wurde ich nie von chinesischen Zöllnern angehalten, weil sie mich durch den Zoll führte, als wäre sie der Boß. Am Ende meiner Zeit in Peking wurde mir erlaubt, alle meine Antiquitäten auszuführen, einschließlich derer, die ich auf dem Schwarzmarkt erstanden hatte, während Mrs. Zang in meinem Wohnzimmer saß und die ansonsten sehr strengen Funktionäre mit lebhaftem Geplauder unterhielt und ihnen gleichzeitig „half", den notwendigen Stempel auf jedes Stück zu drücken. Sie übersiedelte später nach New York, um dort ein Import-Export-Geschäft zu gründen. Ich bin sicher, daß sie sehr erfolgreich ist.

Nun aber zurück zu der jungen Empfangsdame, die noch weitere Vorschläge für mich hatte. „Wenn Sie Interesse an Wanderungen haben, empfehle ich, Kontakt zu Paul Andrews im nahen Kalaw aufzunehmen. Er ist ein indischer Burmese und organisiert Wanderungen in den Kayah-Staat, bis in die Hauptstadt Loikaw."

„Ist denn nicht der ganze Staat für Ausländer und sogar für Burmesen geschlossen?"

„Er scheint irgendwie hereinzukommen. In meinem Zimmer habe ich auch noch einen Artikel über einen interessanten Ort nicht weit von hier, den hole ich Ihnen später."

Nachdem ich ihr für die wertvolle Information gedankt und Min Min ermuntert hatte, mehr Informationen von Einheimischen einzuholen, machten wir uns gleich auf den Weg zum Hafen, wo wir einen älteren Intha mit einem Kanu fanden. Er war kein Beinruderer, sondern benutzte ein Paddel, was in den kleinen Kanälen nützlicher war. Er bog bald vom Hauptwasserweg in einen schmalen Kanal ein. Jetzt befanden wir uns in dem Sumpfgebiet, das Naturschutzgebiet war. Die Ufer des Kanals waren so überwachsen von wuchernden Pflanzen, daß kein fester Boden mehr zu erkennen war. Niedriger Bambus, Schilf, Wasserhyazinthen und Wasserlilien wetteiferten auf dem Ufer und im Wasser um Platz zum Wachsen; mitunter wurde die Vegetation so dicht, daß sie den Kanal zu blockieren schien. Von Zeit zu Zeit hielten wir an, um dem melodischen Gesang der vielen Vögel um uns und über uns zuzuhören. Reiher standen reglos im seichten Wasser. Während der Fahrt erzählte der alte Mann uns vom See, von den Bergen ringsum und von den Stämmen, die dort leben. Als die späte Nachmittagssonne sich dem Horizont zuneigte, wurden die Schatten länger; ihre letzten Strahlen warfen ein goldgelbes Licht über die grüne Landschaft.

Wir ruderten weiter und kamen an eine Stelle, wo Einheimische auf kleinen, von schmalen Wasserwegen umgebenen Parzellen –

winzigen Inseln – arbeiteten und wohnten. An manchen Stellen waren die Parzellen durch Bambusstege miteinander verbunden. Nach einer Weile hielt unser Kanu an einem größeren Haus: einer kleinen Fabrik für Cheroot, wo meine burmesischen Lieblingszigarillos hergestellt wurden.

Wir wurden schüchtern, aber freundlich begrüßt und ermuntert, das Angebot an Cheroots zu begutachten. Alle Arbeiter waren Frauen, die jede bis zu tausend Zigarillos am Tag herstellten. Und zwar aus folgenden Zutaten: Tabak natürlich, außerdem Alkohol, Honig, Salz, dem Sirup des Tamarindenbaums, manchmal Nüssen und Stückchen getrockneter Banane. Der Filter besteht aus Papier (gewöhnlich ist es Zeitungspapier), das mit Maisblättern umwickelt wird. Tatsächlich schmecken diese Zigarillos gut, besser als die Zusammensetzung erwarten läßt, sehr mild, etwas süß und insgesamt angenehm. Ich kaufte einige Bündel, ein paar für mich, die übrigen für unseren *attendant*.

Als wir ins Hotel zurückkehrten, versank die inzwischen rote Sonne schon hinter den Bergen. Die junge Frau an der Rezeption hatte ihr Versprechen gehalten. Sie überreichte mir eine Kopie eines Artikels aus *Sawasdee*, dem Bordmagazin der Thai Airlines. Ich zitiere den Anfang des Artikels, um verständlich zu machen, warum ich beim Lesen plötzlich hellwach wurde. Der Titel lautet „Verborgene Gesichter Asiens."

„Auf seiner Reise ins Herz von Burma stieß Robin Dannhorn auf eine ungewöhnliche, phantastische Ansammlung von buddhistischen Stupas, die weder Historiker kennen noch in Reiseführern erwähnt werden. Er hat sie exlusiv für *Sawasdee* photographiert und darüber geschrieben.

Tief im Herzen des burmesischen Shan Staats versteckt sich eines von Asiens größten und aufsehenerregendsten antiken Baudenkmälern. Die Stätte heißt Kat Ku und besteht aus über zweitausend buddhistischen Stupas, die vor vielen Jahrhunderten entstanden. Doch Kat Ku erscheint in keinem Reiseführer, es wird in keinem der wichtigsten Nachschlagewerke über burmesische Geschichte oder Kultur erwähnt und wurde von nicht mehr als einer Handvoll Ausländern gesehen.

Kat Ku sollte seinen berechtigten Platz unter den wichtigsten buddhistischen Schreinen erhalten. Es existiert nicht nur als herausragendes Beispiel traditioneller Kunst und Architektur, sondern auch als ein Testament für die inbrünstige Religiosität einer der ethnischen Minderheiten in Burma, der Pa-O."

Das war das Abenteuer, auf das ich gewartet hatte. Kak Ku, so erfuhr ich, liegt östlich des Inle Sees und ist nur über Taunggyi auf einer unbefestigten Straße erreichbar. Leider war das Gebiet um die Tempelanlage damals für Ausländer noch gesperrt, aber ich sagte mir: „Wo ein Wille ist, ist auch ein Weg." Es hatte keinen Sinn, Polizei oder Militär um Erlaubnis zu bitten, da sie mir ohne vorherige Zustimmung der Regierung in Yangon keine Erlaubnis erteilen würden. Vielleicht konnte mir der Hotelbesitzer weiterhelfen, denn er war ein Pa-O.

Die junge Burmesin , die selbst noch nicht in Kak Ku gewesen war, versprach, gleich den Geschäftsführer in Taunggyi anzurufen. In Myanmar auf dem Lande zu telefonieren ist nicht einfach. Das Hotel hatte nur eine Leitung nach draußen, und Fernverbindungen sind oft überlastet. Schließlich jedoch kam sie zu ihm durch, und er versprach zu helfen.

Nachdem noch einige Male hin und her telefoniert worden war, wurde mir mitgeteilt, daß die endgültige Entscheidung gegen neun Uhr fallen würde. Ich wartete in der Halle, las, trank ein Bier und dann noch eins.

Um halb zehn kam ein Anruf: in dieser Nacht konnte nichts entschieden werden. Der Pa-O Besitzer war unterwegs, und der Geschäftsführer tat sein Bestes, einen legalen Ausflug nach Kak Ku für mich zu ermöglichen. Recht zuversichtlich ging ich zu Bett.

Ich habe vor, den sechsten Reisetag auf dem See verbringen – jedenfalls die kühlen frühen Morgenstunden, ehe die sengende Sonne mit ihrem grellen Licht mich während der heißen Mittagsstunden in mein verdunkeltes Hotelzimmer treibt. Im kleinen Hafen ist man schon rege beim Ausladen von Obst und Gemüse aus kleinen Booten. Zuerst müssen wir die vorgeschriebenen drei Dollar Eintritt für den See bezahlen, dann läßt ein *dispatcher* ein Boot kommen, und zwar ein *longtailboat*, wie sie in Asien genannt werden, lang und schmal, mit einem großen, lautstarken Motor.

Heute bin ich gut ausgerüstet: mit einer großen Flasche Wasser, Hut, Schirm, langen Hosen und Socken, die meine Beine und Knöchel schützen. Während wir durch den Nakand-Kanal brausen, genieße ich den frischen Fahrtwind. Als der Verkehr zunimmt, fährt der Bootsmann langsamer, denn unser hoch schäumendes Kielwasser könnte die überladenen Kanus und ihre Insassen leicht überschwemmen. Das Dröhnen des Motors läßt Gespräche nicht zu – eine gute Gelegenheit, sich zurückzulehnen und die Landschaft zu bewundern.

Der breite Kanal ist hin und wieder von dichtem Bambus gesäumt. Dahinter dehnt sich meilenweit grünes, bebautes Land. Ich sehe Reis- und Weizenfelder, manchmal Anbauflächen mit Gemüse und Blumen, vor allem Astern. Blumen werden weniger in Hausgärten als, geschnitten, zum Schmuck von Altären in Pagoden oder von Hausaltären kultiviert.

Entenschwärme fliegen über uns hinweg, an den seichten Stellen nahe dem Ufer stehen reglose Reiher. Ein Wasserbüffel suhlt sich, bis zum Kopf untergetaucht, im kühlen Wasser. Die wenigen Bambushäuser auf Pfählen versperren nicht den schönen Blick auf Dörfer und Berge in der Ferne.

Nach einer guten Viertelstunde verbreitert sich der Kanal und gibt einen überwältigenden Ausblick frei auf den im Morgenlicht ruhig daliegenden See mit den grünen Flecken seiner schwimmenden Gärten und den dunklen Bergen in weiter Ferne. Wir begegnen zahlreichen anderen Booten, darunter vier Beinruderern in einer Reihe. Es sieht aus, als würden sie ungeschickt auf Stelzen laufen. Andere Ruderer sind in ihren mit frischem Obst und Gemüse beladenen Kanus unterwegs zum Markt. Fischer mit ihren großen kegelförmigen Reusen, die fast zwei Drittel des Boots überdecken und größer sind als der Mann selbst, stehen schaukelnd auf ihren Booten und warten geduldig auf den richtigen Moment, das Netz über die unter ihnen vorbeischwimmenden Fische zu stülpen.

Wir kreuzen durch das smaragdgrüne klare Wasser, wobei wir Büscheln von Wasserhyazinthen ausweichen, in die sich unser Propeller verheddern könnte. Unser Ziel ist ein Markt am Ostufer. Es ist nicht der bekannte schwimmende Markt von Ywama, auf dem heute nicht viel los ist. Fast im ganzen Shan Staat wechseln die Märkte in einem 5-Tage-Rhythmus zwischen fünf Orten von einem Ort zum nächsten, damit verschiedene Regionen an Handel und Wandel teilhaben können. Das Rotationsprinzip verhindert, daß am selben Tag an verschiedenen Orten wichtige Märkte stattfinden und wird nicht nur auf die größeren Märkte in den wichtigen Städten wie Kalaw, Pindaya und Taunggyi angewandt, sondern auch in den Dörfern am See. Die sind jedoch viel kleiner.

Das Anlanden ist schwierig, da die vielen Boote, die vor uns gekommen sind, ein beträchtliches Hindernis um den Landeplatz herum darstellen. Um auf festen Boden zu gelangen, müssen wir über mehrere schlingernde Boote steigen, die zwischen uns und dem Ufer liegen.

Auf den ersten Blick macht diese Ansammlung von Ständen, Buden, Restaurants auf Plattformen – manche mit Dächern, andere oben offen – einen chaotischen Eindruck, aber ein Besucher, der über den ungepflasterten Platz und seine engen Gänge schlendert, wird schnell eine klare Trennung zwischen den verschiedenen Arten von Erzeugnissen und Dienstleistungen bemerken. Bunt und vielfältig ist das Angebot in der Gemüse-, Obst- und Kräutersektion. Daneben, im Bereich für Fleisch – zumeist magere Hühnchen – und Fisch, ist die Auswahl etwas bescheidener. Bauern und Fischer drängen sich auf den Plattformen der Restaurants, schlürfen ihre Suppe, trinken burmesischen Tee und führen angeregte Gespräche mit Freunden und Nachbarn.

In einer anderen Abteilung gibt es ausschließlich Haushaltsartikel wie Metalltöpfe und Pfannen, doch die meisten Haushaltswaren sind rosa, blaue oder weiße Plastikprodukte aus dem benachbarten China. Viel Betrieb herrscht im Textilbereich, wo Frauen sich die schönen bunten Stoffe anschauen und um den Preis feilschen. Selbst ausländische Besucher hat man nicht vergessen: mehrere einfache Stände bieten überteuerte Souvenirs an.

Hinter dem Markt warten die vielen Ochsen, die all diese Ware zum Markt gezogen haben, geduldig neben ihren zweirädrigen Karren. Wasserbüffel sind jedoch nicht zu sehen. Ich ging die Böschung hinauf in Richtung des Dorfes und fand den Viehmarkt, auf dem Bauern die Tiere gründlich untersuchten und dann in den langen Prozeß des Feilschens eintraten.

Fremde werden von den Einheimischen nicht weiter beachtet; es scheint sie nicht zu stören, wenn ihre Erzeugnisse ausführlich begutachtet werden; geduldig beantworten sie all die sonderbaren Fragen. Für die Dorfbewohner sind Märkte wie dieser wohl die einzige Chance, mit dem Verkauf ihrer Erzeugnisse etwas Geld zu verdienen und das einzukaufen, was sie zu Hause brauchen.

Die Intha aus den ungefähr zweihundert Dörfern rings um den Inle See bieten nicht nur Fische aus dem See sowie Obst und Gemüse aus ihren Gärten an; einige von ihnen sind geschickte Handwerker, die Keramik, Messing-, Silber- und Lackarbeiten verkaufen. (Ihr Name bedeutet übrigens „Menschen vom See".) Die Intha Frauen sind berühmte Weberinnen, und ihre hochwertigen Stoffe werden überall in Burma verkauft – an Kunden, die es sich leisten können. Die Intha sind gläubige Buddhisten und haben genug Geld, um die vielen Pagoden und Klöstern rings um den See durch großzügige Spenden zu unterstützen.

Aus dem umliegenden Bergen sind Männer und Frauen mit vielfarbigen Turbanen zum Markt gekommen. Das sind die Pa-O, die größte nicht zu den Shan gehörende ethnische Gruppe im Shan Staat. Wie die Shan, die Intha und die Burmanen sind auch die Pa-O Buddhisten. Ihr religiöses Zentrum ist Kak Ku, wo sie einmal im Jahr im Frühling ihr wichtigstes Fest feiern. Das ist der Ort, an den ich in den nächsten paar Tagen fahren möchte – wenn die Behörden mich lassen, und wenn die Pa-O damit einverstanden sind. Tatsächlich haben die Pa-O noch ein anderes kulturellles und religiöses Zentrum in der Nähe des Inle Sees. Es liegt westlich davon und heißt Indein. In neueren Reiseführern werden jetzt auch Kak Ku und Indein erwähnt; burmesische Archäologen wissen aber wenig oder gar nichts über diese beiden historischen und religiösen Stätten.

Jedes Jahr im November feiern die Pa-O ein weiteres wichtiges Fest, nicht in Kak Ku, sondern in Taunggyi. Bei diesem lassen sie selbstgemachte bunte Heißluftballons in den nächtlichen Himmel aufsteigen. Als reisende Händler besuchen die Pa-O die größeren Märkte in Pindaya, Kalaw und, natürlich, in Taunggyi; sie stehen in dem Ruf, geschickte Kaufleute zu sein. Pa-O Bauern pflanzen Cordiabäume an, deren Blättern zum Umwickeln der Cheroots verwendet werden. Diese Minderheitengruppe hat wesentlich dazu beigetragen, Taunggyi zum Zentrum der Cherootherstellung in Myanmar zu machen. Pa-O Männer tragen weite Hosen, kurze Jacken und farbenfrohe Turbane; die Frauen Blusen, Jacken, *longyis* und Turbane. Obwohl die Pa-O für ihre Kleidung unaufdringliche dunklere Farben wie Indigo, Dunkelblau oder Schwarz vorziehen, fallen sie wegen ihrer Turbane auf, die aus nichts als einem gewickelten Schal oder einem Handtuch bestehen.

Im Verlauf des Morgens war die Sonne immer sengender, das Licht greller geworden. Es wurde Zeit, einen Zufluchtsort bis zum Nachmittag zu finden, wenn die Hitze nachlassen würde. Wir überquerten den stillen See mit Kurs auf die *Golden Island Cottages*, einen Hotelkomplex mit Restaurant auf Pfählen mitten im See, das den Weißen Pa-O gehört.

Das Hotel ist eine Gruppe von Holzbauten – mehrere kleine Cottages, ein großes Haupthaus und ein Schwimmbad im See. Es ist im herkömmlichen Stil gebaut, nicht anmaßend, sondern schlicht und zurückhaltend – ein erheblicher Unterschied zu den protzigen, aufdringlichen Strandhotels in Thailand, die viel von der natürlichen Schönheit von Pattaya bis Phuket zerstört haben. Wird Burma das gleiche Schicksal erleben wie Thailand, wo eine Mischung aus Wildwestkapitalismus, Vetternwirtschaft und Bestechung der Umwelt dieses wunderschönen Landes viel Schaden zugefügt hat?

In den *Golden Island Cottages* im Inle See sollte der Gast bestimmt ein paar angenehme Tage verleben können: mit der Sonne aufstehen und im Boot am frühen Morgen, wenn sich der Nebel hebt, über den See fahren. Das geräumige Restaurant mit Terrasse ist der richtige Platz für ein erholsames Mittagessen, ein kühles Mandalay-Bier und ein am Ort hergestelltes Cheroot, während man entspannt über den See schaut.

Am Nachmittag setzten wir über zum Westufer, um die berühmte Phaung Daw U Pagode zu besichtigen, eine der heiligsten Stätten im Shan Staat. Hier wird jedes Jahr zum Vollmond des *Thadingyut* (Sept.-Oktober) ein Volksfest gefeiert. Mein Interesse an Tempeln, Stupas und Klöstern hatte abgenommen, nachdem ich im Jahr zuvor in Bagan und Mandalay so viele besichtigt hatte. Wir blieben nicht lange, gerade lange genug, damit Min Min seine Opfergaben darbringen und seine Gebete verrichten konnte. Besucher und Pilger waren großzügig gewesen, die Spendenkästen waren randvoll. Gläubige kauften Blumen, Kerzen, Räucherstäbchen oder dünne Goldblättchen. Die Blumen und Räucherstäbchen werden vor den Buddhastatuen aufgestellt, doch das Gold wird auf die Statuen selbst aufgelegt. Über die Jahre sind so viele Schichten Gold hinzugefügt worden, daß manche der Figuren schwer zu erkennen sind.

Während des berühmten *Thadingyut* Festes werden auf der königlichen Barke – geformt in Gestalt einer großen *hintha* (eines mythischen Vogels, der für uns wie eine riesige Henne aussieht) – vier der fünf Buddhastatuen über den See gefahren.

Eine Armada kleiner Boote, alle kunstvoll geschmückt, begleitet die Barke. In einem Zeitraum von sechsundwanzig Tagen bewegt sich die Prozession von Dorf zu Dorf, macht zwei Tage für ein Fest in Nyaungshwe halt, dann zieht sie weiter, bis sie wieder zu Hause ankommt. Früher wurden alle fünf Buddhabildnisse mitgeführt, aber 1968 kenterte die königliche Barke mitten auf dem See. Vier Statuen wurden sofort gerettet, die fünfte aber kehrte wie durch ein Wunder selbst in den Tempel zurück. Jetzt wird sie jedes Jahr zurückgelassen, um den Tempel zu bewachen.

Innerhalb und außerhalb des Tempels können Besucher eine Art Symbiose zwischen Religion und Geschäft beobachten (etwas, was Jesus von Nazareth vor langer Zeit anprangerte, als er den Tempel in Jerusalem besuchte). In Burma ziehen größere Tempel und Stupas viele Händler und Kaufleute an, die gewöhnlich längs der überdachten Gänge oder Treppenaufgänge innen und außen Stände oder offene Läden aufbauen. Blumenverkäufer bieten dunkelrote Astern und schwer duftenden Jasmin oder auch Räucherstäbchen und Kerzen an. Man kann Devotionalien für den Familienschrein sowie fromme Bücher und Bilder kaufen. Zahllose Souvenirs wie die Shan Umhängetaschen, hier gewebte Stoffe, Silberschalen, Schmuck, Kämme, Puppen und Schnitzereien werden Tempelgängern und Pilgern angeboten, von denen erwartet wird, daß sie mit Geschenken nach Hause zurückkehren. Außerdem gibt es Imbißstände mit leichten Mahlzeiten und Limonade für den hungrigen und durstigen Reisenden.

Min Min versuchte mehrmals, mich zu einem Besuch des Nga Phe Kyaung Klosters zu überreden, einem der ältesten und höchstverehrten der über 160 Klöster am See. Nga Phe ist berühmt für seine abgerichteten Katzen, die durch Metallringe springen. Da ich jedoch wenig Interesse an einem Zirkus burmesischen Stils hatte, entschloß ich mich statt dessen, die Intha Weber bei Ywama, nicht weit vom Tempel, besuchen. Das Seiden-*longyi* aus dem Seengebiet ist im ganzen Land berühmt. Außerdem werden hier die beliebten Umhängetaschen hergestellt. Die meisten Häuser dieses Weberdorfes stehen auf Pfählen im See. Die großen zweistöckigen Holzbauten dienen als Wohnung, Arbeitsplatz und Laden; manchmal sind sie über eine größere Terrasse und Steg mit anderen Häusern verbunden. Schon von weitem hörten wir das Rattern der Webstühle. In jedem Haus steht wenigstens einer davon. Der Weber, den wir besuchten, muß ein wohlhabender Mann gewesen sein, denn er besaß drei große Häuser. Im größten hielten sich etwa zwanzig junge Frauen auf, die dort webten, schwatzten und sich über die Besucher amüsierten.

Als ich ihnen verriet, daß Min Min noch Junggeselle sei und in den Shan Staat gekommen sei, um eine Frau zu suchen, fielen sie alle mit Späßen und Gelächter über ihn her.

Auf dem Rückweg kamen wir an zahlreichen schwimmenden Gärten vorbei, aber viele Pflanzen auf dem Wasser wachsen wild, auch die edle Wasserlilie, die sich über den ganzen See verteilt. Von Osten her aufziehende drohende Wolken wurden schnell schwärzer und verdüsterten teilweise die rote Sonne, die bald hinter den dunklen Bergketten versinken würde. Es lag Regen in der Luft, und später am Abend sollte tatsächlich ein höchst willkommener Schauer niedergehen. Aus den Häusern am Ufer der Wasserstraßen, wo das Abendessen zubereitet wurde, stieg Rauch auf. Männer, Frauen und Kinder badeten nach einem langen, heißen Tag in den kleinen Kanälen.

Meine Gedanken waren bei meinem Ausflug nach Kak Ku, als ich ins Hotel zurückkam. Würde ich die Möglichkeit bekommen, das verbotene Gebiet zu besuchen? Zuerst gab es dazu gar nichts Neues, aber später am Abend kam der Geschäftsführer, ein freundlicher Mann um die vierzig, der gut Englisch sprach, aus Taunggyi zurück. Er teilte mir mit, daß er noch nicht mit dem Hotelbesitzer habe sprechen können. Er bezweifelte, daß Polizei und Militär unseren Plänen zustimmen würden. Ein vorbeischauender Nachbar schlug eine gewagte Alternative vor: Ich solle ein paar Tage länger, bis Sonntag, bleiben, weil am Sonnabend in Nampan, am östlichen Seeufer, nicht weit von Kak Ku und dem Pa-O-Gebiet entfernt, ein Markt abgehalten wird. Ausländern war der Besuch dieses Dorfes nur an Markttagen erlaubt, und die Behörden würden weder meine Ankunft noch meine Abreise besonders beachten. So könnte ich, von der Polizei unbemerkt, in einem Kloster in Nampan übernachten und am nächsten Tag zu Pferd die Reise heimlich fortsetzen. Um allen militärischen Posten aus dem Weg zu gehen, würden wir die Hauptstraßen meiden müssen. Ich sollte der Karawane vorausreiten, damit, wenn ich gefaßt würde, die anderen hinter mir genug Zeit hätten, sich vor den Soldaten oder der Polizei in Sicherheit zu bringen. Mir, als Ausländer, würde nichts geschehen, versicherte man mir. Ich würde allenfalls nach Yangon zurückgeschickt werden. Da dieser Plan wirklich abenteuerlich klang, sagte ich ihm, daß ich ihn überschlafen wolle und daß wir am nächsten Tag weiterdiskutieren würden.

Pindaya

Am siebten Tag wollte ich die berühmten Höhlen von Pindaya besichtigen – ein Tagesausflug mit dem Auto. Von Nyaungshwe und dem See fuhren wir Richtung Norden nach Shwenyaung, wo wir unserem Eisenbahnwagen und dem Stationsvorsteher einen kurzen Besuch abstatteten, um unseren Fahrplan zu bestätigen. Anschließend setzten wir unseren Ausflug in Richtung Westen auf der Route 4 fort, der stark befahrenen Verbindung Thazi-Taunggyi. Unser nächstes Ziel war Aungban, eine kleine Stadt, deren einzige Bedeutung in ihrer Lage an der Kreuzung zweier wichtiger Fernstraßen besteht. Die Straße nach Süden führt durch eine der landschaftlich schönsten Gegenden von Myanmar, in den Kayah Staat und zu dessen Hauptstadt Loikaw. Die neue Eisenbahnstrecke von Aungban nach Loikaw ist auf den meisten Landkarten nicht eingezeichnet und wird wahrscheinlich nur für militärische Zwecke genutzt. Als wir uns nämlich später nach der Möglichkeit eines Abstechers mit dem Zug nach Loikaw erkundigten, wurde uns von der Bahn mitgeteilt, unser Waggon sei zu lang für die engen Kurven der Strecke. Unabhängig davon, ob dies stimmt oder nicht, war und ist der Zutritt zu dem ganzen Staat für alle Ausländer und die meisten Burmesen verboten: der Kayah Staat gilt als schwarzes Gebiet, wobei „schwarz“ für Besucher streng verboten bedeutet.

Es ist schwierig, die Hintergründe für diese Politik herauszufinden. Offiziell wird immer auf Aufständische verwiesen, die in solchen Gebieten weiter gegen die Regierungstruppen kämpften, aber diese sog. Aufständischen sind möglicherweise nichts weiter sind als Diebe und Banditen. Der Mann an der Rezeption des *Gold Star Hotel* hatte einen indisch-burmesischen Reiseveranstalter im nahegelegenen Kalaw erwähnt, der Trekkingtouren in den verbotenen Staat anbot, bis hinunter nach Loikaw. Ich bezweifelte allerdings die Durchführbarkeit.

Wären wir von Aungban weiter Richtung Westen gefahren, hätten wir bald Kalaw erreicht, in der Kolonialzeit eine beliebte Bergstation. Es liegt am westlichen Rand des Shan-Plateaus in einer Höhe von über dreizehnhundert Metern, auf halbem Weg zwischen Thazi und Taunggyi. Doch statt dessen fuhren wir auf der Route 41 nordwärts, eine der schönsten Strecken auf dem westlichen Shan-Plateau, die zu den Höhlen von Pindaya führte.

Die Straße durch Aungban war von Ochsenkarren und kleinen Lastwagen verstopft, und bevor wir die Stadt verließen, machten wir einen kurzen Besuch auf dem Markt, der an diesem Tag in Aungban abgehalten wurde. Er war größer und besser organisiert als der am Inle See. Die meisten Stände waren durch große Wellblechdächer geschützt und die meisten der Gänge gepflastert. In den Restaurants und Teeläden konnte man auf einer erhöhten Holzplattform mit Bambusmatten sitzen; Bauern und Händler verzehrten eine Nudelsuppe, ein Curry oder einfach nur Tee, gefolgt von einem Cheroot. Über Holz- oder Holzkohlefeuer bereiteten Frauen in Töpfen oder Pfannen verschiedene Speisen zu, wie Suppen und Pfannkuchen aus Reismehl. In der bunten Stoff- und Seidenabteilung drängten sich Frauen aus der Gegend in ihren traditionellen Trachten. Ebenso bei den Haushaltswaren, wo Lebensmittel wie Reis, Mehl, Salz und Süßigkeiten sowie alle möglichen Töpfe und Pfannen angeboten wurden. Folgte man seinem Geruchssinn, so stieß man bald auf die Fleisch- und Fischabteilung, in der viele Waren der Sonne und Luft ausgesetzt waren. Fisch gab es frisch oder getrocknet, das meiste Fleisch bestand aus lebendem Federvieh, das schicksalsergeben dahockte.

Wenn man zuschaut, wie Geflügel und Fleisch auf einem blutigen dunklen Holzblock zerlegt wird, verliert man schnell den Appetit (aber wer wollte andererseits bei uns in einen Schlachthof hineinschauen?). In den schmalen Gängen herrschte Gedränge – Shan, Pa-O, Palaung und Danu schlenderten von Stand zu Stand, und Straßenköter waren im Rinnstein auf der Suche nach etwas Freßbarem. Außerhalb des überdachten Bereichs saßen Frauen halb versteckt unter Schirmen, die vielfältigen Obst-, Gemüse-, Blumen- und Kräutersorten auf Bambusmatten ausgebreitet. Einige hatten sich ihre Kleinkinder auf den Rücken gebunden, andere stillten sie gerade. Die Erinnerung, die ich vom Markt mitnahm, bestand nicht nur aus mannigfaltigen Farben, sondern auch aus dem Duft von Blumen und Kräutern, dem Aroma von Lebensmitteln und nicht zuletzt dem starken Geruch von rohem Fleisch und getrocknetem Fisch.

Durch eine überaus reizvolle Landschaft fuhren wir nach Pindaya: Hügel und langgezogene Täler, Reisfelder und Flächen mit Kartoffeln, Sesam und Erdnüssen. Bauern waren dabei, ihr Land zu bestellen; Ochsenkarren, deren Achsen unter dem schweren Gewicht der Feldfrüchte knirschten, rollten langsam dahin; im Schatten eines ausladenden Banyanbaumes sitzende Männer rauchten friedlich ihre Cheroots; Frauen wuschen Kleider in einem Teich; und Kinder spielten rings um die Häuser. Die Häuser mit Strohdächern wurden vom Schatten hoher grünender Bäume vor der Sonne geschützt; sie waren umgeben von kleinen Gärten mit Sonnenblumen und Kletterpflanzen. In dieser Gegend wohnen Pa-O, Palaung und Danu. Über welche dieser Minderheitengruppen ich Min Min auch befragte, er schien wenig von ihnen zu wissen. Sonst ein angenehmer Reisegefährte mit ähnlichen Interessen, schien er kaum Kenntnisse über die nichtburmanischen Regionen und Völker seines Landes zu haben. Es ist leider so, daß die Burmanen kein oder wenig Interesse an den Grenzgebieten Myanmars aufweisen, wo die nichtburmanischen Stämme leben. (Die Chinesen zeigen gegenüber ihren Minderheiten dieselbe Einstellung.) Für Myanmar macht diese offenkundige Einstellung von Überlegenheit auf Seiten der Burmesen den Vereinigungsprozeß schwieriger. Zu Min Mins Verteidigung muß ich aber festhalten, daß er jedermann – Burmesen und Nichtburmesen, Oberschicht oder Arbeiterklasse – höflich und freundlich gegenübertrat. Später erfuhr ich dann, daß die meisten Burmesen über die Grenzgebiete und ihre Bewohner gleich uninformiert sind.

Einen Reisetipp möchte ich den Reisenden noch geben, die mit dem Auto vom Inle See nach Mandalay fahren. Die meisten Besucher wählen dafür die viel befahrene Nationalstraße über Kalaw, Thazi und Meiktila. Es gibt jedoch eine viel interessantere und landschaftlich reizvollere Strecke. Vom Inle See fährt man über Shwenyaung nach Aungban und von dort nach Norden in

Richtung Pindaya. Kurz vor Pindaya biegt man nach links in Richtung Ywa Nagan, also in nordwestliche Richtung ab. Die schmale, asphaltierte, aber kaum befahrene Straße führt den Reisenden über ein Plateau mit herrlichem Ausblick und durch hübsche Dörfer der Pa-O und Danu. In zahlreichen Serpentinen geht es dann hinab in das zentrale Tiefland, wo man schon bald auf den anmutigen Zawgyi Fluss stößt. Ihm folgt man bis Kyaukse. Von dort sind es dann nur noch wenige Kilometer bis nach Mandalay. Auf der gesamten Strecke gibt es nur ein Restaurant, das ich aber empfehlen kann, das Kann Taw Thit in Kyaut Ku Pyin Village, Ywa Ngan Township.

Keiner meiner frühen oder späteren Reiseführer kannte diese Strecke; ihre Ausrede war das angebliche (aber nicht existierende) Verbot dieser Strecke für ausländische Touristen. Auch heute noch empfehlen die meisten burmesischen Reisebegleiter die Nationalstraße, aber die Entscheidung liegt nun mal beim Besucher und nicht beim Begleiter.

Pindaya, vierzig Kilometer nördlich von Aunban gelegen, ist eines der vierunddreißig früheren Fürstentümer des Shan Staates. Burmesische und ausländische Touristen kommen nach Pindaya, um die Kalksteinhöhlen, den hübschen kleinen See vor einem landschaftlich reizvollen Hintergrund zu sehen. Shan, Danu, Pa-O und Palaung sind hier beheimatet. Der Ort selbst liegt am Fuße hoher grüner, mit unzähligen weißen Stupas übersäter Hügel. Die berühmten Pindaya-Höhlen und ihren Schrein findet man auf halber Höhe eines der Hügel auf einem Kalksteingrat, von dem aus man den See überblickt. Um die Höhlen zu erreichen, muß der Besucher eine steile überdachte Treppe mit über 150 Stufen hinaufsteigen. Er sollte vorbereitet sein auf das, was ihn drinnen erwartet.

Nachdem wir, vorbei an einer großen Buddhastatue, an brennenden Räucherstäbchen und tropfenden Kerzen, die ungeheuren Höhlen betreten hatten, umfing uns trotz unserer Taschenlampen Dunkelheit. Fackeln hätten es eher geschafft, die hohen Kavernen, mit ihren Tausenden von Buddhafiguren zu erhellen – kleine und große, aus Holz, Stein, Gips, Zement oder Bronze, auf

Sockeln oder in dunklen Nischen versteckt. Endlose Gruppen von Statuen drängten sich in einem Labyrinth von Höhlen, das wir auf und ab, über rutschige Stufen, durch engere oder weitere, niedrigere oder höhere Kammern erkundeten. In den größten Höhlen waren die Taschenlampen nicht stark genug, ihr Licht an der feuchten Decke, von der Wasser tropfte, zu spiegeln. Einige kleinere Kammern konnten nur durch ein Loch erreicht werden. Und überall waren Buddhastatuen, auf staubigen Felskanten und in dunklen Ecken. Sie tauchten plötzlich über oder unter uns aus der Dunkelheit auf, in einer Höhle nach der anderen, als einsame Figur oder zusammengedrängt in Gruppen. Tausende und abertausende von Statuen allüberall, halb im Dunkel versunken, manche mit dem Staub von Jahrhunderten bedeckt.

In einer Höhle stießen wir auf einen kleinen Teich, der ins Deutsche übersetzt Feenquelle heißt. Wahrscheinlich lebten darin nicht-so-wohlwollende *nats* oder Geister, und ich gab acht, nicht ihr Mißfallen zu erregen. In einer anderen Höhle wurde mir ganz unten an der Wand ein großes Loch gezeigt, das allerdings abgedeckt war, und es wurde behauptet, es sei der Eingang zu einem langen, langen Tunnel bis hinüber nach Bagan. Mir fiel das Kyaukgu U Min Kloster ein, das ich im Vorjahr besichtigt hatte. Dort hatte man mir einen ähnlichen dunklen und leeren kleinen Tunnel gezeigt, der, wie man mir erzählte, bis in den Süden des Shan Staats (vielleicht nach Pindaya) führen sollte und in früheren Zeiten von Dienern und Ratgebern des Königs zur Flucht benutzt wurde, wenn sie bei ihrem zornigen Monarchen in Ungnade gefallen waren. Und sogar ein König soll es nicht für unter seiner Würde befunden haben, auf der Flucht vor dem Feind, der ihn aus seiner nahegelegenen Hauptstadt verjagt hatte, durch den engen, schmutzigen Tunnel zu kriechen. Trotz der geologischen Widrigkeiten, die das Vorhandensein eines derart langen Tunnels ausschließen , finde ich die Geschichten faszinierend.

Obwohl die Statuen beeindruckend und die Höhlen großartig sind, herrscht in diesen Hohlräumen eine gespenstische Stimmung. Die Dunkelheit, die gedämpften Töne, der unebene, rutschige Boden und das von unsichtbaren Decken tropfende

Wasser kann ängstliche Seelen und Klaustrophobe das Fürchten lehren, und selbst der beherzte Besucher kann nicht umhin, sich einsam und verloren zu fühlen. Mit einem Gefühl der Erleichterung tauchte ich aus der Finsternis wieder auf ins helle Sonnenlicht. Wir lehnten an der Brüstung und freuten uns an dem Blick über den See, wo andere Besucher unter einem Banyanbaum picknickten, Hausfrauen ihre Wäsche wuschen und Kinder im Wasser planschten. Wir fuhren zum See hinunter, setzten uns in den Schatten eines ausladenden Baumes und tranken die mitgebrachten Erfrischungsgetränke.

Es war Mittag, und da wir Hunger hatten, erkundigten wir uns nach einem Restaurant, welches sauber und kühl sein sollte. Wir folgten der Empfehlung eines anderen Führers und entschieden uns für das *Myit Phyar Zaw Hotel* an der Hauptstraße, auf der gegenüberliegenden Seeseite. Wir waren die einzigen Gäste in dem weiträumigen, sauberen Restaurant und bestellten chinesisches Essen und Mandalay-Bier. (Min Min trank auch ganz gerne ein oder zwei Glas Bier, und ich fragte mich, wie viele Minuspunkte ihm dafür im Goldenen Buch im Himmel wohl eingetragen würden.)

Der Angestellte, der die Bestellung aufnahm, war ein großer Danu, Ende zwanzig, namens Myo Tun, der stellvertretende Geschäftsführer des Hotels. Er erzählte mir von Trekkingtouren mit Zelten und Trägern, die er organisieren könnte, über zwei bis drei Tage in die umliegenden Berge zu einem Besuch bei den Danu und Palaung, in deren Dörfern sich übernachten ließe. Diese Wander- oder Trekkingtouren sind in Nord-Thailand bei Touristen sehr beliebt, und Hunderte von Trekkingorganisatoren verfrachten Tausende von abenteuerlustigen Touristen in die nördlichen Berge. Keinem Bergstamm ist das Vergnügen ausländischer Gesellschaft erspart geblieben. Die Wanderer benutzen die Gelegenheit eifrig, teure Sonnenbrillen und Armani-Jeans gegen Trachten und Souvenirs zu tauschen. Der nächste Besucher trifft dann auf Bergbauern mit Sonnenbrillen und in Designerjeans.

In Myanmar ist es noch nicht zu spät, Wanderungen zu den Minderheiten zu unternehmen, aber man sollte sich beeilen. Das

Gebiet um den Inle See bietet sich für geführte Wanderungen an, vom See aus oder von Kralaw oder Pindaya. Leider war mein Fahrplan festgelegt, und ich mußte am selben Abend zurück an den Inle See. Doch es bestand ja noch die Möglichkeit eines aufregenden Ausflugs nach Kak Ku.

Rückkehr an den Inle See

Zurück im Hotel bekam ich schlechte Nachrichten zu hören. Der Militärgeheimdienst war am selben Tag ins Hotel gekommen und hatte die Geschäftsführung wegen der Kak Ku-Pläne getadelt. Ich weiß bis heute nicht, wie sie von unserem beabsichtigten Ausflug Wind bekommen hatten. In Burma scheinen die Wände wirklich Ohren zu haben. Über unseren Alternativplan, am Sonntag heimlich über den See zu fahren, waren die Behörden offenbar nicht informiert. Doch auch dieser Plan war wegen unserer festgelegten Zugabfahrt gefährdet.

Am achten Tag war ursprünglich ein Ausflug nach Taunggyi geplant. Wären wir nach Kak Ku gefahren, wären wir durch Taunggyi gekommen, aber ohne Kak Ku bestand kein Grund, eine Stadt zu besuchen, die Touristen wenig Interessantes zu bieten hat. Statt dessen legte ich einen Ruhetag ein, und zwar mit einer gemächlichen Fahrt entlang des selten besuchten westlichen Ufers des Sees. Ich war neugierig darauf, weil mein Führer und die Hotelmitarbeiter mir gesagt hatten, „es gebe nichts zu sehen", was aus ihrer Sicht „keine berühmten Pagoden und Klöster" heißt. Es führt keine Straße rings um den See, und die kurze gepflasterte Straße auf der Westseite endet in dem kleinen Dorf Khaungdaing. Später erfuhr ich dann, daß die Straße als schmaler Feldweg zum Dorf Indein weitergeht.

Es herrschte geringer Verkehr auf der engen, kurvigen Straße, nur die üblichen Ochsenkarren und gelegentlich ein Wasserbüffel waren unterwegs. Gesäumt von Büschen und niedrigen Bäumen, führte sie dicht unterhalb der bewaldeten Hügel entlang. Wir kamen nur an wenigen stillen strohgedeckten Bauernhäusern unter hohen Bäumen vorbei. Straßenköter rannten hinter unserem Auto her, aber Menschen sahen wir kaum; die Bauern und ihre Familien waren vermutlich in ihren Gärten und Feldern.

Hinter einer scharfen Kurve öffnete sich der Ausblick plötzlich. Über einigen Bauernhäusern, auf einem bewaldeten Hügel erhob sich eine in der strahlenden Morgensonne glänzende weiße Pagode. Wir ließen unsere Sandalen neben dem rostigen Tor am Fuß des Hügels zurück, gingen an den großen, Wache haltenden Fabeltieren, den *chinthes,* vorbei und kletterten langsam die groben Steinstufen hinauf. Unterwegs legten wir ab und zu auf einer der Terrassen eine Pause ein und bewunderten den phantastischen Blick auf den See und die östlichen Shan-Berge in der Ferne.

In der ganzen Anlage lebte nur ein einzelner Mönch, ein Mann von Anfang dreißig. Er saß auf einer Bambusmatte in der weiträumigen, jedoch fast leeren Haupthalle neben der großen Buddhastatue und rauchte lässig ein Cheroot (das er nicht zu verstecken suchte, als wir eintraten). Während Min Min zuerst dem Buddha seine Ehrerbietung erwies und dann den Mönch in ein Gespräch zog, schlenderte ich über die Terrasse und genoß den unglaublichen Ausblick – den sich rasch auflösenden Morgennebel über dem windstillen See, die ersten kleinen weißen Wolken über den dunklen Bergrücken im Osten, die frühen Fischer auf dem See, die ihre kegelförmigen Reusen vom Heck ihres Kanus ins Wasser ließen, die üppig grünen Hügel rings um die Pagode, den grauen Rauch, der hier und da aus Bauernhäusern aufstieg, das warme Sonnenlicht und die milde Brise, das sanfte Läuten der zahlreichen kleinen Glocken hoch darüber im Spitzturm der Pagode und der süße Duft der Räucherstäbchen. So friedliche, verzauberte Augenblicke wie dieser belohnen für eine ganze Reise.

Der Mönch legte Wert darauf, uns noch eine andere Andachtsstätte unterhalb des Haupttempels zeigen, derentwegen seine Pagode für die Bewohner der umliegenden Dörfer etwas Besonderes war. Durch dichten Wald führte er uns einen schmalen Pfad hinunter und machte an einem hohen Baum halt. Daneben öffnete sich ein großes dunkles Loch, aus dem heißer

Schwefeldampf in die umstehenden Büsche quoll. Dies war nicht der einzige Schlot in der Gegend, aber bei weitem der größte. Daneben stand eine Buddhastatue. Wir bückten uns, um etwas von dem gelblichen Rauch mit den Händen einzufangen und über unseren Kopf zu lenken, damit er uns vor Unglück und Bösem schütze.

Nicht weit vom Tempel führten Rohre heißes Wasser aus Quellen in einem Bad zusammen, das aus ein paar Einzelkabinen mit Dusche und eingelassener Badewanne bestand. Außen lagen zwei große, aber seichte Becken, getrennt für Frauen und Männer. Ich zahlte dem Badewärter einen Dollar Eintritt und stieg ins heiße Wasser des Außenbeckens, um von dort den Blick auf den blauen See und die fernen Berge aus einer anderen Perspektive zu genießen.

Unser letztes Ziel am Ende der Straße war das staatseigene Inlay(Khaungdaing)Hotel, das direkt am See liegt und eine wunderbare Aussicht bietet. „Staatseigen" ist gewöhnlich gleichbedeutend mit schlechtem Service, und dieses Hotel machte da keine Ausnahme. Das Restaurant war offen, aber Angestellte ließen sich nicht blicken. Wahrscheinlich hielten sie eine lange Siesta. Diese Art Hotels sind mehr auf die Versorgung großer Touristengruppen als auf Einzelreisende eingestellt und verlangen oft eine Voranmeldung für die Mahlzeiten. Im Jahr darauf indes änderte sich alles. Das Haus war privatisiert worden, und die neue Geschäftsführung hatte es in ein gepflegtes Hotel mit ausgezeichnetem Service verwandelt. Aber davon konnten wir damals noch nicht profitieren.

Wir schlenderten in dem weitläufigen Anwesen umher und entdeckten zwei neu aussehende Padaung-Häuser mit nur zwei Bewohnern – eine ältere Frau und ihre Tochter. Sie sahen seltsam aus, mit ihren kleinen Gesichtern, den langen Hälsen und den vielen Ringen um Hals und Beine. „Giraffenfrauen" werden sie von den Leuten aus dem Westen genannt. Padaung-Frauen sind ein Lieblingsmotiv ausländischer Photographen, und ein Bild von ihnen findet sich in jedem Führer über Burma. Die Hotelleitung hatte eine Mitteilung angebracht, wonach die drei

Dollar für den Eintritt und das Photographieren für die Entwicklung der Padaung-Gemeinde und -Kultur seien. Die Frauen berichteten uns, sie stammten aus einer Gegend im Süden, bei Loikaw, der Hauptstadt des „verbotenen" Kayah Staates, und sie würden vom Hotel dafür bezahlt, daß sie einen Teil des Jahres in diesen Häusern leben. Ich war mir sicher, daß sie sehr wenig dafür bekamen und daß sie sich darauf freuten, nach Haus zurückzukehren.

Wir würden hier nicht essen können, doch zum Glück hatten wir noch eine Alternative. Unterwegs war uns an der Straße ein anderes Hotel aufgefallen, und wir fuhren mit leerem Magen und vollem Tempo dorthin zurück. Das neu erbaute private *Royal Orchid Hotel* liegt nicht direkt am See, aber ganz in der Nähe. Es ist im Bungalowstil angelegt, sauber und ordentlich, mit einem von roten Blumen gesäumten Hauptweg. Ein freundlicher Manager begrüßte uns und zeigte uns die Anlage und wies besonders auf einige neue Bambusbungalows hin, die von örtlichen Handwerkern an einem Hügel gebaut wurden. Dann führte er uns zum großen leeren Speisesaal im Hauptgebäude. Wir waren die einzigen Gäste.

So nah an einem See (wo ich zugeschaut hatte, wie Fische gefangen wurden) bestellte ich Fisch, erfuhr jedoch zu meinem Erstaunen, daß es nur tiefgefrorenen Fisch aus Yangon gab.

Solche Widersprüche sind in Entwicklungsländern ziemlich verbreitet. Als ich vor einigen Jahren mit einer Gruppe deutscher Freunde die Steppen der inneren Mongolei besuchte, wohnten wir in Jurten und aßen das dortige Essen, zumeist Hammel. Zur Feier des wichtigsten Festes im Jahr brieten sie ein ganzes Schaf; das Fleisch war ausgezeichnet. Einige Tage darauf, im besten Hotel von Hohhot, der Provinzhauptstadt, bestellten wir wieder Hammel, doch vorgesetzt wurde uns Lamm, das tiefgefroren aus Neuseeland eingeführt worden war. Warum importierten sie teures Lammfleisch aus dem weit entfernten Neuseeland und transportierten es von einem chinesischen Hafen bis in die Innere Mongolei, wenn auf dem Grasland außerhalb der Stadt Hohhot Millionen Schafe weideten?

Einige Monate nach diesem Erlebnis mit dem Lammfleisch fuhr ich mit meinen engen Freunden Sabine und Peter in China um einen großen See, eigentlich ein Reservoir, in den Bergen bei Peking, als Peter sich beschwerte, daß er in Peking fast ausschließlich chinesisches Rind- und Schweinefleisch essen mußte. Er wollte Fisch, nicht den bereits übel riechenden aus dem *Friendship Store*, sondern frischen Fisch aus dem Ozean oder aus einem See. Da wir gerade an einem See waren, fanden wir, daß es möglich sein müßte, frischen Fisch zu kaufen und mit nach Hause in Peking zu nehmen. Nachdem wir den See fast umrundet hatten, ohne einem einzigen Fischer zu begegnen, fuhren wir über einen von Soldaten bewachten Damm auf einige Gebäude zu. Ohne weiter zu überlegen, beschlossen Peter und ich, in ein großes Anwesen zu fahren und uns zu erkundigen. Sabine, Peters Frau protestierte laut, weil sie das chinesische Schriftzeichen am Eingang lesen konnte: Wir waren gerade in einen durch Mauern geschützten Militärkomplex hineingefahren. (Dies war nicht das erste Mal, daß wir Sabine und uns selbst in die Bredouille brachten.) Drei Ausländer in einem ausländischen Auto mit ausländischem Nummernschild in einer Garnison – das kommt in China nicht sehr häufig vor. Wachen und Soldaten kamen auf uns zugerannt; auch Offiziere, und die waren nicht eben freundlich.

Sabines fließendes Chinesisch rettete uns wieder einmal, wir wurden nur aufgefordert, das Militärgelände sofort zu verlassen. Doch unterdessen hatte Peter schon die Information, die er haben wollte. Ein paar Kilometer weiter fanden wir dann Fischer, die ihren Tagesfang verkauften, einige gut eßbare Sorten, aber zu groß für unsere kleine Picknickbox. Wir schickten also am nächsten Tag einen Fahrer mit einer großen Kühltasche voll Eis. Bei einem ausgezeichneten Fischessen hat Sabine uns dann verziehen.

Vielleicht in Erinnerung an die „Fischexpedition“ in China und da ich auf keinen Fall tiefgefrorenen Fisch essen wollte, sagte ich mir: „Wo Wasser ist, da sind auch Fische.“ Ich schlug dem Hotelmanager also vor, er und ich sollten mit einem Boot die

Fischer auf dem See besuchen. Er war sofort einverstanden, und binnen weniger Minuten war ein Motorboot startbereit. Das Hotel ist durch einen stark mit Schilf und blühenden Wasserlilien überwucherten schmalen kurzen Kanal mit den See verbunden. Er wird zu beiden Seiten von grünem Marschland gesäumt. Wir kamen zuerst langsam voran, aber als wir auf dem offenen See waren, ging es schneller. Wir trafen bald auf einige Fischer und kauften ihnen für zweihundert Kyat bzw. fünfundsiebzig Cent zwei hübsche goldschwarze, mittelgroße Karpfen ab. Daraus wurde ein einfaches, aber schmackhaftes Mittagessen: zuerst eine klare Suppe, dann der gedünstete Karpfen mit Kräutern und Gemüse und, natürlich, etwas Reis.

Gerade als wir mit dem Mittagessen angefangen hatten, begann es plötzlich zu regnen. Diesmal ohne jede Vorwarnung und nicht wie gewöhnlich mit unverhofften Böen, die auf ein drohendes Gewitter hindeuteten. In vollkommener Windstille gingen die Schleusen für einen derart sintflutartigen tropischen Wolkenbruch auf, daß man den See nicht mehr sehen konnte. Schnell stand das ganze Hotelgelände unter Wasser. Aber so schnell wie der Regen gekommen war, hörte er wieder auf, und als wir fertig gegessen hatten, schien bereits wieder die Sonne. In der Zwischenzeit führte ich ein hochinteressantes Gespräch mit dem Hotelmanager. Auf meine Frage nach unbekannten schönen oder historischen Stätten auf der westlichen Seite des Sees sagte er mir, daß die Straße, über die wir zum *Royal Orchid Hotel* gefahren seien, über Khaungdaing hinausführe, allerdings nur als schmaler für normale Autos unpassierbarer Feldweg. Er führe nach Indein und weiter; der Feldweg und das Dorf seien jedoch für Ausländer verboten. Es sei sehr schade, daß ich Indein nicht besuchen könne, denn es sei eine bedeutender religiöser und historischer Ort der Pa-O mit vielen alten Stupas, einem Tempel und einem Kloster. Warum wurde Indein nicht in den Reiseführern erwähnt? Und warum hatten die Angestellten im *Gold Star Hotel* es nicht erwähnt? Vermutlich weil sie es nicht für wichtig hielten, denn schließlich war es ja „nur" eine Stätte der Pa-O, und sie waren Shan und Burmanen, die kaum glauben konnten, daß es irgendwelche bedeutenden Stätten in einem Stammesgebiet wie dem der Pa-O gab. Zurück im *Gold Star Hotel* fragte ich den Manager, wie es mit einem Besuch in Kak Ku und Indein aussehe. Seine Antwort war enttäuschend, aber eindeutig. Eine offizielle Erlaubnis für eine Exkursion zu dem einen wie zu dem anderen Ziel war nicht rechtzeitig zu bekommen. Ich würde nächstes Jahr wiederkommen müssen. Und ich kam wieder. Im folgenden Kapitel werde ich beschreiben, wie ich schließlich doch noch nach Indein und Kak Ku gelangte.

Bis zur Ankunft einer großen Reisegruppe blieb das *Gold Star Hotel* wie so viele neue Hotels in Burma fast leer. Zu Ehren der Reisegruppe wurde nun eine Aufführung mit Shan-Tänzen und –Liedern für den Abend ins Programm genommen. Die Direktorin und die jungen Männer und Frauen, die auftraten, waren schon eingetroffen und zogen ihre Trachten an. Die Musikgruppe – Flöte, Trommeln und Zimbeln – übte und hatte eine Menge Kinder angelockt, die sich um den Platz mit dem besten Sicht drängelten. Sie saßen vorne, während ihre Eltern und älteren Geschwister hinter ihnen standen. Die Kleinen konnten sich vor Aufregung kaum halten, und es gab viel Geschrei und Gelächter. Bald kamen die ausländischen Touristen und nahmen in den Sesseln der ersten Reihe Platz. Ich saß auf einer Bank neben der keine Miene verziehenden Leiterin, die, obwohl sie in aller Ruhe strickte, ihrer Truppe in regelmäßigen Abständen bellende Befehle erteilte. Die Tänzer zeigten kein Zeichen von Aufregung; eigentlich sahen sie eher gelangweilt aus. Ihr Tanz war langsam, mit vielen Handbewegungen, sehr ähnlich dem Tanzstil der Thai. Hin und wieder wechselten sie entsprechend der Handlung Kostüme und Masken. Die schöne Prinzessin wurde pflichtgetreu von dem gutaussehenden Prinzen vor dem verabscheuungswürdigen Tyrannen gerettet, was Anlaß zu vielen Schwertkämpfen und gelegentlicher Akrobatik gab. Sie hatten offensichtlich fleißig geübt und machten die Handlung leicht verständlich – schließlich sind diese Stücke auf der ganzen Welt recht ähnlich. Die Aufführung der letzten Fabel – der Tanz und Kampf eines gefährlichen wilden Hirschs (zwei Männer in einem

Hirschkostüm) – war besonders gelungen. Zum Vergnügen der Kinder war der Hirsch imstande, mit dem Maul ein Glas Wasser vom Boden aufzuheben und zu leeren. Der Hirsch hob auch Geldscheine auf, die die Touristen auf das Pflaster legten. Von Zeit zu Zeit täuschte er plötzlich einen wilden Angriff auf die Kleinen vor, die dem Angreifer jedoch unter Schreien und Lachen flink entkamen.

Dies war meine letzte Nacht am See. Am nächsten Tag würde ich schon auf dem Weg nach Mandalay sein: zurück in meinem Eisenbahnwagen ging es dann in langsamer Fahrt bergauf, bergab westwärts aus dem Shan Staat hinaus, zurück nach Thazi, hoffentlich rechtzeitig, um an einen nach Norden, Richtung Mandalay fahrenden Zug angehängt zu werden.

IM GEBIET DER PA-O – ZU BESUCH IN KAK KU UND INDEIN

Als ich – anläßlich einer dritten Reise – im Jahr darauf an den See zurückkehrte, war mein Ziel natürlich noch immer Kak Ku. Aber wer konnte mir helfen, in das damals verbotene Gebiet zu gelangen? Es mußte jemand sein, der die burmesische Polizei und den militärischen Geheimdienst nicht zu fürchten hatte und gleichzeitig von den Pa-O akzeptiert würde, insbesondere von der Pa-O National Army, die das Gebiet um Kak Ku beherrscht und verwaltet. Der bestgeeignete Führer wäre deshalb ein Pa-O. Als Vermittler dachte ich an einen jungen Englisch sprechenden Mann, einen Intha, der mich im Vorjahr zu verschiedenen Orten rund um den See gerudert hatte. Mit ihm hatte ich auch einige offene Gespräche über die politischen und sozialen Probleme Myanmars geführt. Mir schien, er sei jemand, dem ich vertrauen könnte.

Er war nicht nur sofort einverstanden, sondern auch zuversichtlich, daß er einen Besuch in Kak Ku und eine Bootsfahrt nach Indein, zu den zwei bedeutendsten historischen und religiösen Stätten im verbotenen Pa-O-Gebiet, bewerkstelligen könnte. Binnen eines Tages hatte er einen einheimischen Pa-O gefunden (den Inhaber eines kleinen Ladens an der Hauptstraße von Nyaungshwe), der bereit war, die Führung für das Kak Ku Abenteuer zu übernehmen, wenn ich ihn im voraus angemessen für sein Risiko entschädigen würde. Sein Vetter würde uns begleiten und auf einem Motorrad vorausfahren, um uns vor drohenden Gefahren, etwa einer Militärkontrolle, zu warnen. Bis zur Abfahrt am übernächsten Tag um halb fünf Uhr morgens solle jeder Kontakt zwischen uns beiden vermieden werden. Durch meinen Vermittler schickte ich ihm einhundert Dollar.

Nachdem dieser Plan beschlossen war, konnte ich als nächstes meine Bootsfahrt nach Indein vorbereiten. Der Intha Bootsführer würde dafür die Verantwortung übernehmen. Er mußte herausfinden, ob der Wasserstand des Nam Pilu-Flusses (auch

Behr genannt) oder einer seiner Nebenflüsse, die aus der westlichen Bergkette in den Inle See fließen, noch ausreichte für eine Bootsfahrt von Ywama am Westufer flußaufwärts zu den historischen Stätten von Indein mit Tempeln und einigen hundert alten Stupas. Da Indein ein weniger geheimer und umkämpfter Ort ist als das Gebiet um Kak Ku, könnte diese Fahrt vielleicht durch einen direkten Kontakt mit der Pa-O-Organisation, die die *Golden Island Cottages* in der Mitte des Sees besitzt und führt, verabredet werden. Der Ruderer wollte zum Hotel hinausfahren und die Zustimmung des Stammes holen.

Eine heimliche Fahrt nach Kak Ku

Am verabredeten Tag stand ich um 4 Uhr morgens auf und aß ein kleines kaltes Frühstück, das die Hotelmitarbeiter am Abend zuvor für mich vorbereitet hatten. Um halb fünf fuhr ein klappriger Toyota Corolla-Combi am Haupteingang vor, und heraus stieg mein Pa-O-Führer, ein Mann Anfang vierzig, der nur wenige Wörter Englisch sprach, gerade genug, um sich mit mir zu verständigen. Dieser kräftige Mann mit heiserer Stimme trug ein dunkles *longyi*, eine schwarze Lederjacke über einem weißen Hemd und Sandalen. Er hieß Khun Maung Thar. Er sollte sich als freundlicher, munterer, hilfsbereiter Reisegefährte und nützlicher „Mitverschwörer" erweisen. Er hatte unangekündigt einen Vetter mitgebracht, der bis Taunggyi, wo er etwas zu erledigen hatte, mitfahren würde. Ich hatte nichts gegen seine „Gratisfahrt", da ich Ähnliches schon oft erlebt hatte. Wann immer ich ein Taxi nahm oder für einen Tag ein Auto oder Boot mietete, brachte der Fahrer oder der Bootsverleiher einen „Vetter" mit – wahrscheinlich ein Freund oder Nachbar, der kostenlos mitfahren wollte.

Auf der Straße vom See zur Eisenbahnstation Shwenyang herrschte wenig Verkehr. Dort bogen wir nach Osten, auf die Landstraße Nr. 4 ein, die Ost-Westroute im südlichen Shan Staat, die Thazi mit Taunggyi und darüber hinaus mit Kyaing Tong (Kengtung) verbindet. Wir begegneten in diesen frühen

Morgenstunden hauptsächlich überladenen großen Lastwagen, die sich durch die Kurven der ansteigenden Fernstraße hinaufquälten, die von neunhundert Metern im Gebiet des Sees auf die vierzehnhundert Meter Höhe von Taunggyi hinaufführt. Ich war erleichtert, daß ich nicht am Steuer saß, da einige Fahrzeuge, vor allem die ohne oder mit nur einem Scheinwerfer,, bis zum allerletzten Moment unsichtbar blieben. Und die mit Licht blendeten bei entgegenkommendem Verkehr gewöhnlich nicht ab. Ich sollte jedoch betonen, daß die Burmesen alles in allem zu den rücksichtvollsten Fahrern überhaupt gehören. Auf engen Straßen zum Beispiel, wie der, auf der wir fuhren, ziehen Lastwagen nach rechts, verlangsamen oder halten sogar an, um das entgegenkommende Fahrzeug vorbeizulassen; die Art und Weise, wie Fahrer langsamer Fahrzeuge manchmal anzeigen, daß sie jemanden vorbeilassen, ist nachts etwas nervenaufreibend: sie halten an und machen alle Scheinwerfer aus!

Es war noch immer kühl und dunkel, als wir die Außenbezirke von Taunggyi und unser erstes mögliches Hindernis erreichten: die Kontrollstation vor der Stadt. Wir waren froh, als wir sahen, daß sie nicht besetzt und daß auch keine Schranke heruntergelassen war. Wir fuhren an den alten Kolonialgebäuden vorbei durch die breiten Straßen der Stadt und bogen schließlich in eine kleine Seitenstraße ein, wo wir vor einem hellerleuchteten Haus hielten. Dort verabschiedeten wir den einen Vetter und begrüßten einen anderen, nämlich den, der unser Späher auf dem Motorrad sein sollte. Er war in eine grüne Armeejacke gehüllt und trug dazu lange, dunkle Hosen, Stiefel und einen altmodischen, vollkommen runden weißen Helm. Zu meiner Überraschung sprach er gut Englisch.

Er erwies sich als ein hochinteressanter Mann mit beeindruckenden Kenntnissen über den südlichen Shan Staat, einschließlich des Opiumgebiets. Später erzählte er mir, er sei im Bürgerkrieg Lastwagenfahrer gewesen. (Es empfahl sich, ihn nicht zu fragen, für welchen War Lord er gearbeitet hatte.) Was seine ethnische Zugehörigkeit betraf, so vermutete ich, daß er kein Pa-O war, sondern eine Shan-Chinese. Da es bald hell wurde, war es ratsam, gleich aufzubrechen, und unser Kundschafter U Aung Tun würde uns den Weg zeigen.

Wir fuhren nach Süden, zuerst auf einer breiten Straße, die schließlich in die Landstraße Nr. 5 mündete, eine wichtige Nord-Süd-Verbindung, die in den verbotenen Kayah Staat führt, die Heimat der Karenni. Nicht weit außerhalb der Stadt fuhr der Fahrer rechts ran und wartete auf den Späher, der uns dann mitteilte, daß der vor uns liegende Kontrollpunkt ebenfalls unbesetzt war.

Nun bogen wir in eine schmale, nur teilweise gepflasterte Nebenstraße Richtung Süd-Südwest ein, und als die ersten Strahlen der Morgensonne durch die Kumuluswolken brachen und den Himmel und das umliegende Land erhellten, konnte ich einen flüchtigen Blick auf die Landschaft werfen, in die wir hineinfuhren. Die schmale Landstraße führte durch ein weites, savannenartiges, von hohen Bergketten umgebenes Tal: im Osten die spärlich bewaldeten Kulu Berge, eine hohe Barriere zwischen dem Land der Pa-O und dem See; im Westen die Naung Mon Berge, ein Teil der gewaltigen Shan-Hochebene, die sich von dort bis ins Goldene Dreieck und an die Grenzen zu China und Thailand erstreckt. Nun waren wir im Gebiet der Weißen Pa-O, einer Region, die nicht von Regierungskräften kontrolliert wurde, sondern von der Pa-O National Army autonom verwaltet wurde, einer von der Regierung anerkannten Minderheitenarmee, nach der unser Späher jetzt Ausschau halten mußte.

Porträt eines bewundernswerten Volkes: Die Pa-O

Der südliche Shan Staat ist die Heimat der großen Mehrheit der Pa-O, wo sie die größte ethnische Minderheit darstellen. Eine kleine Gruppe lebt an der thailändischen Grenze gegenüber Mae Hong Son, und eine größere weiter südlich um Thaton im Mon-Staat. Die meisten Pa-O haben sich in der Gegend zwischen dem Sittang Fluß im Westen und dem Thanlwin Fluß im Osten angesiedelt. Landesweit sind es etwa 800.000.

Die Pa-O stammen ursprünglich aus dem Süden, aus der Gegend um Thaton. Auf einer meiner späteren Reisen in den Süden habe ich dort auch einige Pa-O Mönche kennen gelernt, die diese These bestätigten. Es hat dort sogar einmal ein Pa-O Fürstentum gegeben, doch können Historiker keine Auskunft darüber geben, warum und wann das Reich zerbrach und wie die Pa-O dann vom Süden in die Gegend um Taunggyi gelangten. Es wird vermutet, dass sie vor kriegerischen Auseinandersetzungen im Süden geflohen sind. Sprachlich sind die Pa-O mit den Karenni (oder Kayah) im benachbarten Kayah Staat verwandt. Der Führer der Roten Pa-O ist kein Pa-O; er ist ein Karenni, so dass die meisten Pa-O eher den Vorsitzenden der Weißen Pa-O als ihren legitimen Führer betrachten, auch wenn sie im Gebiet der Roten Pa-O wohnen. Sie alle nennen sich Pa-O, während die Burmanen sie als Taungthu bezeichnen, als Bergmenschen. Und eben das sind die meisten von ihnen, Bergbauern, mit Taunggyi als Handelszentrum, Kak Ku als religiösem Mittelpunkt, sowie Naung Htaw und Kyauk Ta Lone als ihren zwei rivalisierenden politischen Machtzentren.

Früher gehörte das Pa-O Gebiet zum Fürstentum Yaunghwe (heute Nyaungshwe) und ihr Führer, der *Myoza* (Bezirksvorsteher und Steuereintreiber), war dem *Sawbwa* (Fürsten) von Yaunghwe unterstellt und musste die Steuereinnahmen an ihn abführen. Doch kein *Sawbwa*, keine Kolonialarmee errang jemals vollständige Kontrolle über ihr Stammesgebiet. Ihr Kampf um Unabhängigkeit brachte sie zuerst in Konflikt mit dem *Sawbwa* und später mit der burmesischen Armee, wobei die Pa-O schwere Verluste erlitten.

Es ist eine Ironie, daß die Shan, die sich über die burmesische Vorherrschaft und Unterdrückung beschwerten, ihrerseits genauso gegenüber den Pa-O handelten.

Heute sind die Pa-O in zwei Organisationen gespalten, doch zum Glück für die Dorfbewohner sind die Kampfhandlungen endlich eingestellt worden; aber jede der Gruppen beobachtet die andere weiterhin wachsam, genauso wie sie die burmesische Armee im Auge behalten.

Die Roten Pa-O, (wobei „rot" ideologisch gemeint ist) und ihre Organisation, die Shan State People's Nationalities Liberation Front (SSPNLF), wird geführt von U Tha Kaley, dem Karenni, der eng mit der burmesischen Kommunistischen Partei verbunden war und sich 1994 der Regierung ergab. Das Hauptquartier der SSPNLF befindet sich in Naung Htaw, südöstlich von Hsihseng, nahe der Grenze zum Kayah Staat, der Heimat der Roten Karen (auch bekannt als Kayah oder Karenni; hier bezieht sich „rot" auf ihre Kleidung).

Die Organisation der von Aung Kham Hti geführten Weißen Pa-O, hat einen politischen Flügel, die Pa-O National Organization (PNO), und einen militärischen Flügel, die Pa-O National Army (PNA). 1991 kehrten beide Organisationen „in den Schoß der gesetzlichen Gemeinschaft zurück", wie sich die Regierung ausdrückte. Dies bezieht sich auf die Freiheitsbewegungen und War Lords, die ein Friedensabkommen mit der Militärregierung unterzeichnet hatten. Das Hauptquartier der Weißen Pa-O in Kyauk Ta Lone, östlich des Inle Sees liegt nur sechzehn Kilometer südlich von Kak Ku. Das Friedensabkommen führte zu der ungewöhnlichen Konstellation, daß die Pa-O Armee offiziell Teil der burmesischen Armee wurde und sogar deren Uniform trägt, de facto aber unabhängig geblieben ist und weiterhin ihr eigenes Gebiet kontrolliert. Die Weißen Pa-O haben in touristische Unternehmen investiert, darunter in das schöne *Golden Island Cottage Hotels* mitten im Inle See und in ein anderes Hotel am Ostufer. Von den Weißen Pa-O kann man mit Sicherheit sagen, daß sie am Drogenhandel nicht beteiligt sind. Ihre Gruppierung Ruby Dragon besitzt zahlreiche Unternehmen, von denen einige bedeutende Konzessionen an Schürfstätten für Jade und Edelsteine besitzen.

Die Regierung hat U Aung Kham Hti als einen der nationalen Führer anerkannt, und als solcher ist er sogar Mitglied der Nationalversammlung, die damit beauftragt ist, eine neue Verfassung zu entwerfen. Ein mit mir befreundeter Burmane, der ihn kennengelernt hat, beschreibt ihn als aufgeschlossenen, weitsichtigen und aufrechten Mann – ein ungewöhnliches Kompliment von Seiten eines Burmanen. Heute kann man auch den Hauptsitz der

Weißen Pa-O besuchen, Kyauk Ta Lone, ein hübsches, sehr sauberes Dorf. Der „Umweg" dorthin ist lohnenswert. Und wenn man Glück hat, trifft man auch den Führer, der über dem Dorf in einem geräumigen, modernen Haus wohnt. Seine Tochter, eine intelligente, selbstbewußte und attraktive junge Frau, arbeitet als Fremdenführerin bei der Pa-O Organisation in Taunggyi. Sie führt ausländische Touristen nach Kak Ku und Kyauk Ta Lone.

Die Pa-O sind fromme Buddhisten und verwehrten im Gegensatz zu ihren Karen Vettern christlichen Missionaren den Zugang zu ihrem Land. Seltsamerweise schrieb ausgerechnet ein amerikanischer Missionar vor ein paar Jahrzehnten das einzige englischsprachige Buch über die Pa-O, ein Buch, das kaum zu finden ist, es sei denn man besucht ihr Kulturzentrum in Taunggyi. Sein Titel lautet *The Pa-O People of the Shan State, Union of Burma: A Sociological and Ethnographic Study of the Pa-O (Taungthu) People,* Autor William Dunn Hackett.

An ihrer unverwechselbaren Kleidung, die aus schwarzen Einzelteilen und leuchtend bunten Turbanen – oft einem Handtuch – besteht, sind die Pa-O leicht zu erkennen. Die Männer tragen eine lockere weite Hose und eine Jacke, die Frauen Röcke und geschmückte, kittelartige Oberteile. Die Landwirte bauen Reis und Mais und viele verschiedene Gemüse, Obst und Gewürze an – Flaschenkürbis, Sojabohnen, Speisekürbis, Gurken, Kartoffeln, Bohnen, Tomaten, Zuckerrohr, Erdnüsse, Sesam, Avocados, Bananen, Äpfel, Zitronen, Ananas, Pampelmusen, Orangen, Papayas, Kaffee, Tee, Zwiebeln, Chili, Ingwer und massenhaft Knoblauch. Vor noch nicht allzu langer Zeit wurde in einigen Teilen des Pa-O Gebiets auch Mohn angebaut, aber die Pa-O waren nie am Drogenhandel beteiligt. Ihre Felder wirken sauber und ordentlich, ebenso ihre Häuser mit den bunten Blumen und Sträuchern drum herum. Sie züchten Vieh, und benutzen Ochsen zur Beförderung und bei der Feldarbeit. Die Anbaufrucht, die am meisten einbringt, ist jedoch das *thanapet*-Blatt des Cordiabaums, das als Deckblatt für die beliebten Cheroots verwendet wird. Das nahe Taunggyi ist dafür bekannt, die besten Zigarillos zu produzieren, was ich bestätigen kann, da ich mir einige gekauft habe.

Die Pa-O genießen den Ruf, die geschicktesten Kaufleute im ganzen Shan Staat zu sein, und in größeren Städten, vor allem in Taunggyi, besitzen sie mehrere Geschäfte.

Die Pa-O gelten als fleißig, diszipliniert, konservativ, großzügig, friedlich und tief religiös. Ihr Alltag wird vom Glauben bestimmt, zu dem auch die Anbetung der *nat* gehört. Beim Vollmond des Mondmonats *Tazaungmone* (November) feiern sie das berühmte Heißluftballonfest, wobei sie große selbstgemachte Heißluftballons in den Nachthimmel steigen lassen, durch den die feurigen Ballons dann wie helle Sterne wandern.

Doch den Höhepunkt erreicht das Jahr für alle Pa-O bei Vollmond des Mondmonats *Tabang* (im April), wenn sie in Kak Ku ihren Nationalfeiertag feiern. Hunderte Zelte und Stände werden für Tausende von Pa-O aufgebaut, die mit ihrer Fracht auf Ochsenkarren aus den Bergen in das winzige Dorf strömen. Die scheuen, aber gastfreundlichen Pa-O finden es nicht störend, wenn Ausländer sich auch an ihren Festen beteiligen.

Kak-Ku – Der verborgene Schatz der Pa-O

Während wir auf einer miserablen Straße mit Hunderten von Schlaglöchern und dazu noch in einem Auto ohne Stoßdämpfer Richtung Kak Ku fuhren, half uns der sich darbietende Blick über alles Beschwerliche hinweg. Das Grün des hügeligen Graslandes erstreckte sich nach Osten bis zu den blauen Bergen mit hier und da einigen Sträuchern und Bäumen oder einem Bambusdickicht, einer Palme, Bananenstaude, Akazie oder einem kaktusartigen Busch. Rinder und Ziegen weideten darauf, denn außer Gras wächst auf dem rotbraunen Boden nichts. Dann änderte sich die Landschaft und bewaldete Höhen und mehr und mehr Felder rückten ins Bild, vor allem mit Reis und Knoblauch, aber auch in langen, geraden Reihen wachsende Bohnen und Kohl. Unter den längs der Straße blühenden Sträuchern stachen die dunkelroten Poinsettien und eine malvenfarbige Kletterpflanze hervor.

Auf einmal fuhren wir neben einer leicht erhöhten Schmalspurbahnstrecke her, die aus dem Nirgendwo aufgetaucht zu sein schien, während wir durch bezaubernde Pa-O-Dörfer mit Bauernhäusern auf Pfählen inmitten von bunten Gärten kamen. In diesen Gärten wuchsen goldene Tagetes, rotbraune Astern, rosa Bougainvilleen, rote Poinsettien und gelbe Sonnenblumen neben Bananenstauden und Mangobäumen. In der Mitte größerer Dörfer standen, meist neben der üblichen Pagode, viele Verkaufsstände aus Holz, auf denen an Markttagen Bauern und fliegende Händler ihre Erzeugnisse und Waren auslegen.

Abgesehen von einigen wenigen kleinen Lastwagen, vereinzelten Ochsenkarren und einem einsamen Radfahrer herrschte wenig Verkehr, und wir kamen gut voran. So erreichten wir frühzeitig die etwa vierzig Kilometer hinter Taunggyi gelegene Abzweigung, an der wir mit unserem Späher verabredet waren. Er brachte die gute Nachricht, daß nirgends eine Armeepatrouille zu sehen war; und die schlechte Nachricht, daß die vor uns liegende Straße für unser kleines Auto nicht befahrbar war: Während der Regenzeit hatten die sehr großen Räder der Ochsenkarren tiefe Furchen in den ungepflasterten Feldweg gegraben, die in der Mitte einen hochstehenden Huppel bildeten, der jedes Auto zu einem sofortigen Halt bringen würden. Unser Motorradfahrer konnte mit einiger Mühe sein Zweirad auf dem schmalen, holprigen Mittelstreifen balancieren, aber wir mußten das Auto im Schatten hinter ein paar Büschen stehenlassen und zu Fuß an den Gleisen entlang Richtung Kak Ku weiterlaufen, das zum Glück nur noch eineinhalb Kilometer entfernt war. Neben einem kleinen weißen Gebäude, das als Bahnhof für Kak Ku diente, stand ein großes weißes Schild mit dem Namen des Dorfes in burmesischer Schrift. Ein Stück weiter neben den Gleisen lag ein weitläufiges Gelände mit leeren Ständen und Buden; das war wohl der Platz für die Festlichkeiten am Nationalfeiertag, an dem aber Tausende Pa-O zusammenkommen, Waren kaufen, essen und trinken. Es gab breite Tribünen für die *pwe*-Aufführungen und einen weiteren großen Platz für die Notunterkünfte und Zelte, in denen die Gläubigen während des dreitägigen Fests untergebracht wurden. Für die Mönche und Nonnen waren getrennte Holzhütten gebaut worden.

Wir bogen von den Gleisen ab und gingen auf einen Hain zu, in dem noch der weiße Morgennebel hing. Doch als die Schleier sich plötzlich hoben, eröffneten sie mir den ersten Blick auf die herrliche Stätte namens Kak Ku. Weiße Turmspitzen und goldene *hti* (Schirme) von mehreren hundert Stupas glänzten im Sonnenlicht des frühen Morgens. Ich fühlte mich wie ein Entdecker, der unerwartet auf einen lange verloren geglaubten Schatz stößt. Als ich über die weite offene Rasenfläche auf die weiße Mauer zuging, die das weitläufige Tempelgelände umschloß, hörte ich irgendwo hinter mir das Bimmeln einer Glocke und das Tuckern eines Dieselmotors. Ein Zug näherte sich dem Dorf. Ich wollte zurück zum Bahnhof laufen, um ihn zu photographieren, aber der englisch sprechende Kundschafter hielt mich zurück und bestand darauf, daß ich mich bis zur Abfahrt des Zuges hinter einem Busch versteckte. Eigentlich war das unnötig, weil die Gleise hinter den vielen Ständen und Tribünen verliefen und die Passagiere uns ohnehin nicht sehen konnten. Ich war enttäuscht, daß ich keinen Blick auf den Zug werfen konnte, denn Schmalspurzüge sind ein eher lustiger Anblick – sehen sie doch wie übergroßes Spielzeug aus.

Nun begannen wir die Erforschung, indem wir das von einer Mauer umgebene Tempelgelände durch ein zu meiner Überraschung nicht abgeschlossenes Eisentor betraten. Als wir uns im kleinen Holzhaus neben dem Tor bei der Verwaltung anmelden wollten, fanden wir das Büro unbesetzt. Wir hatten Bedenken, ohne offizielle Erlaubnis in der Anlage herumzulaufen, und so ging unser Kundschafter auf die Suche nach dem Kloster außerhalb der Mauern und holte die Zustimmung eines Mönches ein. Es war erst halb neun Uhr morgens, als ich meine Entdeckungstour durch das Labyrinth von Bauten begann, auch um ein paar Fotos zu machen. Als ich den von Ost nach West laufenden Hauptweg entlang ging, war ich überwältigt von der bloßen Zahl der drei bis zehn Meter hohen Stupas, die in geraden Reihen zu beiden Seiten des Korridors angelegt waren. Unzählige Bauten aus Backstein und Stuck bildeten eine in ihrer Fülle wirklich prachtvolle Synthese aus Architektur und Kunsthandwerk. Zuerst sahen all diese glockenförmigen und nach innen gewölbten Türme gleich für mich aus; doch als ich in einen der schmaleren Pfade einbog und sie genauer betrachten konnte, fiel mir auf, daß sie außerordentlich unterschiedlich waren, jeder einzelne ein einzigartiges Kunstwerk.

Von den vielen verschiedenen Stupa-Arten wurden die wenigen schlichten von den vielen mit Fabeltieren und menschenähnlichen mystischen Gestalten reich verzierten Stupas geradezu verdrängt. Tänzerinnen, Musiker, Vögel und Elefanten schmückten diese antiken Bauten, deren Figuren und Schmuckelemente – so wird vermutet – alle einmal bunt waren. Im Laufe der Zeit haben alle diese Elemente andere Farbe angenommen, zumeist weiß, beige oder braun. Die vier Nischen am Fuß der Stupa beherbergen alte Stuck- oder Steinbildnisse des Buddha.

Viele dieser anmutigen Skulpturen haben nur versehrt überlebt: Einige wurden zerstört, manche Köpfe liegen auf dem Schutt zwischen den Bauwerken. Andere Buddhafiguren fehlen ganz; sie wurden wohl gestohlen, um an Sammler verkauft zu werden. Alles in allem hat die Stätte mit ihren Myriaden von Tempeln die Jahrhunderte trotz der Einwirkung der schweren Monsunregen und der Tropensonne, die natürlich ihren Tribut gefordert haben, gut überstanden. Stuck ist abgebröckelt, ja, ganze Stücke sind weggebrochen und liegen als Trümmer in den schmalen Pfaden. Einige der metallenen Schirme *(hti)* sind von ihren Turmspitzen heruntergefallen und ruhen nun verbogen im Gras; andere neigen sich weit zur Seite, als hingen sie nur noch an einem Faden; etliche *hti* fehlen ganz, sie bleiben unauffindbar. Auch einige der Turmspitzen selbst sind abgebröckelt, und aus ihren Rissen wachsen blühende Büsche. Vom Wind herbeigetragene oder von Vögeln fallengelassene winzige Samenkörner sind an manchen Stellen zu Bäumen herangewachsen, die inzwischen die Stupas unten mit ihren Wurzeln und oben mit ihren Kronen einhüllen.Noch nie hatte ich so viele religiöse Bauten auf so kleinem Raum gesehen. Aber nicht die bloße Zahl beeindruckte mich am meisten, sondern die Schönheit und Vielfalt der Stile und Schmuckformen. Sie machen die Tempelanlage von Kak Ku zu der wohl malerischsten Stätte von Myanmar. Die Schöpfer dieser herrlichen Beispiele großer Baukunst, wer immer sie gewesen sein mögen, waren mehr als geschickte Kunsthandwerker, sie waren wirkliche Künstler. Ich fragte mich, woher sie gekommen waren. Sie konnten nicht aus den Bauerndörfern der Gegend gekommen sein. Ich hatte noch mehr Fragen, zum Beispiel, warum die Anlage in den Büchern über die Geschichte und Archäologie des Landes nicht erwähnt wird und warum sie den meisten hiesigen Historikern und Archäologen unbekannt ist. Bevor Kak Ku und Indein nicht gründlich erforscht sind, können diese Fragen nicht mit Gewißheit beantwortet werden.

Es gibt jedoch mehrere Theorien über die Gründung der beiden Orte, von denen zwei am bekanntesten sind. Die eine besagt, die Tempelstätte sei im zwölften Jahrhundert von einem mächtigen König von Bagan gegründet worden. Vertreter dieser Theorie berufen sich auf die Entdeckung von Steinplatten mit Inschriften, die diese These belegen, aber man findet niemanden, der diese Inschriften mit eigenen Augen gesehen hat. Die zweite Theorie verlegt die Gründung des Tempels ins siebzehnte und achtzehnte Jahrhundert – eine von Professor Tan Tun gestützte Interpretation, einem anerkannten emeritierten Historiker, mit dem ich in der Yangon University sprach. Die Stupas zu datieren, ist problematisch. Sie bestehen aus mehreren Schichten Backsteinen und Stuck, so daß die ursprüngliche Bauzeit wohl nicht ermittelt werden kann. Einige sind wahrscheinlich viel älter als die zweite Theorie postuliert.

Als ich den Hauptstupa am östlichen Ende der Anlage erreichte, war ich sowohl überrascht wie enttäuscht. Der große, annähernd vierzig Meter hohe Bau war mit weißer Farbe „restauriert“ worden, und drinnen befanden sich nur einige uninteressante goldene Buddhabildnisse. Mehrere kleinere Stupas in der Nähe hatten die gleiche Behandlung erfahren, nur waren sie in einem grünlichen Gelb gestrichen worden.

Noch schlimmer war, daß Stromkabel von Mast zu Mast gespannt worden waren. Obwohl diese Veränderungen sicher gutgemeint waren, zerstörten sie die Geschlossenheit dieses erhabenen Ortes und verursachten irreparablen Schaden. Viel später erfuhr ich, daß die Abteilung für Archäologie in Yangon den Abbruch sämtlicher Restaurierungsarbeiten angeordnet hatte.

Die ungenügende Qualität von Restaurierungsarbeiten ist ein Problem in ganz Myanmar, und viele bedeutende historische Stätten nehmen dadurch weiterhin Schaden. Der Grund dafür liegt auch darin, daß Buddhisten weniger dazu bereit sind, alte religiöse Bauten zu restaurieren, da sie mit dem Bau von neuen mehr Verdienste erwerben können.

Meine Enttäuschung schwand jedoch schnell, als ich aus dem östlichen Tor hinausging und nach Osten blickte. Ich stand am Rand eines Plateaus, hoch über einem tiefen, grünen Tal, das sich weit bis zu den fernen dunklen Bergketten zog. Ein Fluß schlängelte sich träge zwischen zartgrünen Reisfeldern hindurch. Meine Begleiter nannten dieses friedliche Gewässer Nam Dabat, wohl die Shan-Bezeichnung, denn nach meinem Studium müßte es sich um den Nam Lang handeln, einen Nebenfluß des Nam Pawn, der seinerseits in den reißenden Thanlwin mündet. Die Pa-O aber haben einen eigenen Namen für ihren Fluß, für sie ist es der Kyamphat.

Zwei kleine Motorboote fuhren langsam flußabwärts; das Tuckern ihrer Motoren wurde von den Steilwänden unter mir zurückgeworfen. Jenseits des Flusses, im Südosten, standen fünf einstöckige Gebäude an einem strategisch wichtigen Hügel, von dem aus der Fluß und das Tal gut überwacht werden konnten. Sie gehörten der Pa-O National Army, die Land und Leute vor „ungebetenen Gästen" schützte. Obwohl ich von ihr nicht als Feind betrachtet worden wäre, forderten mich meine Führer auf, mich „unsichtbar" zu machen.

Auf meinem Weg um die Anlage stieß ich auf zwei Holzhäuser auf Pfählen, eins braun, das andere rot; in dem roten lebte ein einzelner Mönch. Hinter den beiden Häusern war ein kleines Außenklo direkt über der Bergkante gebaut worden. Tief unten trennte eine Schlucht mit einer stark ausgefahrenen Straße das Plateau, auf dem ich stand, von einigen bewaldeten Höhen im Süden. Von dort aus mußte der Ausblick großartig sein. Ich hatte das Glück, daß zwei junge Männer, die in diesem Augenblick aus dem braunen Haus kamen, anboten, uns zu den gegenüber liegenden Bergen zu führen. Der nicht sehr große, aber stämmige jüngere Mann trug ein rotkariertes Hemd, einen blauen *longyi* und Sandalen. Um seine Haut vor der Sonne zu schützen, hatte er gelbe *thanaka*-Paste aufgetragen. Sein älterer Freund dagegen sah schwächlich und müde aus. Aber beide führten unsere kleine Expedition voller Begeisterung durch hohes Gras und Unterholz auf eine der Anhöhen. Der Blick von dort oben war atemberaubend. Nach Norden hin hatte man einen vollkommenen Überblick über die herrliche Tempelanlage von Kak Ku und das Plateau; nach Osten hin bot sich eine phantastische Aussicht auf das weite, offene Tiefland. Ich verweilte eine Zeitlang, um die schöne Landschaft in mir aufzunehmen: die unzähligen Stupas mit ihren in der Sonne flirrend weißen Türmen, das breite Tal mit den grünen Reisfeldern, den träge fließenden Strom und die hohen blauen Berge, Teil des gewaltigen Sham Plateaus, das sich bis in das Goldene Dreieck erstreckt, in der Ferne.

Oben auf dem Berg machten wir eine Entdeckung: Wir fanden dort zwei gut erhaltene lebensgroße Pferdestatuen mit Zügel und Sattel und zwei Stupas mit schönen Buddhaskulpturen darin. Die Pferde blickten in Richtung südwestliche Ecke der Tempelanlage, wo wir später Spuren einer großen Treppe und ihrer eingestürzten Mauern fanden, die einst aus dem Tal zum Tempel hinaufführte. Man kann annehmen, daß die Pferde und die Treppe Teil eines langen Pfades oder Torwegs nach Kak Ku waren. Womöglich hatte das ursprüngliche Kak Ku eine viel größere Ausdehnung als die heutige Anlage.

Während wir uns oben auf dem Berg ausruhten und den mitgebrachten Imbiß und die Getränke mit unseren freundlichen neuen Führern teilten, erfuhren wir, daß die beiden Maurer aus der Gegend von Pindaya im südlichen Shan Staat waren. In der

Trockenzeit führten sie Reparaturen an der Tempelanlage aus, aber sie würden nach Hause zurückkehren, bevor die Monsunregen einsetzten. Sie gehörten zur Minderheit der Danu, einem eng mit den Burmanen verwandten Mischvolk. Der Ältere war erst achtundzwanzig. Er war gesundheitlich schwer angeschlagen, da er sich in Kak Ku mit Malaria infiziert und durch die häufigen Fieberschübe erheblich an Gewicht und Kraft verloren hatte. Er erzählte, daß Malaria dort unten im Tal besonders verbreitet sei. Obwohl er vermutlich keine gute Schulbildung genossen hatte, besaß er umfassende Kenntnisse in traditioneller Pflanzenheilkunde. Die Berge rings um Kak Ku waren seine Apotheke. Als wir den Berg hinunterstiegen, zeigte er uns die verschiedensten Kräuter, Blätter und kleinen Früchte zur Wundbehandlung, zur Vorsorge und Behandlung von Krankheiten und Leiden. So pflückte er zum Beispiel eine Frucht, die angeblich die Nerven beruhigte. Ein grünes Blatt, das er uns zeigte, sollte den Blutdruck senken. Um sein mitunter hohes Fieber zu senken, benutzte er Blüten, die der Kamille ähnelten. Und dann gab es die kleinen grünen Pflaumen, die, unter dem Haus ausgelegt, Giftschlangen vertrieben und fernhielten. Fahrer und Kundschafter folgten den Erklärungen des Mannes mit großem Interesse und sammelten so viele Proben, wie sie konnten, um sie später zu Hause zu verwenden. Die Berge versorgten die Maurer nicht nur mit Naturmedizin, sondern auch mit Feuerholz und verschiedenen Nahrungsmitteln, wie jene dunkelbraunen kleinen Pilzen, die sie am Tag zuvor in großen Mengen gesammelt hatten. Der Bericht vom Pilzesammeln brachte sie auf die Idee, uns zum Mittagessen einzuladen.

Der Hauptraum im Haus der Maurer war eher eine Halle. Er war hoch und bot mehr als genügend Platz für einen Schlafbereich mit Federbetten und Moskitonetzen und einen Bereich zum Essen und zum Entspannen. Wir setzten uns auf Bambusmatten gegenüber einem offenen Fenster; mir wurde Bettzeug gebracht, damit ich mich zurücklehnen konnte. Die Männer hatten Verständnis dafür, daß es diesem Mann aus dem Westen schwerfiel, im Schneidersitz auf dem Boden zu sitzen. Ich bemerkte ein mit schwarzer und grüner Kreide auf eine Holzplatte gezeichnetes Schachbrett; dunkle und helle Kieselsteine dienten als Figuren für dieses Schachspiel im burmesischen Stil.

Einer der Maurer ging in die Küche, einen großen Raum mit dicken Balken und einem Wellblechdach. Durch zwei offene Fenster fiel Licht ein; auf einem Fensterbrett lag ein orange-farbener Kürbis. An einer Wand lehnte ein langes, offenes Regal voller Töpfe und Pfannen. Ein Bambuskorb quoll über von wilden Pilzen, von denen einige gleich für uns zubereitet würden. In der Ecke standen große Tonbehälter mit Wasser zum Kochen, und in der Mitte des von Rauch erfüllten Raums brannte ein offenes Feuer – der Herd, welcher aus drei rechteckigen Steinen bestand, die in Form eines Dreiecks auf einer schweren Eisenplatte lagen. Zwischen die dicken Steine gestopfte Zweige und kleine Holzscheite nährten die Flammen.

Der jüngere Maurer bereitete Tee zu, indem er ein paar Teeblätter in einem Wok aufs Feuer stellte, aber nicht zu dicht und nicht zu lange. Diese Methode, wurde mir gesagt, verstärke Geschmack und Aroma, und als der Tee etwas später aufgegossen und in kleinen Keramiktassen serviert wurde, hatte er eine herbe, fast rauchige Note. Ein runder, nur fünfzehn Zentimeter hoher burmesischer Tisch, an dem wir essen sollten, war in die Mitte des Sitzbereichs gestellt worden,. Cheroots wurden angeboten, und wir entspannten uns rauchend und grünen Tee trinkend. Unser Motorradscout hatte sich schon in die Schlafecke verzogen und schlief fest auf einer der Steppdecken. Aus der Küche zogen interessante Düfte herüber – der Geruch der im großen Wok in Erdnußöl zubereiteten Pilze. Zuerst wurde eine Sojabohnensuppe, danach Reis und eine Menge Pilze serviert. In keinem Restaurant in ganz Myanmar hätten wir besser essen können. Unsere Gastgeber weigerten sich mitzuessen; es ist Brauch, daß die Gäste zuerst essen. Der Ältere holte seine Bambuswasserpfeife, die er, wie er sagte, lieber rauchte als Zigaretten und Cheroots, inhalierte tief und blies den Rauch dann langsam aus. Er erzählte, daß er ab und zu ein bißchen Marihuana rauchte, das er von den vielen hohen Hanfpflanzen in der Gegend erntete. Besorgt darüber, ich könnte auf dem Rückweg bei einer Durchsuchung unseres Autos Ärger bekommen, lehnte ich sein Angebot ab, mir auch einige zu pflücken.

Unser Gespräch drehte sich hauptsächlich um Pflanzenheilkunde, vor allem um wichtige Heilmittel, mit dem bei Malariaanfällen das hohe Fieber gesenkt werden kann, wenn es kein Chinin gibt. Der ältere Maurer bereute, ein altes Sprichwort nicht beachtet zu haben, das den Ausbruch von Malaria vorhersagt, sobald die Krähen die Nachbarschaft verlassen. Er erinnerte sich, daß die Krähen einige Tage nach ihrer Ankunft aus dem Gebiet verschwunden waren und nicht mehr zurückgekommen waren. Es stimmte, wir sahen keine einzige Krähe in Kak Ku. Statt dessen sahen wir Geier über dem Tal kreisen.

Meine Führer und ich waren tief beeindruckt von der Gastfreundschaft dieser jungen Männer. Obwohl sie für ihre harte Arbeit einen geringen Lohn bekamen, teilten sie das Wenige, das sie hatten, großzügig mit drei Fremden. Ich empfand Mitleid und Sympathie für den älteren, dessen Gesundheit von Malaria ruiniert war. Ohne richtige ärztliche Versorgung würde er nur geringe Überlebenschancen haben. Beim Abschied gab ich ihm genügend Geld für die Behandlung in einem Krankenhaus. Heute mache ich mir Vorwürfe, daß ich ihn nicht in unserem Auto mitgenommen und ins Krankenhaus von Tanggyi gebracht hatte. Ich kann mir nicht erklären, wieso ich nicht einmal auf die Idee gekommen war, es ihm anzubieten. Nachdem wir uns bedankt und verabschiedet hatten, kehrten wir ohne Zwischenfälle an den Inle See zurück. Es war ein sehr lohnenswerter Ausflug geworden.

Heute sind Kak Ku und Kyauk Ta Lone für ausländische Touristen zugänglich. Die Pa-O Organisation stellt für sie sogar Fremdenführer zur Verfügung. Sie wissen, wie man mit dem Tourismus Geld verdienen kann. So erheben sie jetzt 5 Dollar Eintritt für Kak Ku und haben ein Restaurant nahe der Tempelanlage eröffnet.

Im Hotel erwarteten mich gute Neuigkeiten. Die Pa-O Geschäftsführung der *Golden Island Cottages* war mit meinem Besuch in Indein einverstanden, und ihr Vertreter in Indein war bereits von meinem baldigen Kommen informiert.

Mit dem Boot nach Indein

Indein liegt westlich vom Inle See acht Kilometer landeinwärts am Fuß der westlichen Bergkette, von der sich mehrere kleine Flüsse in den See ergießen. Einer von ihnen ist der Nam Pilu (auch Belu genannt), der durch Indein nach Ywama fließt, ehe er dort in den See mündet und ihn bei dem Töpferdorf Kyauktain wieder verläßt. Die alte religiöse und historische Stätte Indein liegt wenige Minuten von einem Dorf namens Paykone entfernt, wo der Nam Pilu (Belu) sich gabelt. Der eine Teil mündet bei dem berühmten Phaung Daw U Tempel in den Inle See, während der eigentliche Nam Pilu Paykone mit Ywama verbindet, dem Dorf am See mit dem bekannten schwimmenden Markt.

Indein und Phaung Daw U können entweder mit dem Geländewagen über Khaungdaing oder von Ywama aus mit dem Boot auf dem Nam Pilu erreicht werden. Nicht immer besteht die Wahl zwischen den beiden Routen, da sie oft vom Straßenzustand und oder vom Wasserstand des Flusses diktiert wird. Mir standen jedoch beide Möglichkeiten offen. Da ich wußte, daß die Bootsfahrt nach Indein landschaftlich viel reizvoller sein würde, fiel mir die Entscheidung nicht schwer.

Zwei Tage nach meinem Besuch in Kak Ku (auf dieser – wie erwähnt – dritten Reise) war ich in den frühen Morgenstunden auf dem See unterwegs nach Ywama. Die Luft war noch empfindlich kühl. Über der Ostküste und am Fuß der Berge hing Nebel und entzog die Dörfer am Seeufer mit ihren vielen Klöstern aus Holz und den vielen weißen Stupas dem Blick. Es herrschte mehr Betrieb als sonst. Mit Menschen und Gemüse überladene Boote fuhren Richtung Südosten nach Nampan, wo an jenem Tag der große Markt stattfand. Das Dorf Ywama hingegen, Ausgangspunkt für unseren Ausflug flußaufwärts nach Indein, war ungewöhnlich still. Bis vor kurzem war in Ywama ein malerischer schwimmender Markt abgehalten worden, aber wegen der ständig zunehmenden Zahl von Touristen, die zum Photographieren und Andenken- und Kunsthandwerkkaufen einfielen, wurden die kleinen Boote der Verkäufer – Bauern und ihre Frauen aus den umliegenden Dörfern – allmählich von den größeren Booten der Souvenirhändler und Touristen blockiert. Also gaben sie ihren schwimmenden Markt auf und zogen ans Ufer, wo die Zahl der Souvenir- und Antiquitätenbuden inzwischen die der Stände und Tische der Bauern übertrifft.

Auch ohne diese Attraktion ist Ywama einen Besuch wert. Seine vielen schmalen Kanäle machen es zum Klein-Venedig des Inle Sees. Wir fuhren auf der Hauptwasserstraße durch die Stadt und kamen an einer Grundschule vorbei, in der Kinder ihr Spiel unterbrachen, winkten und das vertraute „Harrow!" riefen, mit dem Kinder in ganz Burma Ausländer grüßen.

Am Ufer kehrten Mönche in ihren roten Kutten, angeführt von ihrem Abt, in einer langen Reihe schweigend in ihr Kloster zurück, nachdem die frommen, freigebigen Leute von Ywama ihre Almosenschalen mit Reis und anderen Speisen gefüllt hatten. Wir glitten unter dem Bogen einer breiten Holzbrücke hindurch und befanden uns bald auf dem schnell fließenden Nam Pilu, dessen engen Windungen wir bis nach Paykone folgten: eine beschauliche Fahrt von fünfzig Minuten.

Der Bootsführer, ein Intha namens U Tan Tun, den ich selbst angeheuert hatte, erwies sich, so wie er mit großem Geschick den schmalen Strom und dessen starke Gegenströmung bewältigte, als erfahren und verläßlich. Wir fuhren durch friedliches Marschland; weite grüne Grasflächen mit hin und wieder einem kleinen Busch oder einigen wenigen verkümmerten Bäumen. Das hohe Schilf, das sich am Ufer hinzog, diente einer Schar kleiner Vögel, die darin lebten, als ein ausgezeichneter Sitzplatz; jedesmal, wenn der Bootsmann den Motor abstellte, hörte man sie zwitschern und singen. Stille Reiher stelzten durch das nasse Gras. Ein Zug schwarzer, schnell fliegender Vögel mit langen gespaltenen Schwänzen eilte vor uns her. Von Zeit zu Zeit ließen sie sich kurz auf dem sanft sich wiegenden Schilf nieder. Vor uns über dem Fluß bemerkten wir einen schlanken, aber kräftigen kleinen Vogel mit starkem Schnabel, dessen kobaltblaue Federn in der Sonne schillerten. Er schien in der Luft zu halten, bewirkt durch einen schnellen Flügelschlag. Dann legte er plötzlich die

Flügel an, stürzte sich ins Wasser und kam kurz darauf mit einem silbernen kleinen Fisch im Schnabel wieder an die Oberfläche. Ein Eisvogel, der bald auf die Spitze eines abgestorbenen Baumes flog und rasch seine Beute verschlang.

Auf dem Fluß begegneten uns nur wenige Boote, aber wir sahen einzelne Angler an den zugewachsenen Ufern, die mit einer Bambusrute ihr Glück versuchten. Nach dem Marschland erreichten wir bewaldetes Gebiet, bis wir hinter einer scharfen Biegung einen kleinen Steg erblickten, den „Hafen" von Paykone, wo eine Gruppe von Oberschülern ein bereits überfrachtetes *longtailboat* bestieg. Nachdem wir unser Boot sicher festgemacht hatten, überquerten wir eine schmale Bambusbrücke und stiegen das Ufer hinauf. Im Dorf bildeten Häuser auf Pfählen einen Ring um eine große offene Fläche, den Markt von Paykone mit seinen vielen leeren Ständen und Plattformen, einige mit Schilfdach. In den engen Gängen zwischen den Reihen der Stände lag eine Menge Müll herum, und in der Nähe des einzigen geöffneten Restaurants suchten Hunde nach etwas Freßbarem. Das Dorf wirkte leer und verlassen. Wir hatten den Markt um einen Tag verpaßt. Obwohl die wenigen Dorfbewohner, die ich sah, nicht die übliche Stammeskleidung trugen, verrieten mir die gepflegten, üppigen Gärten rings um die eingefriedeten Häuser, daß ich in Pa-O Gebiet war.

Um zur Tempelanlage Indein zu gelangen, mußten wir eine massive breite Brücke über den Nam Pilu überqueren. Von dort führte eine mit rostigem Wellblech überdachte Passage, die auf 369 Pfeilern ruhte (vor Jahrzehnten vom letzten *Sawbwa* von Nyaungshwe, Sao Shwe Thaike, dem ersten Präsidenten der Union Burma, gespendet), zum Haupttempel. Zwischen den Pfeilern war genug Platz für die Stände der vielen fliegenden Händler, die zu den religiösen Festen kommen. Das wichtigste findet jedes Jahr im Mondmonat *Thadingyut* statt, wenn drei der vier Buddhabildnisse aus dem berühmten Phaung Daw U Tempel auf goldenen Kähnen um den See gefahren werden und über Nacht in verschiedenen Dörfern wie Indein haltmachen.

Noch vor dem Haupttempel besuchten wir das Kloster nebenan, um dem Abt unsere Aufwartung zu machen und ihm etwas Eßbares und eine Flasche Tamarindensirup zu überreichen. Die Geschenke hatte der Bootsmann empfohlen, und ich war froh, daß ich seinen Rat befolgt hatte, weil ich auf diese Weise einen hochinteressanten Mann kennenlernte.

Der Abt, der uns in der großen Halle empfing, hieß uns herzlich willkommen und lud uns in einer Ecke der Halle zum Sitzen ein. Der Landessitte entsprechend, kniete ich zuerst vor dem wichtigsten Buddha-Bildnis nieder und verbeugte mich dreimal tief, dann drehte ich mich dem Abt zu und wiederholte das Ritual. Obwohl es ein großes Kloster war, lebten nur sechs Personen darin: der Abt, vier junge Novizen und ein weniger als zehn Jahre alter Helfer, der den Abt bediente. Einer der Novizen rezitierte einen Text in Pali, aber er brach ab, sobald wir mit dem Mönch ein Gespräch begannen. Die kleinen Novizen taten so, als wären sie in ihre Sutren versenkt, verfolgten dabei aber aufmerksam unsere Unterhaltung.

Zuerst erklärte mir der Abt Stil und Geschichte der verschiedenen Buddhabildnisse, dann forderte er mich auf, Fragen zu stellen. Tatsächlich hatte ich viele Fragen, angefangen bei solchen über sein Leben bis hin zu religiösen Dingen und Deutungen. Es würde zu weit führen, unser langes Gespräch im einzelnen wiederzugeben, doch einiges möchte ich erwähnen.

Der über vierzigjährige Abt war ein gebildeter, vielseitig interessierter Mann, der mehrere Sprachen und Dialekte sprach: Burmesisch, Shan, Intha, Pa-O und natürlich Pali. Obwohl er immer zum Lächeln bereit schien, war er wohl ein strenger Lehrer, der von seinen Schülern Disziplin verlangte. Er hatte seine frühe Kindheit in einem Dorf in der Nähe des Sees verlebt und war dann als Novize in ein Kloster in Taunggyi eingetreten. Seit fünf Jahren war er Abt des Nyang Kone Klosters in Indein – eine Position, für die er wegen seiner Sprachkenntnisse besonders gut geeignet war. Als ich ihn nach seiner Rolle in der meinde fragte, erklärte er mir, daß die Menschen ihn oft um einen Rat bäten, daß er aber nicht imstande sei, weltliche Antworten für ihre Probleme zu finden. Statt dessen suche er in den Lehren des Buddha Lösungen für sie.

Nachdem ich so viele verschiedene Versionen der Historie von Indein und Kak Ku gehört und gelesen hatte, war ich neugierig auf seine Interpretation, die sich als eine faszinierende Mischung aus Legende und Geschichte erweisen sollte. Nachdem der kleine Helfer, der fast geräuschlos aus- und einging, uns Tee und süße, ölige Pfannkuchen serviert hatte, begann der Abt mit seinem Vortrag.

Ein indischer König namens Thir Dama Tawka muß als Begründer von Indein angesehen werden, weil er eine Gesandtschaft indischer Mönche mit einigen Reliquien nach Indein schickte. Zur selben Zeit waren andere Mönche in ganz Südostasien unterwegs, wo sie schließlich vierundachtzigtausend Stupas mit jeweils wenigstens einer Reliquie, etwa einem Haar oder einem Knochen des Großen Lehrers, errichteten. Demnach müßte der wichtigste Stupa von Indein, der zwei solche Reliquien enthält, fast zweitausend Jahre alt sein. Im Lauf der Jahrhunderte verfiel der Stupa von Indein, bis Narapati Sithu (1172–1211), der mächtige König von Bagan, eine Restaurierung anordnete. Eine Inschrift auf einer Steinplatte an einem der älteren Stupas soll ihn als den Stifter nennen. Um diese Zeit wurde die Gegend zwischen Indein und dem See ein wichtiger Siedlungsbereich, der zweitgrößte im ganzen Königreich nach Bagan mit Tausenden von Gebäuden und Einwohnern. Doch dann kam es durch eine Reihe von Seuchen zu Entvölkerung und Exodus; nur wenige hundert Menschen blieben übrig. Die alte Siedlung mit ihrer Mauer und den vielen Gebäuden verschwand allmählich unter Sand und Gras. Der derzeitigen Bevölkerung von fünfhundert Menschen (in nur drei Dörfern in etwa hundertfünfzig Häusern) dienen nur vier Mönche.

Obwohl die Version des Abts nicht mit den von Historikern vermuteten Fakten übereinstimmte, faszinierte mich seine Darstellung. Mit Bedauern mußten wir seine freundliche Einladung zum Mittagessen ablehnen. Wir brauchten sehr viel Zeit zur Besichtigung der vielen alten Stupas, und da der schweigende kleine Helfer gerade erst anfing, dem Abt sein Essen zu servieren, und Laien warten müssen, bis die Mönche fertig sind, ehe sie ihrerseits essen dürfen, mußten wir uns verabschieden.

Es stellte sich bald heraus, daß mein Besuch der Tempelanlage von Indein dem von Kak Ku ähnelte. Der große alte Stupa, der über zweitausend Jahre alt sein sollte, hatte so viele Schichten Backsteine und Mörtel sowie verschiedene Anstriche bekommen, daß er nicht viel anders aussah als der übliche Stupa irgendeiner Stadt. Auch der Haupttempel mit seiner ansehnlichen Halle, dem stattlichen Altar und den großen Buddhastatuen wirkte auf mich nicht besonders kunstvoll oder wohlgestaltet. Indeins große Vergangenheit wurde eher an den zahllosen verfallenden Stupas zu beiden Seiten der Anlage augenfällig. Wie Kak Ku gab es hier Beispiele erlesener traditioneller Kunst und Architektur in Hülle und Fülle.

Indein ist kleiner und beherbergt nicht so viele Stupas wie Kak Ku, von denen zudem viele von der Witterung und von Menschen schwer beschädigt wurden. Einige *Htis* fehlen, und Buddhabildnisse sind zerbrochen oder entwendet. Die Besichtigung der Stupas erfordert viel Klettern über Schutt und durch hohes Unkraut und Büsche. Die ganze Anlage ist in sehr schlechtem Zustand. Doch die erhaltenen Stupas weisen ausgesucht formschöne Schmuckelemente auf, z. B. mystische Figuren (halb Mensch, halb Tier), den legendären *garuda*-Vogel, Göttinnen, Engel, Tänzer und Musiker. Bewacht werden die Bauten von steinernen Elefanten und Schildkröten.

Doch nicht nur Kunst und Architektur machen Indein zu einem so besonderen Ort. Der Tempel bietet einen herrlichen Ausblick auf die Umgebung: den Abhang mit den zahllosen Stupas, in der Ferne Hügel mit weißen Pagoden, in der Mitte der friedvolle blaue See und weit entfernt im Osten die hohen dunklen Berge. Von dem Hügel U Daung Taung hinter dem Tempel hätte man noch einen besseren Blick auf das ganze Westufer gehabt, aber nicht einmal in einem Ochsenkarren wäre ich um diese Tageszeit bereit gewesen hinaufzusteigen. Die brennende Sonne stand im Zenith und hatte mit ihrer ermüdenden Mittagshitze alles Leben zum Stillstand gebracht. Bauern und Landarbeiter hatten sich in den Schatten großer Bäume zurückgezogen. Nicht einmal die allgegenwärtigen Mischlingshunde waren mehr zu sehen. Auch für uns wurde es Zeit, etwas zu essen, viel Flüssigkeit zu trinken und ein Weile auszuruhen. Direkt vor dem Tempel fanden wir den Laden einer Pa-O-Frau, die uns Bananen, Zwieback und Tamarindensaft verkaufte – Tee gab es natürlich gratis – und uns aufforderte, in ihrem Laden auf Bambusmatten auszuruhen.

Auf dem Rückweg zur Anlegestelle kamen wir an mehreren Häusern vorbei, von denen eines auffiel, weil es etwas größer war und eine Veranda um die etwas erhöhten Wohnräume führte. Vor dem Haus in einem einfachen Stuhlsessel ruhte ein Mann mittleren Alters. Da ich ihn für den Besitzer hielt, bat ich den Bootsmann, ihm ein Kompliment zu seinem Haus zu machen. Das Ergebnis war, daß wir zum Tee und einem Cheroot eingeladen wurden. Ich glaube, er hieß Khun Aung Win, er war Pa-O und Bauer und baute *thanaphet*-Blätter, Zwiebeln, Knoblauch und andere Pflanzen an. Offensichtlich war er recht wohlhabend. Er erzählte uns, er sei der Vertreter der Pa-O National Organization in Paykone gewesen. Nun war er froh, daß die jahrzehntelangen Kämpfe endlich beendet waren. Seine vier Kinder, zwei Töchter und zwei Söhne, hätten alle eine gute Ausbildung erhalten, und eine Tochter habe sogar studiert und werde bald eine Stellung in den *Golden Island Cottages* antreten. Khun Aung Win machte auf mich den Eindruck eines klugen, vorausschauenden Bauern, der die Notwendigkeit von Bildung und Fortschritt erkannt hatte. Auch der Tourismus biete seinem Dorf und dessen Bewohnern eine Chance, fügte er hinzu. Sie wollten bald die Straße nach Khaungdaing ausbessern, damit Besucher Indein auch im Auto erreichen könnten.

Unter dicken schwarzen Wolken über dem sonst so friedlichen See fuhren wir in einem Gewitter nach Nyaungshwe zurück. Wir genossen das aufregende Naturschauspiel, obwohl wir bis auf die Haut durchnäßt wurden. Der Ausflug war eine abwechslungsreiche Unternehmung gewesen, bei der ich das Glück hatte, Muster einheimischer Kunst und Architektur und eindrucksvolle Landschaften zu sehen und mit dort lebenden

Menschen anregende Gespräche zu führen. Ich wußte, daß es nicht mein einziger Besuch in Indein bleiben würde.

Und nun kehren wir zurück in das Jahr davor und setzen die Reise mit der Eisenbahn fort.

VOM SÜDLICHEN SHAN STAAT NACH MANDALAY

Eine wunderbare Eisenbahnfahrt

Der neunte Tag dieser Burmareise wird ein großes Erlebnis werden. Die Strecke von Thazi auf das Shan Plateau war eine Nachtfahrt gewesen, aber zurück werde ich tagsüber reisen und werde die Landschaften im Anschluß an die Bergplateaus, durch die Täler bis hinunter nach Thazi, bewundern können.

Beim Verlassen des *Gold Star Hotels* schaue ich mich noch einmal lange um, als wollte ich die Bilder in meinem Kopf festhalten. Ich sehe, daß an diesem windstillen frühen Morgen Nebel wie ein zarter Schleier über dem See hängt. Hier und da steigt aus Bauernhäusern Rauch senkrecht in den wolkenlosen Himmel auf. Kinder in grün-weißen Uniformen, deren glänzendes, sorgfältig nach hinten gekämmtes, schwarzes Haar noch naß ist, gehen (oder fahren auf ihren schwarzen Fahrrädern *Made in China*) zur Schule. Straßenköter streunen auf der Suche nach etwas Futter durch die Gegend. Auf der schmalen Straße unterwegs nach Shwenyaung ist wenig Verkehr, und wir erreichen schnell den betriebsamen Bahnhof. Unser langer orange-grüner Eisenbahnwagen steht noch unter dem gelben Baldachin des ausladenden Kassiabaums.

Der *attendant* kocht burmesischen Tee, und ich schenke ihm ein Bündel Cheroots vom See. Später rauche ich selbst einen, während ich zum größten Bahnsteig hinübergehe, wo Reisende ihre Gepäckstücke für die lange Fahrt nach Thazi, oder noch weiter, sortieren. In Burma werden an die Reisezüge hinten immer ein paar Frachtwagen angehängt, in die alles hineingestopft wird – Ballen, Säcke, Fässer, Kisten und Kästen –, was zu groß oder zu schwer für die Personenwagen ist. An jedem Bahnhof helfen Träger beim Aus- und Einladen und beim Transport dieser sperrigen Fracht. Vor dem Frachtwagen ist ein Spezialwaggon, so etwas wie eine mit Stahl verkleidete Festung auf Rädern für die Wächter. Er sieht wirklich seltsam aus. Aus dem Dach ragt ein runder Turm, und rund um den Turm sind mehrere Schießscharten angebracht, durch die Maschinengewehre auf mögliche Angreifer abgefeuert werden können. Gefechtsstände an beiden Seiten des Waggons sind ebenfalls mit Schießscharten versehen, allerdings für kleinere Waffen. Der Gefechtswagen soll den Passagieren ein Gefühl von Sicherheit geben, es ist nur ein kleines Problem dabei: es gibt keine Wachposten. Es sind aber Soldaten in diesem Zug. Sie tragen veraltete Gewehre und sind schlecht uniformierte Jungen und Männer vom Lande, die wenig persönliches Hab und Gut, aber eine Menge große Kisten und Säcke mitführen; darin ist nicht etwa Munition, sondern Proviant: Kohl, Reis und Kartoffeln. Soldaten haben in allen Zügen mit Reservierung, wie unserem, Vorrang. Dies gilt auch für Flugzeuge, was für burmesische Zivilisten bedeutet, daß sie zurückgelassen werden können, wenn am Schalter in letzter Minuten noch irgendwelche Offiziere auftauchen. Aber ich sollte mich über dieses System nicht beschweren, denn der in Dollar zahlende Ausländer hat ebenfalls Vorrang.

Im Zug haben die Soldaten dann die Hitze der zweiten Klasse zu ertragen und müssen über massenhaft Gepäck steigen, das die Gänge versperrt, um zu ihren Holzbänken zu gelangen. Viele Reisende nehmen eine Abkürzung durchs Fenster. Die gutgekleideten höheren Offiziere sitzen auf den bequemeren Sitzen der Ersten Klasse. Weder Soldaten noch Offiziere beachten ausländische Besucher; tatsächlich vermeiden sie sogar den Blickkontakt. Umgang mit Ausländern gilt in diesem Land noch immer als verdächtig. Die Regierung will zwar die Dollars des Touristen, aber den notwendigerweise damit einhergehenden Ausländer will sie nicht. (Die Kommunistische Partei und Regierung Chinas leidet unter dem gleichen Dilemma.)

Obwohl es im Hotel ein kleines Frühstück gab, habe ich nichts gegen ein zweites, als der Zug um halb neun Uhr morgens, auf die Minute pünktlich, aus dem Bahnhof fährt. Es ist äußerst angenehm, sich bei einer Tasse Shan Tee in einen bequemen Sitz zurückzulehnen und durchs Fenster die Landschaft anzuschauen.

Laut Reiseführer dauert die Zugfahrt nach Thazi acht Stunden; nur leider werde ich ihn erst später lesen. So stelle ich auch keine Fragen, als Min Min die Ankunftszeit in Thazi auf neun Uhr abends festlegt – also nach fast dreizehn Stunden. Wahrscheinlich ist dies ein Postzug, kein Expreß. Aber dreizehn Stunden für 120 Kilometer? Das ist schon sehr langsam, aber andererseits bin ich ja auf „Ferienreise".

Beim Frühstück studiere ich die Topographie der heutigen Fahrt, und mir wird klar, daß es eine hochinteressante Reise werden kann. Sie wird von Ost nach West verlaufen: Östlich vom Inle See liegt der höchste Teil des Shan Plateaus mit bis zu zweitausendfünfhundert Meter hohen Bergen. Nach Westen geht es hinunter in die Hauptstadt Taunggyi, fünfzehnhundert Meter über Meereshöhe. Auf unserer „virtuellen Reise" nach Westen geht es weiter bergab zur Bahnstation von Shwenyaung und dem Inle See, der auf einer Höhe von achthundertfünfzig Metern liegt. Von hier aus fährt der Zug heute nach Thazi, über Heho und seinen Flughafen, dann steigt er in die Berge hinauf und nach Aungban, das, ebenso wie die Stadt Kalaw, auf einem Plateau in zwölfhundertfünfzig Metern Höhe liegt. Kurz hinter Kalaw überschreiten wir den höchsten Punkt der Hochebene, von wo aus es dann in Serpentinen durch die Berge langsam nach Thazi hinunter geht. Diese Art von Topographie verspricht eine aufregende Fahrt.

Zuerst fahren wir in ganz gutem Tempo durch die Ebene, in der Bauern und ihre Familien auf grünen und braunen Feldern arbeiten. Vieh grast zwischen kleinen Büschen und Gruppen mittelgroßer Bäume. Hinter uns in der Ferne ragen die Berge von Shan auf. Ich lasse das Fenster herunter, damit die frische Brise ins Abteil weht. Dann ziehe ich den Sitz gegenüber aus, so daß ich mich ausstrecken und die Füße hochlegen kann. Als die Sonneneinstrahlung intensiver wird, setze ich meine Sonnenbrille auf, schlürfe etwas Tee, rauche ab und zu ein Cheroot und freue mich an der vorbeiziehenden Landschaft. Was für eine Reise!

Die Diesellokomotive beginnt laut zu dröhnen, als wir die Steigungen nach Aungban hinauffahren. Auf den schmalen alten

Brücken ohne Geländer, die wir überqueren, kriecht der Zug im Schrittempo, als müßte die Lokomotive erst die brüchigen Eisenkonstruktionen testen, ehe die Wagen folgen dürfen. Die Serpentinen auf das Plateau haben zahlreiche scharfe Kurven, in denen die auf den Schienen schleifenden Eisenräder gräßlich quietschen und das Fahrgestell stöhnt und knirscht, als wäre ihm die Quälerei nach oben zuviel. Ich werde davor gewarnt, den Kopf unbedacht aus dem Fenster zu stecken: massive Felsformationen zu beiden Seiten sind manchmal nur Zentimeter entfernt; bis über die Gleise ragende Zweige und Äste schlagen laut gegen den Wagen und den Fensterrahmen. Doch als sich die im dunklen Schatten liegende Schlucht öffnet und der Zug wieder durch hellen Sonnenschein fährt, werden wir durch einen herrlichen Blick auf die üppige Vegetation, welche die Bahnstrecke säumt, belohnt. Hin und wieder weitet sich das Gehölz zu einem zwischen bewaldeten Höhen eingebetteten Tal. Gelbe Sesamfelder stechen aus den vielfarbigen Anbauflächen hervor; manchmal erhebt sich eine weiße Pagode aus der Ebene oder vor einer Kette niedriger Hügel.

Wir erreichen das erste Plateau, auf dem die Vegetation weniger dicht ist. Sträucher mit gelben und roten Blüten bilden eine bunte Palette. Große, ganz in Spinnweben eingehüllte wilde Ananaspflanzen fallen zwischen den vielen grünen Büschen ins Auge. Wir fahren an immer mehr Häusern auf Pfählen vorbei, ein Hinweis, daß wir uns einem Dorf nähern.

Nach dem geschäftigen Handel in und um den Bahnhof zu urteilen und nach der Vielfalt der Erzeugnisse und Waren, die auf dem Bahnsteig zum Kauf angeboten werden, scheint dies eine fruchtbare Gegend zu sein. Der Bahnhof gleicht eher einem Basar. Hagere Träger in abgetragener Kleidung schleppen schweres Gepäck und Frachtstücke. Die Gepäckwagen sind bis unter die Decke vollgepackt mit Säcken und Kisten. Weitere Fracht, größtenteils Obst und Gemüse, wird jetzt in den Gefechtswagen geladen. Fliegende Händler tragen große Tabletts mit gekochtem oder rohem Essen auf dem Kopf und preisen ihre Ware laut rufend an. Junge Mädchen laufen mit ihren kleinen Geschwistern auf dem Arm herum. Kleine Jungen verkaufen Wasser aus einem Eimer, und wenn er leer ist, füllen sie ihn aus einem Brunnenbecken, in das erschöpfte Zugreisende gerade ihre Hände und ihren Kopf getaucht haben. In einer langen Reihe sitzende Frauen verkaufen Obst und Gemüse – Avocados, Kohl, Karotten, Kartoffeln, Wassermelonen, Blumenkohl, Ingwer und andere Wurzeln, Mais, Kürbis, Bohnen, Knoblauch, Süßkartoffeln, Flaschenkürbis, Blumen, Tee. Ein durchdringender Geruch verrät mir, daß sie auch gedörrten Fisch anbieten. Die meisten Reisenden, wir drei eingeschlossen, nutzen die Gelegenheit, um sich mit Gemüse und Obst einzudecken. Das Be- und Entladen dauert länger als vorgesehen, insgesamt halten wir fünfzehn Minuten. Schließlich verläßt der Zug dieses fruchtbare Tal und klettert in scheinbar endlosen Serpentinen hinauf in die Berge. Hinter jeder Biegung bietet sich ein neuer, manchmal noch prächtigerer Ausblick. Schließlich erreichen wir das nächste ausgedehnte Plateau, auf dem zwei größere Städte liegen.

Die erste, in dreizehnhundert Metern Höhe, heißt Aungban. Hier kreuzen sich zwei wichtige Fernstraßen. Auf dem Bahnhof bietet sich eine ähnliche Situation wie an den vorigen: Soldaten steigen ein, aber jetzt fast alle durchs Fenster, weil sämtliche Türen und Gänge mit Säcken und Körben voller Obst und Gemüse blockiert sind. Die Polizei kontrolliert die Ausweise der Passagiere der billigeren Klasse. Die nächste Stadt ist Kalaw, früher eine für ihr kühles Sommerklima und ihre herrlichen Kiefern berühmte Bergstation, die in einem kleinen Tal liegt.

Dann erreichen wir mit 1.535 Metern den höchsten Punkt der heutigen Fahrt. Es ist dunkel hier oben, denn die Sonne wird von regenschweren schwarzen Wolken verdeckt, die tief über den dichten Wald ziehen und dabei fast die Wipfel der höchsten Bäume berühren. Die feuchte, kühle Luft ist überaus erfrischend. Wir machen in einem kleinen Dorf halt; es wird nicht von Menschen aus der Gegend bewohnt und ist auch keine bäuerliche Gemeinde. Die Bewohner dieses halb verfallenen Ortes sind in jeder Hinsicht Außenseiter, arme Wanderarbeiter, die hierher gekommen waren, um schnell reich zu werden, aber hier hängenblieben, als ihre Träume sich nicht erfüllten. Es sind Goldgräber, die in armseligen Notunterkünften leben. Ihre großen Kochtöpfe hängen draußen über einem Feuer. Halbnackte Kinder in zerlumpten Kleidern und abgemagerte Hunde laufen umher. Ich kann einen kurzen Blick auf die offenen Gruben und ein paar armselige Hütten am Fuß des Berges werfen. Beim Auswaschen des Goldes aus den Eisenablagerungen verwenden sie giftige Substanzen wie Quecksilber und Blausäure, die ins Grundwasser und in die Bergflüsse sickern und Fische wie Menschen vergiften können.

Bei der Fahrt talwärts sollte der Zug eigentlich schneller werden, doch statt dessen fahren wir wieder im Schrittempo. Der Grund sind weder scharfe Kurven noch enge Tunnels; tatsächlich verlaufen die Gleise gerade. Aber wir fahren nicht mehr nur auf einem einzigen durchgehenden Gleis. Rechts und links von uns verlaufen mehrere, durch Weichen verbundene Gleise abwärts: wir sind in ein Z-Kehrensystem eingefahren. Wir „schwingen" wie ein Pendel nach links, warten, daß der Rangierer die schwere Weiche umlegt, so daß wir langsam auf das neue Gleis rangieren können, dann „schwingen" wir nach rechts, wo der nächste Rangierer an der nächsten Weiche wartet. Auf diese Weise benötigt die Strecke keine Brücken und Tunnel. Auf unserem Weg bergab halten wir in einigen Dörfern, wo nur wenige Menschen aussteigen, aber immer mehr zusteigen, was sich wohl durch die magnetische Anziehung der größeren Städte an der Bahnlinie weiter unten in der Ebene erklärt. Die jüngeren Passagiere hängen an den Türen oder sitzen auf dem Dach; wir können ihre schweren Schritte auf dem Stahldach unseres Wagens hören.

Auf unserer langsamen Fahrt habe ich die außergewöhnliche Gebirgslandschaft betrachtet, die wie in einem Flickenteppich über die Berge verteilten Wälder rings um die weiten Täler, und eine Bergkette hinter der anderen, die sich ostwärts zu den Shan-Bergen in weiter Ferne erstrecken. Eine erstaunliche Vielfalt von Bäumen, Sträuchern und Kletterpflanzen, viele in voller Blüte, wächst längs der Gleise. Hin und wieder erkenne ich einige an ihrer charakteristischen Farbe, wie das Feuerrot des Flammenbaums, das Scharlachrot des Flamboyant, das Orangerot des Afrikanischen Tulpenbaums, das Lila der Jacaranda, das Weißgelb des Frangipani, das Gold des Kassiabaums und das Korallenrot des blattlosen Korallenbaums. Die Landschaft mit den bewaldeten Bergen und fruchtbaren grünen Tälern, den mitten in blühenden Gärten versteckten Häusern ist von einmaliger Schönheit. Und über den grünen Bergen wölbt sich ein azurblauer Himmel mit vereinzelten kräftigen Kumuluswolken.

Während der Zug bergab fuhr, aßen wir das zuvor gekaufte frische Gemüse. Danach hielt ich eine kleine Siesta. Als ich aufwachte, entdeckte ich, daß wir die Berge und tiefen Wälder verlassen hatten und aus dem Shan Staat in den Verwaltungsbezirk Mandalay hineinfuhren und somit die große Ebene des Binnenlandes erreichten. Es begann zu dunkeln. Die Sonne verwandelte sich zu einer blutroten Kugel, die mit ihren letzten Strahlen den bauschigen Wolken einen zarten goldenen Schimmer verlieh und die weite Ebene in ein warmes gelbes Licht tauchte. Bevor sie hinter dem Horizont versank, wanderte ihr letztes Licht über die Gipfel der schwarzen Bergkette im Osten. Die magische Zeit des Tages ging zu Ende.

Im Dunkeln fuhren wir in die letzte Station vor Thazi ein. Auf der geraden, flachen Strecke in der Ebene war der Zug schneller geworden, doch konnte er die Verspätung nicht aufholen. Laut Fahrplan sollte unser Wagen an einen Zug Richtung Mandalay angehängt werden, Abfahrt 3 Uhr 30 morgens, Ankunft in Mandalay etwa fünf Stunden später, gegen acht Uhr. Am Morgen bei unserer Abfahrt von Shwenyaung hatte Min Min unsere Ankunfts in Thazi auf neun Uhr geschätzt, aber wir kamen schon um halb acht an. Fahrpläne sind in Burma etwas verwirrend, aber so war auch die Fahrzeit unseres Zuges: Für 120 Kilometer hatte er elf Stunden gebraucht, was einen Durchschnitt von elf Stundenkilometer bedeutet. Mit so einer Leistung kann man die Tour de France nicht gewinnen.

Auf dem Bahnhof von Thazi erlebte ich die peinlichste Situation der ganzen Reise. Wir hatten uns gerade in der gut beleuchteten „Eßecke" unseres Wagen zum Abendessen niedergelassen, als unser Wagen auf ein Nebengleis vor der Laderampe verschoben wurde. Auf die geschäftige, lärmende Rampe fiel wenig Licht von wenigen nackten Glühbirnen. So konnten die Arbeiter uns beide leicht in unserem Luxuswagen beim Abendessen beobachten. Diese armen Männer mit nacktem Oberkörper trugen in der schwülen Abendhitze schwere Säcke und Kisten, und ich empfand den Kontrast zwischen ihrer und unserer Situation als beschämend. Wir beendeten schnell unsere Mahlzeit, griffen unsere Taschenlampen, verließen den Wagen und überquerten die dunklen Gleise, wobei wir auch durch abgestellte Züge kletterten, hinüber zu den großen Bahnsteigen. Dort saßen oder schliefen Menschen, die wahrscheinlich auf ihre lange überfälligen Züge warteten, auf Bambusmatten. Auf der Hauptstraße von Thazi waren die meisten Restaurants und Geschäfte schon geschlossen; nur die geschäftigen Teehäuser im Freien, in denen junge Männer tranken und sich amüsierten, waren noch offen. Als wir auf den Bahnhof zurückkamen, war unser Wagen auf einen eingezäunten und überdachten Sonderbahnsteig mit Stromanschluß und einem Duschraum verschoben worden. Dieser Bahnsteig war sonst Regierungsbeamten vorbehalten.

Als ich am nächsten Tag um halb sieben Uhr aufwachte, hoffte ich, wir wären schon unterwegs nach Mandalay. Doch statt dessen standen wir immer noch auf dem VIP-Bahnsteig in Thazi. Uns wurde mitgeteilt, der Zug würde fünf Stunden Verspätung haben. Nach einem ausführlichen Frühstück und einem Gang durch den betriebsamen Bahnhof, ging ich zurück in den Wagen, um mit Min Min die weiteren Reisepläne zu besprechen. Nach Mandalay wollten wir Lashio, nahe der chinesischen Grenze besuchen. Diese Stadt wurde erst kürzlich für Ausländer geöffnet; Besichtigungen außerhalb des Stadtgebietes sind nicht erlaubt. Mich interessierte jedoch die Gegend zwischen Lashio und der chinesischen Grenzstadt Ruili, und die Straße, die beide Orte verbindet, nämlich der historische Burma Road. Von Ruili aus können Ausländer jetzt über die burmesische Ortschaft Muse nach Burma einreisen; nicht weit südlich davon ist ein weiterer Grenzübergang, Chinshwehaw, der nicht einmal auf der Landkarte verzeichnet ist. Aber ein Besuch beider Grenzgebiete von der burmesischen Seite aus erfordert eine Sondererlaubnis.

Einige der Gebiete von Myanmar, einschließlich bedeutender Sehenswürdigkeiten, wurden in jüngster Zeit für ausländische Besucher geöffnet. Der Kayah Staat bleibt jedoch geschlossen, und die Verwaltungsgebiete der Kachin, Shan, Kayin und Chin sind nur teilweise zugänglich. Wer diese Staaten bereisen will, muß von seinem burmesischen Reiseagenten einen ausführlichen Antrag beim Ministerium für Tourismus und danach beim Verteidigungsministerium (Geheimdienst) einreichen lassen. Auch nach Genehmigung durch diese beiden Minsterien können die örtlichen Chefs von *Army* oder *Military Intelligence* die Ein- oder Weiterreise noch verweigern. Da ich erst nach meiner Ankunft in Myanmar von der Möglichkeit der Grenzübertritte erfahren hatte, kam mein Antrag bei den Ministerien zu spät. Der stellvertretende Minister für Tourismus billigte meinen Antrag, aber der militärische Geheimdienst, der sich unter Zeitdruck gesetzt fühlte, spielte nicht mit. Aber ich habe vielleicht noch eine Chance, denn der Bruder meines Reiseagenten kennt den Chef der Geheimdienstes von Oberburma in Mandalay. Min Min hat seine Telefonnummer und will versuchen, direkten Kontakt mit ihm in Mandalay aufzunehmen.

Als der Zug endlich in Richtung Mandalay abfährt, mache ich es mir mit zwei Büchern gemütlich: Joseph Conrads *Victory* und W. Somerset Maughams *The Gentleman in the Parlour*. Conrads Roman erzählt die Geschichte eines schwedischen Einsiedlers, in Südostasien, der mit einer Tänzerin flieht, womit er den Zorn eines üblen Barbesitzers auf sich zieht – natürlich eines Deutschen. Die Handlung kommt nur langsam in Gang, die Charaktere sind Stereotypen von Gut und Böse, die Beschreibung der asiatischen Länder bleibt oberflächlich. Conrad hat bessere Romane geschrieben. Ich wechsle lieber zu *The Gentleman in the Parlour*, das in der Einführung als ein „reizvoller Bericht über Maughams freundlich entspannte Spazierfahrt durch Burma, die Shan Staaten, Nordthailand und weiter nach Vietnam" beschrieben wird. Die Reise unternahm er 1923 zusammen mit seinem Freund Gerald Haxton. Ein Koch aus Madras, ein Gurkha Bursche und eine Gruppe von Maultiertreibern aus

Yunnan begleiteten sie. In anderen Worten, es war eine eindrucksvolle Truppe. Die Shan reagierten entsprechend und bauten ihnen sogar behagliche Bambushütten für ihre Unterbringung auf der Reise. Es erübrigt sich zu sagen, daß Maugham ein Snob war, aber immerhin ein Gentleman-Snob, der das burmesische Volk, seine Kultur und seine Bräuche achtete und schätzte. Über Maughams Reise durch den Shan Staat zu lesen, während ich fünfundsiebzig Jahre später durch dieselbe Gegend fuhr, bereitete mir ein besonderes Vergnügen, zumal seine Bücher mehr sind als bloße Reiseberichte; sie bieten auch Überlegungen und Erkenntnisse.

Unser Zug eilt durch die karge nördliche Ebene, deren Klima sehr viel wärmer ist als das in den Bergen des Shan Staats. Je weiter wir uns Mandalay nähern, desto mehr Dörfer und Städte mit ihren weißen Pagoden passieren wir. Der Verkehr auf den Straßen wird dichter. Nach Einbruch der Dunkelheit erreichen wir die Außenbezirke von Mandalay. Häuser und Geschäfte stehen sehr dicht an den Gleisen, und nachdem wir das Licht in unserem Wagen ausgeschaltet haben, können wir das abendliche Leben der Menschen in ihren erleuchteten Häusern beobachten. Bald fahren wir in den Hauptbahnhof ein, von wo uns ein Taxi in unser kleines Hotel bringt.

MANDALAY, DIE KÖNIGSSTADT IM NORDEN UND WER HAT MEINEN SALONWAGEN ENTFÜHRT?

Mandalay

Die Stadt Mandalay hat viele berühmte Besucher gesehen. Einer von ihnen schrieb nach seinem Besuch im Jahre 1923:

„Zuerst einmal ist Mandalay ein Name. Es gibt Orte, deren Namen durch den Zufall eines geschichtlichen Ereignisses oder irgendeine glückliche Assoziation einen eigenständigen Zauber haben, und ein kluger Mann würde sie vielleicht nie besuchen, da die Erwartungen, die sie wecken, nie erfüllt werden können. Namen haben ein Eigenleben, und auch wenn Trapezunt nichts als ein bitterarmes Dorf sein mag, so wird der besondere Reiz seines Namens es für jeden verständigen Menschen mit den Insignien des Kaiserreichs versehen; und Samarkand: kann irgend jemand dieses Wort schreiben, ohne den Schmerz unerfüllter Sehnsucht im Herzen und ohne daß sich sein Puls beschleunigt? Der bloße Name Irrawaddy ist für ein empfindsames Gemüt gleichbedeutend mit seinem gewaltigen, ungestümen Rauschen. Die staubigen, von Menschen und einer grellen Sonne erfüllten Straßen von Mandalay sind gerade und breit. Darüber rumpeln Straßenbahnwagen mit Massen von Menschen; sie füllen Sitze, Gänge und hängen in Trauben auf den Trittbrettern wie Fliegen an einer überreifen Mango. Die Häuser mit ihren Balkonen und Veranden sehen so verkommen aus wie die Häuser an der Hauptstraße einer westlichen Stadt, die gerade schlechte Zeiten erlebt. Hier gibt es keine schmalen Gäßchen oder krummen Wege, in die die Phantasie auf der Suche nach dem Unvorstellbaren schweifen könnte. Das macht nichts: Mandalay hat seinen Namen; der abfallende Rhythmus des zauberhaften Wortes hat es in ein romantisches Clair-obscur getaucht."

Lange bevor Somerset Maugham diese Anmerkung zum Namen Mandalay machte, hatte ein Künstler namens R. Talbot

Kelly, der Mandalay im Jahr 1905 besuchte, sich noch weniger freundlich geäußert: „Noch nie wurden Vorurteile so gründlich zerstört wie die meinen über Mandalay! Ich hatte eine hübsche Stadt mit orientalischem Charakter erwartet, statt dessen erwies sie sich im Innern als ebenso häßlich wie vom Fluß aus gesehen." Und Cristina Pantoja Hidalgo, die Mandalay im Mai 1985 besuchte, stimmte mit Kelly überein: „Ich muß zugeben, daß es mir nicht anders ergeht ... Man beginnt zu verstehen, warum dies die Trockenzone genannt wird, und man fragt sich, was in den burmesischen Königen vorgegangen ist, als sie hier ihre Hauptstadt erbauten, wenn sie es ebensogut in Maymyo", dem heutigen Pyin Oo Lwin, „hätten tun können. Die Hitze ist so stark, daß alles vor den Augen wabert. Selbst die umgebenden Berge sehen aus wie ausgedörrt und versengt." Armes Mandalay! Jemand muß sich zu seiner Verteidigung erheben. Deshalb möchte ich eine kurze Beschreibung geben.

Mandalay liegt auf einer Höhe von nur hundert Metern in der trockenen Zentralebene, das heißt im Regenschatten der Chin Berge, in den Tropen, nur etwa einhundertundsechzig Kilometer südlich des Wendekreis des Krebses. Kein Wunder, daß der staubige, heiße Ort für Besucher aus Europa oder Nordamerika so unangenehm ist. Mit beinahe siebenhunderttausend Einwohnern, darunter fünfundvierzigtausend Mönchen und Nonnen, ist es die zweitgrößte Stadt von Myanmar. Yangon, die größte, liegt siebenhundert Kilometer weiter südlich.

Mandalay ist auch namengebend für einen Verwaltungsbezirk, der die Gegend um Bagan einschließt. Am Westufer des Ayeyarwady gelegen, ist es mit der alten Stadt Sagaing über den Fluß durch eine von den Engländern erbaute, eindrucksvolle Brücke verbunden, die bis November 1998 in ganz Myanmar die einzige Brücke über diesen mächtigen Fluß war. Wenn wir auf dieser Reise Myitkyina, die Hauptstadt der Kachin, erreichen, werden wir Augenzeugen der Vorbereitungen für die Einweihung der zweiten Brücke über den Ayeyarwady sein. Eine dritte Brücke, in Pyay, und eine vierte, in Pathein sind inzwischen fertiggestellt worden. Es ist schwer zu glauben, daß es bis vor kurzem nur eine

Brücke über den mehr als tausend Kilometer langen Strom gab. Mandalay ist ein wichtiger Eisenbahnknotenpunkt: Von hier führen Verbindungen nach Monywa, Meiktila, Thazi, Yangon, Bagan über Pyinmana, Lashio nahe der chinesischen Grenze und Myitkyina, der nördlichen Endstation. Die Königsstadt Mandalay hat eine ebenso königliche Umgebung: Amarapura, Inwa (Ava) und Sagaing sind alle ehemalige königliche Hauptstädte.

Die Geschichte von Mandalay ist kurz, denn es wurde erst 1857 Hauptstadt, als König Mindon mit seinem Hofstaat von Amarapura hierher umzog. Der für ihn erbaute Palast wird heute vom Militär als Truppenunterkunft genutzt. Zum Glück für Burma war König Mindon ein Reformer, der das Land dem Handel und der Technologie des Westens öffnete. Er ermunterte die Burmesen auch, sich im Ausland ausbilden zu lassen. Obwohl er viele Söhne hatte, wurde ausgerechnet der falsche sein Nachfolger. König Thibaw nahm viele der Reformen seines Vaters wieder zurück und führte das Land in den dritten Krieg gegen die Briten, der ihn in nur zwei Wochen vom Thron stürzte und nach Indien ins Exil vertrieb. Später, im Zweiten Weltkrieg, während der Kämpfe zwischen Japanern und Briten, erlitt die Stadt große Zerstörungen und dann wieder in den Jahren 1981 und 1984 durch zwei verheerende Feuersbrünste. Daher sind heute nur wenige Gebäude wirklich alt, und von den alten sind die meisten irgendwann umgebaut worden.

Unter britischer Herrschaft wurde die Stadt im Schachbrettraster angelegt, ein Glockenturm wurde errichtet und von ihren königstreuen Untertanen Queen Victoria gewidmet. Im Mittelpunkt der Stadt liegt der große Zegyo Markt. Da Straßen und Avenuen numeriert sind wie in Manhattan, kann auch ein Ausländer sich kaum verlaufen. Mandalay ist weniger die große Schönheit des Ostens, als vielmehr ein Handelszentrum.

Die Menschen aus Oberburma, die Kachin, Shan und andere, kommen zum Handeln und Kaufen hierher. In den letzten Jahren haben viele burmesisch-chinesische Kaufleute und Investoren Büros und Geschäfte an der Hauptstraße dieser vor emsiger Geschäftigkeit summenden Boomtown eröffnet. In Hunderten von zur Straße offenen Läden wird alles verkauft, was die Menschen aus dem Hinterland brauchen, von Haushaltsartikeln bis zu Industriegeräten und -zubehör. Koreanische und japanische Firmen haben die Geschäfte mit viel Werbung versorgt oder haben darüber hinaus eigene Reklameflächen aufstellen lassen. Das Verkehrsaufkommen wächst von Jahr zu Jahr. Auch heute noch ist das Fahrrad das am meisten verbreitete Transportmittel, aber bald werden es Motorräder und Autos sein.

Mandalays Bedeutung als religiöser Mittelpunkt reicht weit über die Zentralebene hinaus. Man kann wohl berechtigterweise sagen, daß Mandalay die Seele dieses überwiegend burmesischen und buddhistischen Landes ist. Die Tausende Mönche und Nonnen, die in den zahllosen Tempeln und Klöstern der Stadt leben und beten, hatten hier nicht immer ein ruhiges, friedliches Leben. Im Jahr 1988 waren viele junge Mönche an einem Aufstand gegen die Regierung beteiligt.

Die meisten Kunsthandwerke Burmas sind eng mit dem Buddhismus verbunden oder hatten ihren Ursprung in der Religion. Daher ist es nicht überraschend, daß dieser religiöse Mittelpunkt auch das Zentrum der traditionellen burmesischen Künste ist, zum Beispiel mit dem Kunsthandwerk, aber auch mit Tanz, Schauspiel, Musik und Marionettentheater.

Außer in der Herstellung von Devotionalien ist Mandalay führend in der Produktion von Seide und Tapisserien, Silberschmiedearbeiten, Holz- und Elfenbeinschnitzereien, Steinmetzarbeiten und der Herstellung von Blattgold und Bambuspapier. Auch Bronzegießereien gibt es hier. Edelsteine und Jade werden hier geschnitten, poliert und gefasst. Obwohl Mandalay nicht als schöne Stadt beschrieben werden kann, findet man dort durchaus prächtige alte Gebäude, faszinierende Läden und Werkstätten, bezaubernde Winkel und Ecken, eindrucksvolle Ausblicke von Hügeln oder Türmen. Bei meinem ersten Besuch wagte ich mich am Tage aus der Stadt hinaus nach Sagaing und Mingun, um abends den Blick vom Mandalay Hill über die Stadt und die weiten Ebenen zu erleben. Diesmal habe ich ganz andere Pläne, aber zuerst muß ich in mein Hotel einchecken.

Wo kann man in Mandalay übernachten

Mandalay hat ein breites Hotelangebot, von den Viersternehotels *Sedona* und *Mandalay Hill Resort* (früher *Novotel*) mit Preisen um die 100 Dollar bis zum kleinen Guest House in Familienbesitz ab 10 Dollar pro Nacht. Die teuren Hotels haben gewöhnlich einiges gemeinsam: eine Innenarchitektur mit viel Glas, Stahl und Marmor, ein paar burmesische Antiquitäten in der Halle und eine sterile, unpersönliche Atmosphäre. Das *Sedona Hotel* in Mandalay unterscheidet sich kaum von einem Luxushotel in Bangkok. Alle Fünfsternehotels bieten einen gleich hohen Standard, einen gleich exzellenten Service und das gleiche ausgezeichnete Essen. Aber für mich haben sie nichts mit ihrem jeweiligen Gastland zu tun – es sind bequeme, aber standardisierte Oasen auf Luxusniveau.

Im Vorjahr hatte ich mich in einem Kompromiß für ein modernes Mittelklassehotel, das *Hongta Hotel* im Zentrum von Mandalay entschieden. Es ist so gebaut, daß kein Licht hineindringt, außerdem dunkel möbliert, und bei dem wenigen elektrischen Licht, das sie sich offenbar leisten konnten, war es recht düster. Der Besitzer war ein reicher Importeur von chinesischen Zigaretten aus Kyaing Tong (früher Kengtung), der „Hauptstadt" des Goldenen Dreiecks, der wahrscheinlich auch anderes importierte oder exportierte. Dieser heute verbreitete Typ des zweitrangigen Hotels versucht mit den Fünfsternehotels zu wetteifern – vergeblich, denn das Management ist unprofessionell und die Mitarbeiter sind nicht geschult. Die Zimmer werden zwar täglich geputzt, aber die Gardinen wurden seit Jahren nicht gewaschen; die Speisekarte ist lang, aber die Speisen sind nicht schmackhaft; zum Frühstück gibt es keine Papayas, obwohl sie auf dem Markt nebenan verkauft werden; und sie servieren als „Orangensaft" ein Getränk mit künstlichem Orangengeschmack.

Die kleinen privaten Hotels und Gasthäuser (oder Guest Houses), oft in Familienbesitz, sind einfach, sehr freundlich und persönlich. Die meisten modernen Annehmlichkeiten stehen nicht zur Verfügung, und Besitzer und Personal sind womöglich nicht sehr professionell, aber sie bemühen sich, dem Gast den Aufenthalt so angenehm wie möglich zu machen, und helfen ihm sogar bei der Organisation der Reise. So ein Hotel hatte Min Min für uns ausgesucht, ein gutes Angebot, 12 Dollar pro Nacht für mein Zimmer und 2 Dollar pro Nacht für seines. Das *Yadana Supon Guest House* hat eine Klimaanlage, aber es gibt nur jeden dritten Tag Strom, und obwohl sie einen lauten Generator haben, wird er bei Stromunterbrechungen nicht immer eingeschaltet. Kleine Bungalows drängen sich mit dem größeren Hauptgebäude in einer von einer Mauer mit Tor umgebenen Anlage. Das *Yadana Supon* liegt in einem Außenbezirk zwischen burmesischen Häusern auf Pfählen, unter denen Häusern Kinder spielen und Vieh herumstreunt. Die Hotelzimmer sind klein; dicke Vorhänge verdecken alle Fenster; einige Wände sind aus Holz mit reichlichen Verzierungen. Die unschönen Farben reichen von Dunkelrot bis Rosa. In vielen Ländern würden solche Zimmer stundenweise vermietet, und vielleicht wurden diese es auch, bevor die Touristen kamen. Es ist jedoch ein sehr sauberes Hotel, und die Angestellten sind aufmerksam und freundlich. Gäste können draußen in dem kleinen Garten sitzen und neben einem winzigen, gewundenen Swimmingpool, der mehr wie ein Kanal aussieht, ein Bier trinken. Das Schwimmbad ist aber seit der Eröffnung leer. Die Anlage grenzt an einen natürlichen Teich, in dem Menschen baden und ihre Wäsche waschen; das Wasser ist von all der Seife und den Waschmitteln fast schwarz. Die Halle im Hauptgebäude wird fast nie benutzt, aber die großen, neuen Glastische und dicken Sessel sind eindrucksvoll, als gehörten sie in ein viel größeres Hotel.

Der Nachtmarkt, den wir nach Einbruch der Dunkelheit besuchten, war sehr enttäuschend – es wurden hauptsächlich billige, aus China und Thailand importierte Metall- oder Plastikartikel angeboten. Wir gingen bald von dort in das *Lashio Lay Restaurant*, das auf zwei Etagen Shan Essen servierte. Es war ein zur Straße offenes Lokal, und die meisten Speisen wurden am Eingang in großen Töpfen ausgestellt. Der unvorhergesehene Ansturm des Dampfs und der starken Gerüche verschiedener scharfer Gerichte auf meine Sinne nahm mir viel von meinem Appetit. Auch war ihr Aussehen nicht gerade einladend. Die

Currys schwammen in viel Öl – die Burmesen mögen es so –, und die Gabel und Löffel wirkten nicht sehr sauber. Wir gingen nach oben, weil der Raum dort besser sein sollte, aber angenehmer war es dort auch nicht. Die großen Ventilatoren richteten nicht viel gegen die Hitze und Feuchtigkeit aus; eine Klimaanlage wäre hier ein Gottesgeschenk gewesen.

Die Kinder des Besitzers, die schreiend und kreischend herumliefen, brachten mich eher dazu, sie übers Knie zu legen, als sie zu bitten, wegzugehen. Aber wir waren einfach zu müde, um nach einem anderen Restaurant zu suchen. Also bestellten wir: Orangensaft mit Eis, Kürbis und Huhn, Suppe und Shan Reis. Das Essen war eigentlich gut. Doch während mir der Appetit vergangen war, verschlang Min Min alles, was gebracht wurde. Er genoß das Leben: freies Essen, freies Reisen, und am Ende würde er noch ein großzügiges Trinkgeld bekommen.

Kunsthandwerk in Mandalay

Für den elften Tag sind Besuche bei den Kunsthandwerkern von Mandalay vorgesehen, den Steinmetzen, Holzschnitzern und Bronzegießern. Jede Handwerkergruppe lebt und arbeitet in einem eigenen Viertel, so daß Besucher von einer Werkstatt zur nächsten gehen können. Sie sind willkommen und eingeladen, die verschiedenen Verfahren zu beobachten: das Schmelzen und Gießen von Metall, das Behauen und Polieren von Marmor, das Schnitzen und Lackieren von Holz.

Die Steinmetze beeindruckten mich am meisten, vor allem weil sie auf großen Flächen im Freien arbeiteten und auch weil einige der Statuen von gewaltiger Größe waren. An diesen emsigen Arbeitsplätzen waren junge Männer dabei, verschiedene Steinblöcke zu behauen, mit Hammer und Meißel zu bearbeiten, während junge Frauen den weißen Marmor polierten oder manche nahezu fertige Statuen bemalten. Die für den Export nach China bestimmten waren besonders bunt, fast kitschig, ein seltsamer Kontrast zu dem vollkommen weißen

Marmor. Sie setzten gerade die letzten Pinselstriche auf die Statue eines sitzenden Mönchs (eine Bestellung aus der Provinz Yunnan in China), die sie nach dem Photo einer alten Holzfigur gestaltet hatten. Die Kopie war ausgezeichnet und sehr detailgetreu, bis hin zum Faltenwurf der Mönchskutte.

Diese Menschen sind nicht unbedingt Künstler; sie sind Handwerker, welche die Anweisungen und Wünsche des Käufers sorgfältig ausführen. Die Bildnisse und Statuen gibt es in Weiß oder teilweise bemalt, im burmesischen, chinesischen oder Thai-Stil, in Form von Mönchen, Löwen und liegenden oder sitzenden Buddhas mit verschiedenen Handhaltungen. Und es gibt sie in allen Größen, von gerade einmal fünf Zentimetern bis vier Metern. Die Preise sind niedrig: eine dreißig Zentimeter große Figur kostet zwischen 5.000 und 15.000 Kyat; sechzig Zentimeter groß kosten sie 30.000 Kyat, einen Meter fünfzig 500.000 Kyat und zwei Meter 600.000 Kyat. Der Preis hängt natürlich von der Qualität des Steins und zusätzlichen Arbeiten wie Bemalen ab. Es ist schwer zu glauben, aber eine zwei Meter große Buddhafigur aus reinweißem Marmor würde umgerechnet weniger als 2.000 Dollar kosten.

Die Qualität der Steinmetzarbeiten überzeugte, dagegen enttäuschte die handwerkliche Arbeit der Bronzegießer. Die Details waren grob und die Gesichter weniger schön. Eine einen Meter zwanzig hohe Bronzefigur sollte 200.000 Kyat kosten. Die am wenigsten kunstvolle Arbeit war die der Holzschnitzer. Im Vergleich mit den Skulpturen aus anderen Materialien waren die Schnitzereien – sitzende Mönche oder Buddhas – kleiner und in der Qualität eher für westliche Andenkenjäger als für kritische japanische Sammler geeignet.

Ich fand den Besuch in den verschiedenen Werkstätten wirklich sehr anregend. Die Arbeiter und der Besitzer beantworteten geduldig sogar die ungewöhnlichsten Fragen und erlaubten mir, mich in ihrem Laden und ihrer Werkstatt umzusehen, als wäre ich ein häufiger Besucher. Die Gastfreundlichkeit und Liebenswürdigkeit der Menschen von Myanmar ist überwältigend und mitunter rührend.

Ich hatte gehört, es gebe in Mandalay Yoghurt- und Eisdielen. Nachdem wir das Kunsthandwerksviertel hinter uns hatten, bat ich Min Min, mich zu einem dieser Cafés zu bringen. Gedacht hatte ich dabei an ein sauberes, kühles Lokal, in dem ich einen Schokoladenmilchshake oder ein Eis genießen könnte. Aber als wir zu einem kamen, verging mir gleich bei seinem Namen die Lust: *Nylon Café*, gleich neben dem *Nylon Hotel*. Das Wort Nylon ruft für mich unangenehme Erinnerungen wach. War es in den fünfziger oder in den sechziger Jahren, als wir diese angeblich „praktischen" Nylonhemden trugen? Sie waren leicht waschbar, brauchten nicht gebügelt zu werden, aber sie waren, sogar im Winter, viel zu warm und nahezu durchsichtig, so daß man die Unterwäsche sehen konnte. Und wie unangenehm sie sich auf der Haut anfühlten. So stimmte mich der Name *Nylon Café* nicht sehr hoffnungsvoll, und tatsächlich waren die Tische auf dem Bürgersteig unsauber, das Eis war ohne rechten Geschmack und mit zuviel Zucker, und die Bettler wurden schon bald ein Ärgernis. Es war Zeit, ins Hotel zurückzukehren, eine Weile zu schlafen und dann zu einem neuen Ausflug aufzubrechen.

Die Hitze und Feuchtigkeit in Mandalay setzen mir zu. Ich habe eine Art Hitzeausschlag bekommen, der sich langsam vom Handgelenk zur Schulter ausbreitet. Zum Glück bin ich noch nicht oft von Moskitos gestochen worden, und mein Verdauungssystem hält stand. Ich merke, daß ich mehr Bier trinke, als ich sollte, eins schon zum Mittagessen und dann eins zum Abendessen. Die Rückenbeschwerden, die meine Reise im letzten Jahr beinahe verdorben hätten, sind trotz des Rüttelns und Holperns des Eisenbahnwagens nicht wieder aufgetreten. Vor ungefähr dreißig Jahren bereiste ich Asien als Rucksacktourist (von Japan nach Hongkong, auf die Philippinen, nach Vietnam, Kambodscha, Laos, Singapur, Malaysia, Thailand, Burma, Indien, Nepal, Afghanistan, Iran und dann in die Türkei) mit den billigsten örtlichen Transportmitteln, ich aß in Hütten und an offenen Ständen und übernachtete in manchem schmuddeligen Hotel. Und nie hatte ich irgendwelche Gesundheitsprobleme, außer in Kabul, wo ich wegen einer schweren Diarrhöe ins Krankenhaus mußte. Als ich schließlich nach mehr als einem halben Jahr nach Hause zurückkehrte, war mein Gewicht auf neunundneunzig Pfund gesunken, und wenn auch etwas erschöpft, war ich körperlich und geistig in bester Verfassung. Jetzt, dreißig Jahre später, brauche ich mehr Ruhe, nicht nur für den Körper, auch für die Seele. Ich lerne gerade, etwas gemächlicher zu leben, und ich habe gelernt, mich selbst zu verwöhnen (zumindest ab und zu).

Die Verhaftung eines Schwindlers

Im Hotel fanden wir unerwartete Besucher vor: sechs Polizisten und einen iranischen Schwindler, den sie festgenommen hatten. Der Mann, um die fünfzig, war behindert und saß in einem Rollstuhl. Die Polizisten trugen gerade seinen Rollstuhl hinaus und hoben ihn in einen Transporter. Ich erfuhr, daß der Festgenommene sich als Käufer von Edelsteinen ausgegeben und einen willigen Verkäufer gefunden hatte. Die wertvollen Steine, die der Iraner aussuchte (aber, nehme ich an, noch nicht bezahlt hatte), wurden in ein gemeinsames Schließfach gelegt, doch nicht bevor er sie heimlich – und ich weiß nicht, wie – gegen billige ausgetauscht hatte. Irgendwie entdeckte der Händler den Betrug, ehe der Iraner Mandalay oder gar das Land verlassen konnte. Der Burmese bekam seine echten Steine zurück; er bestand nicht einmal auf einer Anzeige gegen den Schwindler. Die zuständigen Behörde war jedoch der Meinung, daß es Zeit für einen Präzedenzfall sei, und hatten den Iraner in Haft nehmen lassen. Iranische Gefängnisse sind zweifellos schrecklich, aber ich bin mir nicht sicher, ob die in Burma viel besser sind.

Nachdem sich die Aufregung gelegt hatte, rief Min Min den Chef des Militärgeheimdienstes für Oberburma an, um von ihm die Erlaubnis zu einem Besuch in einigen „braunen" Regionen zu erhalten. (So werden Regionen genannt, die nicht ganz sicher sind, in denen es immer wieder zu Kämpfen kommt. Nur wenn alles ruhig ist, sind die Gebiete geöffnet.) Ich wollte mir auf burmesischer Seite die chinesische Grenze ansehen und auf der alten Burma Road nach Muse und zurück nach Lashio fahren. Die Antwort des Offiziers war ausweichend, aber wir würden nicht so schnell aufgeben.

Besuch in einem Waisenhaus

Wenn ich in unterentwickelten Ländern reise, besuche ich meistens ein Waisenhaus und gebe eine Spende. Der Zustand eines Waisenhauses kann mir mehr über die sozialen Verhältnisse im Lande sagen als Zeitungsartikel und Bücher. Doch schon am Tor des großen staatlichen Heims für Waisenkinder, das wir als erstes ansteuerten, wurde ich abgewiesen. Man wollte nicht einmal mit mir sprechen. Womöglich fürchteten die Verantwortlichen, ich sei ein Journalist, der später in der ausländischen Presse über die Zustände in dem Heim berichten würde. Das Sicherste war deshalb, nein zu sagen, nicht zum Fremden selbst, sondern zu seinem Fahrer. So konnte man jede Auseinandersetzung vermeiden, zumal der damalige Minister für Soziales, Brigadegeneral Pyi Sone, demnächst zu einer Inspektion des Waisenhauses kommen würde.

Unser Fahrer hatte jedoch noch einen anderen Vorschlag. Ganz in der Nähe gäbe es ein buddhistisches Waisenhaus, das von einem Abt und acht Mönchen geführt werde. An der Ecke der 30. und 62. Straße fanden wir so das Ngar-Soe-Thaik Kloster mit seinem Waisenhaus für 200 Jungen im Alter von vier bis zwanzig Jahren. Der Empfang hier war ein anderer, nicht herzlich, aber freundlich. Der Abt, ein Mann Ende Fünfzig, hatte nur wenig Zeit für uns, denn er betreute gerade eine Gruppe burmesischer Förderer, und so wurde einer der acht Mönche unser Führer durch das mit über 2 ha doch recht große Areal.

Mein erster Eindruck war gemischt. Die Waisenkinder, besonders die jüngeren, waren zwar schlecht gekleidet, die abgetragenen Hemden und Hosen oft zerschlissen, aber vernachlässigt und bedauernswert wirkten die Kinder nicht. Im Gegenteil, die Jüngsten spielten fröhlich und lärmend auf dem Hof, und die etwas älteren Kinder machten sich gerade unter großem Palaver auf den Weg zurück in die Klassenzimmer.

In sehr schlechtem Zustand befanden sich aber die Gebäude und Einrichtungen. Das dreistöckige Haupthaus, das eigentliche Wohnheim für die vielen Kinder, war in den Zwanziger Jahren von ausländischen Förderern gebaut worden. Nachdem im Krieg der Holz-Dachstuhl abgebrannt war, setzte man ein Stahldach auf das Backstein-Gebäude. Das viel zu schwere, neue Dach lässt jetzt das Gebäude, das seit Jahrzehnten nicht mehr renoviert worden ist, langsam sinken.

In diesem Gebäude ohne sanitäre Einrichtungen „wohnen" die 200 Jungen. Ihre Schlafräume sind ohne Ventilation und Schutz vor Insekten; wackelige Holzbetten, darauf eine Bambusmatte und eine dünne, abgenutzte bunte Decke, kein Kopfkissen. Vor dem Bett eine große Holzkiste mit massivem Schloss, in dem die wenigen Privatsachen aufgehoben werden. Keine Toiletten, keine Waschbecken, keine Tische oder Stühle. Mitten durch den großen Raum führen zwei lange Leinen zum Trocknen der Wäsche. In einem Bett lag, in zahlreichen Decken eingehüllt, ein etwa 16-jähriger Junge mit Fieber. Eine Krankenstation gibt es nicht, und so werden Gesunde von Kranken nur dann getrennt, wenn akute Ansteckungsgefahr wie Tuberkulose oder anderen Lungenentzündungen.

Dass Krankheiten hier häufig vorkommen, kann nicht verwundern. Die mangelnde Ventilation allein dürfte schon Ursache für Erkrankungen der Atemwege und der Lunge sein. Und dann noch die schlechten bzw. fehlenden sanitären Einrichtungen. Als Bad stehen den Jungen drei große Becken neben dem Wohnheim zur Verfügung. Das Wasser dafür wird aus einem nahe gelegenen Bach abgeleitet, erst in einem großen Auffangbecken gesammelt, damit sich dort der Sand absetzen kann und danach in die drei Wasserbecken weitergeleitet. Das Abwasser von diesem „Badeort" läuft dann in einen Graben, der das Gelände weitläufig durchkreuzt. Doch dieses Abwassersystem funktioniert nicht, das Wasser fließt nicht ab. Es versickert langsam, und so steht in diesen Gräben eine schwarze, faulige Brühe von unangenehmem Geruch, eine ideale Brutstätte für Moskitos. Die Toiletten hinter dem Wohnheim sind in einem erbärmlichen Zustand; eine Klärgrube gibt es nicht, und so dringt der Gestank von den Toiletten bis in die Schlafräume der Kinder. Ich muss zugeben, dass ich nach dem ersten Teil meines Rundgangs betroffen und verwirrt war. Auf der einen Seite die munteren und unbekümmerten Kinder, und auf der anderen Seite die doch erschreckenden, allgemeinen und hygienischen Bedingungen, unter denen diese elterlosen Kinder zu leben hatten.

Als nächstes wurden uns die Klassenräume gezeigt, die in verschiedenen Gebäuden untergebracht sind. Das Kloster verfügt über eine eigene Grundschule, an der auch Kinder des staatlichen Waisenhauses unterrichtet werden. Es waren einfache, farblose, aber saubere Räume mit Wandtafel, wackeligen Holzbänken und -tischen und Lehm- oder Betonfußboden. Eine der vier jungen Lehrerinnen – sehr adrett gekleidet in grünem Rock und weißer Bluse, das schwarze Haar glatt zurückgekämmt – erteilte gerade Unterricht in burmesischer Schriftsprache. Es fiel mir auf, dass die Schüler und Schülerinnen sehr unterschiedlichen Alters waren; einige hätten längst in der Oberstufe sein müssen.

Nicht alle Kinder kommen schon in jungen Jahren in das Heim und manche stammen aus entfernten Provinzen von ethnischen Minderheiten, die nur wenig Burmesisch sprechen. Diese älteren Kinder müssen dann zunächst einmal die Landessprache lernen und sind somit auf ihrem weiteren Bildungsweg stark benachteiligt. Sie schaffen es zumeist nicht mehr in die Oberstufe. Aber diese Kinder sind eher die Ausnahme im Waisenhaus. Der Abt ist um die Erziehung und Ausbildung der Kinder sehr bemüht und setzt alles daran, ihnen die bestmögliche Ausbildung zu geben. Die finanziellen Engpässe begrenzen aber seine Möglichkeiten.

Die meisten Jungen gehen zunächst auf die eigene Grundschule und anschließend auf die (angeblich kostenlosen) staatliche Mittel- und Oberschule in der Nachbarschaft. Leider ist die Ausbildung an den staatlichen Schulen mangelhaft, so dass die Kinder in der Abiturprüfung kaum Chancen haben. Die Abiturnoten entscheiden aber darüber, ob und an welcher Universität die Kandidaten studieren und welches Fach sie belegen dürfen. Sie sind damit entscheidend für ihre Zukunft.

Um die Chancen der Kinder zu verbessern lässt der Abt die Abiturienten nachmittags in separaten Klassen in den Fächern Burmesisch, Physik, Mathematik, Biologie und Englisch auf die Abiturprüfungen vorbereiten. Leider findet dieser Unterricht aus Geldmangel nicht regelmäßig statt, denn die dafür notwendigen Fachlehrer sind teuer. Das Ergebnis ist ein recht trauriges; fast Dreiviertel der Jungen fallen durch. Die Schuld daran kann man aber weder Abt noch Jungen geben; es sind die staatlichen Schulen, die hier auf ganzer Linie versagen.

Abiturienten, die in der Prüfung die notwendige Punktzahl für den Besuch einer Universität erreicht haben, gehen auf die kostenlose *University of Distance Learning*, eine „Erfindung" der Regierung, die – nachdem sie den Studenten jahrelang den Zugang zu Universitäten verweigert hatte – sich bei der Wiederaufnahme des Lehrbetriebes mit einem Überhang von Tausenden von Studenten konfrontiert sah. Die bestehenden Universitäten konnten die große Zahl von Neuzugängen nicht aufnehmen. Man gründete daher Universitäten, die eigentlich nur auf dem Papier existieren. Sie haben weder eigene Klassenzimmer noch Lehrer. Der Student lernt zu Hause und nimmt einmal im Jahr an einer Prüfung teil. Nach drei Jahren bekommt er dann ein Hochschuldiplom; gelernt hat er wenig, und sein Diplom hat einen zweifelhaften Wert. Auf dem Gebiet der Bildungspolitik hat die Militärregierung versagt.

Der Abt erzählte von einer weiteren, schwierigen Aufgabe, nämlich der Beschaffung von Arbeitsplätzen für seine Schulabgänger. Trotz hoher Arbeitslosigkeit war es ihm zwar bisher gelungen, Arbeit außerhalb des Heimes für seine Jungen zu finden. Da ihre mageren Einkünfte aber zunächst nicht einmal für eine Zimmermiete reichen, dürfen sie noch eine Weile im Heim wohnen bleiben. Rausgeworfen wird keiner, sie würden sonst auf der Straße landen. Der Abt will die Erziehung und Ausbildung der Jungen nachhaltig verbessern, denn nur eine qualifizierte Erziehung und gezielte Ausbildung kann die Jungen aus dem bedrückenden

Kreislauf von mangelnder Ausbildung, Arbeitslosigkeit und Armut herausführen.

Es war Mittag geworden; eine wichtige Zeit für die Kinder, weil das Mittagessen die größte Mahlzeit des Tages ist, Frühstück und Abendessen fallen eher mager aus. Das Essen war an diesem Tag von den burmesischen Besuchern gespendet worden. Die Kinder mussten eine lange Reihe vor ihrem Wohnheim bilden. Die Kleinen voran – alle mit gefalteten Händen – gingen sie schweigend zun Speisesaal hinüber. Dort warteten schon ältere Jungen hinter riesigen Metalltöpfen, um Reis, Gemüse und verschiedene Zutaten auf die Emailleteller der Kinder zu laden. Mit dem vollen Teller, aber ohne Besteck oder Essstäbchen betraten sie dann, nachdem sie ihre Sandalen abgestreift hatten, den kargen Esssaal.

Sicherlich wären gerade die Kleinen gerne sofort über ihr Mittagessen hergefallen, aber sie mussten noch auf die Spender warten, denn erst nach dem Dank an die Spender durften sie loslegen – schweigend allerdings, denn sonst würden sie vor lauter Schwatzen die Mahlzeit vergessen; so sahen das die Mönche. Das Essen war draußen unter einem Wellblechdach in großen Metalltöpfen zubereitet worden. Die sog. „Küche" bestand aus drei großen alten Backstein-Öfen, die mit Holz befeuert wurden, und den darin eingesetzten enormen Kochkesseln. Als Köche fungierten drei der älteren Jungen. Außer den Lehrern beschäftigt das Heim keine Angestellten, so dass alle Arbeiten, darunter auch das Kochen für 200 Kinder, von den größeren Kindern ausgeführt werden müssen. Die Kleinen helfen beim Putzen des Gemüses. Nach dem Essen muss jedes Kind seinen Teller selbst waschen. Das Abwasser geht dann leider in einen der Gräben.

Die Kinder leben zwar in sehr ärmlichen Verhältnissen, werden aber ausreichend ernährt, wiewohl weitgehend auf vegetarischer Basis, denn Fleisch oder Fisch sind zu teuer. Der Proteinmangel macht sich denn auch durch verschiedene Krankheiten bemerkbar. Dem Abt ist es gelungen, eine Gruppe von etwa dreißig Bürgern als Spender zu gewinnen, die den Großteil der täglich notwendigen Nahrungsmittel finanzieren. In diesem Land 200

Kinder täglich mit Nahrung zu versorgen, ist eine bewundernswerte Leistung.

Die Mönche hatten schon vor den Kindern gegessen, und das gab uns Gelegenheit zu einem ausführlichen Gespräch mit dem Abt U Sandi Mar, der etwa sechzig Jahre alt ist und ein Jurastudium an einer Universität abgeschlossen hat. Er ist ein Mann mit starker Persönlichkeit, ein wenig autoritär, aber geduldig im Umgang mit den Kindern. Die Kinder genießen große Freiheiten; sie respektieren ihn, aber scheinen ihn nicht zu fürchten, denn die Kleinen spielen oft lautstark ganz in seiner Nähe. Die Mönche unterstützen ihn bei seiner Arbeit, aber Entscheidungen trifft nur er. Als willensstarker Mann entspricht er ganz und gar nicht unserem Bild vom einem sanften und zurückhaltenden buddhistischen Mönch. Sein Motto ist: *„Service to the Poor is Service to all Mankind"*. Er sieht seine Religion als Auftrag, den Benachteiligten zu helfen. So fehlt ihm jeder missionarische Eifer; in sein Heim werden auch christliche oder muslimische Kinder aufgenommen. Auch werden die Kinder nicht zu Mönchen ausgebildet. Sie nehmen zwar einmal in der Woche an einer Meditation teil, aber, im Gegensatz zu einigen christlichen Heimen, die ich später besichtigt habe, steht hier nicht die Religion, sondern die humanitäre Hilfe im Vordergrund.

Ich war nicht nur beeindruckt von seiner humanitären Einstellung, sondern auch von seiner Toleranz gegenüber den ethnischen Minderheiten seines Landes. U Sandi Mar selbst ist zwar Burmane, doch sind etwa die Hälfte der Kinder keine Burmanen, sondern kommen von verschiedenen Stämmen aus den Grenzgebieten. So haben auch Pa-O, Chin, Danu, Kachin, Palaung, Shan, Shan-Chinesen, Inder und Lishu hier Aufnahme gefunden. Die Pa-O sind mit etwa 60 Kindern besonders stark vertreten; sie gehören zu den fleißigsten und erfolgreichsten Schülern. Der beste Schüler ist Khun (Khun ist die Anrede für einen Pa-O wie U die Anrede für einen Burmanen ist) Kyaw Khang, ein Hochbegabter, für den – wie für viele andere Studenten im Lande – das Studium lange Zeit nicht möglich war; die Generäle hatten die Hochschulen aus Furcht vor Unruhen geschlossen.

Der Abt setzt sich übrigens auch für die Ausbildung der Mädchen ein. Die kleinen besuchen seine Grundschule und die älteren werden im Computer Zentrum ausgebildet.

U Sandi Mar ist nicht nur der Abt des Klosters Ngar Soe Thaik, sondern auch Vorsitzender des burmesischen Fördervereins Myanmar Buddhist Orphanage Association (MBOA), des eigentlichen Trägers des Heims. Finanziell kann das Heim aber nur durch die Anbindung an das Kloster überleben.

Die Burmesen sind überwiegend strenggläubige Buddhisten. Nach der buddhistischen Lehre kann man durch verschiedene Aktivitäten Verdienste (*merits*) erwerben, die eine bessere Wiedergeburt ermöglichen. Zu den besonders verdienstvollen Tätigkeiten gehören Spenden und Geschenke an die Nachfolger des Buddhas, nämlich die Mönche. Die Burmesen spenden deshalb wenig für säkulare wohltätige Zwecke, unterstützen aber buddhistische Einrichtungen, insbesondere die Mönche. Von der Regierung bekommt das Heim keine finanzielle Unterstützung, es ist ausschließlich auf private Spenden angewiesen. Die laufenden Kosten können weitgehend durch diese Spenden abgedeckt werden; für Neuanschaffungen, Neubauten oder Reparaturen aber fehlt das Geld.

Der Förderverein des Waisenhauses, MBOA, wurde im Juni 1927 von dem Abt U Pawara, burmesischen Bürgern und einigen in Mandalay ansässigen Ausländern gegründet. Der heutige Verein ist eine juristische Person nach burmesischem Recht mit U Sandi Mar als Vorsitzendem (seit 1975), mit Statuten und mit einem Board of Directors, das aus prominenten Bürgern der Stadt besteht. Hauptförderer ist jedoch eine erfolgreiche burmesische Geschäftfrau, die oft dann zu Hilfe kommt, wenn die laufenden Kosten wieder einmal die gewöhnlichen Spenden übersteigen. Aber auch andere Bürger helfen; zwei prominente Ärzte aus Mandalay untersuchen die Kinder regelmäßig und kostenlos. Von den etwa 200 Kindern sind ca. 45 % Vollwaisen und weitere 45% Halbwaisen. Die übrigen kommen aus zerrütteten Familien. Für alle Kinder gilt: die Verwandten bzw. Witwen sind nicht in der Lage, die Kinder zu ernähren, geschweige denn, ihnen eine

Erziehung und Ausbildung zu ermöglichen. Verwandte und Mönche vermitteln sie dann z.B. an Waisenhäuser.

Nach dem Gespräch mit dem Abt wurde mir und meinem Reiseführer die Bibliothek des Hauses gezeigt, die sich in einem Erkerzimmer des Wohnheims befand, ein kleiner Raum mit nur wenigen Büchern, dafür aber mit einer erstaunlich realistischen und einschüchternden Holzbüste des Gründers, U Pawara. Dort habe ich dann Khun Kyaw Khang, den begabten Pa-O Jungen kennen gelernt. Auf meine Frage, ob er auch einen Computer bedienen könne, hieß es, dass Computerkenntnisse zwar an den Hochschulen nützlich seien, aber das Heim sich einen solchen Luxus nicht erlauben könne.

Meine Reisekasse war noch gut gefüllt, und so beschlossen Min Min und ich, dem Heim einen Computer zu stiften. In einem Fachgeschäft vor Ort kauften wir am folgenden Tag einen PC mit notwendigem Zubehör; die nicht lizenzierte Software gab es kostenlos dazu, selbst die bei uns so teuren Grafikprogramme. Als ich im nächsten Jahr das Waisenhaus besuchte, wurde ich mit einem Spruchband auf dem Bildschirm begrüßt: „*Welcome to Mr. Schroder*!" Khun Kyaw Khang hatte sich in einem Jahr – ohne Lehrer und Bücher – umfangreiche PC-Kenntnisse angeeignet und unterrichtete bereits die Jüngeren. Der PC war aber durch die starke Beanspruchung in die Tage gekommen; weitere Computer waren notwendig, um die vielen Kinder regelmäßig und systematisch ausbilden zu können.

Das war der Anstoß für die Gründung eines gemeinnützigen Vereins in Frankfurt, des Vereins für Internationale Solidarität e.V., ein etwas unglücklicher Name, der aber auf Grund eines Streites zwischen Vereinsregister und Finanzamt zustande kam. Im November haben wir diesen Verein dann in **Myanmar-Kinderhilfe e.V.** umbenannt.

Der neue Name entspricht unserem speziellen Programm, nämlich benachteiligten und bedürftigen Kindern in Myanmar zu helfen. Die Unterstützung beschränkte sich zunächst auf ein einzelnes Heim, nämlich auf das Waisenhaus für Jungen in

Mandalay. Doch schon bei meinem nächsten Besuch in der Stadt machte mich Min Min mit einem weiteren Heim in Mandalay bekannt, einem Heim für Mädchen.

Das Mädchenheim Aye Yeik Mon gleicht in seiner Struktur und Organisation dem Heim für Jungen. Es ist ebenfalls ein buddhistisches Heim und wurde damals von der über 90 Jahre alten Äbtissin, Daw Khay Mar Nandi, geleitet, die von einem eingetragenen Förderverein unterstützt wurde.

Der Empfang durch die Äbtissin war außerordentlich herzlich. Sie ist eine äußerst liebenswürdige Frau, deren Arbeit sicherlich schwieriger ist als die des Abtes. Burmesische Buddhisten geben ihre Spenden nämlich eher den Mönchen als den Nonnen. Daw Khay Mar Nandi muss 200 Mädchen im Alter von 5–20 Jahren nicht nur ernähren, sondern auch die Kosten für ihre Erziehung finanzieren, eine besonders schwere Aufgabe für die geh-, seh- und hörbehinderte alte Dame. Unterstützt wird sie in ihrer Arbeit von einigen Nonnen und den älteren Mädchen, die sie mit liebevoller Pflege umgeben.

Die drei älteren Mädchen sahen sich als Adoptivtöchter der Äbtissin und besonders die älteste unter ihnen, eine etwa 26-jährige junge Frau sah sich gleichzeitig als Sprecherin und Nachfolgerin. Nach außen wirkten Nonnen und Adoptivtöchter wie ein harmonisches Team, doch sollten wir bald feststellen, dass zwischen den beiden Gruppen Krieg herrschte, den die alte Äbtissin wohl nicht mehr wahrnahm. Tatsächlich hatte das Heim weder eine funktionierende Verwaltung noch eine transparente Buchführung, was für uns ein großes Dilemma darstellte. Die Mädchen litten unter dem täglichen Kleinkrieg, was sich auch in ihren schulischen Leistungen niederschlug. Das war umso bedauerlicher, als dass die Mädchen disziplinierter als die Jungen waren, nur erhielten sie nicht die erforderliche Unterstützung durch die Heimleitung. Sie besuchten schlechte Schulen in der Nachbarschaft und bekamen keinerlei Vorbereitung auf das so wichtige Tenth Standard Examination, das über den Zugang zu den verschiedenen Universitäten des Landes entscheidet.

Das Erziehungsprogramm der Äbtissin war früher sehr konservativ, doch hat sie nach langen Gesprächen mit uns wichtige Änderungen erlaubt. Sie wollte, dass die Mädchen ihr Abitur machen und anschließend in ihre Dörfer zurückkehren, um dort als Lehrerinnen an der Dorfschule zu unterrichten. Unser Angebot, eine Schneiderei mit Nähmaschinen einzurichten, wurde nicht angenommen. Dafür habe man keine Lehrerinnen und eigentlich auch keinen Bedarf.

Mangelnde schulische Erfolge waren aber nicht das einzige Problem in diesem Heim. Die hygienische und gesundheitliche Situation war katastrophal. Das Heim bezog sein Wasser aus einem anliegen Kanal, in dem sich Grund- und Abwasser vermischten. Dieses kontaminierte Wasser, mit dem die Mädchen sich wuschen und das auch in der Küche verwendet wurde, führte zu einer Vielzahl von Erkrankungen bei den Kindern. So litten 60% der Mädchen unter Hautkrankheiten, die allein auf das Wasser zurückzuführen waren. Auch die häufigen Darmkrankheiten hatten dieselbe Ursache. Auch wenn die Heimleitung ineffizient war, mussten wir umgehend etwas unternehmen, um diesen Kindern zu helfen. Wir ließen als erstes einen Tiefbrunnen bohren, errichteten einen Wassertank, legten Wasserleitungen, bauten Toiletten und Duschen mit Senkgrube und renovierten die Küche. Seitdem leiden die Mädchen nicht mehr unter Haut- bzw. Darmkrankheiten. Nach dem Tod der alten Nonne im Frühjahr 2007 wurde das Heim von einer erfahrenen Äbtissin übernommen, die bei ihrer Arbeit von einer älteren Nonne, einer pensionierten Schuldirektorin und einer Finanzchefin unterstützt wird. Unter ihrer Leitung hat sich das Mädchenheim zu einem Vorzeigeprojekt entwickelt.

Inzwischen betreuen wir noch ein drittes Projekt, das buddhistische Kin Ywa Waisenheim und seine große Grundschule in Mawlamyine (Moulmein). Bei einem Ausflug mit Min Min zum Golden Rock lernte ich beim Aufstieg einen interessanten Abt aus dem Süden kennen. Er ist in seiner Gemeinde, einem Armenviertel der Stadt Mawlamyine, nicht nur religiöser Führer; er ist auch der Vertreter aller Gemeindemitglieder gegenüber den Behörden und gleichzeitig Friedensstifter zwischen den verschiedenen Volksgruppen wie Mon, Burmanen, Pa-O, Karen und Inder sowie Mittler zwischen den drei Religionsgruppen, nämlich Buddhisten, Hindus und Muslimen. An seiner Grundschule für 500 Kinder aus dem Armenviertel unterrichten muslimische Lehrerinnen neben buddhistischen Mönchen, was selbst im toleranten Myanmar sehr selten ist. In seinem Viertel gibt es keine Auseinandersetzungen zwischen den Religionsgemeinschaften; auch nicht-buddhistische Kinder sind in der Schule willkommen und erhalten eine kostenlose Schulbildung, die stufenweise um eine Mittelschule erweitert werden soll.

Unser Verein verfolgt in allen drei Heimen und seinen zwei Grundschulen drei Ziele für die Kinder und Jugendlichen:

- Wir wollen ihre hygienischen und gesundheitlichen Lebensbedingungen verbessern;
- ihnen eine solide Schulbildung und Zugang zu weiterführenden Schulen ermöglichen und
- ihnen bei der Existenzgründung mit Mikro-Krediten helfen.

Durch Kontakte mit der Vertretung der Weltgesundheitsorganisation (WHO) in Yangon lernten Min Min und ich einen burmesischen Spezialisten für Hygiene- und Gesundheitsvorsorge, Herrn U Myint Kyi, kennen. Bis zu seiner Pensionierung war er leitender Beamter im Gesundheitsministerium und danach Berater der WHO in Yangon. Er erreichte es, dass ein Bauingenieur des Ministeriums, U Kyaw Naing, fortan gegen bescheidene Bezahlung die Bauplanung und -aufsicht für unsere Projekte übernehmen durfte. Er war fortan zuständig für die Anlage von Tiefbrunnen, von Wasserver- und entsorgung, für den Bau von Duschen, Toiletten und Senkgruben, für die Einrichtung von Krankenstationen sowie für die Renovierung der Küchen.

Der Berater der WHO machte uns zudem mit Dr. Daw Kyi May Thein, einer pensionierten Ärztin, die lange im staatlichen Gesundheitswesen tätig gewesen war, bekannt. Die beiden pensionierten Gesundheitsfachleute übernahmen die Verantwortung für Hygiene und Gesundheitsvorsorge in unseren Heimen; untersuchten alle Kinder, gaben Seminare und bildeten die älteren Jungen und Mädchen sowie ihre Lehrer in Hygienemaßnahmen und Gesundheitsvorsorge aus. Alle drei sind nicht nur ausgezeichnete Fachleute, sondern verfügen als Einheimische auch über extensive Netzwerke, die für uns sehr nützlich sind. Der Bauingenieur bringt (kostenlos) Geologen mit; Baugenehmigungen gibt es automatisch, da er die Zentralregierung vertritt. Frau Dr. Kyi May Thein und Herr Myint Kyi werden als einheimische Spezialisten von Äbten, Mönchen und Lehrerinnen akzeptiert, und ihre Vorschläge werden ernst genommen und umgesetzt. Beide haben etwas erreicht, mit dem wir als Ausländer große Schwierigkeiten hatten, nämlich die Verbesserung von Verwaltung und Organisation. Die Krankenstatistiken bestätigen die erfolgreiche Arbeit der drei burmesischen Fachleute; in allen Heimen sind die Krankheitsfälle drastisch und nachhaltig zurückgegangen. Erst muss man die Kinder einmal gesund machen, dann kann man sie auch ausbilden.

Die zweite Priorität unseres Vereins ist die Ausbildung der Kinder und Jugendlichen, denn nur mit einer soliden Ausbildung können sie dem entwürdigen Kreislauf von mangelnder Schulbildung, Arbeitslosigkeit und Armut entrinnen. Wir haben deshalb in den drei Heimen Schulen und Ausbildungszentren bauen lassen. In den Ausbildungszentren befinden sich Krankenstation, Klassenzimmer, Kindergarten, Bücherei, Computer Raum, ein bescheidenes Sprachlabor und

– im Mädchenheim – noch eine Lehrwerkstatt für Schneiderei. Unsere Kinder bekommen neben ihrer schulischen Ausbildung noch intensiven Unterricht in Englisch und am Computer. Vor kurzem habe ich einem Neunjährigen bei der Erstellung seiner eigenen Homepage zugeschaut; eine nützliche Lehrstunde für mich. Außerdem bereiten wir unsere Jugendlichen gründlich und systematisch auf das burmesische Abitur vor. Als wir in den Heimen anfingen, gab es nur einen Universitätsstudenten; heute haben wir 47 Mädchen und Jungen an Hochschulen. Einer unserer Ehemaligen arbeitet als Systems Engineer bei Merck KGaA in Singapur. Für diejenigen, die nicht an die Hochschule gehen können oder wollen, bieten wir Ausbildungen im Handwerk oder in kaufmännischen Berufen an.

Aber die beste Ausbildung ist nutzlos, wenn die oder der Jugendliche nach Abschluss von Schule oder Universität keinen Arbeitsplatz findet. Und damit komme ich zu unserer dritten Priorität. Zusammen mit den Heimleitungen haben wir Strategien entwickelt, die den Mädchen und Jungen bei der Arbeitssuche helfen sollen. Darüber hinaus geben wir Mikrokredite an diejenigen, die sich nach gründlicher Ausbildung selbständig machen wollen.

Ein ehemaliger Schüler hat auf der Ostseite des Inle Sees in dem Ort Mainthawk, in dem auch der Fünf-Tage-Markt stattfindet, ein kleines Geschäft mit Café eröffnet. Besuchen Sie ihn einmal in seinem Lakeview Café; er kann Sie auch über Wanderungen in den Ostbergen beraten. Der andere ist ein Junge, der auf Grund einer nicht korrigierbaren Sehschwäche die Schule letztlich verlassen musste und in sein Dorf östlich vom Inle See zurückging. Seine Großeltern stellten ihm Land zur Verfügung und wir einen Kredit für Düngemittel, Saatgut und einen chinesischen Minitrecker. Er baut jetzt recht erfolgreich Knoblauch und Zwiebeln an. Der dritte Ehemalige baut zurzeit eine kleine „Raststätte" mit Minitankstelle (Benzin aus Fässern) an der neuen Asian Highway, östlich von Taunggyi. Eine Kandidatin gibt es auch; eine junge Frau möchte eine kleinere Schneiderei in Mandalay eröffnen.

Eine unerwartete Herausforderung ergab sich für unseren Verein anlässlich der Verwüstungen durch den Zyklon Nargis im Mai 2008. Wir übernahmen die Patenschaften für zwei weitere Waisenhäuser und zwei öffentliche Grundschulen im Katastrophengebiet. Damit unterstützen wir fünf Waisenheime mit 600 Kindern und vier Grundschulen mit weiteren 700 Mädchen und Jungen.

Wir können das wirtschaftliche und politische System nicht ändern, aber wir können unseren Mädchen und Jungen helfen, dem entwürdigen Kreislauf von mangelnder Ausbildung, Arbeitslosigkeit und Armut zu entkommen. Wir laden Sie ein, unsere Heime einmal zu besuchen.

Sie können uns erreichen über:

Kontakt:	**Myanmar-Kinderhilfe e.V.** Fürstenbergerstr. 171 D-60322 Frankfurt/Main
Telefon:	069-5964576
Email:	myanmar-kinderhilfe@t-online.de
Homepage:	www.myanmar-kinderhilfe.org
Vorstand:	Klaus R. Schröder, Constantin Schuster
Bankverbindung:	Konto-Nr. 04 014 042 00 Dresdner Bank AG, Frankfurt/Main BLZ 500 800 00 SWIFT-BIC: DRES DE FF IBAN: DE47 50080000 0401404200

Wer hat meinen Salonwagen entführt?

Die größte Überraschung der Reise erwartete uns auf dem Bahnhof von Mandalay, als wir unseren Fahrplan bestätigen und kurz zu unserem Waggon gehen wollten. Er war unauffindbar! Einfach verschwunden! Der Salonwagen war aufgrund der schriftlichen Anweisung irgendeines Beamten aus dem Eisenbahnministerium nach Yangon zurückbeordert worden, weil der Vorsitzende Richter des Obersten Gerichtshofs, U Than Pe, nach Mandalay fahren wollte und weil der Sozialminister, derselbe, der das staatliche Waisenhaus besuchen sollte, beschlossen hatte, für die Rückfahrt nach Yangon „meinen" Waggon zu benutzen.

Ich war wütend, das muß ich zugeben. Unsere Vorräte, Lebensmittel und Getränke, waren weg, und meine saubere Garderobe hatte man in eine schmutzige Kiste geworfen. Der *attendant* hatte schon sein großzügiges Trinkgeld bekommen, und Min Min hatte ihm Geld gegeben, unseren Proviant aufzufüllen. Aber es ging mir nicht ums Geld. Ich hatte speziell diesen Wagen bestellt, weil er als der komfortabelste galt. Das stand auch in meinem Vertrag, der jetzt, nach Laune, mißachtet wurde. Der Gedanke, daß jemand anderes von meinen Vorräten aß und mein Bier trank und daß der *attendant* mit dem Geld „durchgebrannt" war, ärgerte mich, doch konnte ich nichts dagegen unternehmen. Man versprach mir, abends einen anderen Wagen bereitzustellen. Ich bestand trotzdem darauf, den Stationsvorsteher zu sprechen, um ihm deutlich zu machen, wie ich über die Angelegenheit dachte. Während ich heftig über sein Ministerium und die Verantwortlichen in Yangon herzog, wurde ich von einigen Burmesen, die an der Tür standen und vielleicht gar nicht verstanden, worüber ich mich beschwerte, lautstark unterstützt. Ihre Abneigung gegen die unzuverlässige Bahn war nur zu offensichtlich, und ich mußte aus Sorge, Unruhen (oder sogar die nächste Revolution) auszulösen, meine Angriffe mäßigen. Trotzdem verlangte ich, in zwei Tagen denselben Wagen für meine Rückfahrt von Lashio nach Mandalay zurückzubekommen. Die schärfste Drohung, an die ich mich erinnere, war, daß ich mich nach meiner Rückkehr bei „Secretary

One“ in Yangon beschweren würde; ich dächte auch daran, dem Eisenbahnminister einen Beschwerdebrief zu schreiben. Aber ich beruhigte mich bald, weil mir klar wurde, daß ein ausländischer Tourist wie ich für diese Beamten völlig unbedeutend ist – verständlicherweise.

Am Abend setzte sich Min Min noch einmal mit dem militärischen Geheimdienst in Verbindung, konnte aber nicht mit dem Chef sprechen. Wahrscheinlich hatte man schon beschlossen, keine Entscheidung zu treffen, und uns einfach weiter anrufen und warten zu lassen. Wir nahmen im Hotel ein einfaches burmesisches Abendessen zu uns – dazu natürlich ein großes Bier. Ich folgte Min Mins Empfehlung und bat einen der Angestellten, mir eine Massage zu geben. In der Nähe wurde gerade ein neues Meditationszentrum eingeweiht; die melancholische burmesische Musik und die wohltuenden Chorgesänge ließen mich bald in einen tiefen Schlaf fallen. Am nächsten Morgen wollten wir früh aufbrechen.

EINE GEMÄCHLICHE FAHRT AUF DAS NÖRDLICHE SHAN PLATEAU UND NACH LASHIO

Vierzehn Stunden bis Lashio

Am zwölften Tag werden mein Reiseführer und ich eine lange Fahrt in unserem „neuen" Eisenbahnwagen machen. Abfahrt Mandalay 4.45 Uhr morgens. Wir werden durch die östliche Mandalay Division fahren, kurz auf der ehemaligen britischen Bergstation Maymyo (dem heutigen Pyin Oo Lwin) haltmachen und dann weiterfahren in den nördlichen Shan Staat. Auf dem Weg zum Shan Plateau, werden wir den berühmten Gokteik Viadukt überqueren, ehe es im Z-Kehrensystem weiter aufwärts geht. Auf dem Plateau angekommen, werden wir in zwei größeren Shan Städten, Kyaukme und Hsipaw, Station machen, die früher einmal Fürstentümer waren. Dann folgen wir eine Weile dem Dokhtawady, einem Nebenfluß des Ayeyarwady, bevor wir Lashio erreichen, unser Ziel am südlichen Ende des Burma Road. Lashio ist nur 180 Kilometer von der chinesischen Grenze entfernt. Laut Fahrplan sollen wir gegen sechs Uhr abends ankommen.

Mandalay erwacht ganz allmählich, als wir am Hauptbahnhof ankommen. Nach einem kurzen Besuch beim Stationsvorsteher, den wir an seine Pflicht erinnern, den Salonwagen wieder nach Mandalay zu bringen, besteigen wir den Ersatzwaggon, der sich als erfreuliche Überraschung erweist. Zum einen ist er nicht viel anders als der alte, und außerdem haben wir einen neuen *attendant,* U San Win, einen sehr liebenswerten, ruhigen älteren Mann. Er erinnerte mich an den alten Mister Wang, einen chinesischen Koch und Gentleman, der in meiner Wohnung in Peking ausgezeichnetes westliches Essen für meine chinesischen Geschäftsfreunde und mich kochte.

Wir ahnten noch nicht, daß U San Win auch ein großartiger Koch war. Da ihm mein lauter Wortwechsel mit dem Stationsvorsteher über die Art und Weise, wie man mit unserer Garderobe umgegangen war, zu Ohren gekommen war, hatte er in der Eßecke eine Wolldecke ausgebreitet. Dort wollte er unsere zerknitterte Kleidung bügeln. In der Küche kochte Wasser, und schon bald servierte er mir im Wohnraum den ersten Tee.

Nachdem ich meine Sachen ausgepackt hatte, zog ich mich mit Somerset Maughams Reisebericht und einer Schale heißem Tee auf meine gemütliche Bank zurück. Da unser Zug über dieselbe Route nach Lashio fuhr wie Maugham seinerzeit, wollte ich auf unserer Fahrt durch den nördlichen Shan Staat seinem Bericht folgen.

Gleich hinter Mandalay begann die Strecke langsam zu steigen. Die heiße, feuchte Luft der trockenen Zentralebene wich kühlerer, frischerer Luft, und als wir die ersten Berge erreichten, waren die Dächer und Pflanzen noch mit morgendlichem Frost bedeckt. In der frühen siebziger Jahren fuhr der bekannte Schriftsteller und Weltreisende Paul Theroux mit dem Zug von Mandalay nach Maymyo. In seinem Buch *The Great Railway Bazaar* berichtet er, wie auch er die erdrückende Hitze und die staubigen Palmen hinter sich ließ und aufstieg in die Kiefernwälder, wo Pagoden mit goldenen Spitzen die tiefgrünen Bäume überragten. In den Stationen beobachtete er, wie auf den Bahnsteigen Händler den Reisenden ihr erstes Frühstück verkauften: Orangen, Papayascheiben, Kuchen, Erdnüsse und Bananen. Eine der dargebotenen Delikatessen fiel ihm dabei besonders auf, es waren gebratene Heuschrecken am Spieß.

Pyin Oo Lwin

Über drei Stunden von Mandalay entfernt, aber immer noch in der Mandalay Division, liegt die beliebte Sommerfrische Pyin Oo Lwin, eine etwas ungewöhnliche burmesische Stadt. Nur etwa fünfundsechzig Kilometer östlich von Mandalay, aber auf einer Höhe von elfhundert Metern gelegen, ist sie umgeben von sanften grünen Hügeln. Anstelle von Palmen, Tamarinden und Banyanbäume des Tieflandes, wird dieses landschaftlich reizvolle Hochtal von Eukalyptus-, Maulbeerbäumen, Eichen und Kiefern

geprägt. Es gibt auch eine fruchtbare Senke mit Kaffeeplantagen und verschiedenen Früchten wie Bananen, Mehlbananen, Ananas, Erdbeeren und vielfältigen Gemüsesorten. Selbst in der heißen Trockenzeit ist die Stadt angenehm kühl; im November und Dezember kann es nachts sogar richtig kalt werden. Das kühle Klima ist sehr erholsam nach der unangenehm stickigen Hitze in Mandalay. In der Kolonialzeit baute ein gewisser Colonel May ein Dorf zu einer englischen *hill station* aus, die sowohl als Garnison wie als Sommerfrische für die britischen Offiziere und Verwaltungsbeamten diente. Die Stadt hat immer noch etwas Englisches. Obwohl nicht unbedingt die typische burmesische Stadt, die ausländische Besucher womöglich suchen, finden Reisende hier eine idyllische Oase, um sich einige Tage zu erholen. Leider erlaubte der Fahrplan mir keinen Zwischenaufenthalt in Pyin Oo Lwin; deshalb sollen hier einige frühere Besucher die Stadt beschreiben. Im Jahr 1954 schrieb Ethel Manning:
„Doch Maymyo ist eigentlich nicht englisch; mit seinen Eukalyptusalleen und mit Bougainvilleen bewachsenen Mauern und Lauben sieht es eher aus wie an der französischen Riviera. Die Häuser sind aus rotem Backstein, mit nachempfundenen Pseudo-Tudor-Elementen in Form von aufgenageltem Holz. Vor dem Krieg war es Garnison, und jetzt ist es eine große burmesische Truppenunterkunft. Im Wohnviertel stehen überwiegend Kiefern und englische Fachwerkhäuser weit hinten in großen Gärten."
Wenige Jahrzehnte später machte Cristina Pantoja Hidalgo folgende Beobachtungen:
„Von Mandalay aus fuhren wir durch eine Landschaft, die sich von trockenem, staubigem Braun zu üppigstem Grün wandelte, vorbei an Kaffeepflanzungen, Pflaumenbaumhainen, grasenden weißen Kühen, kleinen Bauernhäusern mit Strohdächern und einem einzelnen Kirschbaum in voller Blüte.

Was ist dies für eine unwirkliche, kleine Stadt! Alte Villen im Kolonialstil, mit Säulen und Pfeilern, weinumrankt, halb versteckt unter Eichen und Kiefern, Blumen in allen Regenbogenfarben, Pferdekutschen. Es ist, als wäre man in die Zeit der britischen Herrschaft zurückversetzt. Maymyo ist ein beschaulicher Ort.

Unser Hotel besteht aus einer Gruppe alter Backsteinhäuser in einem weitläufigen Garten mit Bäumen und Blumenbeeten, die alle herrlich blühen. Mir gefallen vor allem die hohen Decken, die Glaslampen, Parkettböden und weit ausschwingenden Treppen.

Dann gingen wir in den Botanischen Garten. 432 Morgen wunderschönes Gelände, mit Seen und Brücken, reizenden Fußwegen und an manchen Stellen sogar einem regelrechten Dschungel. Es gibt sehr viele Eichen mit wuchtigem Stamm, verschiedene Sorten von Palmen, bezaubernde Rosen und Orchideen und Lilien. Zuletzt besuchten wir einen Wasserfall an der Straße nach Lashio, mitten in einem hübschen Wald. Dort picknickten wir im gesprenkelten Sonnenlicht."

Ich bedauerte es, daß ich den berühmten, 240 Hektar großen Botanischen Garten mit seinen über dreitausend verschiedenen Pflanzenarten nicht besichtigen konnte. Ebenso verpaßte ich die Wasserfälle, die Höhlen und die Dörfer verschiedener Stämme in der Umgebung von Pyin Oo Lwin, aber ich war mir sicher, daß ich eines Tages wiederkommen und mehr Zeit hier verbringen würde.

Während des Aufenthalts im Bahnhof konnte ich zum Glück etwas herumgehen. Speisen, Obst und Gemüse werden in fast allen Bahnhöfen des Shan Staats auf den Bahnsteigen verkauft, aber hier war ich erstaunt über die Vielfalt und Menge an Gemüsen und Blumen. Ein großer Teil wurde in den Zug geladen. Vor dem Bahnhof standen in leuchtenden Farben gestrichene Kutschen, die von indischen und nepalesischen Burmesen gelenkt wurden. Die meisten Kutscher trugen dicke Pullover. Die etwas kleinen Pferdekutschen sehen aus wie eine Kreuzung von Wells-Fargo-Postkutschen aus dem alten amerikanischen Westen mit königlichen Pferdekutschen aus England. Eine überraschend große Zahl von Menschen in und vor dem Bahnhof waren indischer und nepalesischer Herkunft (vielleicht Gurkha). Ihre Vorfahren waren während der britischen Kolonialzeit hierhergekommen, als viele von ihnen beim Militär und bei der Polizei dienten. Ich konnte auch einen kurzen Blick auf einige der Baustellen werfen, wo alte Kolonialgebäude durch häßliche moderne Bauten ersetzt werden. Bald rief mich das Pfeifen der Lokomotive zurück in den Zug.

Gokteik Viadukt

Nach fünfundfünfzig Kilometern Berg- und Talfahrt im Zickzackkurs näherten wir uns dem siebenhundert Meter langen Gokteik Viadukt, der vor hundert Jahren nach einem britischen Plan von der Pennsylvania Steel Company über eine fast dreihundert Meter tiefe Schlucht gebaut worden war. Obwohl er seither renoviert wurde, ist er etwas altersschwach, und der Lokführer verlangsamte den Zug zu einem Schneckentempo, um die Stahlkonstruktion möglichst wenig zu belasten. Die Brücke wird Tag und Nacht von Soldaten mit Gewehren bewacht, ein Zeichen dafür, daß es im Shan Staat nicht ganz ruhig ist. Kein Wunder, daß es verboten war, den Viadukt zu photographieren. Aber meine Mitreisenden und ich übergingen das Verbot einfach. Wir machten eifrig Photos vom Zug aus. Den besten Blick auf den Viadukt hat man jedoch von der Station vor der Brücke. Ich bekam einen ausgezeichneten Blick, indem ich während der verlangsamten Fahrt die Tür öffnete und mich auf die Trittbretter stellte, was unseren sonst so ruhigen *attendant* etwas nervös machte. In diese Schlucht hinunter zu blicken und unten am Grund den Fluß zwischen Felsen dahinrauschen zu sehen, war schon aufregend, und das bei dem Quietschen der Räder auf den Gleisen.

Obwohl kein Grenzstein den Übergang in den Shan Staat markiert, vermutete ich, daß wir gerade hineingefahren waren. Die nächste größere Station würde Kyaukme sein, eine Stadt mit 150.000 Einwohnern. Die Shan bilden zwar die Mehrheit, aber es leben dort auch Burmanen, Chinesen und Inder, viele von ihnen Händler, die an dieser wichtigen Handelsstraße zwischen Myanmar und China bestimmt recht einträgliche Geschäfte machen. Höchstwahrscheinlich entspricht ein großer Teil der Importe und Exporte, die hier durchgehen, nicht den hiesigen Gesetzen; sowohl die Straße als auch die Eisenbahnlinie sind wichtige Schmuggelwege. Weil Kyaukme über die Straße mit Mogok, neunzig Kilometer nordwestlich, verbunden ist, spielt die Stadt eine herausragende Rolle im Rubin-, Saphir- und Jadegeschäft. Es liegt, umgeben von grünen Hügeln mit Stupas und Pagoden, in einem fruchtbaren Tal, in dem viele Gemüse- und Obstsorten und Reis angebaut werden.

In zwölfhundert Metern Höhe breitet Mogok sich in einem Tal rings um einen kleinen See aus. Es hat den Ruf einer schönen Stadt, die noch nicht ganz ihren ursprünglichen Charakter eines Bergdorfs eingebüßt hat. Wegen seiner Edelsteingruben und Industrie allgemein hat der Ort Tausende von Menschen der vielen Stämme und Volksgruppen angezogen, die die Einwohnerzahl auf nahezu 140.000 anschwellen ließen. Das Interessanteste an Mogok sind nicht seine natürliche Schönheit, sondern seine vielen Gruben und die drei oder vier „inoffiziellen" Edelsteinmärkte. Ich bin sicher, daß der Besuch der Stadt sich lohnt, und habe die Absicht, eine Sondererlaubnis für einen Besuch zu beantragen.

Die nächste Station war das ehemalige Fürstentum Hsipaw, worüber ich erst berichten werde, wenn Min Min und ich es später in einem Tagesausflug von Lashio besuchen werden.

Die Gleise führten nun neben dem seichten Dokhtawady entlang, vorbei an Wasserfällen, Wäldern, Feldern und Siedlungen. Der Tag war lang, und meine Augen waren müde geworden, ermüdet vom Betrachten der sich wiederholenden Szenen: Dörfer, Bauern und Kinder. Bald sah für mich alles gleich aus. Und was zuerst so malerisch oder ungewöhnlich und landschaftlich reizvoll gewirkt hatte, wurde zuviel oder sogar unangenehm: die Armut der Bergbauern, der Schmutz auf den Straßen und die im Müll stöbernden abgemagerten Straßenköter.

Zwölf Tage auf Achse forderten allmählich ihren Tribut, und ich fühlte mich geistig und körperlich ausgelaugt, ich brauchte eine Atempause von all den ungewohnten Anblicken, Geräuschen und Gerüchen. In solch einer Geistesverfassung wird man negativ und verliert die Konzentration und das Interesse. Ich wußte, es war Zeit, mir einen ruhigen, friedlichen Ort zu suchen, wo ich es einen oder zwei Tage etwas langsamer gehen lassen konnte, ehe ich den nächsten Ausflug, das nächste Abenteuer in Angriff nahm. Die hohen Berge ringsum sorgten für einen frühen Sonnenuntergang. Gleich darauf zog der zunehmende Mond über den Bäumen im Osten auf. Es wurde spürbar kälter. Gegen halb sieben Uhr abends fuhren wir nach Lashio hinein, gerade rechtzeitig für ein frühes Abendessen in unserem Hotel – am liebsten irgendein westliches Gericht mit Kartoffeln und kaltem Bier.

Ein entsetzliches Hotel

Wir ließen uns ins *Lashio Motel* fahren, das beste Haus am Platze, wie Min Min mir versichert hatte. Als ich die Halle betrat, war ich von dem Anblick entsetzt, und als ich mich in meinem Zimmer umsah, war ich angewidert. Es war in einem furchtbaren Zustand. Die einst weißen Gardinen waren nicht nur vergilbt, sondern schwarz gesprenkelt; der ehemals rote Teppich war voller grauer und schwarzer Flecken; Hand- und Fingerabdrücke verunzierten die Wände; die Tischdecke war zerrissen, die Matratze mit Blutflecken besudelt, und im Bad gab es häßliche schwarze Schimmelstreifen.

Es war ein schmutziges, verkommenes, verwahrlostes, stinkendes staatseigenes Hotel, in dem sich niemand um irgend etwas kümmerte. Als wollte sie sich über ihre Gäste lustig machen, hatte die Geschäftsführung ein Gästebuch ausgelegt, das zu Kommentaren aufforderte. Ich trug meinen am nächsten Tag ein: „Schließen! Schließen Sie diese Müllhalde!" mit vollem Namen und Anschrift. Aber für diese Nacht saßen wir fest, da es inzwischen zu spät war und wir zu müde, um uns in der Stadt nach einem gepflegteren Hotel umzusehen.

Min Min rief nochmal beim Militärischen Geheimdienst an und versuchte direkt mit Commander Nr. 9 zu sprechen, dem Zuständigen für die Gegend um Lashio bis zur chinesischen Grenze. Meinem Begleiter wurde gesagt, daß man uns erwartet hätte und behilflich sein wollte, daß er aber bis zum nächsten Tag warten möge. Während Min Min telephonierte, hatte ich Zeit, mir die anderen Hotelgäste etwas näher anzusehen. Die meisten waren Händler, Geschäftemacher und Halbwelttypen, überwiegend Chinesen. Mir fielen vor allem ein paar aggressiv

PHAUNG DAW U FEST UND PROZESION

Ein Höhepunkt der zweiwöchigen Prozession um den Inle See ist der Einzug des Hintha Bootes mit den Buddha Statuen in Nyaungshwe

DAS WAISENHAUS

Das alte Wohnheim mit seinem baufälligen Schlafsaal

Das „Badezimmer“ für 200 Jungen

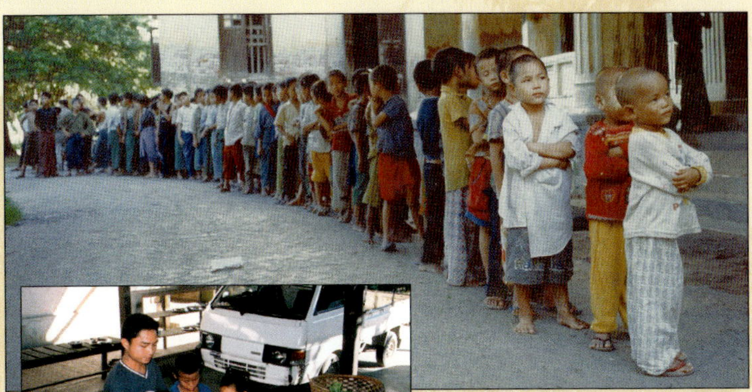

Anstellen zum Essen, aber vorher musste noch das Gemüse geputzt werden ...

Die neunzigjährige Äbtissin, Daw Khay Mar Nandi, und ihre Mädchen mit den neuen Fahrrädern.

Die Mädchen beim Pflanzen und Saubermachen.

Der Abt U Sandi Mar mit zwei Novizen und die Tafeln mit den Namen der burmesischen Spendern im Hof. Die Übergabe einer Spende erfolgt nach burmesischen Ritual.

Die älteren Schüler bei der Examensvorbereitung

Die Kinder besitzen weder Fahrrad noch Radio. Ihr Stolz ist ihr neuer PC- Trainingsraum. Die Kleinen haben bereits erste PC Wettbewerbe gewonnen.

Einmal in der Woche dürfen die Kleinen fernsehen

Die beiden Fußballmannschaften in den Trikots eines deutschen Förderers.

DAS FEST DER NAGA

Auch ausländische Touristen dürfen jetzt am großen Fest der Naga im Januar teilnehmen.

PUTAO, AM FUSSE DES HIMALAJA

In den Bergdörfern um Putao können Minderheiten wie die Lisu und Rawang besucht werden.

NAMHSHAN, HEIMAT DER PALAUNG

Namhsan ist die „heimliche Hauptstadt“ der Palaung im nördlichen Shan Staat. Berühmt sind die Palaung für ihren Anbau des burmesischen Tees.

An der Grenze zu Bangladesch (früher Indien) entstanden diese wehrhaften Tempel und Klöster.

MRAUK-U, DIE ALTE KÖNIGSSTADT DER ARAKANER

Die alte Königsstadt zwischen zahlreichen Seen und grünen Hügeln.

DER INDAWGYI SEE IM KACHIN STAAT

Selten kommen ausländische Besucher an den größten See von Myanmar.

wirkende junge chinesische Geschäftsfrauen auf, sowohl vom Festland wie aus Taiwan. Was sie hier in dieser burmesischen „Grenzstadt" taten, konnte man nur vermuten; es war jedoch höchst unwahrscheinlich, daß alle ihre Transaktionen als gesetzmäßig gelten konnten.

Das sogenannte Restaurant im *Lashio Motel* war gleichzeitig Karaokebar, wofür es mit knallbunten, grellen Neonröhren und riesigen Lautsprechern ausgestattet worden war. Die wenigen, größtenteils chinesischen Gäste in der großen Halle wurden von stark geschminkten jungen Burmesinnen in kurzen Kleidern bedient. Ein unangenehmer Ort, vor allem für ein ruhiges Abendessen. Es gelang uns schließlich, die Bedienung dazu zu bewegen, uns unser chinesisches Essen in einem separaten Raum, getrennt von den Karaokesängern, zu servieren.

Über einer großen Flasche Bier beschlossen wir, wenn in dieser Stadt kein anständiges Hotel zu finden war, entweder über Yangon nach Mandalay zurückzufliegen oder den Stationsvorsteher zu fragen, ob wir früher weiterfahren könnten. Noch eine Nacht in dieser Absteige kam nicht in Frage. Ich ging bald nach dem Abendessen zu Bett, aber an Schlaf war nicht zu denken, weil mein Zimmer zu nah an dem Karaokesaal und den Lautsprechern lag. Um elf Uhr gab ich es auf und überredete den Hotelangestellten, mir ein anderes Zimmer zu geben. Sobald ich eingezogen war, wurde das laute Klimagerät still. In der ganzen Stadt war der Strom abgestellt worden.

LASHIO, DAS TOR NACH CHINA, UND WO GESETZ UND ORDNUNG ENDEN

Trotz der Ereignisse der Nacht erwachte ich am dreizehnten Tag spät und gut ausgeschlafen. Beim Duschen bemerkte ich jedoch Insektenstiche auf meinem Rücken, womöglich von Flöhen oder Wanzen. Wir mußten schleunigst aus diesem Hotel heraus.

Während Min Min am Telefon hing und endlich den Commander Nr. 9 erreicht hatte (den wir unter uns „009" nannten), versuchte ich unsere Optionen für die nächsten zwei Tage auszuloten. Wir mußten die Flugpläne studieren, ein anderes Hotel suchen, die Genehmigung für den Besuch der Grenzgebiete erreichen, einen Tagesausflug nach Hsipaw organisieren und entscheiden, was wir uns in Lashio ansehen wollten.

Commander Nr. 9 zeigte sich kooperativ und forderte Min Min auf, um neun Uhr abends noch einmal anzurufen. Für Burmesen ist 9 eine glückbringende Zahl – sollte dieser Anruf um neun Uhr unseren glücklichen Durchbruch bringen? Mein Reisebüro in Yangon hatte eine erste Zustimmung vom Ministerium für Tourismus erhalten und wollte noch einmal das Verteidigungsministerium, das heißt den Militärgeheimdienst, ansprechen. Wir würden mindestens noch eine Nacht in Lashio bleiben. Außerdem hatte Yangon Airways alle Flüge von und nach Lashio gestrichen, und Myanmar Airways flog erst wieder am nächsten Sonntag. Wir kamen nur mit dem Zug aus Lashio heraus. Ich bat Min Min, noch einmal anzurufen und den Verantwortlichen ein Angebot zu machen, das sie, wie ich meinte, nicht ablehnen konnten: Da das Grenzgebiet nicht ganz sicher sei, würden wir vorschlagen, daß ein oder zwei Offiziere uns begleiten; und da dies „Ausgaben" für sie mit sich bringen würde – wir erläuterten nicht, welche – sei ich bereit, ihnen dafür hundert Dollar zu erstatten. Sehr zu meiner Überraschung widerstanden sie der Versuchung und lehnten mit der Erklärung ab, sie hätten nicht genügend Beamte zur Verfügung. Als erstes besichtigten wir drei Guest Houses, deren Namen und Anschrift wir in unserem deutschen Reiseführer fanden. Alle waren sauberer als die Absteige, in der wir wohnten, aber das *Nadi Ayeyar* war bei weitem das beste und nicht teurer. In einer parkähnlichen Anlage mit mehreren neuen Häusern gelegen, war es die ruhige Zuflucht, nach der ich gesucht hatte. Eine Stunde später waren wir eingezogen. Nachdem dieses Problem gelöst war, konnten wir unsere Ausflüge innerhalb und außerhalb von Lashio planen.

Lashio

Am Ende der zweihundertfünfzig Kilometer langen Eisenbahnstrecke von Mandalay gelegen, ist Lashio der Ausgangspunkt der Burma Road nach China. Von hier sind es einhundertfünfzig Kilometer bis zur Grenzstadt Wanting und von dort noch einmal Hunderte von Kilometern bis Kunming, der Hauptstadt der Provinz Yunnan. Im Zweiten Weltkrieg war dies die Hauptroute, über die die Engländer und Amerikaner Waffen, Munition und sonstigen Nachschub für Chiang Kai-shek in Südchina transportierten, manchmal sogar bis nach Chengdu und Chongqing. Der andere wichtige, heute fast vergessene Nachschubweg, die Ledo Road, führte vom indischen Tirap Gebiet über eine hohe Bergkette und durch das burmesischen Hnkawng Valley nach Myitkyina. Von dort gibt es dann eine zweite Burma Road, eine Straße von Myitkyina über Bhamo bis zur chinesischen Grenze, wo sie auf die erste und ursprüngliche Burma Road traf.

Nun, da Lashio für Ausländer zugänglich ist, kommt man leicht hin. Mit dem Flugzeug oder dem Zug ist es bequemer als mit dem Auto, das von Mandalay etwa acht Stunden braucht. Die natürlich Lage von Lashio oder beider Lashios, sollte ich sagen – es gibt das größere neuere Lashio Lay und das ältere Lashio Gyi – ist ausgezeichnet: Es liegt in ein Tal gebettet und ist rings umgeben von bewaldeten Höhen mit großen Tempeln und Pagoden. Das Klima hier ist recht günstig, und man atmet klare, kühle Luft.

Ethel Mannin, eine englische Schriftstellerin, beschreibt Lashio in ihrem Buch *The Land of the Crested Lion:*
„Bambus und Wellblech – was würde der Osten ohne sie tun? Ganz Lashio scheint aus diesen beiden Dingen gebaut zu sein. Von der Veranda aus wirkte die Stadt wie ein abfallendes Gedränge sich beinahe berührender rostiger Wellblechdächer – und viele berühren sich tatsächlich. Nebel stieg von dem Tal auf, in dem die Stadt liegt, und die nackten Füße auf dem Holzboden wurden kalt. Die Minarette der Moschee erhoben sich in stumpfem Weiß vor den noch dunklen Bergen. Lashio liegt so schön inmitten der hintereinander gestaffelten bewaldeten Höhenzüge, doch die Stadt selbst ist dort, wo sie nicht neu und billig gebautes Blendwerk ist, verfallen und im Niedergang begriffen. Drei Kilometer außerhalb von Lashio liegen die verstreuten, baufälligen Häuser von Alt Lashio. Gleich dahinter beginnt eine wild schöne Landschaft mit bewaldeten Hügeln, hinter denen Berge mit spitzen, scharfen Gipfeln aufragen. Alles ist überwuchert von den Blütendolden der lila Dschungelklematis. Zahllose blühende Bäume hoben sich wie Rauchwölkchen vor dem dunklen Hintergrund der baumbewachsenen Höhen ab."

Über einhunderttausend Menschen verschiedener ethnischer Herkunft leben in der Hauptstadt des nördlichen Shan Staats, mehrheitlich Chinesen, Kokang Chinesen und Shan Tayok. Bis vor kurzem war die Umgebung von Lashio aufständisches Gebiet, die Basis mehrerer verschiedener Armeen, die behaupteten, für die Unabhängigkeit von der Zentralregierung in Yangon zu kämpfen, während sie in Wirklichkeit um Schmuggel- und Drogenrouten kämpften, nicht nur gegen die burmesische Armee, sondern vor allem gegeneinander. Einige mächtige Drogenbarone lebten oder leben noch in diesem Gebiet. Früher gehörten die Burmesische Kommunistische Partei und ihr militärischer Flügel, die Überreste von Chiang Kai-sheks Armee, die Kokang Drogenbarone und ihre Spießgesellen und mehrere andere zu den kriegerischen Gruppen. Die meisten haben mit der Regierung in Yangon eine Art Frieden geschlossen, aber sie kontrollieren noch immer ihre jeweiligen Territorien. In der von der Regierung überwachten Presse werden die Anführer ehemals aufständischer Gruppen und Drogensyndikate (die viel Zeit in Yangon verbringen, wo sie zu den größten Investoren im ganzen Land gehören) als „*peace makers*" bezeichnet.

Außer den buddhistischen Pagoden, von denen einige einen herrlichen Blick von den umliegenden Hügeln bieten, kann der Tourist sehr belebte chinesische Tempel oder sogar eine Moschee besichtigen. Außerhalb der Stadt müssen einige schöne und interessante Flüsse, Seen, Wasserfälle und Höhlen sein, aber ich bezweifle, ob das Militär ausländischen Touristen erlauben würde, sie zu besuchen, mit Ausnahme des Lashio Hot Spa, das den Eintrittspreis für ausländische Touristen gerade auf fünf Dollar erhöht hatte (was mir gleichbedeutend mit Straßenraub erschien). Daher beschlossen wir, eine Pagode auf einem Berggipfel und am Spätnachmittag den Nachtmarkt zu besuchen. Falls der Militärgeheimdienst uns die Erlaubnis zum Besuch der Grenzgebiete verweigerte, würden wir einen Tagesausflug nach Hsipaw unternehmen.

Grenzübergänge nach China

Während Min Min schon wieder telefonierte, versuchte ich, auf meinen Landkarten mehr über die Grenzübergänge nach China in Erfahrung zu bringen. Wie mir die junge Frau an der Hotelrezeption, eine intelligente, gebildete Chinesin, erzählte, gab es für Chinesen und Burmesen drei Übergänge, doch waren nicht unbedingt auch westliche Besucher erlaubt. Sie sagte, Namkhan, wo der Shweli die Grenze zu China bildet, sei der nördlichste Übergang von Lashio aus, daß er aber wahrscheinlich für Ausländer wie mich geschlossen sei, denn die Stadt selbst, ein früheres Fürstentum, sei ebenfalls nicht für Ausländer geöffnet. (Der hochgeachtete Arzt Dr. Gordon Seagrave arbeitete am Namkhans American Medical Center, an dem er Generationen von Ärzten und Krankenschwestern ausbildete. Seine Autobiographie, *Burma Surgeon*, die 1943, etwa zwanzig Jahre vor seinem Tod, veröffentlicht wurde, kann ich sehr empfehlen.)

Die Dame an der Rezeption hatte noch mehr Informationen für mich: Wenn man dem Tal des Shweli folgt, kommt man nach Muse, dem wichtigsten Grenzübergang zwischen Burma und China. Es liegt an der neuen Burma Road gegenüber der chinesischen Stadt Ruili und ist nun, da alle Reisenden in beide Richtungen über die Grenze gehen können, auch für westliche Ausländer geöffnet. Muse hat sogar ein Guest House, aber dem sind die Hotels in Ruili wahrscheinlich vorzuziehen. In der Region Lashio-Namkhan-Muse beherrschen die Kokang Chinesen das wirtschaftliche, soziale und politische Leben. Einige von ihnen waren (und sind noch) in erheblichem Umfang am Opium-Heroin-Geschäft beteiligt. Kokang gehörte jahrhundertelang zu China, bis die Engländer 1897 der chinesischen Regierung einen Vertrag aufzwangen, mit dem Teile von Burmas Shan Staat an China und Chinas Kokang-Gebiet an Burma abgetreten wurden. So wurde Kokang Teil des Shan Staats und sein chinesisch sprechender *myoza* (einem Shan Fürsten unterstehendes Bezirksoberhaupt) war dem *Sawbwa* von Hsenwi zu Treue verpflichtet.

Da die Kokang unmittelbar an der chinesischen Grenze lebten, ethnische Chinesen waren und den örtlichen Dialekt sprachen, waren der erste *myoza* und seine Nachfolger, der Yang-Clan, in der beneidenswerten Position, den Grenzhandel zu kontrollieren, der größtenteils aus Schmuggelware, einschließlich Opium, bestand. Diese starke wirtschaftliche Grundlage machte sie schließlich dem Shan *Sawbwa* ebenbürtig. Nachdem Burma 1948 unabhängig geworden war, vertrat Jimmy Yang den Kokang-Bezirk im Parlament. Als die vierunddreißig Shan Fürsten (und zwar einschließlich des Fürsten von Hsenwi) 1959 auf ihre Macht verzichteten und ihren Grundbesitz Bauern übertrugen, verloren sie ihre ökonomische Basis; die Yang Familie hingegen konnte ihren Wohlstand weiter mehren. Sie stellte eine eigene Armee auf und erlangte die Kontrolle über große Teile der Opiumgebiete. Spätere Opiumkönige wie Khun Sa und Lo Hsin Han lernten den Opiumhandel bereits als junge Offiziere in der Kokang Armee. Ein Mitglied der Yangfamilie erregte besondere Aufmerksamkeit: Olive Yang befehligte, immer im Kampfanzug und mit zwei Revolvern am Gurt, den größten Teil der Truppen. Ihre Liebesaffäre mit einer berühmten burmesischen Schauspielerin wurde allgemein bekannt und ihre Forderung, die Regierung von Burma solle ihre „Ehe" offiziell anerkennen, verursachte erhebliches Aufsehen. Jimmy Yang und Olive sind lange tot, aber die Yang-Familie beherrscht noch immer das Kokang Gebiet und Teile des Opiumgeschäfts.

Zwei andere chinesische Gruppen sind die Shan Tayok, die Major Enriquez (dessen Buch *Races of Burma* 1924 erschien) ein Mischvolk nannte, und die Haw (Hui, Hwei, Pathay) Chinesen. Die Shan Tayok leben sowohl im Shan und Kachin Staat als auch jenseits der Grenze in der Provinz Yunnan. Die Haw Chinesen waren früher Maultiertreiber, die Waren und Nachschub zwischen Yunnan, Nordwestthailand und Nordostburma transportierten; heute stellen sie nicht nur den Hauptteil der kleinen Geschäftsleute in den Dörfern des Goldenen Vierecks, sie sind auch die Hauptaufkäufer von Rohopium. Während sie das Opium nur einsammeln, sind die Kokang Chinesen eine der größeren Gruppen im Drogenhandel von Myanmar.

Für die etwas mehr als einhundertundfünfzig Kilometer über die Burma Road von Lashio nach Muse braucht man mit dem Auto ungefähr sechs Stunden, von Muse nach Namkhan, eine Strecke von dreißig bis vierzig Kilometern, weniger als zwei Stunden. Die Dame an der Rezeption warnte mich, nicht von der Straße abzuweichen, da dieses Dreieck zum Hauptdrogengebiet von Myanmar gehöre und ein neugieriger, zu viele Fragen stellender Ausländer schnell verschwinden könne – für immer. Es gibt Berichte, daß entlang dieser Grenze zahlreiche Opiumlager und chemische Labors zur Herstellung von Heroin und Amphetaminen stehen. Das gesamte Gebiet wurde nie von irgendeiner burmesischen Regierung kontrolliert, sei es die frühere Monarchie von König Mindon, die britische Kolonialherrschaft, die demokratische Regierung von U Nu, die sozialistische Diktatur von General Ne Win oder die derzeitige Militärregierung. Es ist Niemandsland, wo Gesetz und Ordnung enden.

Am dritten Grenzübergang, südlich von Muse, in Chinshwehaw (manchmal Chinshwetang genannt) am Nanding He-Fluß, sieht es nicht viel besser aus. Dorthin gelangt man über die Burma Road von Lashio nach Hsenwi, dann nach Westen abbiegen auf eine (schlechte) Straße, die Route 34, die zuerst durch Nati, dann durch Kunlong führt, wo es über die Thanlwin-Brücke geht. Als nächstes kommt die Stadt Hopang und dann Chinshwehaw und die chinesische Grenze. Dort soll es ein anständiges Guest House geben, wurde mir gesagt. Die Fahrt geht durch wunderschöne Täler, vor allem in der Gegend zwischen Kunlong und der Grenze, entlang dem Thanlwin.

Der Thanlwin

In dem Kapitel über Myanmars Geograpie habe ich erwähnt, daß es mein Traum ist, eines Tages einige hundert Kilometer den Thanlwin entlangzufahren; doch das Abenteuer muß warten, bis die Staaten, durch die der Strom fließt, für Ausländer sicher werden. Und das kann noch lange dauern. Somerset Maugham empfand für den Salween, wie der Thanlwin seinerzeit hieß, eine ebensolche Faszination.

„Schließlich erreichten wir den Salween. Er ist einer der großen Flüsse, die weit oben in den Steppen Tibets entspringen – der Brahmaputra, der Irrawaddy, der Salween und der Mekong – und parallel gen Süden fließen, um ihre mächtigen Wassermassen in den Indischen Ozean zu ergießen. Da ich sehr ungebildet bin, hatte ich nie von ihm gehört, ehe ich nach Burma kam, und selbst dann war er für mich nichts als ein Name. Er rief keine der Assoziationen wach, die auf immer mit Flüssen wie dem Ganges, dem Tiber und dem Guadalquivir verbunden sind. Erst als ich an ihm entlang fuhr, bekam er für mich eine Bedeutung und mit der Bedeutung ein Geheimnis. Er war ein Entfernungsmaß, wir waren sieben Tagereisen vom Salween entfernt, dann sechs; er schien sehr weit weg.

Wenn wir auf der Straße einem seltenen Reisenden begegneten, berichtete mir mein Dolmetscher, nachdem er ihn angesprochen hatte, möglicherweise, daß der Reisende den Salween drei Tage zuvor überquert habe. Er führe Hochwasser, das aber zurückgehe. Bei schlechtem Wetter war es kein Spaß, ihn zu überqueren. Jenseits des Salween' klang erregend, und das Land erschien düster und fern.
Er wurde der östliche Fluß meiner Träume, ein breiter Strom, tief und verschwiegen in seinem Bett zwischen waldigen Höhen, er war romantisch und hatte ein dunkles Geheimnis."

Die Quelle des Thanlwin, des längsten Flusses in Myanmar, befindet sich in einer Bergkette im östlichen Tibet. In Tibet Urtschu und in Yunnan Nu Jiang genannt, fließt der Fluß 2.400 Kilometer nach Süden, ehe er bei Mawlamyine (ehemals Moulmein) an der Andamanensee in den Golf von Mottama mündet. Östlich des Grenzübergangs in Muse bildet er vierzig Kilometer lang die Grenze mit China, und weiter südlich grenzt er über 130 Kilometer Myanmar von Thailand ab.

Jeder, der vorhat, den Thanlwin und den dritten Grenzübergang bei Chinshwehaw zu besuchen, sollte gewarnt sein, daß das Gebiet um Chinshwehaw nördliches Wa-Territorium ist, die Heimat früherer Kopfjäger und einiger der berüchtigtsten Drogenhändler Burmas.

Würden wir dem Thanlwin eine Zeitlang von der chinesischen Grenze an folgen, wenn er sich durch das Territorium der Wa schlängelt und dann an der Stadt Tangyan vorbeifließt, einem weiteren berüchtigten Drogenzentrum, würden wir nach einigen hundert Kilometern in den Kayah Staat gelangen, die Heimat der Roten Karen. Die Karen sind der einzige Stamm, der sich standhaft weigerte, am Drogengeschäft teilzunehmen. Von der chinesischen Grenze durch den Shan und den Kayah Staat fließt der Thanlwin vierhundert Kilometer lang durch eines der bekanntesten Drogengebiete der Welt.

Die Mansu Paya Pagode in Lashio

Am späten Nachmittag fuhren Min Min und ich in einem Taxi zu einer oben auf einem Berg stehenden Pagode, der Mansu Paya, von wo man einen Rundblick auf Lashio Lay und Lashio Gyi hat. Es war der Tag vor dem Vollmond des *Thadingyut* und der erste Tag des Lichterfestes. Hunderte von Öllämpchen und Kerzen waren überall auf den Stupas und ihren Statuen aufgestellt. Während in der Pagode etwa hundert Frauen buddhistische Gebete im Chor nachsprachen, bereiteten sich einige Shan Jungen und Mädchen vor, im Hofraum neben der Hauptgebetshalle Shan Tänze aufzuführen. Die Mädchen hatten die traditionellen goldgelben Kleider angelegt; die Jungen dagegen trugen westliche Hosen. Sie hatten eine kleine Musikgruppe bestehend aus Zimbeln, einer recht durchdringenden Harfe und einer sehr langen Shan Trommel mitgebracht. Als die Musik einsetzte, begannen sie langsam im Kreis zu tanzen. Jungen und Mädchen standen sich einzeln gegenüber, berührten sich aber nicht. Dann löste der Kreis sich auf, und es bildeten sich Paare, aber nur kurz, bis sie wieder in den Kreis zurücktraten. Nach der Vorführung standen Jungen und Mädchen in getrennten Gruppen, aber nah beieinander, herum. Es wurde viel gelacht und gescherzt, und ein Mädchen saß auf dem Schoß seiner Freundin, während einige Jungen den Arm um Freunde legten und ihr Kinn oder ihre Wange an deren Schultern lehnten. In dieser körperlichen Nähe, die Mädchen zu Mädchen und Jungen zu Jungen suchten, lag etwas Unschuldiges und Rührendes.

Der Nachtmarkt von Lashio

Auf dem Nachtmarkt von Lashio herrschte emsige Betriebsamkeit. An den schwach beleuchteten Ständen wurden nicht nur Speisen und Getränke angeboten, sondern nahezu alles, was Bauern, Handwerker oder ihre Familien brauchten: Werkzeug und Ersatzteile, Pfannen und Töpfe, Kleidung und Schuhe,

Spielzeug und Bücher und, natürlich, die unvermeidlichen T-Shirts und Poster, von denen sogar Länder wie Burma überschwemmt werden. Die Popkultur ist universell, sie ist bis in die fernsten Gegenden des Globus vorgedrungen. Neu auf dem Markt waren hier T-Shirts mit dem unverwechselbaren Bild der *Titanic.* Ich hatte mir etwas weniger „Verwestlichtes" erhofft, wie etwa Frauen der Bergstämme in ihrer Tracht, die ihre Erzeugnisse anbieten. Aber die meisten Waren auf dem Nachtmarkt waren aus China importiert, und ich fragte mich, wie Myanmar das alles bezahlen konnte; allerdings hatte ich gehört, daß der nicht konvertierbare Kyat in thailändischen und chinesischen Grenzstädten angenommen wird. Vermutlich bezahlten die thailändischen und chinesischen Käufer mit ihrer burmesischen Währung illegal aus Burma exportierte Güter wie Rubine, Jade, Saphire, Teakholz und Nahrungsmittel. Man könnte es einen freien Markt ohne staatliche Eingriffe nennen. Leider führt Burma viel mehr ein als aus und gerät so in den gleichen Teufelskreis wie viele andere Entwicklungsländer. Die vielen Importwaren auf diesem Nachtmarkt zeigten deutlich einen gefährlichen wirtschaftlichen Trend auf. Ich konnte ihn wohl kaum umkehren, indem ich ein paar Bananen und Kekse kaufte.

Wir fanden den Weg zurück zu einem neu aussehenden Coffee-Shop, der uns zuvor wegen seiner bunten Lichter und modernen Einrichtung aufgefallen war. Nach dreizehn Tagen in einem der entlegeneren Bereiche Asiens stand mir ein erster Kulturschock bevor, ein Kulturschock umgekehrter Art. Beim Eintreten wurden wir von den rasch wechselnden Farben der Leuchtröhren und lauter Rockmusik überfallen, die sich auch noch als Popversion von Orffs *Carmina Burana* erwies. Simultan dazu liefen auf einem großen Bildschirm grelle Videoclips. Übergroße Poster schmückten die weißen Wände, einige recht aufreizend mit halbnackten chinesischen Models, andere gewöhnliche Filmplakate, das bekannteste ein Porträt des jungen Hauptdarstellers in *Titanic*. Der Besitzer war ein junger indischer Burmese, und er und seine Freunde hatten alle Attribute des gegenwärtigen westlichen Teenagers: langes Haar, Jeans, Ohrringe. Was dachten wohl die Bauern und Arbeiter, die auf ihrem Weg zum Markt an dieser Einrichtung vorbeikamen? Nachdem wir uns bei Tee und Kuchen ein wenig mit dem Eigentümer unterhalten hatten, kehrten wir ins Hotel zurück.

Wem gehört Nadi Ayeyar?

Das Hotel *Nadi Ayeyar* war genau die richtige Oase für mich. Mein Zimmer war geräumig, mit einfachen, aber neuen Möbeln eingerichtet und tadellos sauber. Das Essen, das in einem großen Restaurant eingenommen wurde, war überwiegend gute chinesische Küche. Und wenn ich statt Reis Kartoffeln haben wollte, wurde dieser Wunsch im Handumdrehen erfüllt. Das Personal besuchte fast jeden Tag kurze Schulungsstunden, die der junge Direktor gab. Er stellte sich als Thomas Wu aus Taiwan vor. Er hatte an einem College in Kalifornien studiert. Sein Onkel, der ihn aufgezogen und unterstützt hatte, war der Besitzer oder Teilhaber des Hotels und lebte in den Vereinigten Staaten. Thomas Wu war hierher geschickt worden, um das Hotel zu führen, das Personal zu schulen und dafür zu sorgen, daß es hohen Ansprüchen genügte. Thomas mußte allerdings mit einem Handicap fertig werden: Er sprach kein Burmesisch.

Nach langjähriger Tätigkeit im internationalen Bankgeschäft war ich es gewohnt, mich nach den Besitzverhältnissen zu erkundigen, wenn ich ein größeres Unternehmen besuchte oder mit einer Joint-venture-Airline flog oder in einem neuen Hotel abstieg. Die Öffnung Burmas ging eine Zeitlang schnell voran, zahlreiche neue Unternehmen und Firmen wurden gegründet. Aber woher stammte das Kapital, und wer waren die Eigentümer? Eine interessante Frage, dachte ich, zumal in Anbetracht des Wirtschaftsboykotts der westlichen Länder. Und dann diese krassen sozialen Unterschiede. Jeden Tag sah ich in den Städten und auf dem Land große Armut, und gleichzeitig sprangen mir die Zeichen eines neuen Reichtums und auffälligen Konsums ins Auge: teure europäische Autos, kostspielige Geschäfte und Restaurants, große private Villen hinter Mauern. Die Einkommensschere zwischen der breiten Mehrheit der Durchschnittsburmesen und einer wachsenden Gruppe neuer Millionäre klafft immer weiter auseinander. Die ungleiche Verteilung der Einkünfte ist keine gute Voraussetzung für Frieden und Stabilität in Burma.

Im Hotel hatte man mich auf einen älteren Chinesen als angeblichen Besitzer des *Nadi Ayeyar* aufmerksam gemacht. Wenn er in seiner typisch chinesischen pyjamaähnlichen Hose und weißen Unterhemd in der Halle herumging oder draußen im Schatten saß, machte er einen freundlichen und friedfertigen Eindruck. War er vielleicht der andere Teilhaber? Er verstand kein Englisch, also versuchte ich es mit Chinesisch, aber auch das machte ihn nicht mitteilsamer. Erst als ich sagte, ich hätte einen südchinesischen Akzent bei ihm gehört, erzählte er mir, er stamme aus Guizhou, der Provinz östlich von Yunnan. Er hatte offensichtlich keine Lust, über sich zu sprechen.

Später, als ich mit meinem Führer ein gutes chinesisches Abendessen in dem großen Restaurant einnahm, wo zur Unterhaltung der Gäste auch Karaoke angeboten wurde, kam eine Chinesin von Anfang zwanzig an unseren Tisch und sagte Min Min, sie wolle ein Lied für mich singen. Es war das Leitmotiv aus *Titanic*, das sie mit einer bemerkenswerten Stimme sehr gekonnt vortrug. Sie setzte sich eine Weile zu uns und erkundigte sich nach amerikanischen Universitäten und dem Studentenleben, denn sie beabsichtigte, ihr Studium in den USA fortzusetzen. Sie war Taiwanesin, sprach kein Wort Burmesisch und behauptete, die Tochter des Besitzers zu sein. Ich wagte nicht zu fragen, welchen Besitzer sie meinte. Als ich am nächsten Tag einige Hotelangestellte befragte, hieß es zunächst, sie sei die Sekretärin des alten Manns, dann wurde angedeutet, daß ihr Verhältnis zu ihm wohl etwas intimer sei. Was hatte diese beiden Taiwanesen, die junge Frau und den Direktor, veranlaßt, in diese berüchtigte Stadt an der chinesischen Grenze zu kommen? Wer war der eigentliche Besitzer dieses Hotels? Warum war ihre Identität unklar oder wechselte sogar?

Die Besitzverhältnisse des Hotels waren für mich ein Rätsel, das ich unbedingt lösen wollte. Die Sache wurde noch verwirrender, als ein Deutsch sprechender burmesischer Reiseführer mir erzählte, der wirkliche Eigentümer sei ein gewisser Mister Law, dessen Firma *Asia Corporation* oder *Asia Investments* hieße. Es gab Gerüchte, denen zufolge Mister Law im Begriff war, der Regierung mein „geliebtes" *Lashio Motel* abzukaufen. Als ich hörte, daß Mister Law die meiste Zeit in Yangon lebte, nahm ich an, er sei einer dieser reichen Yangon-Chinesen aus Übersee. Eine andere Quelle gab an, der alte chinesische Herr sei Mister Laws Bruder. Einige Monate später, als ich in meinem Appartement in Honolulu ein paar Bücher, Artikel und Notizen über Burma durchging, sollte ich des Rätsels Lösung finden. Alle Teilchen des Puzzles fügten sich auf einmal zusammen, so daß mir klar wurde, wer der wirkliche Besitzer und wer der nette alte chinesische Herr in seinen Pyjamahosen war! Der Name wird dem Leser nicht viel sagen, es sei denn, ich entlarve ihn als einen der ehemaligen Drogenbarone Burmas. Doch bevor ich seinen Namen verrate, möchte ich etwas ausführlicher auf Opium und Heroin eingehen.

DIE GESCHICHTE VON OPIUM UND HEROIN

Die Ausbreitung von Opium und später Heroin in Ostasien, Europa und Nordamerika läßt sich in fünf Stadien beschreiben. Zuerst kam das Opium nach Indien und China; dann breiteten sich Schlafmohnkulturen und der Opiumgebrauch von China nach Südostasien aus; als drittes Stadium folgte die Gewinnung von Morphium und Heroin in Europa; als viertes der Monopolanspruch, den die Franzosen und die Briten auf den Handel mit Opium erhoben; das fünfte Stadium schließlich umfaßt die Entstehung des so genannten Goldenen Dreiecks und den anschließenden Übergang von Opium zu Heroin unter dem Beistand einer Regierungsorganisation der USA.

Den Griechen schon im vierten Jahrhundert v. Chr. bekannt, bahnte sich das Opium langsam seinen Weg nach Osten, bis es im 7. Jahrhundert wahrscheinlich durch arabische Kaufleute nach Indien und China gelangte. Indien entwickelte sich zum größten Opiumexporteur in Asien und konnte diese Stellung über viele Jahrhunderte bewahren. Die indischen Herrscher profitierten von dem Handel, indem sie ihn mit Steuern belegten – ein Erfolgsrezept, das die Kolonialherren später übernahmen. In diesen frühen Jahren wurde Opium nicht geraucht, sondern als Arzneimittel verwendet oder Speisen und Getränken beigemischt. Es führte eine ruhige und begrenzte Existenz, bis der Entdeckung Amerikas und der Tabakspfeife.

Das zweite Stadium begann im 18. Jahrhundert, als wandernde chinesische Bergstämme die Schlafmohnkultur in Burma und anderen südostasiatischen Ländern einführten. Aber noch blieb der Anbau auf die Gebirgsregionen nahe der chinesischen Grenze beschränkt. Allem Anschein nach wurde er in das dortige Leben integriert, ohne soziale Schwierigkeiten auszulösen.

Ungefähr zeitgleich setzte in Europa und in Nordamerika das dritte Stadium ein. 1805 gelang es einem deutschen Chemiker, aus Rohopium erstmals jene Substanz zu gewinnen, welche er nach Morpheus, dem Traumgott der hellenistischen Mythologie, die Bezeichnung Morphium gab, und die im Westen bald als medizinisches Anästhetikum Verbreitung fand. Doch mit der zunehmenden Verwendung von Morphium und Kodein, einem anderen Opiumderivat, trat in Europa und Amerika schon bald das Problem des Suchtverhaltens und Drogenmißbrauchs auf. Die Wissenschaftler forschten daher nach einem nicht süchtig machenden Schmerzmittel, und diesmal war es ein Engländer, der die neue Substanz entdeckte: Er synthetisierte Heroin, das in Deutschland getestet, für nicht süchtig machend befunden und bald danach zur Anwendung bei Bronchitis, Asthma und Tuberkulose empfohlen wurde. Der deutsche Chemieriese Bayer brachte es unter dem Namen "Heroin" auf den Markt. Die tatsächliche Wirkung indes war die gleiche wie bei Morphium. Infolgedessen wurde es 1925 durch die Genfer Konvention geächtet. Schon früher, im Jahre 1912, hatte eine internationale Opiumkonvention die Verbreitung und den Verkauf von Opium zu beschränken versucht, doch wie wir noch sehen werden, setzten sich die maßgeblich am Drogenhandel beteiligten Länder über alle internationalen Abkommen hinweg.

Zwei Kolonialmächte taten sich in der dritten Phase der Opiumgeschichte durch die skrupellose Ausbeutung des Schlafmohnanbaus, des Opiumvertriebs und des süchtig machenden Konsums der Droge hervor. Sie betrachteten das Opium als eine gute Quelle für Steuereinnahmen und geeignet für ein gewinnträchtiges Exportgeschäft. Als die Franzosen um 1893 ihre Annexion Indochinas (mit Kambodscha, Vietnam und Laos) abgeschlossen hatten, dauerte es nicht lange, bis sie entdeckten, daß der Opiumhandel, wenn er über staatliche Monopole und Regierungslizenzen steuerpflichtig abgewickelt wurde, äußerst profitabel war – eine Geldquelle, aus der sich ein großer Teil ihrer kolonialen und militärischen Unternehmungen bequem finanzieren ließ. Obwohl die Weltöffentlichkeit solche Praktiken verurteilte, die auch lokal auf heftigen Widerstand stießen, betrieben die Franzosen in Vietnam und Laos mit Hilfe der im Gebirge ansässigen Hmong Stämme eine massive Expansion des Schlafmohnanbaus. Nach dem Zweiten Weltkrieg distanzierte sich die französische Regierung offiziell vom Drogenhandel, tolerierte aber dennoch, daß Militärkampagnen der französischen Geheimdienste durch illegale Opiumgeschäfte finanziert wurden. Was die weitere Entwicklung anbelangt, so schuf die französische Förderung des Mohnanbaus in Laos die Grundlagen für das vierte Stadium: Die Geburt des Goldenen Dreiecks und den Übergang vom Opium zum Heroin.

Nachdem die Briten in Indien feste Handelsmonopole etabliert hatten, unternahmen sie zur Erweiterung ihres Kolonialreichs Vorstöße nach Malaysia, Burma und China. Auch wenn sie China nie militärisch erobern und besetzen konnten, gelang es ihnen doch, das Land durch erzwungene Handelskonzessionen und -monopole fast vollständig unter ihre Kontrolle zu bringen. Als Gegenleistung für die anschwellende Menge der aus China importierten Waren, darunter vor allem Tee, exportierte Großbritannien Opium und Baumwolle von Indien nach China und, in bescheidenerem Maße, nach Burma und nach Thailand. Binnen kurzer Zeit bekamen die Chinesen zwei verheerende Folgen der britischen Exportpraktiken zu spüren: Eine negative Handelsbilanz mit dahinschwindenden Silber- und Goldreserven und ein rapide um sich greifendes Suchtproblem mit allem, was dies an sozialen Mißständen nach sich zieht.

Schlafmohnanbau

Burma wurde von zwei Seiten in das Opiumgeschäft hineingezogen: Auf der einen Seite gab es arabische Händler, die von Indien und Persien nach Niederburma kamen; auf der anderen mehrere Gebirgsstämme, die – mit chinesischen Händlern im Gefolge – von Yunnan in den Nordosten des Shan Staats einwanderten. Historischen Berichten zufolge war Opium in Burma und Thailand schon im vierzehnten Jahrhundert in Gebrauch. Einige burmesische Könige – darunter die beiden letzten, König Mindon (1853-1878) und König Thibaw (1878-1885) – rieten vom Opiumgenuß ab oder versuchten, ihn für ungesetzlich zu erklären. Vor 1850 hatte Opium in *Burma Proper* eine vorwiegend gesellschaftliche und, weniger ausgeprägt, in den nordöstlichen Gebirgsregionen auch eine medizinische Verwendung gehabt, ohne bemerkenswerte Störungen im sozialen oder ökonomischen Gefüge zu verursachen. Bei den Gebirgsstämmen war der Opiumkonsum integrierter Bestandteil des Alltagslebens und der Volksbräuche geworden. Als die Briten jedoch in der zweiten Hälfte des neunzehnten Jahrhunderts – unter der Herrschaft der beiden letzten Könige von Burma – einen aggressiven Opiumimport begannen, ließen Sucht und Drogenmißbrauch nicht mehr auf sich warten.

1862, zwei Jahre nach der chinesischen Niederlage im zweiten Opiumkrieg und der Ausweitung des britischen Opiummonopols auf die größten Teile Chinas, eroberten die Briten Niederburma und spannten es, immer weiter nach Oberburma vordringend, in das Netz ihrer Opiumgeschäfte ein. 1886 wurden beide Gebiete Britisch Indien zugeschlagen. Obgleich die Kolonialherren den Verkauf und Gebrauch von Opium mit einigen Restriktionen belegten, sorgten sie dafür, daß der gewinnträchtige Handel trotz lokaler Widerstände und weltweiter Ablehnung nicht zum Erliegen kam. Die Briten legten Lippenbekenntnisse in Bezug auf die schändlichen Opiumgeschäfte ab, angefangen mit der bereits erwähnten Unsittlichkeitserklärung des *House of Commons* von 1906; etwas später, 1926, kündigte Lord Reading ein Ende des Opiumexports für 1935 an; und 1943, nachdem Burma in die Hände der Japaner gefallen war, verhängten die Briten in allen ihren Kolonien ein Verbot, Opium zu rauchen – während sie die ganze Zeit hindurch unvermindert fortfuhren, der Weltöffentlichkeit die Stirn zu bieten und die internationalen Konventionen zu mißachten. Um die Mitte des zwanzigsten Jahrhunderts hatten sie endlich ihren Profit gemacht und zogen sich aus fast allen Kolonien zurück. Aber was sie hinter sich ließen, war hochgradige soziale und wirtschaftliche Zerrüttung – verursacht durch ihr eigenes Interesse an der Expansion des Schlafmohnanbaus und des Opiumkonsums.

Während der Kolonialzeit hatten die Briten die Strategie des *Divide and Rule* verfolgt und *Burma Proper*, die Heimat der eingeborenen Burmanen, der direkten Herrschaft Britisch Indiens unterstellt, während große ethnische Minderheiten wie die Chin, Shan, Kachin und Karen weitgehend autonom geblieben waren. Als China 1897 eine kleine, unter dem Namen Kokang bekannte Gebirgsregion nahe der burmesisch-chinesischen Grenze an die Briten abtreten mußte, wurde der Shan Staat um eines der blühendsten Anbaugebiete der Opiumpflanze erweitert. Die beiden anderen Hochburgen der Opiumproduktion waren der Wa Staat und das Fürstentum Kyaing Tong (ehemals Kengtung). Weil alle drei östlich des Thanlwin (ehemals Salween) lagen, nannte man die ganze Gegend das Transsalween Gebiet. Heute hat sie einen anderen Namen – sie ist Myanmars Teil des Goldenen Dreiecks. Obgleich die britischen Kolonialherren in *Burma Proper* und später fast überall im Shan Staat eine gewisse Beschränkung des Opiumverkaufs und Opiumgebrauchs durchsetzten, ließen sie den Transsalween Staaten freie Hand, weiterhin Schlafmohn anzubauen und Opium zu vertreiben. So begann die Entwicklung des Goldenen Dreiecks zum größten Rauschgiftgebiet der Welt.

Nachdem Burma 1948 die Unabhängigkeit erlangt hatte, versuchte die Regierung, das Opiumproblem in den Griff zu bekommen. Aber die getroffenen Maßnahmen waren nur teilweise erfolgreich, und wenn, dann nur in Zentralburma. Binnen kurzer Zeit verlor Premierminister U Nu die Kontrolle über das Land. Im Jahr 1961 unterzeichnete Burma die *United Nations Single Convention on Narcotic Drugs*, behielt den Shan und Kachin

Staaten jedoch das Recht vor, den Schlafmohnanbau weitere zwanzig Jahre zu betreiben. 1962 kam General Ne Win durch einen Staatsstreich an die Macht. Er ließ den Opiumverkauf in ganz Burma verbieten, aber das war viel zu spät. Die burmesische Regierung hatte die Gewalt über zwei Drittel des Landes verloren, und die Grenzgebiete, in denen der Schlafmohn gedieh, waren bereits Teil des Goldenen Dreiecks geworden.

Die Geschichte des Goldenen Dreiecks in seiner Rolle als größtes Opiumzentrum der Welt begann am Ende des Zweiten Weltkriegs und war ein Ergebnis dieses Krieges. In den vier Nachbarländern Burmas kam es damals zu wesentlichen Machtverschiebungen, und mehrere Gruppen – ethnische wie politische, bewaffnete wie unbewaffnete – ließen sich im Goldenen Dreieck nieder. Dieses unabhängige Zentrum des illegalen Drogen- und Schleichhandels verdankte seine aufstrebende Rolle in erster Linie der sich anbahnenden Ost-West-Konfrontation, die das Goldene Dreieck zum Schlachtfeld feindlicher Ideologien machte. Aber an Ort und Stelle zählte keine Ideologie – die treibende Kraft war der Profit, den das Geschäft abwarf.

Der Name „Goldenes Dreieck" wurde übrigens erst später von einem amerikanischen Regierungsbeamten geprägt. Das Wort „golden" bot sich als besonders geeignet an, weil die Organisatoren der Opiumkarawanen bei ihrer Ankunft in Tachileik an der thailändischen Grenze jahrelang in Goldbarren bezahlt wurden. Ursprünglich war das Goldene Dreieck „nur" ein Gebiet von zweihunderttausend Quadratkilometern, das den Osten des burmesischen Shan Staats (den Kokang Staat, den Wa Staat und die Gegend um Kyaing Tong), den westlichen Teil von Laos und den Norden Thailands umfaßte. Anfangs wurden nur ein paar Tonnen Opium produziert, dann Hunderte und heute Tausende. Im Lauf der Jahre erweiterte sich das Gebiet schließlich und schließt mittlerweile auch den südwestlichen Teil der chinesischen Provinz Yunnan mit ein, den neuen Handelsweg der Drogenmafia, der mehreren Heroinfabriken entlang der burmesisch-chinesischen Grenze eine sichere Nachbarschaft bietet. Heute wäre es wohl richtiger, von einem *Goldenen Viereck* zu sprechen.

Wie man an Burma sieht, hatten die Zentralregierungen der jeweiligen Länder diese wild zerklüfteten, fast unzugänglichen Gebiete nie vollständig unter Kontrolle. Ob König Mindon, der britische *Raj*, die demokratisch gewählte Regierung U Nu, der sozialistische Diktator Ne Win oder die heutige Militärjunta – keiner burmesischen Obrigkeit ist es je gelungen, den eigenen Teil des Goldenen Vierecks, vielleicht mit Ausnahme einiger Städte, wirklich in den Griff zu bekommen. Und wenn morgen eine demokratische Regierung das Ruder übernähme, stünde die neue Führung dieser Situation ebenso machtlos gegenüber wie alle ihre Vorgänger. Der Produktion und Distribution illegaler Drogen im Goldenen Dreieck kann man nicht, wie manche westlichen Politiker naiv glauben möchten, mit einfachen politischen oder militärischen Mitteln begegnen. Sie stellen ein außerordentlich komplexes Problem dar, das wegen der Vielzahl ineinandergreifender Faktoren und beteiligter Parteien fast unlösbar erscheint. Die Politiker betonen gern die moralischen und ethischen Gesichtspunkte der Sache, ohne den sozialen, ökonomischen und gesundheitlichen Aspekten genügend Aufmerksamkeit zu schenken.

Transport von Opium

Das Terrain des „Goldenen Vierecks" besteht aus dicht bewaldeten Gebirgen, tiefen Tälern und engen Schluchten mit reißenden Flüssen wie dem Thanlwin, die aufgrund ihrer gefährlichen Stromschnellen größtenteils nicht schiffbar und nur an bestimmten Stellen mit Fähren zu überqueren sind. Die wenigen größeren Straßen der Region sind in so schlechtem Zustand, daß man beispielsweise für die 450 Kilometer von Taunggyi im südlichen Shan Staat bis Kyaing Tong, der Hauptstadt des Goldenen Dreiecks, in der Trockensaison drei volle Tage braucht, in der Regenzeit sogar eine ganze Woche oder länger. Kyaing Tong ist sehr viel einfacher von Thailand aus, über Tachileik, zu erreichen. Von Zentralburma kommend, stellt sich das Gebiet östlich des Thanlwin als fast undurchdringlich dar.

Die zerklüfteten Berge und Steilhänge sind spärlich mit Stämmen bevölkert, die nicht nur durch hohe Gebirgszüge oder dicht bewaldete Täler, sondern auch durch ihre Sprache und Lebensgewohnheiten voneinander getrennt sind. Im Zentrum des Goldenen Dreiecks, in der Gegend um Kyaing Tong, wenden die verarmten Bergbauern – Hmong (Meo, Miao), Akha, Lisu und Lahu – noch die Methode der Brandrodung an, um die kargen Böden der Hänge zu bestellen. Ihre Dörfer liegen hoch im Gebirge und sind gewöhnlich nur zu Fuß oder mit Maultieren erreichbar. Von den vielen einträglichen Frucht- und Getreidesorten, die in den Tälern oder Hochebenen des zentralen und westlichen Shan Staats gedeihen, sind nur wenige für den Anbau an den Steilhängen des östlichen Shan Staats geeignet. Und selbst wenn die Bergbauern ertragreiches Saatgut und Düngemittel besäßen, hätten sie nicht die nötige Infrastruktur, um ihre Erzeugnisse auf den großen Märkten an den Westen zu verkaufen. Aber es gibt eine Pflanze, die hier, auf dem sandigen Lehmboden der hochgelegenen Felder, gute Gewinne verspricht: den Schlafmohn.

Außer den Gebirgsstämmen leben andere ethnische Gruppen im Goldenen Dreieck. Die Kokang Chinesen, die vorwiegend nordöstlich von Lashio siedeln, und die berüchtigten Wa im Westen und Südwesten der Stadt sind die wichtigsten Drahtzieher des Drogengeschäfts, während die in Bergdörfern ansässigen Haw

Chinesen als Zwischenhändler dienen, die das Rohopium sammeln. Viele *War Lords* und Minderheitengruppen, die sich am Rauschgifthandel beteiligen, um ihre Armeen zu finanzieren, leben ebenfalls in der Region; und sogar einige der früheren Shan Fürsten *(swabwa)*, besonders der Prinz von Kengtung, sicherten sich gewohnheitsmäßig ihren Marktanteil. Aber bevor wir uns näher mit den verschiedenen Parteien befassen, wollen wir uns den Drogen selbst zuwenden.

Opium! Welch faszinierendes Wort, allein schon durch seinen exotischen Klang. Der lateinische Name, *Papaver somniferum*, wirkt dagegen geradezu ernüchternd. Der Opium spendende Schlafmohn wird gewöhnlich auf Lehm- oder Sandböden gemäßigter Zonen in Höhen von etwa dreihundert bis achthundert Metern angebaut, wobei die Felder – wie es der Topographie des Goldenen Dreiecks entspricht – meistens an Berghängen liegen. Er ist eine anpassungsfähige Pflanze, die gut im Fruchtwechsel mit Getreide, ja sogar in Mischkultur mit Mais gedeiht. Die Aussaat erfolgt im September, dann wird der junge Mohn in Handarbeit gelichtet und von Unkraut befreit. Im Dezember oder Januar sind die Pflanzen ungefähr hundert Zentimeter hoch. Sobald die Blütenblätter abgefallen sind, stehen die Fruchtkapseln zur Ernte bereit. Sie werden sorgfältig angeritzt, damit der weiße Milchsaft herauströpfeln und trocknen kann. Schließlich wird die gehärtete Substanz zusammengeschabt, zu Kugeln gerollt und in Blätter eingewickelt, während man den Samen für die nächste Aussaat aufbewahrt. In diesem Stadium ist das Opium eine klebrige, rötlich braune Masse mit leicht stechendem Geruch – genau richtig für den Konsum. Man formt ein erbsengroßes Kügelchen, legt es mit Hilfe einer Nadel über ein Loch im Pfeifenkopf und erhitzt diesen über einer kleinen Flamme. Während das Opium zischt und knistert, ohne direkt mit dem Feuer in Berührung zu kommen, saugt man den Rauch durch das Mundstück der Pfeife in tiefen Zügen ein. Das Ergebnis ist normalerweise ein euphorisches Wohlgefühl. Mögliche Nebenwirkungen bestehen in Übelkeit, Schwitzen, Benommenheit, Konzentrationsschwäche, Apathie, Appetitlosigkeit und Austrocknung, aber die Spätfolgen sind weitaus schlimmer: Geistige und körperliche Schäden bis hin zu Lungenversagen und Tod. Von solchen Wirkungen erfuhr ich später, als ich in Peking lebte, durch einen chinesischen Geschäftspartner, der mich bat, ihm ein seltenes Medikament aus Deutschland zu besorgen. Dank intensiver Bemühungen und einer direkten Anfrage bei dem deutschen Hersteller bekam ich schließlich sechs Packungen, die, wie sich herausstellte, ein verschreibungspflichtiges Mittel zur Behandlung von Krämpfen nach langzeitigem Opiumgenuß enthielten. Mein chinesischer Kollege ließ sie einem hochrangigen Mitglied der kommunistischen Partei und engen Freund Deng Xiao Pengs zukommen. Etliche Jahrzehnte, nachdem er das Opiumrauchen aufgegeben hatte, litt der Mann immer noch an den Folgen seiner Sucht.

Aber zurück zum Goldenen Dreieck, wo das Rohopium von ortsansässigen Zwischenhändlern, in aller Regel Haw Chinesen, gesammelt und dann von burmesischen Drogensyndikaten in die Dschungelfabriken an der chinesischen, laotischen oder thailändischen Grenze befördert wird. Dort beaufsichtigen hochqualifizierte Chemiker den komplizierteren und gefährlicheren Umwandlungsprozeß von Opium in Heroin. Heroin ist das Ergebnis eines Fünf-Stufen-Verfahrens, bei dem Morphium sukzessive mit verschiedenen Chemikalien und Substanzen wie Alkohol, Holzkohle, Äther und Salzsäure angereichert wird. Dabei entstehen verschiedene Reinheitsgrade, etwa das grobe „Heroin Nr. 3", auch *brown sugar* genannt, ein körniges, bräunliches Granulat von nur drei- bis sechsprozentiger Reinheit, das geraucht und nicht gespritzt wird. Dieses minderwertige Heroin war in Asien ungefähr bis zum Zweiten Weltkrieg üblich – bis die Drogensyndikate begannen, „Heroin Nr. 4", das Endprodukt des langen Umwandlungsprozesses, in großem Maßstab herzustellen. „Nr. 4" ist ein lockeres, fast geruchloses weißes Pulver mit einem Reinheitsgrad von 99 Prozent. Zehn Kilogramm Opium ergeben etwa ein Kilogramm Heroin. Bei einem solchen Gewichtsverlust muß der Preis für das gewonnene Heroin weitaus höher liegen als für reines Opium.

Lokaler Opiummarkt

Es gibt keine zuverlässigen Zahlen über die Höhe der Jahresproduktion von Opium und Heroin in Myanmar. Die Regierung veranschlagt sie zu niedrig, Washington wahrscheinlich zu hoch, und manche westlichen Journalisten neigen zu groben Übertreibungen. Sterling Hargreaves beispielsweise spricht in seinem Buch *Lords of the Rim* von zwanzigtausend Tonnen Heroin, die das Goldene Dreieck jährlich liefert.

Das würde bedeuten, daß für die Heroinherstellung zweihunderttausend Tonnen Opium im Jahr zur Verfügung stehen müßten. Durch einen Vergleich mehrerer Berichte von internationalen Institutionen und verschiedenen Regierungsorganen sowie einige von mir selbst vorgenommene Schätzungen des lokalen Drogenkonsums kam ich zu dem Schluß, daß die jährliche Opiumproduktion Myanmars zwischen 1998 und 2000 in einer Größenordnung von 1.600 Tonnen gelegen haben muß und die Gesamteinnahmen aus dem Opium- und Heroinexport – die wachsende Inlandsnachfrage inbegriffen – bei 160 bis 200 Millionen US Dollar. Wenn diese Zahlen stimmen, sind die Jahreseinnahmen aus dem illegalen Drogenexport zwar beträchtlich, aber keineswegs atemberaubend. Die logische Folgerung ist die, daß die großen Gewinne anderswo gemacht werden.

Je weiter die Entfernung von den Anbau- und Produktionsgebieten, und je größer die Zahl der beteiligten Mittelsmänner (die den Bauern das Opium abkaufen, den Transport besorgen, das Heroin raffinieren, es exportieren und den Verbindungsleuten ausländischer Drogensyndikate übergeben, bei denen sich die Kette fortsetzt), um so höher ist der Preis der illegalen Drogen. Ein Kilogramm Heroin, das am Herstellungsort 4.000 Dollar und in Bangkok 7.000 Dollar kosten mag, wird in den USA für 200.000 Dollar angeboten. Der Ausgangspreis verdoppelt sich, wenn das Heroin Bangkok oder einen anderen thailändischen Hafen erreicht, er verdreifacht sich in Hongkong und steigt um etwa 5.000 Prozent seines ursprünglichen Werts, wenn es auf den Märkten in Europa und den USA auftaucht.

Der mittellose Bergbauer, dessen Grundbesitz im Goldenen Dreieck kaum zwei Hektar übersteigt und dessen Ernte insgesamt vielleicht fünf oder sechs Kilogramm Opium beträgt, hat kaum mehr zu erwarten als das Äquivalent von 75 Dollar im Jahr. Die Zwischenhändler, zumeist Haw Chinesen, nehmen ihm sein Opium im Austausch gegen Nahrungsmittel, Kleidung, Werkzeug und manchmal Dünger oder Samen ab, um es dann ihrerseits an große Drogenhändler zu verkaufen, die den Transport und die Verarbeitung besorgen.

Es ist Zeit, zum vierten Stadium der Opiumgeschichte zurückzukehren – dem Übergang von Opium zu Heroin und der Geburt des Goldenen Dreiecks. Die großen Drogengebiete der Welt wie die in Kolumbien, Afghanistan (*Golden Crescent*) und das Goldene Dreieck in Südostasien haben einige Dinge gemeinsam: Sie bestehen aus typischen, unzugänglichen Gebirgsregionen, in denen Bauern ihren Lebensunterhalt aus den kargen Möglichkeiten der Landwirtschaft beziehen, und die nicht der Kontrolle einer starken Zentralregierung unterliegen, sondern von verschiedenen, manchmal kriegerisch sich bekämpfenden Gruppen und Clans beherrscht werden. Der Nordosten Burmas wies nach dem Zweiten Weltkrieg genau diese Attribute auf, insbesondere die sozialpolitischen.

Wir haben gesehen, daß der burmesische Nationalismus und Widerstandsgeist die Briten bereits 1937 veranlaßt hat, Burma begrenzte Autonomie einzuräumen, und daß der Widerstand gegen die Kolonialherrschaft von den ethnischen Burmanen, nicht aber von den vielen halbautonomen ethnischen Minderheiten wie den Shan oder den Karen ausging. Burma war also schon, ehe es nach dem Zweiten Weltkrieg unabhängig wurde, ein zutiefst geteiltes Land, und die Saat für künftige Unruhen, Bürgerkrieg, Rebellion und Aufruhr war gesät. Als die Regierung in den späten Fünfzigerjahren neben anderen befremdlichen Maßnahmen den Buddhismus zur Staatsreligion erklärte und die feudalen Rechte und Privilegien der *sawbwa* aufhob, schlossen sich einige Shan der Oberschicht nationalistischen Bewegungen wie der *Shan State Progress Party* oder der *Shan State Army* an. Das fehlende Einfühlungsvermögen und die Arroganz der Burmanen empörten nicht nur die Shan, sondern auch die meisten anderen Minderheiten. Bei den Karen und den Mon brach eine Revolte aus. Währenddessen beschleunigten innerparteiliche Streitigkeiten und Spaltungen in der Hauptstadt den raschen Verfall der ökonomischen und politischen Stabilität.

Zu der Zeit, als die Shan ihr Sezessionssrecht in Anspruch nehmen wollten und Ne Win 1962 die Regierung stürzte, war die *Union of Burma* im Grunde schon zerbrochen. Rebellionen und Aufstände hatten alle Minderheitengebiete erfaßt, die zwei Drittel der Nation ausmachen. Um ihre Armeen und Feldzüge zu finanzieren, brauchten die Aufständischen und *War Lords* beträchtliche Mittel, und da lokale Personen- und Handelssteuern praktische Grenzen hatten, wandten sie sich bald den verschiedenen illegalen Geschäften zu, wobei Opiumhandel und Schmuggel die höchsten Gewinne versprachen. Viele burmesische Rebellen suchten den Einstieg ins Opiumgeschäft, und im Shan Staat gab es keinen, der sich nicht daran beteiligte. Weil die vielen ethnischen Minderheiten aber feudale Gesellschaften waren, unfähig und unwillig, geschlossen einer gemeinsamen Sache zu dienen, nutzte das burmesische Militär diese Uneinheit und das gegenseitige Mißtrauen aus, um mit der von den Briten so erfolgreich erprobten Strategie des *Divide and Rule* fortzufahren. Die verschiedenen Befreiungsbewegungen, Drogenbarone, Banditen und *War Lords* bekämpften nicht nur das burmesische Militär bekämpften, sondern waren auch untereinander und innerhalb ihrer jeweiligen Gruppen in kriegerische Auseinandersetzungen verstrickt. Es gab Bündniswechsel, die zu Neugründungen und der Verschmelzung oder Auflösung bestehender Organisationen führten.

Hinweise auf weiterführende Texte zum Themenkreis Opium, Aufruhr, Rebellion und Bürgerkrieg finden sich im Literaturverzeichnis am Ende dieses Buches, namentlich bei den Autoren Bertil Lintner, André und Louis Boucaud, Jon Boyes und S. Piraban, Martin Smith, Ronald D. Renard, Michael Fredholm und Chao Tzang Yawnghwe.

AUF DER SPUR DER OPIUMBARONE

Die Vielfalt der Bewegungen, Parteien, Armeen, Gruppen und ihrer jeweiligen Führer ist ein verwirrendes Kapitel der burmesischen Geschichte. Ich möchte mich daher im folgenden Abschnitt auf die wichtigsten Organisationen, Armeen und Befehlshaber beschränken, die innerhalb oder im Umkreis des Goldenen Dreiecks aktiv waren und es teilweise noch sind, um anschließend die Opiumbarone selbst in den Mittelpunkt zu stellen. Wir beginnen mit den Außenseitern und Eindringlingen.

Chiang Kai-Sheks Kuomintang Truppen

Als die chinesischen Kommunisten unter Mao Tse-tung 1949 die Volksrepublik China gründeten, waren Chiang Kai-shek und die meisten seiner Kuomintang Truppen (KMT) bereits nach Taiwan geflohen. Von den Kommunisten verfolgt, hatte es einige Einheiten der KMT jedoch in den Süden der Provinz Yunnan verschlagen, und die einzige Zuflucht, die sich ihnen bot, war der nordöstliche Teil der gerade unabhängig gewordenen *Union of Burma*. Die USA, die einen Bündnispartner brauchten, um eine mögliche Invasion Burmas durch die Volksrepublik China zu verhindern, machten die Kuomintang zu einem mächtigen Bollwerk auf burmesischem Territorium, gegen das die einheimischen Streitkräfte (die *Tatmadaw*) nichts ausrichten konnten. Burmas Versuche, die KMT aus seinen Landesgrenzen zu vertreiben, scheiterten vor allem an der massiven Unterstützung, die den Kuomintang Truppen in Form von Waffen, Munition und militärischen Beratern zuteil wurde. Lieferanten der Rüstungsgüter waren eine in Bangkok niedergelassene Firma namens *Sea Supply, Inc.* (eine Art Vorposten des CIA), der Generalissimo von Formosa und das thailändische Militär. Die Flugzeuge, die immer neuen Nachschub in das Kuomintang Gebiet brachten und später mit Opiumladungen zurückkehrten, gehörten der *Civil Air Transport*, einer Vorläuferin der berüchtigten *Air America* – auch sie eine Einrichtung des CIA. Bei dieser Rückendeckung dauerte es nicht lange, bis die KMT ihre Kontrolle auf den östlichen Teil des Shan Staats ausgedehnt hatten.

Auf der Suche nach weiteren Geldquellen zogen die KMT, die bereits den größten Teil des Goldenen Dreiecks unter ihre Kontrolle gebracht hatten, den Opiumhandel an sich und spielten eine führende Rolle bei der Umstellung vom Opium- auf den Heroinexport, in deren Verlauf sie einige der ersten Heroinfabriken Burmas an der thailändischen Grenze errichteten. Die enge Zusammenarbeit mit dem thailändischen Militär-, Polizei- und Regierungsapparat sicherte ihnen wichtige Ausfuhrwege für die Drogen durch das Nachbarland.

Bis zum Zerfall der KMT-Truppen in den späten Siebziger- und frühen Achtzigerjahren war die kommunistische Partei Burmas (PCB) die Erzrivalin der Kuomintang im Kampf um die Vorherrschaft im Opiumgeschäft des Goldenen Dreiecks und die Besteuerung des Handels entlang der chinesischen Grenze gewesen. Sie hatte diesen Kampf auf drei Ebenen geführt – militärisch, ideologisch und ökonomisch.

Die kommunistische Partei

Die Geschichte der *Burmese Communist Party* (BCP), später *Communist Party of Burma* (CPB) genannt, und des von ihr geschürten Bürgerkriegs ist besonders erschütternd. Sie erzählt von ethnischen Burmanen, die ursprünglich idealistische Freiheitskämpfer waren und skrupellose *War Lords* oder Drogenhändler wurden. Der burmesische Bürgerkrieg, ein nationaler Alptraum, dauerte fünfzig Jahre lang, von 1939 bis 1989. Er hat nichts gebracht als Tod und Zerstörung.

Die ältesten Führer der kommunistischen Partei, *Thakin* Than Tun und *Thakin* Soe, waren marxistisch-leninistische Nationalisten, die für Burmas Unabhängigkeit von Großbritannien kämpften. Sie hatten sich den frühen, vor allem durch die *Thakin*-Gruppe bekannten Widerstandsbewegungen angeschlossen, im Jahr

Thakin Ba Thein Tin, der letzte Vorsitzende der CPB

1939 aber auch ihre eigene Organisation, die *Burmese Communist Party*, gegründet. Als Aung San nach dem Zweiten Weltkrieg die *Anti-Fascist People's Freedom League* (AFPFL) ins Leben rief – eine Vereinigung verschiedenartiger politischer Parteien, die noch lange nach Aung Sans Tod die burmesische Politik beherrschen sollte –, traten die Kommunisten diesem strategischen nationalen Bündnis bei.

Doch nachdem Mitglieder der kommunistischen Partei wiederholt und in vielen Gegenden Burmas zu Streiks und Revolten aufgerufen hatten, wurde die Partei aus der AFPFL ausgeschlossen. *Thakin* Soe und seine *Red Flag* Fraktion, die später den Namen *Burmese Communist Party* annahm, gingen als erste in den Untergrund. *Thakin* Tan Tun, der Anführer der *Red Flag* Fraktion und Schwager des Nationalhelden General Aung San, tauchte mit seinen Leuten erst nach der Unabhängigkeit unter. Beide Gruppen führten getrennt einen zähen bewaffneten Kampf gegen die demokratisch gewählte Regierung von Premierminister U Nu, anfangs von ihren Verstecken in den Bago und Rakhine Gebirgen aus, später von ihrem Hauptquartier in Panghsang, einer kleinen Stadt an der chinesischen Grenze in den südlichen Wa Hills.

Angesichts der anti-chinesischen Ausschreitungen, die 1967 in Rangun ausbrachen, sicherte China den burmesischen Kommunisten volle politische und militärische Rückendeckung zu. Nur ein Jahr später fiel das Nordostkommando der BCP mit Hilfe der chinesischen Rotgardisten und der Volksbefreiungsarmee von China aus in den Shan Staat ein. In den folgenden zehn Jahren gewährte China den Genossen in Burma großzügige Unterstützung und lieferte ihnen fast alles, was sie haben wollten. Das

Nordostkommando legte schnell an Umfang und Stärke zu, besonders durch das Zusammengehen mit mehreren Feudalherren und Clanführern aus den Kokang und Wa Staaten, die entweder bestochen oder unter Druck gesetzt wurden.

Als die chinesischen „Brüder" 1978 begannen, ihre Hilfeleistungen zu kürzen und Berater abzuziehen, kam die CPB in große Schwierigkeiten, neue Quellen für die Versorgung mit Waffen, Munition und anderen Notwendigkeiten aufzutun.

Steuererhebungen auf den legalen Handel, den Grenzschmuggel und die ansässige Bevölkerung reichten nicht aus. Am Beispiel ihrer Feinde – vor allem der *War Lords* und der Kuomintang Truppen – wurde ihr bald klar, daß Opium vielen von ihnen als wichtigste Ressource diente. Die Parteiführung geriet unter den Druck eigener ethnischer Truppen im Kokang Staat, den Wa Hills und dem Kyaing-Tong-Gebiet, die enge Verbindungen zu den Opiumerzeugern und dem Netzwerk der Abnehmer unterhielten. Da die Kommunisten immer mehr Territorium an die zunehmend erfolgreiche burmesische Armee verloren, konnte es sich die aus Burmanen bestehende Führungsriege kaum leisten, ihre eigenen Befehlshaber und Soldaten aus den Reihen der ethnischen Minderheiten gegen sich aufzubringen. So stieg die Partei allmählich ins Drogengeschäft ein – erst durch Besteuerung der Opiumkarawanen, die ihr Gebiet durchquerten; dann, indem sie ihre Aktivitäten auf das Sammeln und Verteilen des Opiums ausdehnte; und schließlich, indem sie Hand in Hand mit den in Bangkok ansässigen Drogensyndikaten Heroinfabriken betrieb.

Im Frühjahr 1989 rebellierten die beiden Kommandeure der Kokang und Wa Truppen, und die Wa bemächtigten sich der Parteizentrale in Panghsang. Als die orthodoxe marxistisch-leninistische Parteiführung – vorwiegend ethnische Burmanen und Chinesen – nach China floh, implodierte überraschend die ganze Partei und zerfiel entlang ethnischer Grenzen in mehrere Splittergruppen, deren neue regionale Führer mit eigenen Armeen die Herrschaft über das Rauschgiftgeschäft im Goldenen Viereck übernahmen. Bis heute beherrschen drei der sechs oder sieben Nachfolgegruppen den Drogenhandel im Grenzgebiet zu China.

Die Verstrickungen des CIA

Die Beteiligung eines Regierungsorgans der größten und mächtigsten Demokratie der Welt am totbringenden Heroingeschäft widerspricht unserem Sinn für Moral und Sittlichkeit. In Südostasien haben der CIA und sein Wegbereiter, das *Office of Strategic Services*, gegen alle Spielregeln verstoßen und grobe, ja unverzeihliche Fehler gemacht. Unter dem Vorwand, die USA und die freie Welt gegen die Bedrohung durch den Kommunismus zu verteidigen, hat sich der CIA zum Handlanger führender Drogenhändler gemacht, die sich seiner Unterstützung rücksichtslos bedienten, um den Export von Opium und Heroin nicht nur in Südostasien zu erweitern, sondern auch auf die USA auszudehnen.

Die Verstrickungen des CIA in den Opium- und Rauschgifthandel von drei südostasiatischen Ländern, namentlich Thailand, Nordostburma und Laos, begannen in den Fünfziger- und Sechzigerjahren. Zum Teil wurden die Grundlagen dafür schon 1950 geschaffen, als Chiang Kai-Sheks geschlagene Kuomintang Truppen nach Burma flohen. In Thailand unterstützten die USA den rigoros antikommunistischen Polizeigeneral Pao Sriyanonda, der seine Polizei in eine große, schlagkräftige Truppe verwandelt hatte. Aber er war auch ein höchst korrupter Staatsbeamter, der einigen der größten Drogenhändler Bangkoks großzügig Schutz gewährte. Diese Händler machten Thailand zur wichtigsten Durchgangsstrecke der Rauschgifttransporte aus Burma, so daß Bangkok bald die Rolle der Drogenhauptstadt von ganz Asien spielte. Die US-Regierung und der amerikanische Kongress wollten Thailands tiefe Verstrickung in das internationale Drogengeschäft lieber übersehen, denn schließlich hatten sich die Thais als ihre zuverlässigsten Verbündeten in Südostasien erwiesen. Diese kurzsichtige Politik sollte für die USA verheerende Folgen haben.

1962 begann der CIA seinen *Secret War* in Laos, indem er eine große Privatarmee aus Truppen der Hmong-Gebirgsstämme, KMT-Soldaten und der burmesischen Minderheiten aufstellte. In den 1950er-Jahren hatten die Franzosen den Hmong geholfen, die größten Opiumpflanzer des Goldenen Dreiecks zu werden.

Jetzt, in den frühen Sechzigerjahren, bot sich ihnen der CIA als neuer Lehrmeister und Partner an, ausgerüstet mit den Flugzeugen der *Air America*, die das Opium der Hmong von den Gebirgsregionen zu den von ethnischen Chinesen betriebenen Rauschgiftfabriken bei Vientiane brachten. Eines der Endprodukte, das reine „Heroin Nr. 4", wurde nach Südvietnam exportiert, wo Regierung und Streitkräfte es unter anderem für das amerikanische Militär verfügbar machten.

Vermutlich hat der CIA nie direkt von seinen Verstrickungen in das Drogengeschäft profitiert und keine Drogengelder benutzt, um Geheimoperationen zu finanzieren. Aber er hat für eine Koexistenz von Drogenhandel und Geheimdienstmissionen gesorgt. Die Ausbreitung des Kommunismus wurde damals für eine weit größere Bedrohung der freien Welt gehalten als die Ausbreitung des Drogenkonsums und der Rauschgiftsucht. Also sah der CIA geflissentlich über die Drogengeschäfte seiner Partner und Alliierten – ob KMT, Thais, Hmong oder Südvietnamesen – hinweg. Direkt und indirekt hat er die Verbreitung und Internationalisierung einer neuen, tödlichen Droge unterstützt: Heroin Nr. 4.

Die berüchtigten Wa

Um das Gebiet der Wa zu finden, folgt man dem *Burma Road* von Lashio nach Muse. In Hsenwi führt eine Abzweigung zu der östlich gelegenen Stadt Kunlong (oder Kunlon) am Ufer des Thanlwin. Der lange Nord-Süd-Korridor, der sich von dort zwischen der chinesischen Grenze und dem Thanlwin nach Süden erstreckt, bis tief hinunter in die Region von Kyaing Tong, ist vorwiegend Wa Gebiet, das auch die drei ehemaligen Shan Fürstentümer Ving Ngun, Nawi und Mong Loen einschließt. Aber die Wa siedeln auch in den Nachbarländern Thailand und besonders China, was ihnen die grenzüberschreitenden Schleichhandels- und Drogengeschäfte erleichtert. Der Wa Staat ist verbotenes Terrain. Das burmesische Militär erteilt keinem ausländischen

Touristen Besuchserlaubnis, und die Wa würden ihn nicht einladen. Abgesehen davon gestaltet sich der Zugang zum Wa Staat sehr schwierig, weil es keine befestigten Straßen gibt und nur eine einzige Brücke, nämlich die in Kunlong den Thanlwin überquert. Das von Berg- und Gebirgsketten durchzogene Gebiet der Wa ist praktisch unerreichbar, außer vielleicht mit Maultieren oder per Hubschrauber.

Die Wa, eingezwängt zwischen zwei Volksgruppen, mit denen sie keine Gemeinsamkeit haben, den Shan und den Chinesen, gehören zur Sprachgruppe der Mon-Khmer und sind daher mit den Palaung verwandt. Von allen Seiten bedrängt, ist es den meisten gelungen, sich in die Abgeschiedenheit der hohen, zerklüfteten Berge jenseits des Thanlwin zurückzuziehen. Bis heute sind sie als furchtlose, rücksichtslose Kämpfer bekannt. Ihr Stamm war nie unter einem König vereinigt; die Gesellschaftsorganisation bestand aus mehreren Clans mit je einem Oberhaupt, von denen am Ende drei *sawbwa* wurden. Soziale Uneinigkeit, Unnahbarkeit und Armut haben das Dasein der Wa seit jeher charakterisiert, und sogar im armen Nordosten des Shan Staats stachen sie als einer der ärmsten Stämme hervor. Während der Kolonialzeit begannen sie, Schlafmohn anzubauen und Opium zu gebrauchen. Es gelang weder den Briten noch den burmesischen Regierungen, sie später in Maßnahmen zur Drogenbekämpfung einzubinden.

Bald nachdem Burma unabhängig geworden war, schossen bewaffnete Gruppen und Rebellenarmeen überall im Land wie Pilze aus dem Boden. Besonders im Shan Staat gärte es vor Unruhe, und wann immer eindringende oder lokale Armeen versuchten, das Opiumgeschäft an sich zu reißen, wurden die Wa in den Konflikt hineingezogen. Sie gerieten von allen Seiten unter Druck, bedrängt von den einrückenden Kuomintang Truppen und den Streitkräften der kommunistischen Partei, von den Privatarmeen einflußreicher Opiumbarone wie Khun Sa oder Lo Hsin Han und von den neuen Landesherren, der burmesischen Armee *(Tatmadaw)* unter General Ne Win. Da die Wa niemals unter einheitlicher Führung gestanden hatten, kam es zu einer

Khun Sas Soldaten

Gründung verschiedener Wa Organisationen, die aber zunächst noch von ethnischen Wa geleitet wurden. Ein Teil schloß sich jedoch den burmesischen Kommunisten an und wurde nach dem Zusammenbruch der Partei im Jahre 1989 von chinesischen Kommandeuren übernommen. Unter ihrer Führung und der Mitwirkung von skrupellosen chinesischen Geschäftsleuten wie Wei Xuegang hat sich die neue Wa Organisation, die United Wa State Party mit ihrer United Wa States Army, zu einem der mächtigsten Drogenimperien in Asien entwickelt. Das Wa Imperium produziert in den letzten Jahren weniger Opium und Heroin, dafür aber zunehmend Methamphetamine wie Speed und Ecstasy.

Die militärische Führung der UWSP/UWSA hat ihr Hauptquartier in Panghsang aufgeschlagen, der früheren Hochburg der kommunistischen Partei, und ihren südlichen Kommandoposten in Mong Yawn etabliert, einer schnell wachsenden Stadt nahe der thailändischen Grenze, nur knappe sechzig Kilometer nordwestlich von Chiang Rai. Das Wa Syndikat besitzt und betreibt eine ganze Kette Heroin-Raffinerien an der Grenze zu China sowie mehrere Fabriken zur Herstellung synthetischer Drogen in und um Mong Yawn, dem neuen Produktions- und Vertriebszentrum von *Speed* und *Ecstasy*. Während das Heroin vorwiegend auf die Märkte in Übersee gelangt, werden die synthetischen Drogen für die benachbarten Märkte in Thailand und China produziert.

Obgleich Heroin und zunehmend auch synthetische Drogen mit aggressiven Methoden in Burma selbst abgesetzt und in burmesischen Städten verkauft werden, dürfen die Wa Führer das große Geld aus dem illegalen Handel legal in ihrer Heimat investieren. Häufig sind sie in der Hauptstadt zu Besuch, tauchen bei Versammlungen auf und mischen sich unter die Prominenz. Die von der Regierung kontrollierte Presse bezeichnet sie als „Friedensstifter", die sich entschieden haben, in den „Schoß der Legalität" zurückzukehren.

Wei Xuegang kontrolliert seine zahlreichen Beteiligungen und Investitionen überwiegend durch seine Hopang Company, die auch an einer der zahlreichen neuen Privatbanken beteiligt ist. Seine Bank musste im Frühjahr 2003 vorübergehend ihre Schalter schließen. Sie hatte sich im Immobiliengeschäft verspekuliert und konnte ihren Kunden die Einlagen nicht zurückzahlen. Aber der Wa Boss war nicht allein in seinem Unglück. Dem Kokang Drogenbaron erging es ebenso. Auch seine Bank musste schließen. Um einen Zusammenbruch des gesamten Finanzsystems zu verhindern, musste die Zentralbank den illiquiden Banken zu Hilfe kommen. So wäscht eine Hand die andere, und sauber wird dabei keine.

Die Tragödie der Wa Stämme besteht darin, daß die Oberhäupter ihrer Clans die Gewalt über das internationale Wa Geschäft verloren haben. Die Wa Organisation UWSA wurde von skrupellosen Chinesen, die von der chinesischen Regierung zur Unterstützung der kommunistischen Partei Burmas (BCP) entsandt worden waren, nach dem Zusammenbruch der BCP zu einer der mächtigsten Drogenorganisationen der Welt ausgebaut – zu mächtig sogar für die Militärregierung in Yangon. Mögen die Wa auch in der Wa Armee als Soldaten dienen oder in den Bergen Schlafmohn pflanzen, sind sie doch zugleich Opfer dieser feindlichen Übernahme.

Khun Sa, der Opiumkönig des Goldenen Dreiecks

Khun Sa wurde 1934 in der Region Loimaw im Shan Staat geboren. Sein Vater war Chinese, seine Mutter eine Shan. Als sein Vater starb, war er noch ein Kind, und als seine Mutter eine zweite Ehe einging – diesmal mit dem *myoza* (Bezirksoberhaupt, das gewöhnlich einem *sawbwa* untersteht) einer Kleinstadt nahe

Loimaw –, wurde Khun Sa zu seinem Großvater geschickt. Während seine drei Halbbrüder Oscar, Billy und Morgan eine gute Erziehung in einer christlichen Schule genossen, wuchs Khun Sa fast ohne Ausbildung auf. Sein ursprünglicher Name war Chan Shee Fu oder Zhang Qifu, aber er wählte den fürstlicheren Shan Namen, Khun Sa.

Als junger Mann trat er in den 1950-er-Jahren in den Dienst der Kuomintang Armee, bei der er nicht nur militärische Schulung erhielt, sondern auch sein erstes Training im Drogenhandel, der zu den Einnahmequellen der KMT gehörte. Bei seiner Rückkehr in die Heimat benutzte er diese zweischneidige Erfahrung, um eine eigene Armee von mehreren hundert Mann auf die Beine zu stellen, mit deren Hilfe er die durchziehenden Opiumkarawanen zu Steuerabgaben zwang.

Mit einer erstarkenden Armee und expandierenden Opiumgeschäften errichtete Khun Sa seine Hochburg in der Nähe des Wa Staats, zwischen Tangyan und Ving Ngun, und schickte große Opiumkarawanen nach Thailand. Doch sein rapide wachsender Marktanteil brachte ihn bald in Konflikt mit den Kuomintang, die immer noch die mächtigsten Opiumexporteure waren. Es kam zum Waffengang – dem vielfach beschriebenen Opiumkrieg von 1967 –, bei dem Khun Sa mit seinen Truppen vernichtend geschlagen wurde. Eine zweite Niederlage erlitt er 1969, als die Burmesen ihn festnahmen und für fünf Jahre ins Gefängnis schickten.

Zur Entlassung verhalf ihm einer seiner getreuen Offiziere, der 1973 zwei russische Ärzte aus dem *Taunggyi Hospital* entführte. Die Intervention des thailändischen Premierministers brachte den beiden Medizinern Freiheit und Khun Sa Hausarrest in Yangon ein. 1974 kehrte er ins Goldene Dreieck zu seiner Armee zurück, einer Truppe von gut zweitausend Mann. Der Zufall wollte es, daß Khun Sa's größter Konkurrent, Lo Hsin Han – der chinesische Opiumbaron des Kokang Staats (nordöstlich von Lashio) – in Thailand festgenommen wurde und, an Burma ausgeliefert, in Yangon ins Gefängnis kam. Khun Sa ergriff die goldene Gelegenheit, sich an die Spitze des Opiumhandels im Goldenen Dreieck zu setzen, den er über viele Jahre beherrschte.

Khun Sa

Ganz unverfroren erklärte er sich selbst 1977 zum „Opiumkönig des Goldenen Dreiecks". Im selben Jahr erhielt er hohen Besuch von einem amerikanischen Staatsbeamten: Joseph Nellis, der US *Chief Counsel on Narcotics*, kam in sein thailändisches Hauptquartier, um über einen Vorschlag zu verhandeln, den die Shan Rebellen und Khun Sa der amerikanischen Regierung 1975 unterbreitet hatten. Der Vorschlag bestand darin, daß Khun Sa gemeinsam mit der *Shan State Army* den Heroinmarkt austrocknen wollte, indem er die nächste Opiumernte aufkaufte, um sie dann an die Amerikaner zu verkaufen. Nellis lieferte später vor dem Kongreß einen ausführlichen Bericht über dieses Angebot, das die amerikanischen Politiker natürlich indigniert zurückwiesen. 1987 machte er Schlagzeilen mit einem neuerlichen Vorschlag, den Export von Opium und Heroin zu beenden – diesmal gegen Hilfeleistungen der USA in Form von 95 Millionen Dollar pro Jahr für die kommenden sechs Jahre. Die amerikanische Regierung fand sein Angebot nicht besonders komisch und erhob drei Jahre später Anklage gegen ihn wegen versuchten Opiumschmuggels in die USA. Der Anklage folgte ein Auslieferungsantrag, dem die burmesische Regierung aber nicht entsprach.

Ab einem gewissen Punkt seiner schwankenden Karriere indes bekam Khun Sa wachsenden Unmut aus den eigenen Reihen zu spüren. Seine Extravaganzen und die Zurschaustellung seiner Person wurden eine Belastung für seine potentiellen Nachfolger und den Fortbestand ihrer illegalen Handelsgeschäfte. Er hatte es offenbar versäumt, die Veränderungen, die sich in seiner Umgebung taten, wahrzunehmen und richtig einzuschätzen. Myanmar war endlich im Begriff, sich der Außenwelt zu öffnen. Die *Tatmadaw* gewann langsam die Oberhand über verschiedene

Rebellengruppen, von denen mehr und mehr bereit waren, Friedensgespräche mit der Armee aufzunehmen. Die Rebellenfront bröckelte zusehends ab.

1996 ergab sich Khun Sa der Militärregierung, aber was wie eine Kapitulation aussah, war in Wirklichkeit sein letzter Triumph. Er durfte seine schmutzig erworbenen Reichtümer nicht nur behalten, sondern auch legal in Myanmar anlegen. Also investierte er sein gewaltiges Vermögen, das er teilweise von Übersee nach Myanmar zurücktransferierte, in verschiedene Projekte, vor allem Immobilien, und wurde bald zum größten Landbesitzer Myanmars. Seiner Investmentgesellschaft gab er den Namen *Good Shan Brothers*, während er selbst sich in den Ruhestand an einen angeblich geheimen, schwer bewachten Ort zurückzog, der so geheim nicht war: Eine Villa am vornehmen Ufer des berühmten Lake Inya in Yangon. Dort, so wird gemunkelt, habe sich Khun Sa einen neuen Namen zugelegt, um der einzigen wirklichen Bedrohung zu entkommen, der Auslieferung an die USA. Sicher war die Befürchtung nicht falsch, daß er – etwa im Fall eines Regierungswechsels in Myanmar – der erste Bauer sein könnte, der bei einem Deal mit Washington geopfert würde.

Khun Sa ergibt sich

Im Oktober 2007 starb Khun Sa, der an Bluthochdruck und Diabetes litt, im Alter von 73 Jahren in seiner Villa in Yangon. Für ihn, einen der reichsten Männer Myanmars, hatte sich das Drogengeschäft gelohnt. Im übrigen war Khun Sa nicht die einzige wichtige Figur im Goldenen Dreieck. Sein langjähriger Erzrivale war Lo Hsin Han, dem wir uns nun zuwenden.

Lo Hsin Han, der Kokang Opiumbaron

Lo Hsin Han, auch bekannt als Law Hsing-han oder Luo Xinghan, wurde als Sohn einer wohlhabenden und angesehenen Familie im Kokang Staat im Nordosten des Shan Staats geboren. Wie das Wa Gebiet ist auch Kokang auf den meisten Landkarten nicht verzeichnet. Eine Orientierung bietet die Linie zwischen Lashio, Hsenwi und dem nordöstlich gelegenen Namkhan: Das Dreieck, das von dort nach Osten mit der Grenze zu China abschließt, ist Kokang Terrain. Als inoffizielle Hauptstadt gilt Tashwetang, auf Karten ebenfalls nur selten eingetragen.

Die Kokang Region ist hauptsächlich von Kokang Chinesen bewohnt, die sich zwar mit den Shan vermischt und auch in andere ethnische Gruppen eingeheiratet haben, ihren chinesischen Traditionen, der Kultur, den Bräuchen und der Religion aber treu geblieben sind. Den größten chinesischen Tempel in Lashio ließ Lo Hsin Han errichten. Ursprünglich waren die Kokang Chinesen Maultier- und Schafzüchter, doch einige von ihnen nutzten ihr Geschäftstalent, um straff organisierte Schmuggelorganisationen aufzubauen. Sie hatten allen Spielraum, sich unkontrolliert zwischen Burma und China zu bewegen.

Der Kokang Staat war gegen Ende des neunzehnten Jahrhunderts von der chinesischen Regierung an die Briten abgetreten und dem burmesischen Shan Staat zugeschlagen worden. Er wurde wie ein kleines Fürstentum von einem *myoza* regiert, der dem *sawbwa* von Hsenwi Tribut zahlte. Nach dem Zweiten Weltkrieg hatte die herrschende Yang Familie eine eigene Armee gegründet, die den Namen *Kokang Revolutionary Force* trug, jedoch keineswegs eine Befreiungsbewegung war, sondern schlicht die Privatarmee eines Feudalherrn. Das gleiche gilt übrigens für fast alle Befreiungsarmeen, die im Shan Staat aus dem Boden schossen: Sie waren Privatarmeen lokaler Clanoberhäupter und Feudalherren, die gelegentlich, wenn es zweckmäßig erschien, einem ideologischen Kurs wie dem Kommunismus folgten, aber jederzeit bereit waren, die Seiten oder Bündnisse zu wechseln. Die Truppen schützten ihr Territorium und ihre geschäftlichen Aktivitäten, zu denen gewöhnlich alle Arten von Steuererhebungen innerhalb des Territoriums gehörten, auch die Besteuerung der Durchfuhrgüter, von denen manche – wie beispielsweise Vieh – legal waren, andere – wie Schmuggelwaren oder Rauschgift – aber nicht. Eine Armee zu unterhalten kostete viel Geld, und da die lokalen Einkünfte oft nicht ausreichten, nahmen schließlich fast alle in irgendeiner Form am Drogengeschäft teil, der einträglichsten und bequemsten Finanzquelle. Bezeichnungen wie *"War Lord"* oder auch „Opiumkönig" sind darum etwas irreführend. In Wirklichkeit handelt es sich um Feudalherren, die ihr Territorium beschützen und erweitern wollten – und Lo Hsin Han war im Begriff, ein solcher Feudalherr zu werden.

Die Yang Familie kooperierte mit den Kuomintang, die nach ihrer Vertreibung durch die chinesischen Kommunisten in den Kokang Staat eingedrungen waren, und wandte sich schon früh dem Opiumhandel zu. Als Kommandant der *Kokang Revolutionary Front* erhielt Lo Hsin Han ein wertvolles Training sowohl auf militärischem Gebiet als auch im Drogenhandel. Aber seine Loyalität zur Yang Familie war offenbar begrenzt, denn schon bald begann er mit dem Aufbau seiner eigenen Milizen, die er im Laufe der folgenden Jahre zu einer schlagkräftigen Truppe ausbaute. Eine Zeit lang unterstützte er die Regierungstruppen bei der Bekämpfung der burmesischen Kommunisten, unterhielt aber gleichzeitig auch gute Beziehungen zur Kuomintang und zu den chinesischen Drogenhändlern auf beiden Seiten der Grenze. Als 1970 obendrein sein Erzrivale Khun Sa vom burmesischen Militär festgenommen wurde, hatte er freie Bahn, die Führung im Drogengeschäft zu übernehmen.

Kurz darauf wurde Lo Hsin Han nach Thailand gelockt, festgenommen und an Burma ausgeliefert, wo sein Todesurteil später in eine lange Haftstrafe umgewandelt wurde. Als sein Bruder sich mit seinen Truppen der burmesischen Armee ergab, kam Lo Hsin Han auf freien Fuß und kehrte zu seiner heimatlichen Basis in Lashio zurück. Sogleich scharte er eine neue Armee um sich, die zur Verstärkung des Kampfs gegen die aufständischen Shan und die burmesischen Kommunisten in die *Burmese Armed Forces* integriert wurde. In der Praxis jedoch diente sie Lo Hsin Han, sein Territorium und seine Geschäftsinteressen – den Schleich- und Drogenhandel – zu verteidigen.

Lo Hsin Han gibt auf

In den Achtzigerjahren wurde Lo Hsin Han als „Friedensstifter" berühmt – dies war der offizielle Ausdruck für ehemalige *War Lords*, die sich der burmesischen Armee ergeben hatten. 1984 arrangierte er ein Treffen zwischen dem Militär und seinem langjährigen Rivalen Khun Sa, der im Goldenen Dreieck zum „Opiumkönig" aufgestiegen war. Aber das Treffen blieb erfolglos. Noch war Khun Sa nicht bereit, sich zu ergeben – er hielt bis 1996 durch.

Im Jahr 1989 brach die kommunistische Partei Burmas infolge einer internen Meuterei ethnischer Minderheiten plötzlich zusammen. Die kommunistische Armee zerfiel in Volksgruppen. In den Folgejahren tauchten die Anführer der Meuterei als neue Opiumbarone des Goldenen Dreiecks auf. Wieder war es Lo Hsin Han, der in der ungewohnten Rolle des „Friedensstifters" auftrat und ein Treffen zwischen seinen früheren kommunistischen Rivalen und der burmesischen Regierung arrangierte. Im Endergebnis wurde die neue Riege der Feudalherren in den „Schoß der Legalität" zurückgeholt, was ihnen erlaubte, ihre eigenen Gebiete nun „legal" zu überwachen und ihre Geschäfte, namentlich den Drogenhandel, auf dieser Basis weiter zu betreiben.

Lo Hsin Han setzte seine Karriere als Vermittler fort. Er war ein einflußreicher Mann, dessen Geschäfte den Schutz der Regierung genossen. Überdies wurde 1989 eine Steueramnestie beschlossen, die es ihm und den anderen Drogenbaronen ermöglichte, ihr Schwarzgeld legal in Myanmar zu investieren. Lo Hsin Hans wichtigste Investitionsgesellschaft ist die *Asia World Group*, als deren größter Teilhaber die *Kokang Import Export Co., Ltd.* fungiert. Er selbst ist Chairman der Holdinggesellschaft, während sein Sohn, Stephen Law, den Posten des General Manager innehat.Von all diesen Dingen wußte ich fast nichts, als ich mich in Lashio im Hotel *Nadi Ayeyar* aufhielt. Aber je mehr Einzelheiten ich in Erfahrung brachte, um so besser fügte sich das Bild, und schließlich konnte ich mir zusammenreimen, wer der Hotelbesitzer und wer der nette alte chinesische Herr in seinen Pyjamahosen war. Das Hotel gehört der *Asia World Group*, die auch das *Lashio Motel* (in dem ich eine miserable Nacht verbracht habe) gekauft hat. Der Besitzer war als kein anderer als Lo Hsin Han, und der nette alte chinesische Herr, mit dem ich zu sprechen versuchte, dürfte wohl sein Bruder Lo Hsin Min gewesen sein. Die beiden jüngeren Leute im *Nadi Ayeyar* waren vermutlich Verwandte aus Taiwan.

Die gegenwärtige Situation und Ansätze zur Problemlösung

Obgleich jeder Kampf gegen die Drogen an zwei Fronten geführt werden muß, weil beides, Angebot und Nachfrage, den Drogenmarkt bestimmen, will ich mich hier auf die Problematik des Angebots beschränken, genauer gesagt, auf die Produktion und Distribution von Opium, Heroin und Methamphetaminen im burmesischen Teil des Goldenen Dreiecks.

Experten zufolge hat sich die Produktion von Opium und Heroin Nr.4 in den letzten zehn Jahren des zwanzigsten Jahrhunderts verdoppelt oder verdreifacht. Es wird geschätzt, daß etwa 80 Prozent des burmesischen Heroins in den USA enden. Außerdem werden neue Drogen wie *Speed* und *Ecstasy* von Myanmar in Nachbarländer wie China oder Thailand exportiert. Der Schlafmohnanbau hat sich vom ursprünglichen Goldenen Dreieck entlang der chinesischen Grenze bis zum Kachin Staat ausgebreitet und das Dreieck in ein Viereck verwandelt. Auch im Inneren des Landes haben die Pflanzungen neuen Raum in den Bergen der Chin und der Naga erobert. Mit der Ausdehnung der Anbaugebiete sind neue Handelswege entstanden, die nach Indien, China, Laos, Kambodscha und sogar nach Vietnam führen. Auch wenn Thailand vermutlich noch der führende Umschlagplatz und das Zentrum des Rauschgifthandels ist, gewinnt China mit seiner fast 2.000 Kilometer langen Grenze zu Burma immer mehr die Oberhand.

Die beiden zuletzt genannten Länder haben auf diese Entwicklung mit verschärften Gesetzen und drastischen Strafmaßnahmen reagiert, die in China oft Todesstrafen sind. Dennoch nahm der Heroinausstoß in der Folge rasant zu und pendelte sich erst gegen Ende der Neunzigerjahre auf das erreichte Niveau ein. Mittlerweile sind drei miteinander verbundene Faktoren – gespritztes Heroin, Prostitution und Aids – zu einer beispiellosen Bedrohung für die Gesundheit der Bevölkerungen in Myanmar, Thailand und Südwestchina geworden.

Unter den betroffenen Ländern gibt es ein allgemeines Einvernehmen über die Notwendigkeit bestimmter Veränderungen im ökonomischen und sozialen Bereich:

- Benachteiligungen und Behinderungen von Minderheitengruppen, Armut, Unterentwicklung und Isolation müssen überwunden werden;
- es muß eine Infrastruktur mit Straßen, Brücken und Bewässerungssytemen geschaffen werden;
- die Bergbauern brauchen Ersatzkulturen für ihre Felder und Zugang zu den Märkten, um die neuen Erzeugnisse absetzen zu können;
- sie müssen von dem herrschenden Kredit- und Vermarktungssystem der chinesischen Händler befreit werden;
- die auf Ausbeutung beruhende hierarchische Sozialstruktur mit Opiumbaronen und Feudalherren an der Spitze muß verändert werden;
- das gesamte Goldene Dreieck oder Viereck muß geöffnet und Außenstehenden, auch Touristen (wie in Thailand), zugänglich gemacht werden, um den heimlichen Schlafmohnanbau und Betrieb von Heroinfabriken zu erschweren.

Ein Teil dieser Maßnahmen ist von der Militärregierung bereits eingeleitet worden, insbesondere in Zusammenarbeit mit den Nachbarstaaten. Die reichen Industrieländer, Hauptabnehmer der Drogen, unterstützen die inzwischen recht erfolgreichen Drogenbekämpfungsprogramme der burmesischen Regierung kaum oder gar nicht. In ihrem Drogenbericht vom Frühjahr 2003 klagt die amerikanische Regierung das burmesische Militär wieder einmal an, lobt dagegen aber die enge Kooperation mit der thailändischen Regierung.

Die amerikanische Behauptung, dass die Produktion synthetischer Drogen in Burma stark zugenommen hat, ist zwar nicht ganz falsch, aber die zu ihrer Herstellung notwendigen Chemikalien kommen überwiegend aus Thailand, das auch der Hauptabnehmer der Pillen ist. Dieser Schmuggel von Chemikalien und Drogen ist in Thailand ohne Hilfe von Militär und Polizei nicht möglich. Dort werden zwar oft die kleinen Dealer bestraft, aber die großen Bosse und ihre Beschützer in Regierung, Militär und Polizei lässt man laufen. Der Drogenbericht gesteht schließlich ein, dass die Opiumproduktion in Burma schon seit einigen Jahren rückläufig ist. Sie ist von etwa 2.000 Tonnen auf etwa 650 Tonnen gefallen. Die Regierung ist zuversichtlich, dass sie den Anbau weiter verringern kann, um so die Gesamtproduktion für 2003 auf 400 Tonnen zu senken. Eine solch dramatische Reduzierung hätte man sich vor ein paar Jahren nicht vorstellen können. Auch Kritiker des Militärs müssen zugeben, dass die burmesische Regierung auf dem Gebiet der Drogenbekämpfung erhebliche Erfolge vorweisen kann. Warum die internationale Gemeinschaft die Regierung auf diesem Gebiet nicht unterstützt, kann sie rational wohl kaum begründen.

Ich habe mich in diesem Kapitel nur mit der Seite des Angebots auf dem Drogenmarkt beschäftigt; das letzte Wort möchte ich Ronald D. Renard überlassen, der meiner Ansicht nach mit Recht hervorhebt, daß „die einzige wirkliche Lösung für das Problem des Drogenmißbrauchs in der Verringerung der Nachfrage besteht".

Lassen wir dieses komplexe und schwierige Thema nun hinter uns, um die Reise durch den Shan Staat nach Hsipaw fortzusetzen.

TAGESAUSFLUG IN DAS EHEMALIGE FÜRSTENTUM HSIPAW

Min Min telephonierte wieder einmal mit dem militärischen Geheimdienst, wahrscheinlich zum letzten Mal. Es war hart, den Versuch aufzugeben, eine Besuchserlaubnis für das burmesisch-chinesische Grenzgebiet zu bekommen. Vielleicht wußte der Geheimdienstmann am anderen Ende der Leitung nicht, was er mit so einem ausländischen Touristen machen sollte, der in einem sonst für die Staatsführung reservierten Pullmanwagen durch die Gegend fuhr. Aber aus welchem Grund auch immer wir keine endgültige Antwort bekamen, meine Zeit in Lashio war bald abgelaufen, und so beschloß ich, einen Tagesausflug in das ehemalige Fürstentum Hsipaw mit seiner gleichnamigen Residenzstadt rund zweiundsiebzig Kilometer südwestlich von Lashio zu unternehmen.

Wir brachen früh am Morgen meines vierzehnten Tages in einem heruntergekommenen Toyota Corolla auf, der uns eine unsanfte Fahrt bescheren sollte, die mir auf den Magen schlug und den Rücken strapazierte. Es dauerte nicht lange, da mußte unser Fahrer, ein jungenhafter, etwas ungepflegter Shan Chinese, vor dem Haus seines Chefs anhalten, um den Tank zu füllen. Der Chef, ein Chinese Ende Zwanzig, schien mir einer von der Sorte, denen man nicht in einer dunklen, stürmischen Nacht in einer einsamen Gasse begegnen möchte. Er ließ sich einen Schnurrbart wachsen, der aber eher Nudelresten von der Frühstückssuppe glich, und hatte sich offenbar über etwas geärgert, denn er beschimpfte den Fahrer und schlug ihm schließlich auf den Arm. Ich glaube, wir waren alle froh, wieder freie Fahrt zu haben, nachdem diese Besorgung erledigt war.

Obwohl unser junger Chauffeur ein geschickter Fahrer war, fuhr er viel zu schnell für eine Straße, die mehr Schlaglöcher als Asphalt besaß. Unserer Bitte, etwas langsamer zu fahren, entsprach er nur vorübergehend, dann trat er wieder auf das Gas. Als wir die Außengebiete der Stadt erreichten, wurden wir mit einem wunderschönen Blick auf hohe Berge hinter einer weiten grünen Ebene für unsere Geduld belohnt. Es folgte eine malerische Strecke über eine von Teakbäumen, Tamarinden, Bananenstauden und allerlei Büschen gesäumte Straße. In den Dörfern, die wir durchquerten, verkauften Shan Mädchen grüne, aber schmackhafte Orangen und reife Ananas.

Ohne Pass

Hinter einer Dorfausfahrt erblickten wir ein großes rotes Schild, das eine Umleitung anzeigte, der wir pflichtbewußt über die rötliche Sandstraße um eine Kurve folgten, bis es plötzlich nicht mehr weiterging: Vor uns erhoben sich hohe Holzschranken und Rampen, alle bemannt mit zahlreichen Soldaten in olivgrüner Uniform. Es war eine Kontrollstelle, hauptsächlich für Lastwagen und Pickups, wie Min Min erklärte, aber auch für Personen, das würde ich gleich merken. Ein junger Offizier, keine dreißig Jahre alt, näherte sich unserem Wagen und bat höflich um meinen Paß. Ich war völlig überrascht, denn Min Min hatte mir nicht gesagt, daß ich ihn mitnehmen sollte. (Von diesem Tag an wußte ich, daß man in Burma immer seinen Paß in der Tasche haben muß, sobald man die Grenzen einer Ortschaft oder einer Stadt verläßt, auch wenn man nur einen kleinen Ausflug machen will. Ausländische Besucher werden von der Polizei und der Armee höflich und zuvorkommend behandelt, aber eine Ausnahme von der Regel gestatten sie fast nie.) Da ich meinen Paß nicht bei mir hatte, war ich sicher, daß unser Ausflug nach Hsipaw damit beendet war und wir nach Lashio zurückgeschickt würden.

Unschlüssig im Auto sitzend, mußte ich einsehen, daß es keinen Sinn hatte, mich aufzuregen oder zu argumentieren. Also stieg ich aus, während Min Min und der Fahrer zu einer kleinen Holzbaracke eskortiert wurden, wo sie wahrscheinlich dem Kommandanten Auskunft geben sollten. Ich zündete mir einen Cheroot an und begann ein Gespräch mit dem jungen Offizier. Fast entschuldigend erklärte er mir in stockendem Englisch den Zweck der

Überprüfung: Es handele sich um eine Zoll- und Identitätskontrolle, die im Auftrag der staatlichen Zoll-, Grenz- und Immigrationsbehörde erfolgte und zum „dritten Sicherheitsring" im Shan Staat gehöre. Weil das Militär unmöglich die gesamte Länge der Grenze zu China kontrollieren kann, einzelne, getrennte Kontrollpunkte das Land aber nicht hinreichend schützen, wurden in einiger Entfernung von der Grenze auf allen größeren Verkehrswegen außerhalb der Städte und Ortschaften des nördlichen Shan Staats Straßensperren errichtet.

Der erste Kontrollpunkt (Bestandteil des ersten Rings) ist der Grenzübergang bei Muse gegenüber der chinesischen Stadt Ruili an der *Burma Road*; wenn man dieser Fernstraße folgt, trifft man unmittelbar vor der Stadt Lashio auf den zweiten Sicherheitsring; und wir befanden uns am dritten. Obgleich dieses System kein Geheimnis bleiben konnte und kriminelle Elemente sicher genauestens Bescheid wußten, legte der Offizier wert auf die Feststellung, daß sie einige Erfolge bei der Entdeckung von Schmuggelwaren und Drogen erzielt und auch schon illegale Ausländer festgenommen hätten. Beim Aufspüren des Rauschgifts waren sie allerdings weitgehend auf Tips angewiesen, weil die überladenen Lastwagen kaum eine Chance boten, fündig zu werden. Wie er sagte, hatten sie in den letzten Monaten ungefähr fünfzig Kilogramm Heroin und Opium beschlagnahmt, und gab offen zu, daß sie sich der Sisyphusarbeit durchaus bewußt seien. Aber neulich hätten sie vier nordkoreanische Agenten festnehmen können, die über China nach Myanmar gekommen waren und versucht hatten, nach Yangon zu gelangen, um von dort nach Südkorea zu fliegen. (Manche werden sich an das Attentat im Oktober 1993 erinnern, bei dem während eines Staatsbesuchs südkoreanischer Regierungsmitglieder in Yangon eine von nordkoreanischen Agenten gelegte Bombe explodierte und zwanzig Menschen tötete, unter ihnen mehrere südkoreanische Minister. Alles wies darauf hin, daß der Sohn von Premierminister Kim Il Sung, Kim Jong Il, damals Chef des nordkoreanischen Spionage- und Geheimdienstes, der Drahtzieher des Bombenanschlags war. Der jüngere Kim ist jetzt Führer seines Landes).

Schneller als gedacht, kam Min Min mit einem verschmitzten Lächeln wieder aus der Holzbaracke heraus – wir durften weiterfahren. Er hatte geschickt ein paar Namen fallen lassen, unter anderen den des Oberbefehlshabers der militärischen Geheimdienstabteilung von Nordburma, aber auch den unseres Mannes in Lashio, Commander No. 9. Wir waren also jetzt Leute mit Beziehungen und durften sicher sein, das „Wohlwollen" der Sicherheitskräfte zu genießen.

Nachdem wir weitere zwei Stunden durch die eindrucksvolle Landschaft gefahren waren, stießen wir hinter einer langgezogenen Kurve auf ein breites, schnell fließendes Gewässer, den Dokhtawady (oberhalb von Hsipaw auch Namtu genannt). Dieser mit Schwemmsand beladene Fluß kommt vom Shan Plateau herunter und wälzt seine rötliche Fracht bis in die Ebene von Zentralburma, wo er den Namen Myitnge annimmt, ehe er bei Mandalay in den Ayeyarwady mündet.

Wir erreichten Hsipaw noch vor der Mittagszeit. Anders als Lashio mit seiner vorwiegend chinesischen Bevölkerung, ist Hsipaw mehrheitlich von Shan bewohnt. Einmal im Jahr, im Mondmonat *Tabaung* (Februar/März), findet hier, bei der heiligen Bawgyo Pagode, ein berühmtes Shan-Fest statt, das große Menschenmengen in die Stadt lockt. Ansonsten hatte ich keine größeren Erwartungen an Hsipaw, vor allem nicht nach der Lektüre von Ethel Mannins Ankunft in der Stadt:

„Am frühen Nachmittag kamen wir in Hsipaw an, staubig und unübersichtlich, nichts Besonderes, so daß ich mich mit dem Gedanken trug, gleich nach Lashio weiterzufahren... Als wir durch Hsipaw fuhren, hatte ich das Gefühl, in einer Stadt zu sein, die man lieber flieht als in ihr zu verweilen. Es gibt Orte, die eine Art Trostlosigkeit ausstrahlen, daß es einem aufs Gemüt schlägt. Hsipaw produziert Orangen und Tee, sonst finde ich nichts, was von Interesse wäre."

In Wirklichkeit hatten ihr die lokalen Würdenträger nicht die erhoffte Aufmerksamkeit entgegengebracht. Schließlich wurde sie gewöhnlich von dem örtlichen *sawbwa* empfangen. Hätte sie gefragt, wäre sie wohl aufgeklärt worden, daß der *sawbwa* gar nicht anwesend war, sondern in Colorado studierte – aber das ist eine andere Geschichte, die ich im Anschluß an dieses Kapitel erzählen werde.

Ich empfand Hsipaw als eine idyllische, zauberhafte kleine Stadt. Wir hatten uns vorgenommen, auf eine Besichtigung der berühmten Bawgyo Pagode zu verzichten und stattdessen die Ruinen des alten Palastes zu suchen, der im Zweiten Weltkrieg zerstört worden war. Da keiner von uns dreien wußte, wo sich der Standort befand, hielten wir bei einem Guest House an der Hauptstraße, um nach dem Weg zu fragen und uns bei dieser Gelegenheit auch nach Möglichkeiten zu erkundigen, eine Bootsfahrt auf dem Fluß zu unternehmen. Die Erklärungen, die wir bekamen, waren so verwirrend, daß wir damit den Palast nicht finden konnten und unfreiwillig am Fluß landeten, auf dem einige große *longtailboats* mit Außenbordmotor verkehrten. Obgleich man uns im Guest House gewarnt hatte, daß Bootsfahrten für Ausländer nicht erlaubt seien, gelang es mir, Min Min zu überreden, sich bei den am Ufer lebenden Bauern umzuhören, ob nicht doch einer bereit wäre, uns mitzunehmen. Wir hatten Glück, es gab tatsächlich einen, der uns flußaufwärts fahren wollte – aber nur eine kurze Strecke, weil sein Benzin zur Neige ging.

Das Lichterfest im Dorf

Langsam bewegten wir uns gegen die starke Strömung flußaufwärts und ließen die Stadt hinter uns zurück. Die hohen Ufer gaben kaum einen Blick auf die Landschaft frei, aber mit dem Boot über einen Fluß zu fahren ist ein eigenes Vergnügen, für das man kaum zusätzliche Anregungen braucht. Auf dem Rückweg entdeckten wir oben am Rand der steilen Böschung mehrere junge Mädchen in festlicher bunter Kleidung, die uns lachend winkten. Zugleich hörten wir die Klänge von Zimbeln und Trommeln. Die Einheimischen feierten das Lichterfest, erklärte unser Bootsmann und schlug eine Pause vor, um eine Runde in das

Dorf zu machen. Eine gute Idee, wie ich fand, und so kletterten wir alle den steilen Hang hinauf. Oben angekommen, tat sich ein freies Gelände vor uns auf, umgeben von Bauernhäusern auf Pfählen, mit Bambusständen, Tischen, Zelten und einer großen Bühne für das dreitägige Fest in der Mitte. Am Rand dieser Privatgesellschaft fühlte ich mich etwas fehl am Platz, aber schon kamen einige Männer zu uns herüber, die uns zum Mitfeiern einluden. Festliche Stimmung erfüllte das Dorf. Vor der Bühne spielten Kinder, während die größeren Jungen eine kleine Musikkapelle aufboten, besetzt mit Zimbeln, einer großen Shan Trommel und traditionellen Saiteninstrumenten. Die Frauen, ob jung oder alt, waren eifrig damit beschäftigt, in großen Eisentöpfen und -kesseln über offenen Feuerstellen das Essen zu bereiten. Die Männer mittleren Alters hatten sich auf Holzstühlen um einfache Plastiktische geschart, abgesondert von den Älteren, die vor einem mächtigen Steinbuddha auf Bambusmatten saßen, Tee schlürften und ihre Cheroots genossen.

Ich wurde zur Gruppe der Älteren gebeten, die mich freundlich zum Teetrinken und Rauchen einluden, aber scheue Zurückhaltung bewahrten. Ich versuchte, etwas über ihr Dorf und das Fest zu erfahren. Sie waren alle Shan Bauern, aber an diesen drei Tagen ließen sie die Arbeit auf den Feldern ruhen und die Kinder gingen nicht zur Schule. Jeder wollte die buddhistische Fastenzeit feierlich beschließen, mit viel Reden, viel Essen und ein wenig Trinken, mit Musik und einem *pwe* in den Abendstunden und mit Gaben für die Mönche und Nonnen am letzten Tag des Lichterfests.

Als in unserem Kreis eine verzierte Silberschale die Runde machte, tat jeder Mann einige Kyat hinein. Ohne zu wissen, um was es ging, hielt ich es für angebracht, ebenfalls meinen Beitrag zu leisten. Doch als Min Min etwas später zum Rückweg mahnte, erhob sich freundlicher Protest. Die jüngeren Männer machten mir klar, ich habe zu ihrem Gemeinschaftsessen beigetragen und müsse nun auch die Mahlzeit mit ihnen teilen. Gesprächiger als die Dorfältesten, erzählten sie mir von ihrem Leben, ihren Familien, ihrer Arbeit, und bald war auch das Essen fertig. Es gab weißen und braunen Reis, eine scharfe rote Suppe, gekochtes Gemüse, Fleisch und dazu einige scharfe Gewürze. Der Reis war von sehr minderwertiger Qualität und kaum zu genießen, obwohl die Frauen ihn vorher in der Suppe hatten ziehen lassen. Sonst schmeckte das einfache Mahl vorzüglich.

Nach dem Essen führten mich die jüngeren Bauern durch das Dorf und zeigten mir stolz ihre ordentlichen Felder und blühenden Gärten. Sie waren Reisbauern, mußten ihren hochwertigen Reis aber an die Regierung verkaufen, so daß ihnen für den Eigenbedarf nur die Sorte blieb, die ich eben kennengelernt hatte. Für manche Arbeiten wurden Wasserbüffel eingesetzt, und außer Reis gab allerhand Obst und Gemüse zu ernten: Sesam, Bananen, Erdnüsse und die Früchte ihrer schönen Tamarinden-, Pflaumen-, Mango-, Orangen- und Pomelobäume. Die Männer waren stolz, Bauern zu sein, und schienen verhältnismäßig wohlhabend. Am Ende bereiteten sie uns einen rührenden Abschied, brachten uns zum Boot und winkten noch lange, nachdem wir abgelegt hatten. Ich fragte mich, wie ich ihnen wohl die Aufrufe zum Reiseboykott gegen ihre Heimat, Myanmar, hätte erklären sollen? Haben sie es verdient, nach so vielen Jahren der Isolation, die ihnen von Ne Win verordnet wurden, jetzt wieder isoliert zu werden, diesmal von uns?

EINE GLÜCKLICHE FÜGUNG: BEGEGNUNG MIT SEINER FÜRSTLICHEN HOHEIT FÜRST SAO OO KYA

In Hsipaw nahmen wir unsere Suche nach den alten Palastruinen wieder auf. Diesmal der Wegbeschreibung folgend, die unser Bootsmann uns gegeben hatte, stießen wir auf eine schmale Gasse, welche abrupt vor einem imposanten Eisentor und einer hohen Backsteinmauer endete. Dahinter befand sich ein größeres Grundstück mit einem stattlichen Herrenhaus in der Mitte. Diese herrschaftliche, offenbar bewohnte Residenz war mit Sicherheit nicht unsere Palastruine. Aber was dann? Der Reiseführer, den ich mitgenommen hatte, enthielt keinen Hinweis auf ein solches Gebäude. Da das Tor unverschlossen war, unternahm Min Min einen Erkundungsstreifzug – und kehrte mit einer Einladung des Besitzers zurück, der uns ausgesprochen höflich und herzlich in tadellosem Englisch mit britischem Akzent begrüßte. Sao Oo Kya war sein Name, Fürst von Hsipaw und Eigentümer dieses stattlichen viktorianischen Herrenhauses am Ufer des Dokhtawady. Obgleich viele Einwohner von Hsipaw und Umgebung ihn immer noch als Fürst betrachten, ist er streng genommen nur ein gewöhnlicher Bürger, weil sein Vorgänger auf alle erblichen Rechte und Privilegien verzichtet hat. Aber das Gebäude auf dem eingefriedeten Gelände, das wir soeben betreten hatten, war kein gewöhnliches Wohnhaus. Es war der neue Palast – der *Grand Haw*, wie man im Shan Staat sagt – der Fürstenfamilie von Hsipaw. Daß die früheren Fürsten nach der Grundbesitzenteignung durch die Regierung Ne Win harte Zeiten durchgemacht hatten, sah man der Residenz an ihrem gegenwärtigen Zustand an. Sie brauchte dringend Handwerker und frische Farbe.

In seinem Buch *Lords of the Sunset* beschreibt Maurice Collis den Palast, wie er ihn 1937 erlebt hat, als er beim damaligen *Sawbwa* von Hsipaw, Sao On Kya, den er den reichsten und kosmopolitischsten aller *sawbwa* im Shan Staat nennt, zum Abendessen eingeladen war:

„Jetzt sah ich, was man in Burma nie zu sehen bekommt, nämlich einen *Haw*. Es war der alte Palast, den der *Sawbwa* nur zu festlichen Anlässen benutzt. Seine Familienmitglieder leben dort, aber der *Sawbwa* selbst residiert im nahegelegenen *Grand Haw*, dessen Tor wir gerade erreichten. Der Wächter trat vor und salutierte bei unserer Einfahrt in den mit Rasen, Blumenbeeten, Bäumen und einem harten Tennisplatz angelegten Park. Das Palastgebäude fügte sich harmonisch in die Umgebung ein, ganz im Stil eines großzügigen englischen Landhauses. Auf den Stufen vor dem Eingang stand der Privatsekretär des *Sawbwa*, ein chinesisch aussehender Mann in der üblichen Shan Tracht, mit weiten Hosen und einer Mandschujacke. Als wir ausstiegen, schüttelte er uns die Hand und bat uns in die Eingangshalle, wo uns der *Sawbwa* erwartete, ein kleiner Mann von etwa fünfundvierzig Jahren, ebenfalls in traditioneller Shan Kleidung. Nach einer sehr herzlichen Begrüßung in bester englischer Manier führte er uns in den Salon."

Sao On Kya, ein gebildeter Mann, der in Oxford studiert hatte, starb kurze Zeit nach dem Besuch von Maurice Collis. Der alte Palast wurde im Zweiten Weltkrieg zerstört, aber der neue *Grand Haw* blieb erhalten. Als der Nachfolger Sao On Kyas, Fürst Sao Kya Seng, von seinem Studienaufenthalt in Amerika nach Hsipaw zurückkehrte, machte auch er den *Grand Haw* zu seinem Wohnsitz. Seine ausländische Frau berichtet in ihrem Buch *Twilight over Burma* (dt. *Mein Leben als Sao Thusandi, Prinzessin der Shan*, Bergisch Gladbach 1997, S. 66/67) über ihr neues herrschaftliches Heim, das ausgestattet war mit schweren Vorhängen und Spitzengardinen vor den großen Panoramafenstern, mit dicken chinesischen Teppichen, mit offenen Kaminen, mit silbernen Schalen auf Sockeln und mit erlesener Möblierung wie einem westlichen Sofa und verzierten Tischen und Schränken aus Teakholz und Mahagoni. Der Eßtisch wurde mit feinstem Porzellan und poliertem Silber gedeckt. Wächter, Fahrer, Dienstmädchen, Koch, Butler und Privatsekretär sorgten sich um das Wohl und die Sicherheit der Familie. Sie fuhren zum Picknick in die Berge, gaben Tennisturniere im Park und große Dinner-Parties im Palast.

Aber die Zeiten des Wohlstands, der Pracht und des Luxus sind längst vorbei. Wie anders der Lebensstil des heutigen Prinzen ist, sahen wir, als er uns in den *Haw* einlud. Wir kamen durch die große, aber leere Eingangshalle, an einer breiten Treppe vorbei, die wahrscheinlich zum Privatbereich im ersten Stock führte, und wurden in den spärlich möblierten Salon gebeten. Außer einigen Sesseln mit Beistelltischen und ein paar Bildern an den Wänden schmückte kaum etwas den Raum, nicht einmal Vorhänge.

Ich fragte unseren Gastgeber nach einem alten roten Traktor, der mir draußen aufgefallen war, weil bei unserer Ankunft in der Nähe des Eingangs damit gearbeitet wurde. Dieser Traktor, ein alter Massey Ferguson, war sein großes Hobby. Das Militär hatte ihn in den frühen Sechzigerjahren enteignet und erst kürzlich zurückgegeben, nachdem Sao Oo Kya mit einem hochverehrten, hundertundfünf Jahre alten Mönch in Yangon vorstellig geworden war. Einige Generäle, unter ihnen der Landwirtschaftsminister, hatten die Begegnung mit diesem besonderen Abt eilfertig genutzt, um religiöse Verdienste zu sammeln, und zum Ausdruck seiner Dankbarkeit hatte der Minister 1957 beschieden, daß der Prinz seinen Traktor wiederhaben durfte. Er unterbrach das Gespräch, um uns mit seiner Frau bekanntzumachen: Sao Sarm Hpong, *mahadevi* von Hsipaw und Tochter des letzten Fürsten von Lawksawk. Sie trug ein schlichtes, aber ausgewähltes westliches Kleid und verhielt sich ebenso angenehm und würdevoll wie ihr Mann. Die beiden hatten viele ausländische Freunde, darunter auch einige Botschafter, die in Yangon lebten und regelmäßig zu Besuch kamen. Früher hatten sie zu Ehren dieser Freunde gern Ausflüge organisiert, mit dem Boot den Dokhtawady hinauf in die abgeschiedenen Berge; aber die Behörden hatte diesen Unternehmungen ein Ende gesetzt. Obwohl sie jeden Kommentar zur politischen Lage und zur Geschichte ihres Landes vermieden, hatte ich den Eindruck, daß ihr Verhältnis zur Regierung nicht gerade das beste war.

Bei einer Tasse Shan Tee sahen wir uns noch einige Photoalben an, trugen uns ins Gästebuch ein und hinterließen eine kleine Spende für die Renovierung des *Grand Haw*. Während der Prinz uns zur Tür begleitete, bat er mich, ihn und seine Frau bei ihren westlichen Namen zu nennen, Donald und Fern. Dann nahm er meine Hand in beide Hände, sah mir in die Augen und sagte mir, wie sehr ihn dieser Besuch gefreut habe, und wir seien jederzeit in seinem *Haw* willkommen.

In der Tat war ich auch auf meinen nachfolgenden Reisen durch den nördlichen Shan Staat stets ein willkommener Gast im Hause des Fürsten. Die Militärs sahen aber seine zahlreichen Kontakte mit Ausländern mit großen Misstrauen und stellten ihn im September 2005 unter falschen Anschuldigungen vor Gericht, wo er wegen "*operating as an unlicensed tour guide, defaming the State and being in violation of restrictions imposed und the Habitual Offenders Act*" zu dreizehn Jahren Gefängnis verurteilt. Seine Frau darf ihn nur selten besuchen; wichtige Medikamente werden ihm verweigert.

Da das Fürstenhaus Hsipaw eines der bedeutendsten und einflußreichsten unter den rund dreißig hochadligen Shan Familien ist, möchte ich seiner Geschichte ein eigenes Kapitel widmen und der Frage nachgehen, was mit dem letzten *Sawbwa* von Hsipaw geschah.

WER TÖTETE SAO KYA SENG, DEN LETZTEN PRINZEN VON HSIPAW?

Hsipaw war nicht das größte Fürstentum im Shan Staat; diese Ehre hatte Kengtung. Aber mit einer Fläche, die ungefähr der von Connecticut entspricht, gehörte es doch zu den größeren, und wegen seiner Lage und seines relativen Wohlstands zählte Hsipaw neben Yawnghwe (heute Nyaungshwe), Hsenwi, Kengtung (heute Kyaing Tong) und vielleicht Muang Mit (heute Mong Mit) zu den mächtigen und einflußreichen Fürstentümern, welche die Geschichte des Shan Staats geprägt haben.

Um die Bedeutung des Hauses Hsipaw zu verstehen, müssen wir weit in die Geschichte der Burmanen und der Shan zurückgehen, bis hin zur Invasion der Armee Kublai Khans und der Zerstörung von Bagan im Jahr 1287, die den Niedergang des Burmanenreichs und den Anfang der Shan Herrschaft in Zentralburma markierte. Die Shan konnten Stellung bewahren, bis ihr Herrscher Myobye Narapathe, König von Ava – ein Neffe des Prinzen von Hsipaw – 1552 dem burmesischen König Burinnong von Taungoo unterlag. Von da an beherrschten nicht mehr die Shan, sondern die Burmanen das Land, bis die Briten es eroberten.

Mehrere hundert Jahre nach dem Untergang des Shan Königreichs von Ava gab es eine zweite Verbindung zwischen dem Fürstenhaus Hsipaw und einem Monarchen, der diesmal ein Halb-Burmane war und, seltsam genug, ebenfalls Thron und Reich verlieren sollte. Es handelt sich um den letzten König von Burma, den unberechenbaren und verachteten König Thibaw, der im dritten anglo-burmesischen Krieg von den Briten geschlagen wurde. Thibaws Vater war der angesehene Reformer und Modernisierer König Mindon, dessen Bruder und rechtmäßiger Erbe ermordet worden war, so daß es bei Mindons Tod im Jahr 1878 keinen unmittelbaren Nachfolger gab. Der König hatte viele Frauen gehabt, und die Auseinandersetzung zwischen all den potentiellen Erben eskalierte zu blutiger Gewalt. Wie in vielen anderen Monarchien auf der ganzen Welt sind

Thronstreitigkeiten auch in Burma meistens durch Vertreibung und Mord gelöst worden. Aber die beispiellose Brutalität, mit der Thibaws Frau und Schwiegermutter seine Rivalen ermorden und vertreiben ließen, setzte sogar in der burmesischen Geschichte neue Maßstäbe. Thibaw, dessen Mutter die Tochter des *Sawbwa* von Hsipaw war (daher der Name Thibaw), stand in der Reihe der möglichen Thronfolger keineswegs an erster Stelle, aber er trat das Erbe an, nachdem alle anderen Prätendenten auf diese oder jene Weise beseitigt worden waren.

Die letzten Prinzen von Hsipaw

Hier beginnt die Geschichte der letzten vier Prinzen des Fürstenhauses Hsipaw: Sao Khun Seng, *Sir* Sao Khe, Sao On Kya und, als letzter in der langen Reihe, Sao Kya Seng. Sao Khun Seng wurde während der Herrschaft von König Mindon (1853-1878) geboren und wuchs am Königshof in Mandalay auf. Nachdem er *Sawbwa* von Hsipaw geworden war, überwarf er sich mit Mindons Nachfolger, dem launischen und skrupellosen König Thibaw, der aufgrund seiner Shan Abstammung mütterlicherseits sogar ein Blutsverwandter war. 1882 mußte Sao Khun Seng nach Niederburma fliehen, das bereits unter der Herrschaft der Briten stand, wurde aber in Yangon wegen Verwicklungen in einen Mordfall inhaftiert und später abgeschoben. Er ging zuerst nach Thailand, hielt sich dann im Karenni Staat auf und verbündete sich schließlich mit einem bekannten Shan Rebellenführer aus Hsenwi, mit dessen Unterstützung er die Kontrolle über sein Fürstentum zurückgewann. Als die Briten in den späten Achtzigerjahren des neunzehnten Jahrhunderts mit den Shan Fürsten Verträge schlossen, muß der Unterzeichner für Hsipaw wohl Sao Khun Seng gewesen sein. Bis zu seinem Tod unterhielt er enge Verbindung mit den Briten, die ihm stets Respekt und Bewunderung entgegengebracht hatten.

Sein Sohn, Sao Khe, regierte das Fürstentum mit großem Erfolg von 1902 bis 1928. Er war geachtetes und einflußreiches

Mitglied des 1922 von den Briten gebildeten *Federated Shan States' Coucil* und wurde 1928 in den Adelsstand erhoben. Die Kolonialherren bewunderten seine Durchsetzungskraft und Intelligenz. Seine älteste Tochter heiratete Sao Kawangtai, Prinz von Kengtung, der 1937 im Zuge einer Verschwörung von einem Neffen ermordet wurde. Der Anstifter der Verschwörung, ebenfalls ein Verwandter, war in verschiedene illegale Geschäfte einschließlich dem frühen Drogenhandel verstrickt. Maurice Collis liefert in seinem Buch *Lords of the Sunset* einen interessanten Bericht über den Prozeß gegen die beiden Verschwörer.

Der Nachfolger von *Sir* Sao Khe, sein Sohn Sao On Kya, regierte in der schwierigen Zeit zwischen 1928 und 1938, in der die Shan Fürsten entdeckten, daß ihre Loyalität gegenüber der britischen Krone mit weniger statt mehr Autonomie belohnt wurde. Während die Shan eine klare politische und administrative Trennung vom burmanischen Teil des Landes verlangten, wollten die Briten die Grenzstaaten aus verwaltungstechnischen Gründen mit *Burma Proper* verbinden. Die Shan fürchteten zu Recht, in dem Augenblick, in dem die ganze Kolonie in die Unabhängigkeit entlassen würde, nur noch Teil eines von ethnischen Burmanen beherrschten Staates zu sein. Auf der Sonderkonferenz, die 1931 im Vereinigten Königreich abgehalten wurde, um die Burmafrage am runden Tisch zu diskutieren, versuchten die Shan vergeblich, einen politischen Sonderstatus für ihre Heimat auszuhandeln. Soa On Kya wurde bei den Verhandlungen von verschiedenen Shan Fürsten unterstützt, vor allem von seinem Schwager, Sao Kawngtai, Fürst von Kengtung, und von Sao Shwe Thaike, Fürst von Yawnghwe, der nach der Unabhängigkeit der erste Präsident der Republik Burma werden sollte. Wie sein Vater und sein Großvater war Sao On Kya, der in Oxford studiert hatte, ein hoch angesehener Shan Führer. Als seine Frau Nanda ihn wegen eines anderen Mannes verließ, verursachte sie – dem Schriftsteller Maurice Collis zufolge – einen großen Skandal und wurde aus Hsipaw verbannt; erst viele Jahre später erlaubte ihr der Nachfolger ihres Mannes und letzte Prinz von Hsipaw, Sao Kya Seng, die Rückkehr in das Fürstentum. Aus ihrer Ehe mit Sao

On Kya scheint kein männlicher Nachkomme hervorgegangen zu sein, denn als er 1938 starb, blieb der Titel Fürst von Hsipaw bis 1947 vakant. Alles deutet darauf hin, daß das Fürstentum in den turbulenten Jahren des Zweiten Weltkriegs ohne einen *sawbwa* war.

Die genauen Verwandtschaftsbeziehungen zwischen den vielen Mitgliedern des Hauses Hsipaw oder einer anderen Fürstenfamilie der Shan zu bestimmen, ist praktisch unmöglich. Es gab immer zahlreiche Onkel und noch zahlreichere Tanten, weil jeder Fürst mehr als eine Frau und mehr als eine Konkubine hatte. Ein Fürst des Hauses Hsipaw hatte über vierzig Frauen, mit dem Ergebnis, daß es in der folgenden Generation Dutzende von Halbbrüdern, Halbschwestern, Vettern, Nichten und Neffen gab. Welche Anweisung Sao On Kya bezüglich seines Nachfolgers auch hinterlassen haben mag – die Empfehlung eines Bruders, Halbbruders, Vetters oder Neffen –, es dauerte erstaunliche neun Jahre, bis ein junger Verwandter, höchstwahrscheinlich ein Vetter, der nächste Fürst von Hsipaw wurde. Sein Name war Sao Kya Seng.

Wie wir wissen, haben die Shan im Zweiten Weltkrieg Seite an Seite mit den Alliierten gegen die Japaner und die burmesischen Nationalisten gekämpft. Als der Krieg ausbrach, muß Sao Kya Seng siebzehn Jahr alt gewesen sein, aber wahrscheinlich war er zu sehr mit seinem Studium beschäftigt, um sich zu engagieren. Sein älterer Bruder indes, Sao Khun Long, unterstützte die Japaner, die Burma, nachdem sie den Shan Staat erobert hatten, die nominelle Unabhängigkeit gewährten und Thailand zwei Shan Fürstentümer überließen, von denen das eine, Kengtung, damals von einem Verwandten Sao Kya Sengs regiert wurde. Aber die Zeiten änderten sich, als die burmesischen Nationalisten zu den Alliierten überliefen und die Japaner erst aus dem Shan Staat und dann endgültig aus Burma vertrieben wurden. Die Japaner ließen Tod und Zerstörung hinter sich zurück und ein Mitglied des Fürstenhauses Hsipaw: Sao Khun Long, der sich durch seine Kollaboration kompromittiert hatte. Als die Briten in den Shan Staat zurückkehrten, verbannten sie den Abtrünnigen aus dem

Fürstentum, und 1947 wurde sein jüngerer Bruder, Sao Kya Seng, zum *Saophalong* oder „Großen Herrn des Himmels" gewählt.

Im selben Jahr traf der burmesische Nationalheld Aung San in dem kleinen Shan Ort Panglong mit den Führern der Kachin, Chin und Shan zusammen, um ein Abkommen zu unterzeichnen, das diesen drei wichtigen Minderheitengruppen innerhalb der *Union of Burma* begrenzte Autonomie und den Shan das Recht einräumte, die Union nach zehn Jahren wieder zu verlassen. Sao Kya Seng war noch zu jung, um an den Verhandlungen teilzunehmen, aber andere *sawbwa* – unter ihnen auch Sao Shwe Thaike, Fürst von Yawnghwe, und einige andere ältere Shan Politiker – unterzeichneten den Vertrag im Namen aller Shan Führer und ihres Volks. Ein Jahr später wurde Burma eine unabhängige Republik mit U Nu als Premierminister und einem Shan Fürsten, Sao Shwe Thaike, als erstem Präsidenten.

Das Jahr 1949 brachte eine Tragödie über die Shan. Dem Einfall der marodierenden Kuomintang Truppen in den nordwestlichen Shan Staat folgte die Mobilisierung großer Teile der burmesischen Armee auf dem Territorium der Shan, um die Eindringlinge zu vertreiben. Die Shan, unbeteiligte Zuschauer dieses langwierigen Kampfes, lebten zwischen den Fronten zwei rücksichtsloser Armeen. Sao Kya Seng muß sein bedrängtes Land mit unguten Gefühlen verlassen haben, als er 1950 mit seinem Neffen Khun Thawda in die USA aufbrach, um dort bis 1954 zu studieren.

Nach ihrer Rückkehr in die Heimat engagierten sich die jungen Männer beide in der Shan Politik – der eine auf nationaler Ebene als Mitglied des Oberhauses in Yangon, der andere auf lokaler Ebene als prominenter Führer einer verbotenen Befreiungsbewegung der Shan. Der eskalierende Krieg gegen die KMT lieferte der nationalistischen burmesischen Armee einen Vorwand, den Shan Staat und sein Volk unter Militärherrschaft zu stellen. Im Lauf der nächsten Jahre wurde offenbar, daß die Zukunft des Shan Staats nicht in den Händen der demokratisch gewählten Regierung U Nu lag, sondern von den immer mächtiger werdenden Militärs bestimmt wurde.

Für Fürst Sao Kya Seng müssen die vier Jahre College in Colorado eine glückliche Zeit gewesen sein. Er traf eine österreichische Austauschstudentin, Inge Eberhard, in die er sich verliebte und die er 1953 heiratete – ohne ihr seinen fürstlichen Titel und seine Stellung im Shan Staat zu enthüllen. 1954 kehrte er mit seiner Frau nach Burma und Hsipaw zurück, wo sie die *mahadevi* oder „Himmlische Prinzessin" des Hauses Hsipaw wurde und den neuen fürstlichen Namen Thusandi erhielt. Viele Besucher haben berichtet, daß die beiden trotz der angespannten politischen Lage ein glückliches Leben führten und schließlich zwei Töchter bekamen.

In seiner Eigenschaft als Fürst von Hsipaw schlug Sao Kya Seng einen politischen, sozialen und wirtschaftlichen Reformkurs ein. Er stellte große Teile seines Landes den gelernten Bauern zur Verfügung und stattete sie mit modernen Gerätschaften aus. Aber in seinem Selbstverständnis als Modernisierer und Reformer war er stets darauf bedacht, die Rahmenbedingungen der burmesischen Verfassung einzuhalten. Er stand für die Union und gegen den Separatismus.

Nach seiner Überzeugung waren bestehende Ungleichheiten oder Ungleichgewichte das Ergebnis einer nicht ausgereiften, 1947 überstürzt formulierten Verfassung, deren Mängel mit legalen Mitteln friedlich behoben werden sollten. Innerhalb des Shan Staats setzte er sich dafür ein, die Macht schrittweise von den herrschenden Fürsten auf eine in Taunggyi gewählte Shan Regierung zu übertragen – ein Ziel, das alle *sawbwa* 1952 (in Saos Abwesenheit) gemeinsam beschlossen hatten. Aber die *sawbwa* befanden sich in einem unlösbaren Dilemma. Einerseits zogen die meisten es vor, im Rahmen der *Union of Burma* mit der Regierung von Premierminister U Nu zusammenzuarbeiten, andererseits verbreitete die Armee derselben Regierung Angst und Schrecken unter den Shan.

Vor allem unter den Shan Studenten wuchs die Empörung über die zunehmende Dominanz der Burmanen und die Ausbeutung der eingeborenen Bevölkerung. Sie forderten ein Ende der Kooperation mit der Regierung in Yangon und einen unabhängigen

Shan Staat. Vielerorts wurde für die Sezession demonstriert, und als der burmesische Premierminister bei einem Treffen im Shan Staat das Sezessionsrecht der Shan in Frage stellte, gab er durch diesen unverzeihlichen Fehler ungewollt den Startschuß für den organisierten Widerstand. U Nu wollte die Union bewahren, war aber nicht dagegen, den Minderheiten durch eine begrenzte Verfassungsänderung mehr Rechte einzuräumen.

Föderalisten wie der Prinz von Hsipaw, denen es in erster Linie darum ging, einen Bürgerkrieg und eine Rebellion im Shan Staat zu verhindern, sahen über die Machtverschiebungen in Yangon und die fortschreitende Schwächung U Nus durch das ständige Hickhack in seiner eigenen Partei hinweg. Zugleich schwang sich die Armee noch ungeduldiger zur Hüterin der nationalen Einheit auf. Unter dem Eindruck dieser Entwicklung wurde der Shan Staat von einer Welle separatistisch-nationalistischer Strömungen erfaßt. Die gemäßigten Shan verloren an Einfluß und mußten denen das Feld überlassen, die vollständige Unabhängigkeit verlangten. Auch einige Mitglieder der Fürstenfamilien bezogen für den radikaleren Standpunkt zugunsten eines unabhängigen Staates Position, so beispielsweise die *Mahadevi* von Yawnghwe, Sao Nang Hearn Kham, Abgeordnete des Unterhauses im Parlament und Gemahlin des ersten Präsidenten der Union, Sao Shwe Thaike, der später Sprecher des Oberhauses war.

Sao Kya Seng kannte die beiden gut, weil auch er seinem Volk als Vertreter im Oberhaus diente. Obgleich er bis zu seinem Tod Föderalist blieb, unterstützten sein Fürstentum und seine weit verzweigte Familie die Befreiungsbewegungen der Shan, die 1958, als Premierminister U Nu sein Amt an General Ne Win abtrat, den organisierten bewaffneten Kampf aufnahmen und in der Folgezeit über das massivste Aufgebot an Freiheitskämpfern verfügten. Im Jahr 1959 verzichteten vierunddreißig Shan *sawbwa* freiwillig und in aller Form auf ihre erblichen Rechte und Privilegien.

Durch diesen zeremoniellen Akt in der Shan Hauptstadt Taunggyi verschmolzen die Shan Staaten zu einem einzigen Shan Staat mit einem gewählten Regierungsorgan, dem *Shan State Council*, in dem auch Sao Kya Seng einen Sitz erhielt. General Ne Win wohnte der bedeutungsvollen Zeremonie als Oberhaupt der neuen Militärregierung bei und nutzte das Ereignis später für Propagandazwecke aus, indem er verkündete, er habe die *sawbwa* zur Abdankung gezwungen, obwohl die Zeremonie der letzte Schritt eines langen Prozesses war, den die *sawbwa* selbst 1952 eingeleitet hatten.

Wegen der gewalttätigen Übergriffe der burmesischen Armee in seinem Heimatstaat blieb der Fürst von Hsipaw auf vorsichtige Distanz zu General Ne Win, der unter der Militärherrschaft die erste Kraft auch im Shan Staat geworden war. Als Ne Win während eines Staatsbesuchs im Shan Staat durch Hsipaw kam, wurde Sao Kya Seng von den Militärbehörden aufgefordert, dem General nicht zu Hause, sondern auf den Straßen von Hsipaw seinen Respekt zu erweisen. Daß der Fürst diese Geste nicht vollzog, machte das Verhältnis zwischen den beiden Männern noch gespannter. Nach der Wiederwahl U Nus im Jahr 1960 legten Ne Wins Offiziere im nördlichen Shan Staat beim Premierminister Beschwerde wegen „Respektlosigkeit des Fürsten gegenüber seinem Herrn" ein. In Wirklichkeit wollte die Armee mehr als bloßen Respekt, sie verlangte Unterwerfung. Doch Sao Kya Seng blieb standhaft und war nicht zur Kooperation bereit – eine bewundernswerte Haltung, die aber angesichts der Machtstrukturen nicht ungefährlich war.

Durch ein geheimes Treffen mit einem Vertreter der *Shan State Independence Army*, Sai Kyaw Sein, brachte sich Sao Kya Seng – vielleicht ohne es zu ahnen – in noch größere Gefahr. Ein anderer hatte den Kontakt hergestellt: Sao Tzang Yawnghwe, der Sohn des berühmten Fürsten von Yawnghwe und ersten Präsidenten Burmas, Sao Shwe Thaike, und seiner prominenten, politisch aktiven Frau, Sao Nang Hearn Kham, die später die wichtigste Befreiungsbewegung der Shan anführte. Während des Treffens sprach Sao Kya Seng die Verfassung an und verteidigte stichhaltig seine loyale Haltung, die er als Mitglied des Oberhauses gegenüber der Regierung eingenommen hatte. Aber es war zu spät für eine Verfassungsreform, wie die gemäßigten Kräfte sie wollten. Rebellierende junge Shan Studenten hatten sich bereits in die Berge und den Dschungel abgesetzt. Die burmesische Armee und der militärische Geheimdienst müssen die Entwicklungen innerhalb des Shan Staats sehr genau überwacht und beobachtet haben – besonders das Haus Hsipaw, das wegen des politischen Engagements verschiedener Familienmitglieder erheblichen Verdacht erregte, und dessen Fürstentum ungewollt eine Brutstätte des Shan Nationalismus geworden war.

Wie viele andere *sawbwa* hatte der gemäßigte Reformer Sao Kya Seng nicht nur seine politische Macht weitgehend verloren, sondern auch seinen Einfluß auf die rebellische Jugend in seinem Heimatstaat. Was ihm an Macht und Einfluß blieb, ergab sich aus seiner Position als Mitglied des *Shan State Council* in Taunggyi und Mitglied des Oberhauses in Rangun. Zum großen Unglück für Burma und den Shan Staat waren die Parlamentarier nicht mehr gefragt. Der Wille zum bewaffneten Kampf hatte sich auf beiden Seiten durchgesetzt, und es war nur noch eine Frage der Zeit, bis der grausame, langwierige Bürgerkrieg alle Teile des Landes erfaßte und erbarmungslos das Leben aller Bürger in Mitleidenschaft zog.

In den frühen Morgenstunden des 2. März 1962 ließ der Oberbefehlshaber der burmesischen Armee, General Ne Win, seine Truppen im ganzen Land ausschwärmen, um lokale oder nationale politische Führer zu verhaften. In Rangun wurden Premierminister U Nu, die Minister seines Kabinetts und über dreißig Vertreter der Shan und der Karenni, die sich zur Beratung einer Verfassungsreform versammelt hatten, von Soldaten abgeführt. Unter den Festgenommenen war auch der Fürst von Yawnghwe, der erste Präsident des Landes, der einige Monate später unter mysteriösen Umständen im Gefängnis starb.

In den folgenden Tagen setzte Ne Win die Verfassung von 1947 außer Kraft und löste das Parlament auf. Als Militärdiktator führte er eine neue Politik ein – eine verhängnisvolle Mischung aus Sozialismus und Isolation, die Burma, wie wir gesehen haben, in eines der ärmsten Länder der Welt verwandeln sollte.

Im Shan Staat wurden nicht nur die verbliebenen Fürsten festgenommen, sondern alle führenden Persönlichkeiten aus Politik, Wirtschaft und Administration. Manche verbrachten die nächsten sechs Jahre im Gefängnis, ohne daß je Anklage gegen sie erhoben oder ein Prozeß eröffnet wurde. Indem Ne Win alle Shan Führer für Jahre aus dem Verkehr zog, machte er seine Armee und die Geheimpolizei zur mächtigsten Kraft im Shan Staat. Siebenundzwanzig Jahre lang sollten seine Männer einen gnadenlosen Krieg gegen die einheimischen Freiheitskämpfer führen.

Der Fürst von Hsipaw hatte Rangun einen Tag vor dem Staatsstreich verlassen, um einen kranken Verwandten in der Shan Hauptstadt zu besuchen. Er wurde zuletzt am folgenden Morgen unter Bewachung einer Militäreskorte gesehen, nachdem er an einer Straßensperre außerhalb von Taunggyi verhaftet worden war. Sao Kya Seng war bei der Militärführung und insbesondere bei General Ne Win in Ungnade gefallen, weil er sich ihrer Herrschaft nicht hatte unterwerfen wollen. Vermutlich geriet er unter Verdacht, als sich mehrere Verwandte und viele Bewohner seines Fürstentums dem bewaffneten Widerstand der Shan anschlossen.

Obwohl er als Integrationsfigur hohes Ansehen genoß, war Sao Kya Seng, der sich weder kaufen noch unter Druck setzen ließ, eine Bedrohung für das neue Militärregime geworden, die ausgeschaltet werden mußte.

Es wird angenommen, daß Sao Kya Seng kurz nach seiner Verhaftung in einem Militärlager bei Taunggyi exekutiert wurde. Alle Versuche seiner Frau, Kontakt mit ihm aufzunehmen, waren vergeblich gewesen – das burmesische Militär bestritt jede Beteiligung an seinem Verschwinden und behauptete sogar, er sei nie festgenommen worden. Besorgt um die Sicherheit ihrer Kinder, verließ die Österreicherin 1966 mit beiden Töchtern das Land. Als Ne Win später nach Wien kam, um sich wegen eines psychischen Leidens behandeln zu lassen, versuchte sie ihn zur Rede zu stellen, aber er empfing sie nicht; stattdessen ließ er ihr durch seine Frau mitteilen, Sao Kya Seng befinde sich in Yangon in Haft – eine klare Lüge. Ob seine Exekution von höchster Stelle angeordnet oder das Werk übereifriger

Offiziere war, die ihren Vorgesetzten in Rangun gefallen wollten, wissen wir nicht. Vielleicht wird die Wahrheit eines Tages doch noch siegen.

Fünf Bücher sind im Zusammenhang mit der Geschichte der Shan Fürsten und ihrer Familien empfehlenswert:

- das bereits erwähnte Buch von Maurice Collis, *Lords of the Sunset*, in dem er von den Fürsten während der Kolonialzeit erzählt
- der etwas rührselige und historisch nicht immer korrekte Bericht von Inge Sargent, *Twilight over Burma – My Life as a Shan Princess*, das auch auf Deutsch erschienen ist;
- ein eher politisches Buch von Chao Tzang Yawnghe, *The Shan of Burma – Memoirs of a Shan Exile*, dem Sohn des letzten Fürsten von Yawnghe, der von seinen Jahren in der Widerstandsbewegung der Shan berichtet;
- die interessante Biographie von Patricia Elliott über die Fürstenfamilie von Yawnghe, *The White Umbrella*, sowie
- die Erinnerungen von Nel Adams, einer Shan Prinzessin in *My Vanished World – the true story of a Shan princess*.

Das erste Buch wird der Pagan Bookstore in Yangon vorrätig haben, das zweite kann man in Deutschland kaufen, und die übrigen drei gibt es bei Asia Books in Bangkok.

RÜCKKEHR NACH MANDALAY

Am fünfzehnten Tag meines Aufenthalts in Myanmar verließen wir Lo Hsin Hans *Nadi Ayeyar Hotel* vor der Morgendämmerung, um den Frühzug nach Mandalay zu nehmen. Außer einigen Radfahrern waren die Straßen menschenleer, aber auf dem Bahnhof von Lashio herrschte selbst zu dieser frühen Stunde schon reger Betrieb. Noch etwas verschlafene Fahrgäste in langärmligen Jacken oder Mänteln schlürften ihre morgendliche *mohinga*, während die Gepäckmänner schwer zu kämpfen hatten, um hievend und schiebend einen großen Haufen Gepäck und Frachtgut in die wenigen dafür vorgesehenen Waggons zu laden. Unser *attendant*, U San Win, holte uns an der Sperre ab und führte uns zielsicher durch die Menge zu unserem Wagen, der bereits an den Postzug angekoppelt war.

Wie von versteckten Kamaras auf unsere Spur gelenkt, tauchten im nächsten Moment auch schon zwei Beamte der Einwanderungsbehörde auf. Während sich der eine um die Papiere kümmerte, brachte unser *attendant* heißen Tee und wir begannen mit dem anderen eine freundliche Plauderei. Dann kam ein weiterer Überraschungsgast, der meine Einladung zu einer Tasse Tee aber höflich ablehnte. Es war ein Offizier des militärischen Geheimdienstes, ein hochgewachsener Mann an die Vierzig, der in seinen Stiefeln, grünen Bundhosen und einer dicken olivfarbenen Jacke sehr beeindruckend aussah. Der Ärmste mußte sicher schon vor fünf Uhr aufgestanden und mit seinem Motorrad quer durch die dunkle Stadt gefahren sein, nur um sicherzustellen, daß dieser neugierige, lästige Tourist die Stadt endgültig verließ.

Lashio schien gerade aufzuwachen, als der Zug aus dem Bahnhof ausfuhr. Von unserem Ausgangspunkt in 880 Metern Höhe hatten wir langsame, zwölfstündige Fahrt vor uns, immer bergab bis in die trockene zentrale Ebene von Oberburma, um dann, am Ende des Tages, Mandalay zu erreichen. Ich ließ mich mit Min Min zum Frühstück nieder, das für ihn aus seiner geliebten Nudelsuppe bestand und für mich aus einer westlichen Mahlzeit aus gekochten Eiern, einer Scheibe Weißbrot, etwas Papaya mit

Zitrone, einer Banane und einer Tasse schwarzem Tee. Während der Zug gemächlich die Berge hinunter in Richtung Hsipaw rollte, genossen wir die schöne Landschaft. Ich war froh, wieder unterwegs zu sein, auch wenn wir dieselbe Strecke fuhren wie auf dem Hinweg vor ein paar Tagen. Die nächste Station würde Hsipaw sein, dann Pyin Oo Lwin und schließlich das feuchtheiße Mandalay.

Ich hatte mir vorgenommen, während der Fahrt etwas zu lesen und Tagebuch zu schreiben, und so ließ ich die Landschaft eine Weile unbeachtet an mir vorüberziehen. In Hsipaw hatten wir vom Zug aus einen Blick auf den Dokhtawady und den *Grand Haw* von Sao Oo Kya. Dann schrieb ich weiter, bis U San Win uns zu einem seiner wunderbaren Mittagessen rief, um anschließend meine gewohnte Siesta zu halten.

Wir erreichten Mandalay mit zwei Stunden Verspätung und konnten von Glück sagen, daß der Fahrer meiner Reiseagentur immer noch am Eingang stand und auf uns wartete. Aber zuerst mußten wir den Bahnhofsvorsteher sprechen, um zu hören, was aus unserem Eisenbahnwagen geworden war. Es sah alles danach aus, als hätte unser Protest gegen den „Diebstahl" tatsächlich die Aufmerksamkeit der Eisenbahnbehörde in Yangon erregt: Der ursprüngliche Wagen sollte uns am nächsten Tag zurückgeschickt werden. Aber nach einer kurzen Beratung mit Min Min beschlossen wir, den neuen Wagen für den Rest der Reise zu behalten. Das ersparte uns einen ärgerlichen Umzug mit allen unseren Sachen und Vorräten, bei dem ich mir, nebenbei gesagt, auch etwas seltsam vorgekommen wäre. Trotzdem verlangte ich eine Entschädigung für die verschwundenen Vorräte und die Rückerstattung des Bargelds, das wir dem *attendant* gegeben hatten. Wohlwissend, daß keine der beiden Forderungen erfüllt würde, schien es damals wichtig, den Verantwortlichen wenigstens in Erinnerung zu rufen, daß sie einen ausländischen Vertragspartner nicht korrekt behandelt hatten.

Obwohl ich eine ausgesprochen komfortable Fahrt hinter mir hatte, wollte ich im heißen Mandalay zur Abwechslung die Annehmlichkeiten eines schönen Hotels genießen. Also nahm ich ein Zimmer im *Swan*, einem freundlichen, erholsamen Hotel mit Swimming Pool, wo ich mich entspannen, hin und wieder eine Runde schwimmen und mich auf den letzten Abschnitt meiner Reise durch Myanmar vorbereiten konnte.

Der sechzehnte Tag war daher ein Tag der Muße. Wir machten einen Einkaufsbummel über den belebten Zegyo Markt, frischten unsere Vorräte auf, kauften Fußbälle für die Jungen im Waisenhaus und eine gefütterte Jacke für mich, damit ich im kühlen Bergland der Kachin nicht frieren mußte. Anschließend gingen wir ins Waisenhaus und besuchten einige Klassen beim Schulunterricht, an dem auch Waisen des Mädchenheims teilnahmen. Ich fand die Kinder erstaunlich ernst und fragte mich, ob die gehorsame Beflissenheit vielleicht das Ergebnis früherer Erfahrungen aus der Zeit vor dem Waisenhaus war. Einige der Kinder, vor allem die behinderten, müssen ein sehr schwieriges Leben gehabt haben, ehe sie hierher kamen. Ein chinesisch-burmesischer Junge aus Muse erzählte mir, daß er nach dem Tod seiner Eltern an eine chinesische Familie verkauft worden war und daraufhin weggelaufen sei, den ganzen langen Weg bis Mandalay. Ich bemerkte einen halbblinden kleinen Danu Jungen und ein Mädchen, das offenbar so krank war, daß es kaum den Kopf hochhalten konnte und mitten in der Stunde vornüber sinkend auf dem Tisch einschlief.

Manche hatten große Mühe, dem Unterricht zu folgen, vor allem Kinder der Minderheitenstämme aus den Grenzgebieten, die noch nicht genug Burmesisch sprachen oder verstanden, um in der Schule mithalten zu können. Die Unterrichtsmethode bestand darin, daß der Lehrer einen Text vorsagte, den die Schüler im Chor und aus vollem Halse wiederholten. Die älteren, etwa Sechzehnjährigen dagegen waren schweigend in Mathematikaufgaben vertieft. Sie lernten auch zwei Fremdsprachen, Englisch und Japanisch. Die meisten Klassenräume hatten Zementböden, ungetünchte Wände und waren spärlich mit dunklen alten Holzbänken und kleinen Tischen bestückt. Der Abt lud uns wieder zum Mittagessen ein, und wie gehabt aßen wir erst, nachdem die Mönche fertig waren.

Genüßlich verbrachte ich den frühen Nachmittag am Swimming Pool, ehe es ans Kofferpacken ging und wir gegen fünf zum Bahnhof aufbrachen – früh genug, um uns zu vergewissern, daß uns für die Fahrt in den Norden, zum Kachin Staat, der richtige Wagen zur Verfügung stand.

EINE LANGE FAHRT NACH NORDEN IN DEN KACHIN STAAT

Am Bahnhof sahen wir, daß unser ursprünglicher Wagen tatsächlich nach Mandalay zurückgeschickt worden war. Min Min hielt Ausschau nach unserem ersten *attendant*, den er sturzbetrunken vorfand. Wie kaum anders zu erwarten, wollte er das Geld, das er im voraus für Lebensmitteleinkäufe bekommen hatte, nicht zurückgeben – ein Grund mehr, dachte ich mir, den zweiten Wagen mit unserem liebenswerten neuen *attendant*, der seine Sache ausgezeichnet machte, zu behalten. U San Win empfing uns auch diesmal mit einem schmackhaften Essen aus Avocados, Tomatensalat und einer Suppe mit kurzen, dünnen Nudeln, Garnelen und Kartoffeln. Dazu eine große Flasche Mandalay Bier, und die Welt war wieder in Ordnung.

Wie gewöhnlich, hatte man unseren Wagen wieder an einen langsamen Postzug angehängt, aber es gab ein Problem: Der Generator, der in letzter Zeit Schwierigkeiten gemacht hatte, war jetzt vollständig ausgefallen. Ein neuer Treibriemen war nicht geliefert worden, und die Eisenbahnarbeiter schienen nicht in der Lage, den Schaden zu beheben. Mit der Batterie, die wir zur Verfügung hatten, ließen sich nur kurze Energieausfälle überbrücken, und so mußten wir, um Strom zu sparen, Licht und Ventilatoren ausschalten. Ein Abendessen bei Kerzenschein wäre mir ja recht gewesen, aber wir hatten etwas Sorge um die »kostbaren« Eßwaren, die im Kühlschrank lagerten. Wir hatten die längste Strecke der ganzen Reise vor uns, von Mandalay bis Myitkyina – fünfundzwanzig Stunden, 540 Kilometer und achtundsechzig Stationen. Das ergab eine Durchschnittsgeschwindigkeit von weniger als 22 Kilometer pro Stunde. Die Schienen und Gleisbetten befanden sich in einem bejammernswerten Zustand, und es war bekannt, daß sie schwere Unfälle verursacht hatten. Selbst bei niedrigem Tempo mußten wir uns auf eine Fahrt mit viel Gerüttel und Getöse gefaßt machen.

Während der Zug langsam über die lange Brücke fuhr, die den Ayeyarwady überspannt, bot sich uns ein großartiges Schauspiel: Ein riesiger, orangefarbener Mond beleuchtete die Sagaing Hills und ihre Tempelspitzen. Aber schon als wir die Außenbezirke von Mandalay erreichten, war es so stockfinster, daß man nichts mehr sah. Ich fühlte mich nicht wohl an diesem Abend. Kalter Schweiß stand mir auf der Stirn, eine Kreislaufschwäche offenbar. Also zog ich mich früh zurück, das war das Beste, was ich tun konnte – und tatsächlich schlief ich trotz allem Geruckel und lauter Geräusche auf der Stelle ein, um volle zehn Stunden später erfrischt und hungrig aufzuwachen.

Eier, Toast mit Marmelade, Papaya und etwas Tee waren genau die richtige Medizin. Beim Frühstück erzählte mir Min Min, was sich in der Nacht ereignet hatte. Während ich fest schlief, waren – ganz in meiner Nähe – zwei Männer entdeckt worden, die außen am Ende unseres Wagens hingen. Zuerst wollten sie ihren Platz nicht aufgeben, aber etwas später waren sie verschwunden. Harmlose Gestalten wahrscheinlich, die nur eine kostenlose Mitfahrgelegenheit suchten, doch unser *attendant*, der sich für unsere Sicherheit verantwortlich fühlte und sich, wie er sagte, vor „Banditen und Rebellen" fürchtete, hatte schon die Polizei gerufen – mit dem Ergebnis, daß jetzt zwei Polizisten bei uns auf dem Dach saßen. Das wiederum brachte mich in größte Verlegenheit, weil zwei Uniformierte auf dem Dach unerwünschte Aufmerksamkeit auf den Wagen und mich selbst lenkten. Aber da ich nun nichts mehr daran ändern konnte, beschloß ich, daß sie wenigstens Trinkwasser und etwas zu Essen bekommen sollten.

Auf der langen Fahrt blieb viel Zeit zum Lesen. Nachdem ich erst die unterhaltsame Lektüre von Maughams *The Gentleman in the Parlour*, dann die weniger unterhaltsame von Conrads *Victory* beendet hatte, bedauerte ich ein wenig, in einem Stahlwagen zu sitzen, der einem Faradayschem Käfig glich: Hier gab mein empfindlicher kleiner Sony-Empfänger, der in die hohle Hand paßte und mir sogar in den Bergen des Shan Staats erlaubt hatte, BBC und Deutsche Welle zu hören, kaum mehr als

Störungen von sich. Wo immer ich die lange Antenne zwischen zwei Pfählen oder Büschen ausgelegt und in fremden Sprachen Nachrichten gehört hatte, hatte ich von den Einheimischen nicht nur verwunderte Blicke geerntet. Min Min zufolge müssen sie mich für einen Spion gehalten haben.

Stück um Stück kam unser Postzug voran. Soeben hatten wir die achtunddreißigste Station hinter uns gelassen; jetzt waren es nur noch dreißig – ein oder zwei Stunden bis zum Übergang vom Sagaing Bezirk zum Kachin Staat. Die Fahrt war ereignislos, aber keineswegs langweilig. Ich empfand es als erfreuliches Erlebnis, im gemütlichen Wagen sitzend zu lesen, nachzudenken und durch das Fenster Täler und Berge, Dörfer und Felder, Seen und Flüsse vorbeiziehen zu sehen. An manchen Stationen stieg ich aus, um mir die Füße zu vertreten und wie auf so vielen Bahnsteigen zuvor die immer gleichen Szenen zu beobachten: Ein- und austeigende Fahrgäste, darunter viele Militärs; Kisten, die aus den Gepäckwagen auf den Bahnsteig geworfen wurden; Träger, die versuchten, Gepäck und andere Sachen ins Innere der Wagen zu befördern; fliegende Händler, die schreiend ihre Waren anpriesen; Frauen, die auf Bambustabletts oder in Körben Früchte und gekochtes Essen anboten; Kinder, die aus schweren Eimern Trinkwasser verkauften; und, nicht zu vergessen, die allgegenwärtigen streunende Hunde, ausgemergelte, räudige Tiere, die auf der Suche nach Essensresten unter den Wagen hindurch über die Gleise rannten. Während Eisenbahnarbeiter die Bremsen überprüften, nahmen Militär und Polizei in den überfüllten Wagen der zweiten Klasse Ausweiskontrollen vor. An einer Station liefen Leute mit zierlichen Silberschalen am Zug entlang, um Spenden für einen Stupa oder eine Pagode zu sammeln, während ein Mönch seine religiöse Botschaft singend über einen Lautsprecher verkündete. Bei jedem Aufenthalt verschwanden einige Reisende in den nächsten Büschen, um sich zu erleichtern. Erst wenn der Lokführer zweimal das Signalhorn blies, stiegen alle hastig wieder in den Zug.

Allmählich nahm die Berglandschaft der Kachin Hills Gestalt an, mit Höhen von zunächst nur 150 Metern, dann etwa 300

Metern und später bis zu 460 Metern. An den Hängen zogen Elefanten schwere Teakstämme bergab, die unten in große Lastwagen, Relikte aus dem Zweiten Weltkrieg, geladen wurden. Ein kleines Militärfort auf einer Bergkuppe erinnerte mich an die Gefängnisanlage in dem Film *Die Brücke am Kwai*. Es war von einem hohen Holzzaun aus dicken, spitzen und wahrscheinlich messerscharfen Bambusstangen umgeben, die in den rötlichen Boden gerammt waren, verstärkt mit einem Wall aus Sandsäcken, um den Verteidigern Deckung zu geben. Ich dachte mir, daß hier, an der nördlichen Front, offenbar nicht alles ruhig war.

Schließlich hatten wir nur noch sieben Stationen vor uns, gerade Zeit genug, in unserem Wagen eine letzte Mahlzeit und U San Win, unserem freundlichen Wächter, hilfreichen *attendant* und hervorragenden Koch Lebewohl zu sagen. Ich gab ihm ein großzügiges Trinkgeld, genug, um sich mit lokalen Produkten und Erzeugnissen einzudecken, die er später mit Gewinn in Yangon verkaufen konnte (sein Lohn reichte nicht aus, um seine Familie zu ernähren). In der Dunkelheit, kurz nach sieben Uhr, kamen wir mit nur zwei Stunden Verspätung in Myitkyina an. Unterwegs zum Ausgang warf ich einen letzten Blick zurück auf Wagen Nummer 1997 BTE. U San Win stand in der Tür und hob leicht seine rechte Hand zu einem schweigenden Adieu. Eine wunderschöne, aufregende Eisenbahnfahrt war unwiderruflich zu Ende. Vor uns lagen noch einige ruhige Tage in Myitkyina und Umgebung.

Bevor es weiterging, mußten wir uns von der Einwanderungsbehörde registrieren lassen – der gleiche umständliche Vorgang wie zuvor. Draußen hielten wir ein Taxi an – einen der winzigen Mazda-Pickups, die aussehen, als wären sie für Zwerge gebaut, und die ich nur aus Oberburma kenne – und fuhren zum *Patsun Hotel*, ein modernes Standardhotel mit viel Glas und Beton außen und viel Plastik innen. Am Ende dieser langen und wegen der alten Gleise nicht immer angenehmen Eisenbahnfahrt hatte ich nur noch zwei Wünsche – eine heiße Dusche und ein sauberes Bett.

MYITKYINA – AN DEN URSPRÜNGEN EINES MÄCHTIGEN FLUSSES

Das *Patsun Hotel*, ein zeitgenössisches vierstöckiges Gebäude, wird vor allem von Händlern und Geschäftemachern aus dem nahen China frequentiert. Zum Preis von 20 US Dollar gibt es Frühstück, ein kleines, einigermaßen sauberes Zimmer mit Klimaanlage (meine war außer Betrieb), keinen Stuhl, aber dafür eine moderne Dusche mit reichlich heißem Wasser. Ich wollte mir einen geruhsamen Schlaf gönnen, wurde aber mitten in der Nacht, gegen halb drei Uhr morgens, rüde geweckt, weil jemand laut an meine Tür pochte. Der Eindringling entpuppte sich als ein attraktives junges Mädchen – ein *model girl*, wie man in Burma sagt –, die meine Tür versehentlich mit der meines Zimmernachbarn verwechselt hatte. Sie entschuldigte sich vielmals und verschwand nebenan, wo ein chinesischer Kaufmann mittleren Alters sie erwartete. Ich legte mich wieder hin, wurde aber punkt fünf Uhr erneut aus dem Schlaf gerissen, diesmal von Hotelangestellten, und dann noch einmal um sechs Uhr dreißig. Ich habe keine Ahnung, was sie wollten; sie entschuldigten sich nur, und schon waren sie fort. Es war noch dunkel, als Glocken anfingen zu läuten und die ersten Züge pfeifend ihren Dienst aufnahmen. An diesem Punkt gab ich auf und machte einen Morgenspaziergang durch die erwachende Nachbarschaft, ehe ich dann im Hotel das übliche Frühstück einnahm – in Öl schwimmende Spiegeleier, Toast und Tee.

Myitkyina ist nicht besonders reizvoll und scheint kein Zentrum zu haben. In vielen Dingen wirkt es wie ein Dorf, das mit der Zeit immer größer geworden, aber doch ein Dorf geblieben ist. Nur fünfzig Kilometer von der chinesischen Grenze entfernt, liegt es, umgeben von hohen Bergen, in einem Tal des Ayeyarwady. Durch dieses Tal führte einst eine große Straße, die *Ledo Road*. Die Alliierten hatten erst die 1.200 Kilometer lange *Burma Road* von Lashio (über den Grenzübergang von Kougok auf der Seite Burmas und Wanting auf der China-Seite) nach Kunming gebaut, um Chiang Kai-sheks Kuomintang Truppen mit Nachschub zu versorgen. Aber die Lösung schien dem amerikanischen General Joseph Stilwell noch nicht befriedigend: Er sah Bedarf für eine Ausweichstrecke, eine Verbindung zwischen Indien und China über den Kachin Staat in Burma, die von Ledo in der nordostindischen Provinz Assam nach Myitkyina und Bhamo führen und dann durch einen Zubringer an die bereits bestehende *Burma Road* angeschlossen werden sollte. Ungefähr 35.000 Männer haben die *Ledo Road* gebaut – achthundert Kilometer durch den Dschungel, über 160 Flüsse und Gebirgsbäche, unzählige bewaldete Höhen und steile Berge. Als sie 1945 fertig war, waren bei den Bauarbeiten Tausende und Abertausende gestorben, nur die Straße selbst wurde nicht mehr gebraucht, weil der Krieg vorüber war. Eine grausame Ironie des Schicksals, die heute weitgehend vergessen ist. Weder mein burmesischer Führer noch mein Kachin Fahrer hatten je von der *Ledo Road* gehört.

Rund fünfzehntausend Menschen – Kachin, Shan, Inder, Karen, Gurkha und Chinesen – sind in der Hauptstadt des Kachin Staats zu Hause. Viele Kachin gehören christlichen Kirchen an, von der römisch-katholischen und anglikanischen Kirche bis hin zu den Baptisten oder Methodisten. In der Stadt gibt es, abgesehen von buddhistischen Pagoden, chinesischen und hinduistischen Tempeln sowie einer Moschee, mehr als ein Dutzend Kirchen. Hinzu kommen zahlreiche Missionsschulen, denen die Verbreitung englischer Sprachkenntnisse in dieser Gegend zu verdanken ist. Myitkyina wird in der Trockenzeit von großer Hitze und in der Regenzeit von starken Niederschlägen heimgesucht. Während meines Aufenthalts im November jedoch war es tagsüber nicht zu heiß und abends oder frühmorgens so kühl, daß man einen Pullover oder eine Jacke brauchte. Die Stadt und ihre Umgebung sind für eine außergewöhnliche Vielfalt subtropischer und tropischer Früchte und Gemüsesorten bekannt; außerdem wächst hier ein berühmter Reis, dessen Spitzenqualität aber auch teuer bezahlt werden muß.

In Myitkyina selbst gibt es nicht viel zu sehen, außer wenn Anfang Januar das populäre dreitägige Manao Fest gefeiert wird. Alle Sehenswürdigkeiten liegen außerhalb der Stadt. Glücklicherweise ist die Bewegungsfreiheit für Ausländer nicht mehr, wie früher, auf einen Umkreis von fünfundzwanzig Kilometern beschränkt, aber vieles ist weiterhin verboten. Zur Zeit meiner Reise waren sowohl die *Wildlife Sanctuaries* in der Nähe als auch der größte See Myanmars, der Indawgyi See, sowie die berühmte, aber wegen ihrer Aids-Krise auch berüchtigte Jadestadt Hpakant für Ausländer gesperrt. Eine zeitlang konnte man viele Gebiete mit Sondererlaubnis, Führer und entsprechender Ausstattung all diese Gebiete besuchen. Heute kann man mit Sondererlaubnis, Führer und entsprechender Ausstattung all diese Gebiete besuchen. Als lohnende Ziele, die jedermann zugänglich sind, bot sich Myithson an – der Ort, an dem der Ayeyarwady aus dem Zusammenstrom zweier Gebirgsflüsse entsteht; dann der schön gelegene Kraing Naw Yeith Park; und schließlich der *Prayer Mountain*, ein hoher Turm auf einem Berggipfel, mit Ausblick auf die Kachin Hills.

Eine Fahrt nach Myithson und zurück

Mit einem Mietwagen und einem einheimischen Fahrer machten wir uns in den frühen Morgenstunden auf den Weg nach Myithson, etwa zweiunddreißig Kilometer nördlich von Myitkyina. Die Straße führte durch mehrere Dörfer der Lisu, Maru und Jingpaw. Außer zu besonderen Anlässen tragen die Kachin kaum noch ihre traditionellen Trachten, und sogar unser Jinghpaw Fahrer, von dem ich glaubte, er müsse es wissen, konnte nur mit Mühe identifizieren, welchen Clans die Menschen auf der Straße angehörten. Die älteren Bergbauern ziehen heute noch ihre traditionellen Hosen vor, während sich die jungen Männer lieber westlich kleiden.

Auch hier standen die Häuser auf Pfählen. Sauber und ordentlich, waren sie mit Holzzäunen umgeben, über denen sorgfältig

MOGOK, DAS TAL DER EDELSTEINE

Hier werden die besten Rubine und Saphire gefunden.

DER SÜDEN DES CHIN STAATES

Chin Frauen mit ihren kräftigen Gesichts-tätowierungen und langer Pfeife.

KYAIKHTIYO, DER GOLDENE FELS

Die eindrucksvolle Pilgerstätte der burmesischen Buddhisten im Süden.

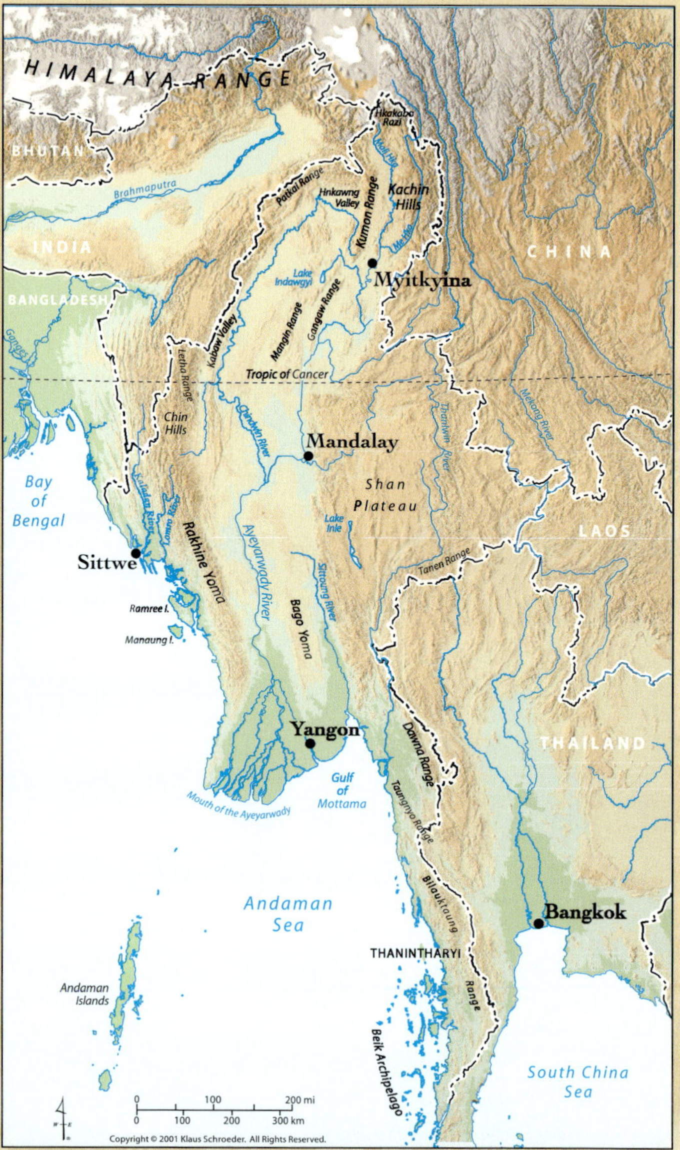

Topographische Karte

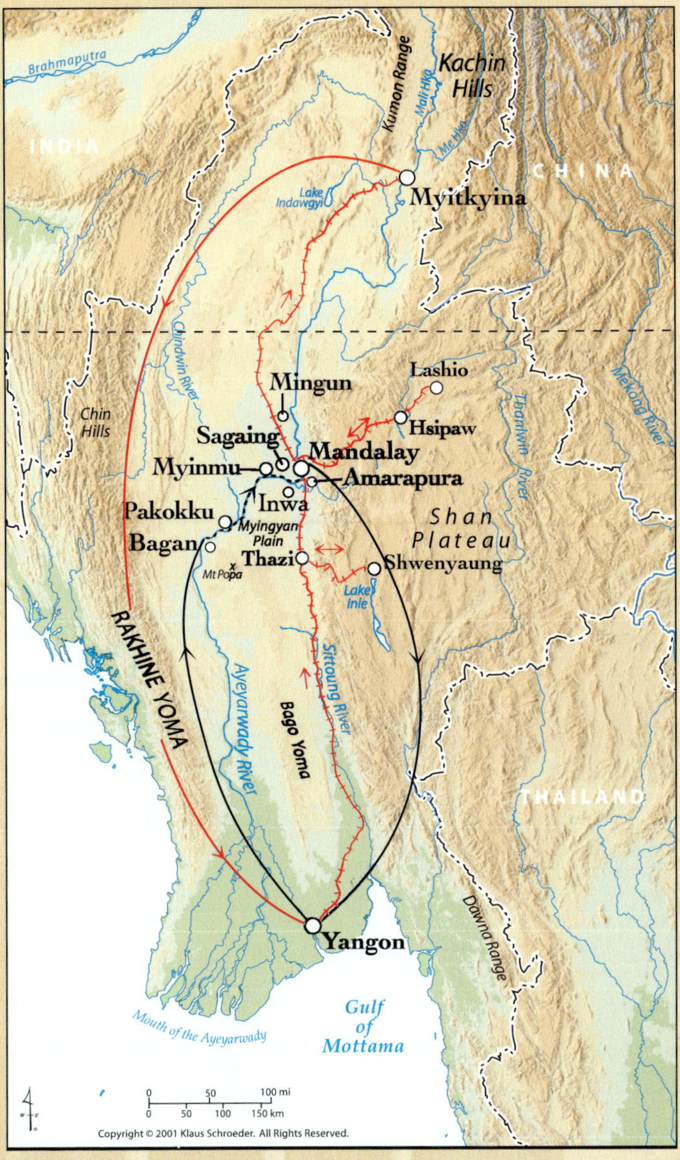

Die Route der Rundreisen: — 1. Reise — 2. Reise mit dem Zug

Die vierzehn Provinzen des Landes

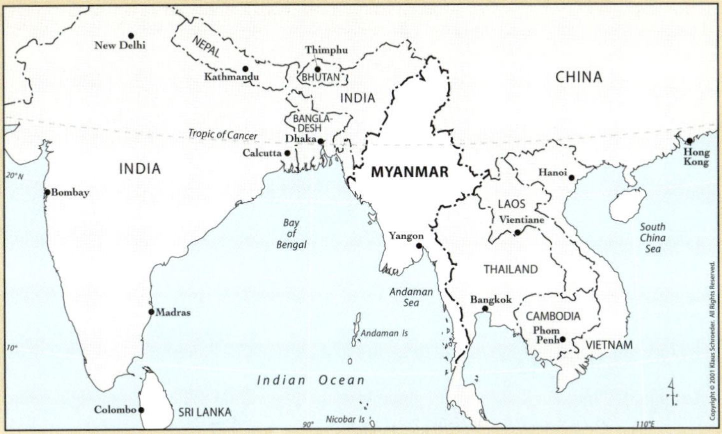

Myanmar (Burma) und seine Nachbarn

Der Autor bei einer Bootsfahrt auf dem Dokhtawady Fluß bei Hsipaw

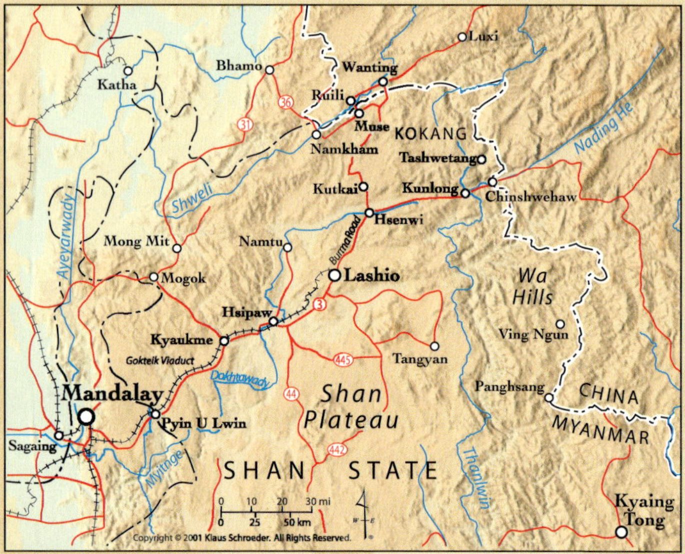

Der nördliche Teil des Shan Staates

Der südliche Teil des Shan Staates

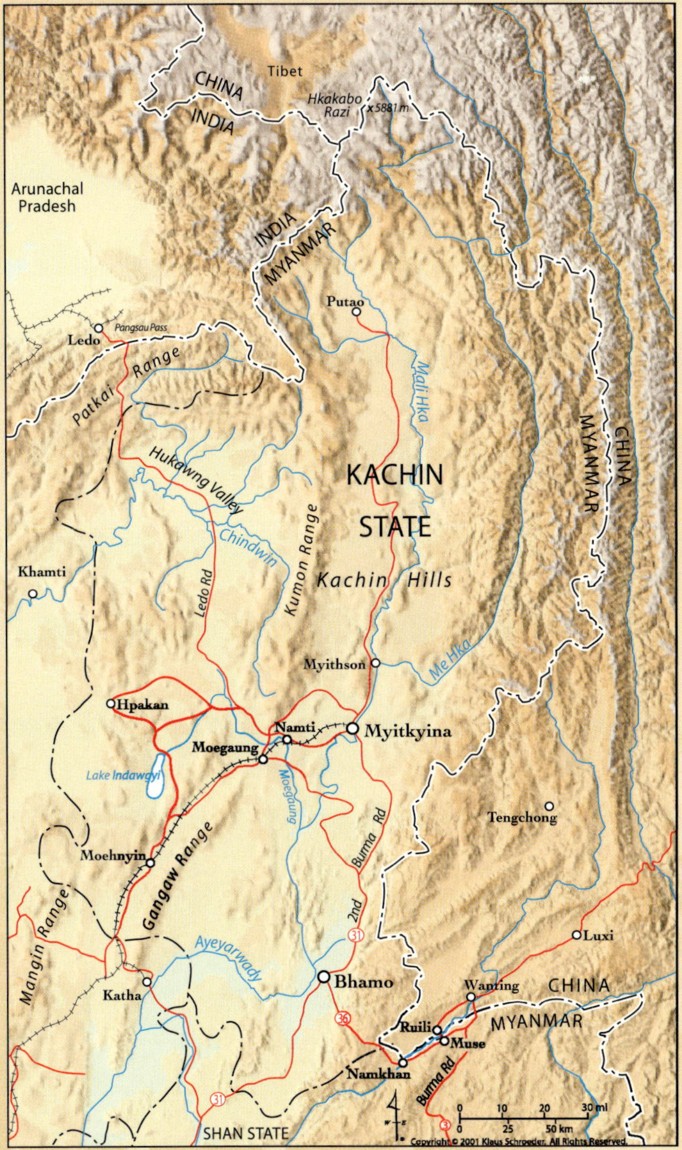

Der Kachin Staat im hohen Norden

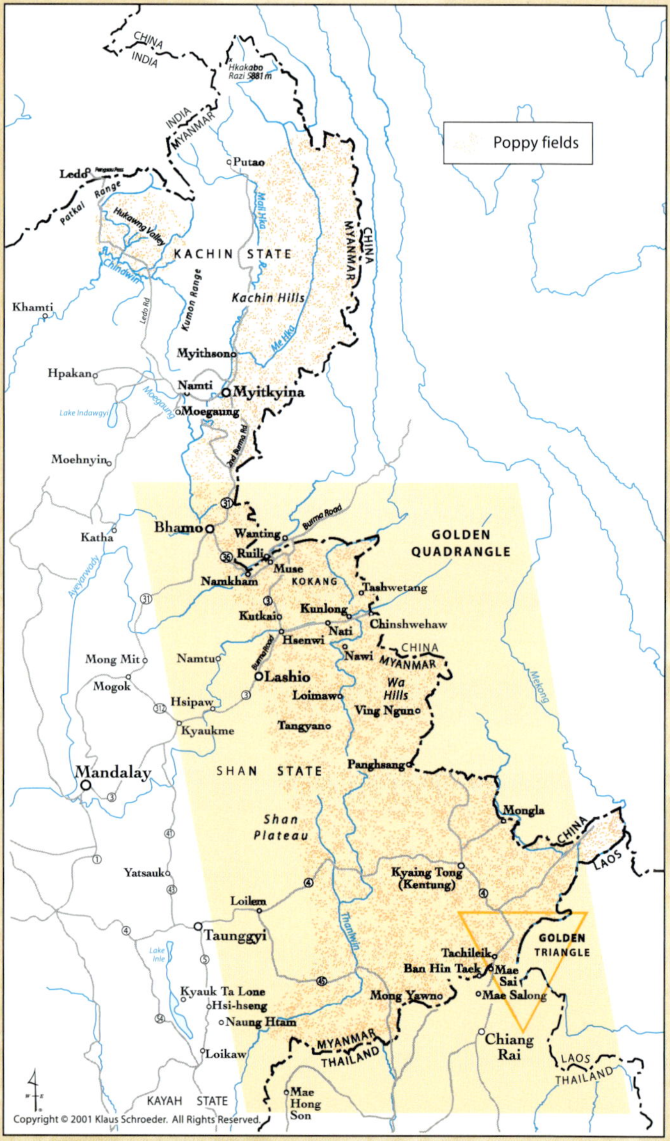

Das Goldene Dreieck / Viereck

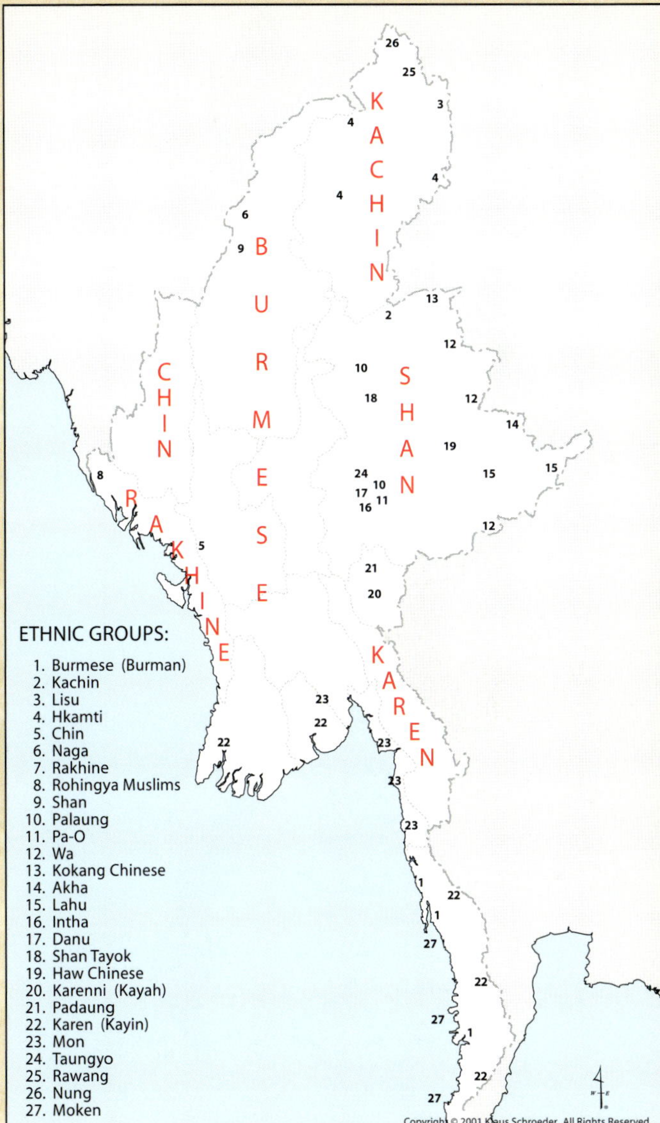

Völker und Stämme des Landes

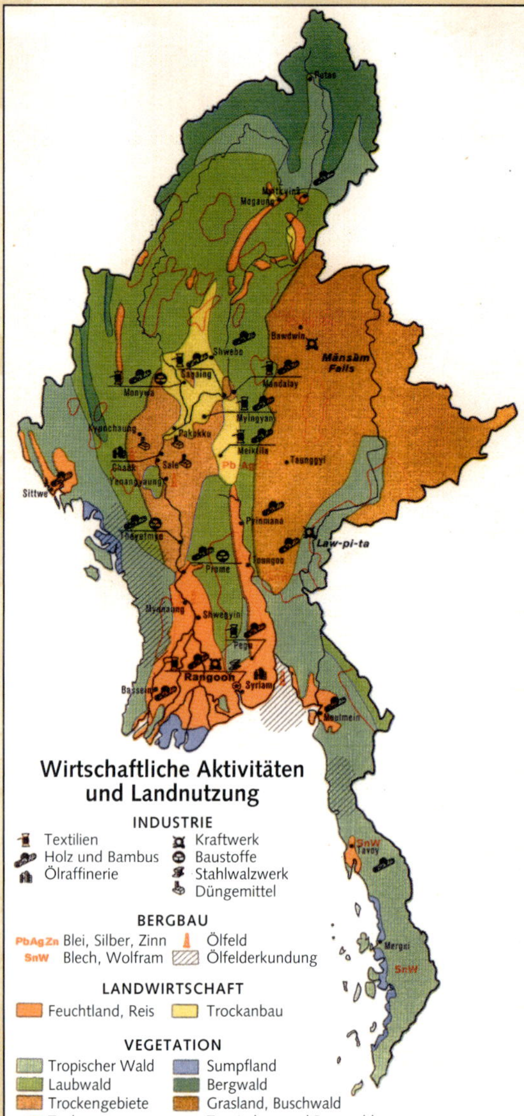

Wirtschaft und Landwirtschaft in Myanmar

ausgebreitete Wäsche zum Trocknen hing, und fast jedes Haus schmückte sich mit einigen Büschen oder blühenden Pflanzen. Meinen Beobachtungen zufolge gehört zum Haushalt jeder Kachin Familie eine Schar zerrupfter Hühner, ein dunkel pigmentiertes Schwein, der unvermeidliche Ochse und ein „Wachhund", der durch die Nachbarschaft streunt. Im Unterschied zu allen anderen Häusern und Dörfern, die ich in Myanmar gesehen hatte, hing über jeder Haustür ein christliches Kreuz, und jedes Dorf hatte eine Kirche – manchmal nur kleine, hölzerne Versammlungsräume, aber auch große rote Backsteinbauten mit hohen Türmen und einer Glocke, so beeindruckend in ihrem Erscheinungsbild, daß sie in mancher europäischen Stadt eine Sehenswürdigkeit abgegeben hätten.

Obgleich im Kachin Staat die christlichen Religionen vorherrschen, stellen die Buddhisten eine nicht zu vernachlässigende Minderheit dar. Meinen Gesprächen mit Einheimischen konnte ich entnehmen, daß gemischte Ehen vorkommen und die Anhänger der verschiedenen Religionen offenbar in der Lage waren, ein friedliches Zusammenleben zu ermöglichen. Für die christlichen Kachin ist der Buddhismus die Religion der Burmesen. Da die Kachin die Burmesen aber lange als Bedrohung ihrer politischen Unabhängigkeit und kulturellen Identität erlebt haben, beruhen die Streitigkeiten und Animositäten der verschiedenen Gruppen weniger auf der Religion als auf der ethnischen Zugehörigkeit.

Im weiteren Verlauf der Fahrt kamen wir an der neuen Brücke über den Ayeyarwady vorbei, die in den nächsten Tagen von General Khin Nyunt, ddem damaligen Ersten Sekretär des *State Peace and Development Council*, eingeweiht werden sollte. Hunderte von Arbeitern waren emsig dabei, das Stahlgerüst zu streichen und Asphalt auf die Zufahrten zu schütten. Eine starke Militäreinheit mit dem Gewehr am Anschlag leistete Objektschutz – aus gutem Grund. Die militanten Studenten, die nach der Niederschlagung des Aufstands von 1988 in die Berge geflohen waren, führten immer noch eine Art Guerilla-Krieg. Erst kürzlich hatten sie versucht, mit ausgelegten Minen einen

Militärlaster in die Luft zu sprengen – ein verfehlter Anschlag mit tragischen Folgen: Während der Lastwagen mit Soldaten das Minenfeld unbeschadet überquerte, wurde ein nachfolgender Linienbus von den explodierenden Sprengsätzen in Stücke gerissen; etwa zwanzig unbeteiligte Männer, Frauen und Kinder waren auf der Stelle tot. Wie ich hörte, kennt die Polizei die Namen der Studentenführer und ihrer Familienmitglieder, und umgekehrt wissen die Studenten namentlich über die Polizisten und Militäroffiziere Bescheid. Offiziell ist in Myanmar fast alles geheim, und die von der Regierung kontrollierten Medien lassen in den Strom der Propaganda kaum aktuelle Nachrichten einfließen. Trotzdem war ich mehr als einmal überrascht, wie gut die Menschen in Myanmar über Staatsangelegenheiten und andere angeblich geheimen Dinge in ihrem Land informiert sind. Das beste Beispiel lieferte mir ein Mann, dem ich in der Nähe von Taunggyi begegnet war, und der mich wie ein Sachverständiger, teilweise sogar unter Namensnennung der Hauptbeteiligten, über den Drogenhandel aufgeklärt hatte. Manches geheime Wissen ist keineswegs geheim – so scheint es jedenfalls.

Die Straße nach Myithson verengte sich und die Schlaglöcher wurden tiefer und zahlreicher. Mehrfach fuhren wir über Brücken, die nur aus ein paar Holzplanken bestanden. An einer Kreuzung, an der wir nach rechts in Richtung Myithson abbiegen mußten, stand auf den Schildern, die geradeaus wiesen, *"Putao 190 miles"*. Das also war die verbotene „große Fernverbindung" zwischen Myitkyina und der nördlichsten Stadt des Kachin Staats – eine einspurige Straße, nur teilweise gepflastert und mit einer weltrekordverdächtigen Zahl an Schlaglöchern. Eines stand fest: Auch wenn die Route für Ausländer erlaubt wäre, hätte ich über diese Straße nirgendwohin fahren wollen.

Wir kamen an einen Gebirgsbach, den wir mit dem Auto nicht überqueren konnten, weil sich die Brücke noch im Bau befand. Also gingen wir zu Fuß über die unfertige Konstruktion, die kein Geländer hatte. Die Bauarbeiter fügten schwere, breite, auf massiven Teakpfosten ruhende Planken zu einer tragfähigen Oberfläche zusammen. Diese Brücke konnte hundert Jahre alt werden, wenn sie nicht den Wassermassen der nächsten Sturzflut aus den Bergen zum Opfer fiel. Über einen holprigen, gewundenen Weg gelangten wir zu einer kleinen Pagode am Rand des hohen Steilufers. Von hier aus hatten wir einen wunderbaren Blick auf die drei Flüsse, den Me Hka rechts, den Mali Hka links, und das eindrucksvolle Ergebnis ihres Zusammenflusses, den weiten, aber seichten Ayeyarwady in der Mitte. Da die Regenzeit vorüber war und keiner der drei Flüsse viel Wasser führte, hatten sich an allen Seiten des Dreiecks große Sandbänke gebildet. Die ausgespülten steilen Ufer zeigten an, welch gewaltig hoher Wasserstand in der Regenzeit erreicht wird.

Am westlichen Ufer lockten einladende Eßlokale mit großen Schildern, Menüs und Verheißungen von frischem Fisch. Eine Gruppe von etwa fünfzig jungen Kachin Frauen in festlichen Kleidern – Krankenschwestern aus Myitkyina, wie wir später erfuhren – feierten ihren Betriebsausflug mit viel Lachen und Lärm. Für ein Photo schlüpfte eines der Mädchen in ein farbenprächtiges traditionelles Kachin Gewand. Andere waren das steile Ufer hinuntergeklettert und näherten sich dem Fluß, in dem ein paar mutige junge Männer schwammen. Die Strömungen waren erstaunlich stark, und die Frauen begnügten sich damit, durch seichteres Wasser zu waten. Auch die Männer blieben nahe am Rand, auf der Hut vor den tückischen Strömungen der Gebirgsflüsse.

Es war ein ungewöhnlich windstiller und unangenehm heißer Tag. Die Luft schien über dem Tal zu stehen. Obwohl der Fluß als eine reizvolle Möglichkeit erschien, mußte man, um das kühle Wasser zu erreichen, eine ganze Strecke über den glühenden Sand laufen. So entschied ich mich lieber für ein Mittagessen, das in gegrilltem Fisch, den üblichen *mixed vegetables* und Reis bestand. Min Min brauchte eine zusätzliche Schale Nudeln – sein Appetit war schier unglaublich. Er muß einige Pfund schwerer nach Yangon zurückgekehrt sein.

Nach einer kurzen Siesta gingen wir zum Dorfältesten und vereinbarten eine halbstündige Bootsfahrt für fünf Dollar, vergewisserten uns aber, daß das Boot ein Schutzdach gegen die glühende Sonne hatte. Während wir uns gegen die schnelle

Strömung flußaufwärts bewegten, entdeckten wir ein langes, schmales Schiff mit hohen Aufbauten, ein in China hergestellter Saugbagger, der benutzt wurde, um Gold aus dem Sand des Flusses zu waschen. Wir bemerkten auch ein schmutziges gelbes Rinnsal, das vom wilden Zeltplatz einiger Goldgräber kam, die vermutlich mit schädlichen Chemikalien wie Quecksilber hantierten. Bis auf unseren eigenen Motor war alles ruhig auf dem Fluß, keinerlei Verkehr. Weiter oben wurde unser Boot noch stärker vom schnellen Wasserstrom gebremst und große Strudel gaben schlürfende Geräusche von sich, als ob sie gerade einen unglücklichen Schwimmer verschlängen. Auf dem Rückweg verfing sich unser Propeller, der am Ende eines langen, schwenkbaren Stahlschafts befestigt war, in einem Fischernetz, was den Motor auf der Stelle außer Betrieb setzte – mit der Folge, daß die Strömung uns mit Gewalt auf einen großen Felsen zutrieb. Wir waren dem Aufprall schon gefährlich nahe, da gelang es uns gerade noch rechtzeitig, uns mit zwei langen Bambusstangen, die zum Glück im Boot lagen, an dem Hindernis abzustoßen. Dies ist eine Sorte Abenteuer, die ich mir ehrlich gesagt lieber ersparen würde.

Auf dem Rückweg nach Myitkyina besuchten wir den Kraing Naw Yeith Park, der eine guten Ausblick über den Fluß bietet. Der Park zieht sich bis zum Ufer hinunter, und in den Anlagen gibt es mehrere kleine Eßlokale unter freiem Himmel. Während wir auf einer Parkbank den schönen Blick genossen, guckte uns eine Schar netter kleiner Gören für ein Versteckspiel aus, bei dem sie selbst beide Rollen übernahmen. Aus ihrer Deckung hinter Büschen oder Bäumen schlichen sie sich an unsere Bank heran, wo wir sie überrascht entdecken sollten. Dann stoben sie kreischend und schreiend in alle Richtungen davon, um das Spiel von neuem zu beginnen. Von einem Wachtturm im Park hat man die beste Sicht, ansonsten ist das Gelände nicht besonders reizvoll.

Auf der Straße nach Myitkyina tummelten sich Menschen und andere Lebewesen – Männer und Frauen auf Fahrrädern, kleine Jungen, die Ziegen oder Kühe vor sich her trieben, und viel zu viele Tiere. Vieh, Ziegen, Büffel, Enten, Hühner und Hunde, alles läuft frei herum, nicht nur in der Nachbarschaft, sondern auch auf den Verkehrswegen. Fast hätten wir ein Kalb überfahren, das plötzlich vor uns auf die Straße sprang.

Abends suchten wir uns ein chinesisches Restaurant in einer Art Vergnügungsviertel – eine ärmliche Gegend, in der es ein paar Eßlokale und Karaoke Bars, aber auch einen Buchladen und ein Schallplattengeschäft gab. Das meiste in diesem Viertel gehört einem einzigen Mann, einem Chinesen. Die Beziehungen zwischen den Volksgruppen in Myanmar scheinen mir etwas bedenklich. Manchen Chinesen gehört zu viel, und manche sind tief in den Jadeschmuggel und in das Drogengeschäft verstrickt. In einer Zeit, in der die Einkommenskluft in diesem armen Land immer weiter aufreißt, stellen sie ihren Reichtum offen zur Schau (große Villen und ausländische Autos) – eine Herausforderung, die dem inneren Frieden und der Stabilität des Landes nicht gut bekommen kann. Man hat den Eindruck, daß es nur einen Funken braucht, etwa einen Verkehrsunfall mit einem burmesischen oder Kachin Fahrer auf der einen Seite und einem Chinesen auf der anderen, um neue anti-chinesische Ausschreitungen auszulösen.

In dem Viertel gab es auch ein altes Kino, in dem vor dichtgedrängtem Publikum einer der hier so beliebten und bei uns als unerträglich empfundenen indischen Liebesfilme lief. Aber nicht alles war Laster und Vergnügung. Aus mehreren Versammlungsräumen hörte ich Stimmen, die christliche Lieder sangen und aus der Bibel lasen. Myitkyina ist eine Stadt, in der das Christentum gepflegt wird, die aber auch wegen verbreiteter Prostitution und Heroinsucht vom Aids-Virus bedroht ist.

Einer unserer Nachbarn, ein etwa zwanzigjähriger Kachin, dessen Eltern um die Ecke einen Laden besaßen, versuchte mit mir ins Gespräch zu kommen. Sein Englisch war gut. Er hatte eine der Missionsschulen besucht und war vermutlich Christ. Seine Zukunftsträume waren sehr konkret: Er wollte abwarten, bis die Universität wieder geöffnet wurde, um sein Studium abzuschließen, danach wollte er ins Ausland gehen, und schließlich hatte er noch einen Wunsch: eine chinesische Freundin zu finden, keine Kachin. Ich freute mich, wenn sich, wie mit diesem jungen Mann, Gelegenheit zu solchen Unterhaltungen mit Einheimischen ergab. Vor allem die jungen Leute wollten Bildung und Entwicklung und blickten mit einer positiven Einstellung in die Zukunft, aber die Chancen, ihre Träume zu verwirklichen, waren gering. Selten habe ich in einem fremden Land so viele freundliche, angenehme und anständige Menschen getroffen wie in Myanmar – ob Männer oder Frauen, jung oder alt, Burmanen oder Nicht-Burmanen. Und immer wieder war ich betroffen zu sehen, wie schwierig das Leben für sie war und wie wenig Chancen sie hatten, eine andere und bessere Zukunft zu erleben als die, die sie wahrscheinlich erwartete. Als Burma am 4. Januar 1948 unabhängig wurde, ging man davon aus, daß es sich aufgrund seines Reichtums an natürlichen Ressourcen zu einem der reichsten Länder in Südostasien entwickeln würde. Stattdessen mußte sich die Regierung nach dreißig Jahren Militärherrschaft in Myanmar bei den Vereinten Nationen um den Status eines der ärmsten und unterentwickeltsten Länder der Welt bewerben.

Der neunzehnte Reisetag war unser letzter Tag in Myitkyina vor dem Rückflug nach Yangon – für mich also die letzte Gelegenheit, einen Morgenspaziergang in der frischen, kühlen Luft durch die erwachende Stadt zu machen. Aus den Kirchen war Singen und Beten zu hören. Radfahrer auf dem Weg zur Kirche oder in die Schule fuhren an mir vorbei. In Straßenlokalen oder an Imbißständen mit niedrigen kleinen Tischen und Schemeln wurde Nudelsuppe aufgetragen. Aus dem *Patsun Hotel* kam, nach getaner »Arbeit«, eine attraktive junge Frau, deren Kunde wahrscheinlich noch schlief. Sie hatte langes schwarzes Haar, ein schönes Gesicht, einen schlanken Körper und trug ein kurzes enges Kleid. Ihre aufrechte und stolze Haltung strahlte ein zufriedenes Selbstbewußtsein aus.

Wir waren darauf angewiesen, unsere Flugtickets im Büro von *Myanmar Airways* zu kaufen, wo der Geschäftsführer ohne Erklärung, ohne Entschuldigung fast eine Stunde zu spät kam. Kundenfreundlichkeit hatte er nicht nötig – sein Gehalt wurde bezahlt, unabhängig von seiner Leistung oder der Zufriedenheit der Kunden. Er war es, der über die Vergabe der begrenzten Flugtickets entschied: Erst kamen die Militärs, dann die in Dollar bezahlenden Touristen und zuletzt vielleicht noch einige der „anderen". Jeder buhlte um seine Aufmerksamkeit. Das alles erinnerte mich an China, wo Jahrzehnte des Sozialismus jedes Gefühl von persönlicher Verantwortung oder Zuständigkeit erstickt hatten. Während der Wartezeit, die wir draußen im Schutz eines mächtigen, von Tausenden Bienen bewohnten und mit Waben verhangenen Baumes verbrachten, kam ich mit einem Kachin ins Gespräch. Es stellte sich heraus, daß er der leitende Manager des *Sumpra Hotels* war, das uns Tags zuvor aufgefallen war, weil es einen viel besseren Eindruck machte als das *Patsun*. Ich brauchte nicht lange zu verhandeln. Für 25 Dollar pro Tag sollten wir einen sauberen weißen Bungalow hoch oben am Ufer des Ayeyarwady bekommen.

Nach der lästigen Besorgung der Flugtickets hatte ich nichts Eiligeres zu tun, als ins *Sumpra* umzuziehen. Hier, wo ich auf der Veranda meines friedlichen Bungalows Schutz vor der heißen Mittagssonne fand, konnte ich in Ruhe lesen, schreiben und das Treiben am Fluß beobachten. Kleine Jungen zogen gerade ein riesiges Fangnetz ein. In einem behelfsmäßigen Unterstand auf einer langen Sandbank zwischen der Hauptader und einem Seitenarm des Flusses hielten Goldgräber ihrer Mittagsruhe. Einige Arbeiterinnen, die für die neue Brücke Kies vom Flußufer auf einen alten Lastwagen geladen hatten, zogen sich in den Schatten des Buschwerks am Westufer zurück.

Das *Sumpra Hotel* hatte ein eigenes Reisebüro, das Ausflüge in die Jadestadt Hpakant und an den Indawgyi See anbot, aber nicht in der Lage war, die erforderliche Sondergenehmigung von den Behörden zu beschaffen. Die Hpakant-Jade ist von höchster Qualität – er ist Jadeit und nicht Nephrit, der gewöhnlich in China gefunden wird. Der smaragdgrüne, im Licht transparente Jadeit gilt als beste Jade überhaupt. Ein großer Teil der Hpakant-Jade wird in Myitkyina verkauft, wo sich zahlreiche große Händler niedergelassen haben; aber sicher wird auch viel illegal außer

Landes gebracht. Ich hatte mir im deutschen Fernsehen einen Dokumentarfilm über Hpakant und den Jadehandel angesehen – die Stadt wirkte nicht besonders anziehend (sie ist eine Bergbaustadt mit einigen reichen Geschäftemachern und vielen armen Minenarbeitern), aber sie ist bestimmt ein interessanter, wilder Ort mit Leuten aus ganz Myanmar und einigen aus China, die in der Hoffnung auf das schnelle Geld (illegal) dorthin kommen. Viele kehren krank nach Hause zurück, infiziert mit einer besonders schweren, in Hpakant verbreiteten Form von Malaria oder dem tödlichen Aids.

In Hpakant soll es an die 100 Bordelle geben. Die darin arbeiten Mädchen und Frauen werden nicht auf Geschlechtskrankheiten untersucht oder gesundheitlich betreut, und so breiten sich die Krankheiten unkontrolliert aus. Die Bergleute werden zum Teil mit Drogen bezahlt, da aber der Verkauf von Spritzen verboten ist, benutzen viele Heroinabhängige dieselbe Nadel. Das Resultat ist eine erschreckend hohe Zahl an HIV Infizierten, bei den Männer ebenso wie bei den Frauen. Hpakant ist eine boomende Stadt außer Kontrolle. Weder die burmesische Armee noch die *Kachin Independence Organization* ist in der Lage oder Willens, sich hier durchzusetzen.

Am Nachmittag besichtigten wir den Praying Mountain oder, genauer gesagt, den hohen Betonturm Zaw Bun Chi auf einem der höchsten Gipfel der Kachin Hills, etwa 10 Kilometer nördlich Myitkyina. Wofür stand dieses Monument? Architektonisch war es mißlungen – nichts als ein massiver viereckiger Turm mit einem kleinen Versammlungsraum, einer langen Treppe, die auf jedem Absatz mit Bibelversen in Englisch und Burmesisch geschmückt war, einigen zerbrochenen Fenstern und einer großen Plattform auf der Spitze. Es heißt, für die Kachin Baptisten sei dieser Ort eine heilige Stätte. Der Bau wirkte vernachlässigt und benötigte dringend einen Anstrich und Reparaturen – aber der Aufstieg hatte sich gelohnt. Der Blick von oben auf das grüne Tal, die bewaldeten Höhen und die blauen Berge war großartig.

Ein Veteran des Zweiten Weltkriegs

Beim Abendessen im *Sumpra Hotel* fiel mir eine Gruppe älterer Japaner auf, größtenteils Männer, die sich hier offenbar wie zu Hause fühlten, so vertraut war ihr Umgang mit der Kachin Bedienung im Speisesaal. Besonders einer zog meine Aufmerksamkeit auf sich, ein älterer Herr mit lebhaften Augen und Gesten, der darum nichts von seiner Würde verlor. Nachdem seine Freunde den Raum verlassen hatten, fragte ich ihn auf Japanisch, ob er sich auf ein Bier zu mir setzen würde. Er war der „alte Herr aus Nagasaki", wie ich ihn später nannte, weil mir der Name entfallen war – aber der Name ist nicht so wichtig wie seine Geschichte.

Vor mehr als fünfzig Jahren war er zum ersten Mal in diesen Teil Burmas gekommen, nicht als Tourist, sondern als Soldat der Kaiserlichen Japanischen Armee. Wie wir wissen, waren die Japaner den Burmesen willkommen. Ursprünglich waren etwa 50 Soldaten in seiner Gruppe gewesen, aber nur 24 von ihnen kehrten nach dem Krieg in ihre Heimat zurück. Und jetzt, viele Jahre später, kam er mit seinen Freunden wieder, um nach Spuren der Gefallenen zu suchen, die nicht in Gräbern beigesetzt worden waren. Kranke und verwundete Soldaten waren zurückgelassen worden oder im Dschungel gestorben, oder der Feind hatte sie in den Fluß geworfen. Er erzählte von der großzügigen Hilfe und Unterstützung, die ihm und seinen Landsleuten in dieser Gegend zuteil geworden waren, von Einheimischen, die Überlebende in ihren Dörfern versteckt, sie gesund gepflegt und ihnen zur Flucht verholfen hatten.

Aber die japanischen Soldaten hatten sich nicht erkenntlich gezeigt; die Kachin wurden von der japanischen Armee nicht für ihre Freundlichkeit belohnt. Im Gegenteil, die Offiziere und Soldaten stahlen den Dorfbewohnern alles, was sie an Reis und Vieh besaßen, und fügten ihnen Grausamkeiten zu.

Als ich einwandte, der Krieg mache alle Menschen schlecht und grausam, widersprach er nachdrücklich. Er und die anderen japanischen Soldaten hätten schreckliche Dinge getan, meinte er, ganz gleich, was die andere Seite getan habe. In den letzten dreißig Jahren war er regelmäßig in den Kachin Staat gekommen, um verschiedene soziale Einrichtungen mit Spenden zu unterstützen und sich bei den Kachin für die Ungerechtigkeiten und Greuel zu entschuldigen, welche die japanische Armee ihnen zugefügt hatte. Der alte Herr aus Nagasaki war ein ehrenwerter Mann. Seine Geschichte erinnerte mich an den bereits erwähnten Roman von Michio Takeyama „*The Harp of Burma*".

EPILOG

EPILOG

Das Ende einer langen Reise

Am einundzwanzigsten Tag kehrte ich nach Yangon zurück und nahm Abschied von Min Min, der mir ein freundlicher und angenehmer Reisegefährte gewesen war. Mein Rückflug nach Europa führte über Bangkok und Dubai, und als wir in der Nacht die Arabische Wüste überflogen, machte uns der Kapitän auf ein großes Lichterfest des Universums aufmerksam, das den Himmelsraum um uns erfüllte. Wir erlebten in der Tat ein wunderbares Schauspiel der Natur, etwas, was ich wohl nie wieder sehen werde. Es war die Nacht der Meteore. Die Stirn gegen das Fenster gepreßt, beobachtete ich die seltene Erscheinung eines Meteorschauers aus den Überresten eines alten Kometen im Sternbild Löwe. Hunderte von Meteoriten unterschiedlicher Helligkeit schossen durch den tintenblauen Himmel, manche nur schwach, den Bruchteil einer Sekunde sichtbar, wohingegen andere mehrere Sekunden lang glühten oder hell erleuchtet blieben und sogar Funken- oder Feuerschweife hinterließen, während sie auf die Erde zurasten. Das eindrucksvolle Schauspiel der durch die Erdatmosphäre schießenden Meteoriten war für mich genau das passende Finale einer aufregenden, magischen Reise durch ein Land mit Namen Myanmar.

ANHANG

MYANMAR: REISEZIELE UND REISEBESCHRÄNKUNGEN

Abschließend möchte ich Ihnen noch einige Reiseinformationen geben.

Reisezeit

Bei der Planung einer Reise durch Myanmar sind drei Jahreszeiten zu berücksichtigen: die **kühlere Trockenzeit** von Ende Oktober bis Ende Februar, die **heiße Trockenzeit** im März, April und Mai, sowie die **Regenzeit** von Mai/Juni bis Ende Oktober, mit ihren regenreichsten Monaten Juli, August und September, in die Sie Ihre Reise eher nicht legen sollten. Ich selbst bevorzuge die Zeit von Mitte Oktober bis Anfang Dezember; denn in die Monate Oktober und November fallen die beiden bedeutenden, landesweiten Lichterfeste und zahlreiche örtliche Feste und Umzüge, darunter auch das malerische Phaung Daw U Fest auf dem Inle See.

Anreise

Die meisten ausländischen Besucher reisen von **Bangkok** kommend über Yangon ein. Mit Sondergenehmigung kann man auch auf dem **Landweg** nach Myanmar einreisen und zwar von China aus über Ruili und Muse und von Thailand aus über Ranong und Kawthaung.

Reiseziele

Zur Zeit meiner ersten Reisen waren die meisten Gebiete noch für ausländische Touristen gesperrt. Danach gab es eine längere Tauwetterperiode, in der man mit Sondergenehmigung und einem burmesischem Reiseführer entlegene Gebiete und Orte besuchen dufte. In der Zeit konnte ich in die Jadestadt Hpakant, nach Mogok, dem Tal der Rubine und Saphire, auf die Hochebene von An und in verschiedene andere, wenig besuchte Gebiete reisen. Nach der Absetzung von Premierminister Khin Nyunt im Oktober 2004 wurde der ihm unterstellte militärische Geheimdienst aufgelöst. Die Generäle sahen sich danach außerstande, die ausländischen Besucher in den Grenz- und Minderheitengebieten zu kontrollieren. So sind Hpakant und Mogok nicht mehr zugänglich für uns. **Einige Teile des Landes sind grundsätzlich für Ausländer geschlossen;** dazu gehören der nördliche Chin Staat, der östliche Shan Staat mit Ausnahme von Kyaing Tong und Umgebung, der größte Teil des Kayin Staates und der gesamte Kayah Staat. Dennoch bleibt für die Ausländer eine große Auswahl an Reisezielen.

Die klassischen Reiseziele sind Yangon, Bagan, Mandalay und der Inle See. Als Zusatzprogramme bieten sich Mrauk U im Nordwesten, das Goldene Dreieck um Kyaing Tong im Osten, der Golden Rock (Kyaikhtiyo) im Süden und Myitkyina und Bahmo im Norden an. Auch Schiffstouren sind möglich: auf dem Ayeyarwady von Bahmo nach Mandalay und Bagan, auf dem Chindwin nach Monywa und Kalewa und in kleinerem Umfang auch auf dem Lemro.

Wen es in die Berge zieht, der fährt von Bagan aus in den südlichen Chin Staat und erklimmt dort den Mount Victoria, oder er fliegt in den hohen Norden nach Putao und unternimmt dort Trekkingtouren in die Dörfer der Lisu und Rawang. Hiking ist besonders um Kalaw und den Inle See herum beliebt. Tauchen können Sie im tiefen Süden um Myeik und Kawthaung herum. Eine Reise in den wenig besuchten, malerischen Süden mit seinen Städten Mawlamyine, Dawei, Myeik und Kawthaung ist sehr lohnenswert.

Mit dem Zug lassen sich viele Orte in Myanmar erreichen. Interessant sind insbesondere die Strecken Thazi – Shwenyang (Inle See), also von Zentralburma bis in den südlichen Shan Staat und die Strecke Mandalay – Lashio, von der alten Königsstadt in den nördlichen Shan Staat und bis fast an die chinesische Grenze.

Feste

Lassen Sie sich bitte vom Ihrem Reisebüro über **die landesweiten und regionalen Feste** informieren. Die Burmesen feiern oft und enthusiastisch, und so gibt es zu fast jeder Jahreszeit irgendwo ein Fest. Einige davon kann ich sehr empfehlen: das erste Lichterfest im Monat Thadingyut (Oktober) und das zweite Lichterfest im Monat Tazaungmon (November). Das Phaung Daw U Fest findet zumeist im Oktober und noch vor dem ersten Lichterfest auf dem Inle See statt; das Elefantentanzfest im Kyaukse am ersten Lichterfest und der Heißluftwettbewerb in Taunggyi beim zweiten Lichterfest. Die Naga feiern ihr Stammesfest in Januar, die Kachin ihr Manao Fest auch Anfang Januar und die Pa-O ihr Nationalfest in Kak Ku im März. Die berühmten Pagoden und Tempel haben ihre eigenen Feste, wie das Shwedagon oder Ananda Fest. Warnen sollte ich Sie aber vor dem Thingyan Festival im April; dies ist das große Wasserfest, an dem Teilnehmer und Zuschauer mit Wasser überschüttet werden.

Zum Schluss der Reise kann man dann noch ans Meer fahren; an die herrlichen Strände von Ngwe Saung oder Nga Pali, wo man sich vor der Heimreise noch einmal entspannen kann.

Zum Schluss noch einige Reisetipps:

Über **Visa- und Einreiseformalitäten** informiert man sich am besten bei seinem Reisebüro. Die meisten Besucher reisen mit einem Touristenvisum ein, das 28 Tage gültig ist und um ein paar Tage gegen eine Gebühr von $3 pro Tag bei der Ausreise am Flughafen verlängert werden kann. Wenn Sie länger bleiben wollen, können Sie mit Hilfe eines Reisebüros in Yangon ein 80-tägiges Business Visum beantragen. Es empfiehlt sich, den Visumsantrag bei der Botschaft von Myanmar im eigenen Land und nicht bei der Botschaft in Bangkok zu beantragen. Fordern Sie die Unterlagen bei der Botschaft in Berlin an. Das Visum wird zumeist innerhalb von 7-10 Tagen ausgestellt und zugeschickt. Sie müssen dann innerhalb von drei Monaten einreisen.

Deutschland:

Embassy of the Union of Myanmar,
Thielallee 19, 14195 Berlin,
Tel. 030-2061570, Fax -20615720,
Email: visa@botschaft-myanmar.de

Schweiz:
Generalkonsulat der Union of Myanmar,
Avenue Blanc 47, 1202 Genf, Tel. 022-9069870

Österreich:
Visum wird in Berlin beantragt.

In Myanmar wird mit US-Dollar in bar oder in der **Landeswährung Kyat** gezahlt. Kreditkarten, Reiseschecks und Euro Geldscheine werden fast nirgendwo in Myanmar akzeptiert. Die Dollarscheine sollten neu und unversehrt sein, wobei $100-Scheine den besten Kurs erzielen. Bitten Sie Ihren burmesischen Reiseführer in Yangon einen kleinen Teil Ihrer Dollar in Kyat zu tauschen, die Sie für kleine Restaurants und Geschäfte brauchen. Kyat können Sie weder zurücktauschen, noch ausführen.

Bei **Absagen von Buchungen** für Flug, Hotel, Auto, Schiff wird in Myanmar ein Teil oder bei Luxushotels manchmal sogar der gesamte Betrag fällig. Ich rate zu einer **Reiserücktrittsversicherung** (und einer **Reisekrankenversicherung**).

Einwanderungsbehörde und Zoll sind höflich und kooperativ. Die Einfuhr von Mobiltelefonen ist nicht erlaubt. Mobiltelefone und Laptops machen keinen Sinn in Myanmar. In Internet Cafés können Sie Ihre Email abrufen und verschicken, wobei Yahoo und Hotmail zumeist nicht zugänglich sind. Auslandstelefongespräche sind in allen Hotels sehr teuer.

Für die Einreise bestehen keine **Impfanforderungen**, aber Typhus, Polio, Tetanus und Hepatitis A Impfungen sind wohl sinnvoll. Die Touristenzentren Yangon, Mandalay, Bagan und der Inle See sind nicht als Malariagebiete ausgewiesen. Für **Malariagebiete** wird Malarone empfohlen. Imodium und Perenterol sind bei Magen- und Verdauungsproblemen nützlich. Fragen Sie Ihren Arzt. Es ist wenig sinnvoll eine große Reiseapotheke mit sich zu führen, da viele Medikamente in den großen Städten erhältlich sind. **Moskitoschutz** (No Bite, Autan) ist besonders wichtig und wenden Sie ihn besonders am Abend großzügig an. Sonnencreme nicht vergessen. Sollten Sie wirklich ernsthaft krank werden, dann nehmen Sie den nächsten Flug nach Bangkok und gehen Sie dort ins Bumrungrad Hospital.

Strom ist 220 Volt und 50 Hertz.

Kleidung: am Tage leicht, wobei Shorts nicht gern gesehen werden. Abends kann es besonders am See und in den Bergen empfindlich kalt werden. Sie brauchen dann warme Jacke, Hose, Socken und Schuhe. Ein kleiner Rucksack für die täglichen Ausflüge ist sehr praktisch. Sandalen und Flip-Flops sind bei Besuchen in Tempeln und Klöstern von Vorteil, weil Sie dort Ihre Schuhe und Strümpfe ausziehen müssen. Hut oder Mütze werden empfohlen.

Die burmesische Küche ist weniger scharf als die thailändische, verwendet jedoch recht viel Erdnussöl. Chinesische Restaurants gibt es in fast allen größeren Ortschaften; oft preiswert und von guter Qualität. Western Food wird nur in größeren Hotels und dort in unterschiedlicher Qualität angeboten. Die Hotels und Restaurants, die Sie besuchen werden, sind recht sicher. Bitte vergessen Sie das Trinken nicht; zwei Liter pro Tag sind das Minimum. Trinkwasser in Flaschen und burmesischen Tee gibt es überall. Und abends ein kühles Myanmar Bier oder eine Flasche burmesischen oder australischen Wein, den Sie in Yangon im City Mart kaufen können.

Ich wünsche Ihnen eine interessante und angenehme Reise durch das Land der Goldenen Pagoden.

LITERATURVERZEICHNIS

Die folgende, nach Kategorien geordnete Auswahl von Veröffentlichungen über Myanmar, umfaßt Bücher, Artikel, Berichte sowie Karten, Bildbände und Video- bzw. Tonaufnahmen. Es handelt sich dabei keinesfalls um eine vollständige Auflistung. Meine Absicht ist es, Lesern, die an weiterführender Literatur interessiert sind oder die Spezialaspekte untersuchen möchten, eine nützliche Zusammenstellung ausgewählter Quellen an die Hand zu geben.

Allgemeine Bücher

Abbott, Gerry. *Back to Mandalay.* Bromley, UK: Impact Books, 1990.
Inroads into Burma - A Travellers' Anthology. Kuala Lumpur: Oxford University Press, 1997.
The Traveller's History of Burma. Bangkok: Orchid Press, 1998.
Aung San Suu Kyi. *Freedom from Fear.* London: Penguin Books, 1991.
Aye Saung. *Burma in the Back Row.* Bangkok: White Lotus, 1989.

Baertels, Andreas. *Farbatlas Tropenpflanzen.* Stuttgart: Ulmer Verlag, 1996.
Bixler, Norma. *Burmese Journey.* Yellow Springs, Ohio: Antioch Press, 1967.
Bless, Roland. *Divide et Impera? Britische Minderheitenpolitik in Burma 1917–1948.* Stuttgart: Franz Steiner Verlag, 1990.
Boucaud, Andre, and Louis Boucaud. *Burma's Golden Triangle.* Bangkok: Asia Books, 1992.
Bower, Ursula Graham. *Naga Path.* London: John Murray, 1950.
Boyes, Jon, and S. Piraban. *Opium Fields.* Bangkok: Silkworm Books, 1991.
Bunge, Frederic M. *Burma, A Country Study.* Washington, D.C.: Department of the Army, 1983.

Cady, John F. *A History of Modern Burma.* Ithaca, NY: Cornell University Press, 1958.
Carey, Peter. *Burma: The Challenge of Change in a Divided Society.* New York: St. Martin's Press, 1997.
Carrapiett, W. J. S. *The Kachin Tribes of Burma.* Rangoon: Government Printing and Stationery, 1929.
Casino, Eric S. *Burma and the Burmese: A Historical Perspective.* Honolulu: Center for Southeast Asian Studies, Univers. of Hawaii, 1997.
Chao Tzang Yawnghwe. *The Shan of Burma - Memoirs of a Shan Exile.* Singapore: Institute of Southeast Asian Studies, 1987.
Christian, John L. *Burma.* London: Collins, 1945.
Cochrane, W. W. *The Shans.* New York: AMS Press, 1981.
Collis, Maurice. *She Was a Queen.* London: Faber & Faber, 1937.
Lords of the Sunset. London: Faber & Faber, 1938.
The Land of the Great Image. London: Faber & Faber, 1943.
The Grand Peregrination. London: Faber & Faber, 1949.
Last and First in Burma. London: Faber & Faber, 1949.
The Journey Outward. London: Faber & Faber, 1952.
Into Hidden Burma. London: Faber & Faber, 1953.
Coloquhoun, Archibald Ross. *Amongst the Shan.* Reprint, New York: Paragon Books, 1970.
Cox, Christopher R. *Chasing the Dragon.* New York: Henry Holt, 1996.

Donnison, F. S. V. *Burma.* London: Ernest Benn, 1970.

Elliot, Patricia. *The White Umbrella.* Bangkok: Post Publishing, 1999.
Enriquez, C. M. *A Burmese Enchantment.* Calcutta: Thacker, Spink, n.d.
Races of Burma. Reprint, Bangkok: Ava Publications, 1997.
Everarda, Ellis. *Burma: Encountering the Land of the Buddhas.* Gartmore, Scotland: Kiscadale, 1994.

Fisher, Edward. *Mission in Burma.* New York: Seabury Press, 1980.
Foucar, E. C. V. *Mandalay the Golden.* London: Dennis Dobson, 1963.
Fredholm, Michael. *Burma - Ethnicity and Insurgency.* Westport, CT: Praeger, 1993.

Gascoigne, Gwendolyn Trench. *Among Pagodas and Fair Ladies.* London: A. D. Innes, 1896.
Grisham, Jack. *Burma Jack.* New York: Norton, 1971.

Hall, D. G. E. *Burma.* London: Hutchinson's University Library, 1950.
Halliday, Robert. *The Talaings.* Reprint, Bangkok: Orchid Press, 1999.
Hanson, Ola. *The Kachins: Their Customs and Traditions.* Reprint, New York: AMS Press, 1982.
Harvey, G. E. *Outline of Burmese History.* Calcutta: Longmans, Green, 1926.
Hidalgo, Cristina Pantoja. *Five Years in a Forgotten Land.* Quezon City: University of the Philippines Press, 1996.
Hundley, H. G. *List of Trees, Shrubs, Herbs and Principal Climbers, etc., Recorded from Burma with Vernacular Names.* 4th rev. ed. Burma: N.p., 1987.

Khin Myo Chit. *Colorful Burma.* Yangon: Daw Khin Myo Chit, 1983.
Kingdon-Ward, Frank. *Return to the Irrawaddy.* London: Andrew Melrose, 1956.

Lewis, Norman. *The Golden Earth - Travels in Burma.* London: Eland, 1952.
Lintner, Bertil. *Land of Jade.* Bangkok: White Lotus, 1990.
The Rise and Fall of the Communist Party of Burma. Ithaca, NY: Cornell University Southeast Asia Programme, 1990.
Burma in Revolt. Bangkok: White Lotus, 1994.
Loetschert, Wilhelm, and Gerhard Beese. *Pflanzen der Tropen.* München BLV, 1992.
Lowis, C. C. *The Tribes of Burma.* Rangoon: Government Printing, 1919.
Ludwig, Klemens. *Birma.* Munich: Beck, 1997.

Mannin, Ethel. *Land of the Crested Lion.* London: The Travel Book Club, 1954.
Mason, Colin. *A Short History of Asia - Stone Age to 2000* A.D. London: Macmillan, 2000.
Maugham, W. Somerset. *The Gentleman in the Parlour.* Reprint, Bangkok: White Orchid Press, 1995.
Maung Htin Aung. *A History of Burma.*

New York and London: Columbia University Press, 1967.
Maung Kyaa Nyo. *Presenting Myanmar.*
Yangon: Daw Shwe Eain, 2000.
McCoy, Alfred W. *The Politics of Heroin: CIA Complicity in the Global Drug Trade.*
New York: Lawrence Hill Books, 1991.
McCrae, Alister. *Scots in Burma: Golden Times in a Golden Land.*
Gartmore, Scotland: Kiscadale, 1990.
McMahon, A. R. *The Karens of the Golden Chersonnese.* London: Harrison, 1876.
Metford, Beatrix. *Where China Meets Burma.*
London: Blackie & Son, 1935.
Milne, Leslie. *The Shans at Home.*
Reprint, New York: Paragon Books, 1970.
Mi Mi Khaing. *Burmese Family.*
Reprint, Bangkok: Ava Publishing House, 1996.
The World of Burmese Women.
Singapore: Times Books International, 1984.
Molloy, Michael. *Experiencing the World's Religions: Tradition, Challenge, and Change.*
Mountain View, CA: Mayfield Publishing, 1999.
Mya Maung. *The Burma Road to Capitalism.*
Westport, CT: Praeger, 1998.
Mya Than Tint. *On the Road to Mandalay.*
Reprint, Bangkok: Orchid Press, 1996.
Myo Min, U. *Old Burma: As Described by Early Foreign Travellers.*
Rangoon: Hanthawaddy Publications, 1947.

Nibedon, Nirmal. *Nagaland: The Night of the Guerrillas.*
New Delhi: Lancers Publishers, 1983.
Nowak, Bernd, and Bettina Schulz. *Tropische Früchte.* München: BLV Verlag, 1998.

O'Brien, Harriet. *Forgotten Land: A Rediscovery of Burma.*
London: Michael Joseph, 1991.
O'Connor, V. C. Scott. *Mandalay and Other Cities.*
Reprint, Bangkok: White Lotus Press, 1996.
Orwell, George. *Burmese Days.* London: Penguin Books, 1934.

Phayre, Arthur P. *History of Burma.* London: Susil Gupta, 1883.
Phillips, C. E. Lucas. *The Raiders of Arakan.*
London: Heinemann, 1971.

Rana, Pradumna, and Naved Hamid. *From Centrally Planned to Market Economies: The Asian Approach.* Hong Kong: Oxford University Press, 1995.
Raven-Hart, R. *Canoe to Mandalay.* London: Frederick Muller, 1939.
Renard, Ronald D. *The Burmese Connection.* Boulder, CO: Lynne Rienner, 1996.
Rodriguez, Helen. *Helen of Burma.* London: Collins, 1983.
Roop, D. Haigh. *An Introduction to the Burmese Writing System.* New Haven: Yale University Press, 1972.
Rotberg, Robert I., ed. *Burma: Prospects for a Democratic Future.* Cambridge: The World Peace Foundation and Harvard Institute for International Development. Washington, D.C.: Brookings Institute Press, 1998.

Sangermano, Father Vincenzo. *The Burmese Empire a Hundred Years Ago.* Reprint, Bangkok: White Orchid Press, 1995.
Sargent, Inge. *Twilight over Burma.* Honolulu: University of Hawai'i Press, 1994.
Saw Myat Yin. *Culture Shock! Burma.* Singapore: Times Editions, 1994.
Scott, J. G. *Burma - A Handbook of Practical Information*. London: Alexander Moring, The De La More Press, 1921.
Seagrave, Gordon S. *Burma Surgeon.* New York: Norton, 1943.
My Hospital in the Hills. New York: Norton, 1955.
Seagrave, Sterling. *Lords of the Rim.* London: Corgi, 1996.
Shway Yoe [George Scott]. *The Burman - His Life and Notions.* New York: Norton, 1963.
Silverstein, Josef. *Burmese Politics: The Dilemma of National Unity.* New Brunswick, NJ: Rutgers University Press, 1980.
Smith, Martin. *Burma: Insurgency and the Politics of Ethnicity.* New York: Zed Books, 1999.
Stamp, Elsa C. *A First Geography of Burma.* London: Longmans, Green, 1932.
Stevenson, H. N. C. *The Economics of the Central Chin Tribes.* Bombay: The Times of India Press, 1943.
Stuart, John. *Burma - Through the Centuries.* London: Kegan Paul, Trench, Trubner, 1909.

Symes, Michael. *Two Years in Ava.*
London: John Murray, 1827.
Journal of His Second Embassy to the Court of Ava in 1802.
London: George Allen & Unwin, 1955.

Takeyama, Michio. *Harp of Burma.*
Rutland, VT: Charles E. Tuttle, 1966.
Thadingyut, Festival of Lights.
Yangon: Pyinsa Rupa, January 1995.
Than Tun. *History of Pindaya (Town, Pagoda and Cave).*
Mandalay: Thein Htike Yadana Publications, 1998.
Theroux, Paul. *The Great Railway Bazaar.*
New York: Ballantine, 1975.
Trager, Helen Gibson. *Burma through Alien Eyes.*
Bombay, New York: Asia Publishing House, 1966.
We the Burmese - Voices from Burma.
New York: Praeger, 1969.

U Tun Yin. *Wild Mammals of Myanmar.*
Yangon: U Soe Kyi, 1993.
Vincent Jr., Frank. *Land of the White Elephant (1871–72).* Reprint, Bangkok: White Lotus Press, 1988.

Wheeler, J. Talboys. *Journey of a Voyage up the Irawaddy to Mandalay and Bhamo.* Reprint, Bangkok: White Orchid Press, 1996.
White, Herbert Thirkell. *Burma.*
Cambridge: Cambridge University Press, 1923.

Yang, Bo. *Golden Triangle - Frontier and Wilderness.*
Hong Kong: Joint Publishing, 1987.

Reiseführer

Blume, Brigitte. *Myanmar.*
Reise Know How, Bielefeld 2003.
Burma Handbook.
Yangon: Directorate of Information, Union of Burma, 1959.
Clark, Michael and Cummings, Joe. *Myanmar.*
Melbourne: Lonely Planet, 2002.
Eliot, Joshua. *Myanmar Handbook.*
Lincolnwood, IL: Passport, 1997.

Kasuga, Tadashi. *Time Table (Myanmar Travel Handbook).* Yangon: Minami, 1999.
Koellner, Helmut, und A. Bruns. *Myanmar.* München: Nelles, 1997.
Thun Shwe Khine. *A Guide to Mrauk-U.* Yangon: U Tun Shwe, 1992.
U Shwe Zan. *The Golden Mrauk-U; An Ancient Capital of Rakine.* Yangon: U Shwe Zan, 1994.

Artikel und Berichte

Bernstein, Dennis, and Leslie Kean. People of the Opiate: Burma's Dictatorship of Drugs, *The Nation,* 16 December 1996.
Brandon, John J. The State's Role in Education in Burma: An Overview. In *Burma - Prospects for a Democratic Future.* Cambridge: The World Peace Foundation and Harvard Institute for International Development. Washington, D.C.: Brookings Institute Press, 1998.
Callahan, Mary P. On Time Warps and Warped Time: Lessons from Burma's 'Democratic Era.' In *Burma - Prospects for a Democratic Future. Cambridge*: The World Peace Foundation and Harvard Institute for International Development. Washington, D.C.: Brookings Institute Press, 1998.
Dannhorn, Robin. Hidden Faces of Asia, *Sawasdee,* September 1996.
Dapice, David. Development Prospects for Burma: Cycles and Trends. In *Burma - Prospects for a Democratic Future.* Cambridge: The World Peace Foundation and Harvard Institute for International Development. Washington, D.C.: Brookings Institute Press, 1998.
Davis, Anthony, and Bruce Hawke. Burma: The Country That Won't Kick the Habit, *Jane's Intelligence Review,* March 1999.
Federal Statistics Office of Germany. *Laenderbericht - Myanmar 1994.* Stuttgart: Metzler-Poeschel, 1994.
Gelbard, Robert S. Burma: The Booming Drug Trade. In *Burma - Prospects for a Democratic Future.* Cambridge: The World Peace Foundation and Harvard

Institute for International Development.
Washington, D.C.: Brookings Institute Press, 1998.
International Monetary Fund. *Myanmar: Recent Economic Developments.* Washington, D.C.: International Monetary Fund, 1997.
Januzzi, Frank S. The New Burma Road (Paved by Polytechnologisis?). In *Burma - Prospects for a Democratic Future.* Cambridge: The World Peace Foundation and Harvard Institute for International Development. Washington, D.C.: Brookings Institute Press, 1998.
Lintner, Bertil. Drugs and Economic Growth: Ethnicity and Exports. In *Burma - Prospects for a Democratic Future.* Cambridge: The World Peace Foundation and Harvard Institute for International Development. Washington, D.C.: Brookings Institute Press, 1998.
Malik, J. Mohan. Burma's Role in Regional Security - Pawn or Pivot?. In *Burma - Prospects for a Democratic Future.* Cambridge: The World Peace Foundation and Harvard Institute for International Development. Washington, D.C.: Brookings Institute Press, 1998.
Mason, Mark. Foreign Direct Investment in Burma: Trends, Determinants, and Prospects. In *Burma - Prospects for a Democratic Future.* Cambridge: The World Peace Foundation and Harvard Institute for International Development. Washington, D.C.: Brookings Institute Press, 1998.
Milton, Oliver. *Burma Wildlife Survey, 1959–1960.* New York: American Committee for International Wildlife Protection, 1963.
Ott, Marvin C. From Isolation to Relevance: Policy Considerations. In *Burma - Prospects for a Democratic Future.* Cambridge: The World Peace Foundation and Harvard Institute for International Development. Washington, D.C.: Brookings Institute Press, 1998.
Pan Kachin Development Society. *Report of the Pan Kachin Development Society.* Chiang Mai, Thailand: Pan Kachin Development Society, 1994.
Rajah, Ananda. Ethnicity and Civil War in Burma: Where is the Rationality? In *Burma - Prospects for a Democratic Future.* Cambridge: The World Peace Foundation and Harvard Institute for International Development. Washington, D.C.: Brookings Institute Press, 1998.

Selth, Andrew. The Armed Forces and Military Rule in Burma. In *Burma - Prospects for a Democratic Future.* Cambridge: The World Peace Foundation and Harvard Institute for International Development. Washington, D.C.: Brookings Institute Press, 1998.

Silverstein, Josef. The Evolution and Salience of Burma's National Political Culture. In *Burma - Prospects for a Democratic Future.* Cambridge: The World Peace Foundation and Harvard Institute for International Development. Washington, D.C.: Brookings Institute Press, 1998.

Steinberg, David I. The Road to Political Recovery: The Salience of Politics in Economics. In *Burma - Prospects for a Democratic Future.* Cambridge: The World Peace Foundation and Harvard Institute for International Development. Washington, D.C.: Brookings Institute Press, 1998.

Taylor, R. H. Political Values and Political Conflict in Burma. In *Burma - Prospects for a Democratic Future.* Cambridge: The World Peace Foundation and Harvard Institute for International Development. Washington, D.C.: Brookings Institute Press, 1998.

Thadingyut, Festival of Lights. Yangon: Pyinsa Rupa, January 1995.

Myanmar: General Business Report. Washington, D. C.: U.S. Department of Commerce, 1995.

Bildbände

Diran, Richard K. *The Vanishing Tribes of Burma.* London: Weidenfeld & Nicolson, 1997.

Falconer, John, et al. *Myanmar Style.* London: Thames & Hudson, 1998.

Horstmann, Ingrid. *Burma.* Gnas, Austria: Weishaupt, 1999.

Hoskins, John, and Tettoni, Luca Invernizzi. *Burma.* Singapore: Times Editions, 1987.

Strachan, Paul. *Mandalay.* Gartmore, Scotland: Kiscadale, 1994.

Karten

Burma (scale = 1:1.250.000). Washington, D.C.: U.S. Central Intelligence Agency, 1996.
Burma, Andaman Sea (scale = 1:100.000). Bethesda, MD: National Imagery and Mapping Agency, 1997.
Burma (Divisions and States) (scale = 1:2.000.000). Washington, D.C.: U.S. Central Intelligence Agency, 1990.
Myanmar. Hong Kong: Periplus Editions, n.d.
Myanmar (scale = 1:1.500,000). München: Nelles Verlag, n.d.
Road Map of the Union of Myanmar. Yangon: U Sein Myint (Cartoon), Inkyi Myaing Sa-Pye, n.d.
South Asia with Afghanistan and Myanmar (scale 1:7.345.000). Washington, D.C.: National Geographic Society, 1997.
Tactical Pilotage Chart, TPC. J-10D, Burma (scale = 1:500.000). St. Louis, MO: Defense Mapping Agency, Aerospace Center, 1997.
Tourist Maps of Myanmar. Yangon: Design Printing Services, 2000.
Union of Myanmar (scale = 1:2.000.000). Yangon: Survey Department, Ministry of Forestry, 1998.
Union of Myanmar: Map of Divisions and States (in Burmese). Yangon: Survey Department, Ministry of Forestry, 1998.

Video- und Tonaufnahmen

Burmese Music (audiocassette). Washington, D.C.: Voice of America, United States Information Agency, 1961.
Borroughs, Jim. *Bell in the Sea* (video). N.p.: Quest Productions: Fox Lorber Associates, 1997.
By a Hair of Buddha (video). New York: Maya Molitze (prod.), Carousel Film and Video (distr.), 1997.
Cowell, Adrian. *The Opium Warlords* (video). Philadelphia: Institute for the Studies of Human Issues, 1973.
Ichikawa, Kon. *The Harp of Burma.* (video). Chicago: Films Inc. Video, 1982.
Kington, Miles. *The Burma Road* (video). New York: Ambrose Video Publications, 1990.
Sheppard, John. *The Longest Struggle: Burma* (video). Chicago: Films Inc. Video, 1993.
Win Tin Win. *Inlay* (video). Yangon: VideoSoft Productions, 1995.

Der Autor dankt folgenden Freunden und Förderern der beiden Waisenhäuser in Mandalay für die zahlreichen Fotos (auch zu entlegenen Regionen des Landes), die sie für die zweite Auflage zur Verfügung gestellt haben:

Volker Bauernfeind	Mandalay und Waisenhäuser
Dieter und Ingrid Haury	Mogok (Shan Staat)
Ingrid Horstmann	Die zwei Waisenhäuser
Margarete Heider	Kyaikhtiyo und andere Regionen
Christiane Raettig	Mandalay und Waisenhäuser
Dr. Heinrich Schoeneich	Naga Fest
Constantin Schuster	Putao (Kachin Staat) und südlicher Chin Staat
Ingrid Stanicki	Kyaikhtiyo, Mrauk U und andere Regionen
Christina Stercken	Hsipaw und Namhsan (Palaung), Shan Staat
Dr. Angelika Wagner	Naga Fest
Günter u. Dagmar Werner	Putao und Indawgyi See (Kachin Staat)

Bildnachweis

© **Fotos:** Klaus R. Schröder, außer
Seite 188, 270 © RKH Helmut Hermann, Markgröningen
Seite 273, 277, 281, 287, 292, 295, 296 © HNL
Seite 299 © Yindee Lertcheroenchok

© **Karten:** Klaus R. Schröder.
Die Karten wurden für dieses Buch von **Manoa Mapworks** hergestellt. (Außer: Karte »Kak Ku«, »Wirtschaft«)

Rad- und andere Abenteuer aus aller Welt

Edition Reise Know-How

In der Edition Reise Know-How erscheinen außergewöhnliche Reiseberichte, Reportagen und Abenteuerberichte, landeskundliche Essays und Geschichten. Gemeinsam ist allen Titeln dieser Reihe: Sie unterhalten, sei es unterwegs oder zu Hause – auch als ideale Ergänzung zum jeweiligen Reiseführer.

Abenteuer Anden - Eine Reise durch das Inka-Reich.
ISBN 3-89662-307-9 · € 17,50

Auf Heiligen Spuren - 1700 km zu Fuß durch Indien.
ISBN 3-89662-387-7· € 17,50

Die Salzkarawane - Mit den Tuareg durch die Ténéré.
ISBN 3-89662-380-X · € 17,50

Durchgedreht – Sieben Jahre im Sattel
ISBN 3-89662-383-4 · € 17,50

Myanmar/Burma – Reisen im Land der Pagoden.
ISBN 3-89662-196-3 · € 17,50

Please wait to be seated – Bizzares und Erheiterndes von Reisen in Amerika. ISBN 3-89662-198-X · € 12,50

Rad ab – 71.000 km mit dem Fahrrad um die Welt.
ISBN 3-89662-383-4 · € 17,50

Südwärts – von San Francisco nach Santiago de Chile.
ISBN 3-89662-308-7 · € 17,50

Suerte – 8 Monate auf Motorrädern durch Südamerika.
ISBN 978-3-89662-366-9 · € 17,50

Taiga Tour – 40.000 km allein mit dem Motorrad von München durch Russland nach Korea und Japan · ISBN 3-89662-308-7 · € 17,50

USA Unlimited Mileage – Abgefahrene Episoden einer Reise durch Amerika. ISBN 3-89662-189-0 · € 14,90

Die goldene Insel – Geschichten aus Mallorca
ISBN 3-89662-308-7 · € 10,50

Eine Finca auf Mallorca oder Geckos im Gästebett
ISBN 3-89662-176-9 · € 10,50

Eine mallorquinische Reise – Mallorca 1929
ISBN 3-89662-308-7 · € 10,50

Geschichten aus dem anderen Mallorca
ISBN 3-89662-308-7 · € 10,50

Mallorca für Leib und Seele – Schlange im Schneckensud und andere Köstlichkeiten · ISBN 3-89662-195-5 · € 14,90

„Rad & Bike"

Fahrrad Weltführer – Das Standardwerk für Fernreiseradler, 2. Aufl., 744 Seiten. ISBN 3-89662-304-4 · € 23,50

BikeBuch USA/Canada – 624 S., über 170 Fotos und 45 Karten
ISBN 3-89662-389-3 · € 23,50

Fahrrad-Europaführer– 3. Auflage, 648 S., über 50 Karten und 200 Fotos und Abb. · ISBN 978-3-89662-384-3 · € 25,00

Das Lateinamerika BikeBuch 696 S., 92 SW- und 32 Farbfotos, 27 Karten · ISBN 978-3-89662-388-1 · € 25,00

Mit PANORAMA neuen Horizonten entgegen

Außergewöhnliche Bilder, lebendige Anekdoten und hautnahe Einblicke wecken Erinnerungen oder Vorfreude auf ein Reiseland. PANORAMA präsentiert sich im handlichen, quadratischen Format (18x18 cm, Hardcover mit Fadenheftung) und luftigen Layout, mit atemberaubenden Landschaften, Land & Leute ...

Andrew Forbes & David Henley
PANORAMA Tibet
ISBN 978-3-8317-1542-8 · € 14,90 [D]

Aroon Thaewchatturat & Tom Vater
PANORAMA Zur Quelle des Ganges
ISBN 978-3-8317-1702-6 · € 14,90 [D]

Andrew Forbes & David Henley
PANORAMA Cuba
ISBN 978-3-8317-1519-0 · € 14,90 [D]

Andrew Forbes & David Henley
PANORAMA Kambodscha
ISBN 978-3-8317-1610-4 · € 14,90 [D]

Elke & Dieter Losskarn
PANORAMA Südafrika
ISBN 978-3-89662-347-8 · € 14,90 [D]

Isabel und Steffen Synnatschke
PANORAMA USA Südwesten Wonderland of Rocks
ISBN 978-3-89662-242-6 · € 17,50 [D]

Günter & Andrea Reindl
PANORAMA Australien
ISBN 978-3-89662-390-4 · € 14,90 [D]

Aroon Thaewchatturat & Tom Vater
PANORAMA Thailands Bergvölker und Seenomaden
ISBN 978-3-8317-1524-4 · € 14,90 [D]

Aroon Thaewchatturat & Tom Vater
PANORAMA Rajasthans Palasthotels
ISBN 978-3-8317-1601-2 · € 14,90 [D]

Hans Zaglitsch & Linda O'Bryan
PANORAMA Mundo Maya
ISBN 978-3-8317-1611-1 · € 14,90 [D]

Elke & Dieter Losskarn
PANORAMA Namibia
ISBN 978-3-89662-327-0 · € 14,90 [D]

Andrew Forbes & David Henley
PANORAMA Vietnam
ISBN 978-3-8317-1520-6 · € 14,90 [D]

Andrew Forbes & David Henley
PANORAMA Thailand
ISBN 978-3-8317-1609-8 · € 14,90 [D

Weitere Titel in Vorbereitung

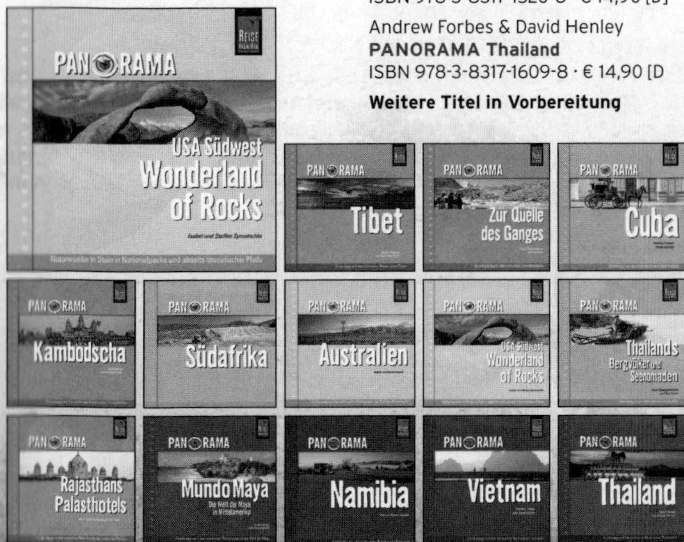

MYANMAR-KINDERHILFE e.V.

Myanmar ist ein wunderschönes, aber sehr unterentwickeltes und arr
Land. Von seinen vielen Waisen und Halbwaisen konnten 600 Mädc
und Jungen ein neues Zuhause in fünf von Nonnen bzw. Mönchen geführ
Waisenheimen finden. Die fünf buddhistischen Heime und die ihren ar
schlossenen kostenlosen Grundschulen erhalten keine staatliche Un
stützung. Sie finanzieren sich ausschließlich aus privaten Spenden, über
gend lokalen Sachspenden. Die für dringende Reparaturen oder notwen
Investitionen in Gesundheit und Ausbildung benötigten Mittel können
Heime nicht vor Ort sammeln. Zwei dieser Heime wurden vom Zyklon Na
schwer beschädigt. Für sie und zwei öffentliche Grundschulen haben
zunächst Soforthilfe geleitest und bauen jetzt Gebäude und Infrastruktur
der auf. Insgesamt unterstützen wir damit 1.300 Kinder.

Wir haben bewiesen, dass wir diese Mädchen und Jungen aus dem entw
genden Kreislauf von mangelnder Bildung, Arbeitslosigkeit und Armut
ausführen können, indem wir ...

... ihre hygienischen und gesundheitlichen Lebensbedingungen verbessern;
... ihnen eine gezielte praktische Ausbildung und Zugang zu
weiterführenden Schulen ermöglichen und
... ihnen bei Existenzgründungen mit Mikro-Krediten helfen.

Unser Verein ist berechtigt, Spendenquittungen auszustellen (Bitte
anschrift angeben). Alle Mitarbeit in unserem Verein ist unentgeltlich. Die
sten Kosten des Vereins werden von Mitgliedern des Vorstandes getrage
dass Ihre Spende die Heime und die Kinder direkt erreicht. Wir se
Ihnengerne einen aktuellen Bericht zu unseren Projekten. Heimleitunge
Kinder würden sich über Ihren Besuch freuen.

Myanmar-Kinderhilfe e.V.

Fürstenbergerstr. 171, D-60322 Frankfurt/Main
Telefon +49-(0)69-5964576 · Email: myanmar-kinderhilfe@t-online.
www.myanmar-kinderhilfe.org

Vorstand: Klaus R. Schröder, Constantin Schuster
Beirat: Dr. Sabine Kellerer, Christiane Raettig, Inge Semmler, Dr. Dirk V

Bankverbindung: Dresdner Bank AG, Frankfurt/Main
Konto 04 014 042 00 · BLZ 500 800 00
SWIFT-BIC: DRES DE FF · IBAN: DE47 50080000 040140